国际经济学

International Economics

魏浩 主编

图书在版编目(CIP)数据

国际经济学/魏浩主编.—北京:北京大学出版社,2018.10
(21世纪经济与管理规划教材·经济学系列)
ISBN 978-7-301-29877-0

Ⅰ.①国… Ⅱ.①魏… Ⅲ.①国际经济学—高等学校—教材 Ⅳ.①F11-0

中国版本图书馆 CIP 数据核字(2018)第 208449 号

书　　　名	国际经济学 GUOJI JINGJIXUE
著作责任者	魏　浩　主编
策 划 编 辑	李　娟
责 任 编 辑	兰　慧
标 准 书 号	ISBN 978-7-301-29877-0
出 版 发 行	北京大学出版社
地　　　址	北京市海淀区成府路 205 号　100871
网　　　址	http：//www.pup.cn
微信公众号	北京大学经管书苑(pupembook)
电 子 信 箱	em@pup.cn　　QQ：552063295
电　　　话	邮购部 010-62752015　发行部 010-62750672　编辑部 010-62752926
印 刷 者	河北滦县鑫华书刊印刷厂
经 销 者	新华书店
	787 毫米×1092 毫米　16 开本　22.25 印张　555 千字 2018 年 10 月第 1 版　2018 年 10 月第 1 次印刷
印　　　数	0001—4000 册
定　　　价	49.00 元

未经许可,不得以任何方式复制或抄袭本书之部分或全部内容。
版权所有,侵权必究
举报电话：010-62752024　电子信箱：fd@pup.pku.edu.cn
图书如有印装质量问题,请与出版部联系,电话：010-62756370

丛书出版前言

作为一家综合性的大学出版社,北京大学出版社始终坚持为教学科研服务,为人才培养服务。呈现在您面前的这套"21世纪经济与管理规划教材"是由我国经济与管理领域颇具影响力和潜力的专家学者编写而成,力求结合中国实际,反映当前学科发展的前沿水平。

"21世纪经济与管理规划教材"面向各高等院校经济与管理专业的本科生,不仅涵盖了经济与管理类传统课程的教材,还包括根据学科发展不断开发的新兴课程教材;在注重系统性和综合性的同时,注重与研究生教育接轨、与国际接轨,培养学生的综合素质,帮助学生打下扎实的专业基础和掌握最新的学科前沿知识,以满足高等院校培养精英人才的需要。

针对目前国内本科层次教材质量参差不齐、国外教材适用性不强的问题,本系列教材在保持相对一致的风格和体例的基础上,力求吸收国内外同类教材的优点,增加支持先进教学手段和多元化教学方法的内容,如增加课堂讨论素材以适应启发式教学,增加本土化案例及相关知识链接,在增强教材可读性的同时给学生进一步学习提供指引。

为帮助教师取得更好的教学效果,本系列教材以精品课程建设标准严格要求各教材的编写,努力配备丰富、多元的教辅材料,如电子课件、习题答案、案例分析要点等。

为了使本系列教材具有持续的生命力,我们将积极与作者沟通,争取每隔三年对教材进行一次修订。无论您是教师还是学生,您在使用本系列教材的过程中,如果发现任何问题或者有任何意见或建议,欢迎及时与我们联系(发送邮件至 em@ pup. cn)。我们会将您的宝贵意见或建议及时反馈给作者,以便修订再版时进一步完善教材内容,更好地满足教师教学和学生学习的需要。

最后,感谢所有参与编写和为我们出谋划策提供帮助的专家学者,以及广大使用本系列教材的师生,希望本系列教材能够为我国高等院校经管专业教育贡献绵薄之力。

北京大学出版社
经济与管理图书事业部

21世纪经济与管理规划教材

经济学系列

前 言

在当今世界,任何一个国家的经济都与其贸易伙伴国的经济密切相关,不同国家之间的依存度日益增强,不同国家之间商品、人口、资本的流动规模越来越大,不同国家之间产品市场和要素市场的一体化程度日益提升。事实上,一国在制定经济政策时,不但需要考虑到本国政策可能对其他国家经济产生的影响,而且还必须考虑其他国家制定的经济政策对本国经济可能产生的影响。因此,各国政府、国际组织、学术界对国际经济关系的研究日益重视。

以国际经济关系为研究对象的国际经济学,是经济学的一个独立学科分支,已经成为一个十分活跃和重要的研究领域。"国际经济学"是高等学校经济类专业的核心必修课程之一。近年来,学习这门课程的学生越来越多,不仅国际经济与贸易、国际商务、经济学、金融学等经济类专业的学生日益增多,企业管理、会计学、国际政治、国际关系、公共管理、社会学、高等教育学、外交学等非经济类专业的学生,以及很多高校MBA的学生也开始学习这门课程。基于此,根据国际经济发展的最新态势,结合多年的教学经验以及对国际经济领域的深入研究,我们编写了这本教材。

在借鉴国内外同类优秀教材的基础上,本书全面、系统地介绍了国际经济学的基本理论,并对国际经济的新理论、新事件、新变化等进行了总结。与其他同类教材相比,本书的特色主要体现在:(1)前沿性。本书对产品内分工、新贸易理论、异质性企业贸易理论、全球价值链理论、增加值贸易统计方法、国际货物贸易商品结构、国际劳动力流动等新问题进行了专门介绍。(2)实用性。本书每章都插入相关的案例,通过理论联系实际,不仅能帮助学生加深对知识点的理解,更能激发学生的学习兴趣,吸引学生的注意力,启发学生在日常生活中注意观察与国际经济相关的事件。

本书由北京师范大学魏浩教授担任主编,负责拟定大纲、统稿、修改和定稿。

本书初稿编写人员分工如下：第一章由魏浩、连慧君撰写，第二章由魏浩、樊瑛撰写，第三章由樊瑛撰写，第四章由王聪、张瑞撰写，第五章由巫俊、林薛栋撰写，第六章由梁俊伟撰写，第七章由代中强撰写，第八章由张瑞撰写，第九章由袁然撰写，第十章由巫俊、付天、张昊（大）撰写，第十一章由张昊（大）撰写，第十二章由张宇鹏撰写，第十三章由连慧君撰写，第十四章由张昊撰写，第十五章由张昊（大）撰写，第十六章由付天撰写。

在全部初稿完成以后，巫俊、陈基平对贸易部分的内容进行了修改和补充，连慧君对第一至第十章进行了校对，张昊对第十一至第十六章进行了校对，苏航对第十二、十三、十六章进行了案例更新和内容校对，钱谦年对第十四、十五章进行了案例更新和内容校对，张宇鹏对第十一至第十六章进行了案例更新和校对，最后，由魏浩对全书进行了统稿和定稿。

在编写过程中，我们参阅了大量国内外相关教材、专著、论文以及众多网站的内容，并引用了其中许多观点和资料，我们尽可能地标注了引用资料的来源，但是，每一章稿件都经过了数次修改、调整，可能会遗漏一部分资料来源的标注，敬请谅解，在此一并向原作者表示感谢。由于作者水平和能力有限，书中难免存在一些不足甚至错误之处，恳请读者批评指正，多提宝贵意见，以便再版时完善。

魏　浩

2018 年 4 月于北京师范大学

21世纪经济与管理规划教材

经济学系列

目 录

第一章 导 论	1
第一节 国际经济学的产生	3
第二节 国际经济学的研究对象	9
第三节 国际经济学理论的发展	10
第四节 本书的结构安排	13
第二章 国际货物贸易	16
第一节 国际货物贸易商品的统计分类标准	17
第二节 国际货物贸易的商品结构分析框架	22
第三节 国际货物贸易格局的演变	28
第三章 国际服务贸易	37
第一节 国际服务贸易的概述	38
第二节 国际服务贸易的发展现状	43
第三节 国际服务贸易壁垒与自由化谈判	47
第四章 传统国际贸易理论	55
第一节 绝对优势理论	56
第二节 比较优势理论	59
第三节 要素禀赋理论	66
第四节 里昂惕夫之谜	73
第五节 新要素贸易理论	77
第五章 国际贸易理论的新发展	83
第一节 需求相似理论	84
第二节 产品生命周期理论	87
第三节 国家竞争优势理论	89
第四节 新贸易理论	93

第五节 异质性企业贸易理论 …………………………………… 95
  第六节 全球价值链与增加值贸易 ……………………………… 98

第六章 保护贸易理论 …………………………………………… 105
  第一节 重商主义 ………………………………………………… 107
  第二节 幼稚产业保护理论 ……………………………………… 109
  第三节 超保护贸易理论 ………………………………………… 113
  第四节 战略性贸易保护理论 …………………………………… 114
  第五节 贸易保护的政治经济学 ………………………………… 118

第七章 国际贸易与经济增长 …………………………………… 124
  第一节 经济增长的概述 ………………………………………… 126
  第二节 经济增长对贸易规模的影响 …………………………… 130
  第三节 经济增长对贸易条件的影响 …………………………… 135
  第四节 国际贸易对经济增长的影响 …………………………… 138
  第五节 对外贸易的发展战略 …………………………………… 140

第八章 国际资本流动与跨国公司 …………………………… 146
  第一节 国际资本流动的概述 …………………………………… 147
  第二节 国际资本流动的经济效应 ……………………………… 150
  第三节 对外直接投资与贸易的关系 …………………………… 153
  第四节 跨国公司与国际直接投资 ……………………………… 154

第九章 劳动力国际流动与国际贸易 ……………………… 158
  第一节 劳动力国际流动的概述 ………………………………… 159
  第二节 劳动力国际流动的经济效应 …………………………… 165
  第三节 劳动力国际流动与国际贸易 …………………………… 168

第十章 国际贸易政策措施 ………………………………………… 173
  第一节 关税措施 ………………………………………………… 174
  第二节 非关税壁垒 ……………………………………………… 182
  第三节 出口鼓励措施与出口管制 ……………………………… 190

第十一章 区域经济一体化 ………………………………………… 199
  第一节 区域经济一体化的概述 ………………………………… 200
  第二节 区域经济一体化的理论分析 …………………………… 202
  第三节 区域经济一体化的实践 ………………………………… 206

第十二章 国际收支 ……………………………………………………… 215
  第一节 国际收支的概述 ………………………………………… 216
  第二节 国际收支平衡表 ………………………………………… 217
  第三节 国际收支分析 …………………………………………… 221

第四节　国际收支的调节机制 …………………………………………………… 226
　　　第五节　弹性分析理论 ……………………………………………………………… 230
　　　第六节　乘数分析理论 ……………………………………………………………… 234

第十三章　外汇与外汇市场 ……………………………………………………………… 238
　　　第一节　外汇的概述 ………………………………………………………………… 239
　　　第二节　外汇市场 …………………………………………………………………… 243
　　　第三节　传统外汇交易 ……………………………………………………………… 246
　　　第四节　衍生外汇交易 ……………………………………………………………… 250
　　　第五节　外汇风险 …………………………………………………………………… 255
　　　第六节　外汇管制 …………………………………………………………………… 260

第十四章　汇率与汇率理论 ……………………………………………………………… 269
　　　第一节　汇率的概述 ………………………………………………………………… 270
　　　第二节　汇率变动 …………………………………………………………………… 274
　　　第三节　汇率制度 …………………………………………………………………… 279
　　　第四节　汇率决定理论 ……………………………………………………………… 284

第十五章　开放经济条件下的宏观经济 ………………………………………………… 295
　　　第一节　开放经济条件下的宏观经济目标 ……………………………………… 296
　　　第二节　开放经济条件下的宏观经济理论 ……………………………………… 300
　　　第三节　开放经济条件下的宏观经济政策 ……………………………………… 312

第十六章　国际货币体系 ………………………………………………………………… 321
　　　第一节　国际货币体系的概述 ……………………………………………………… 323
　　　第二节　布雷顿森林体系 …………………………………………………………… 325
　　　第三节　牙买加体系 ………………………………………………………………… 328
　　　第四节　欧洲货币体系 ……………………………………………………………… 331
　　　第五节　国际货币体系改革 ………………………………………………………… 335
　　　第六节　中国与国际货币体系 ……………………………………………………… 339

21世纪经济与管理规划教材
经济学系列

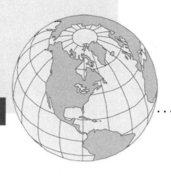

第一章

导 论

【关键词】

国际经济学　　　　　　国际金融
国际贸易　　　　　　　国际分工

导入案例

经济全球化与一个中国大学生的一天

某个周末,在美国的一个教堂,牧师正在讲道。

牧师:"正如你们所知,世界上的一切都是由**上帝创造**(made by God)!"

听众中一个小男孩站起来,大声说:"牧师,你错了,现在,很多东西都是**中国制造**(made in China)!"

无从考证这个小故事的真假,但是,这说明美国到处都是印着"Made in China"的商品,中国制造给美国人民的生活带来了极大的方便。其实,在美国,除了中国制造,世界其他国家生产的各类商品也比比皆是。

随着对外开放程度的不断提高,在中国,人们的日常生活也与国际经济日益紧密。

让我们来看看一个中国大学生从早到晚的生活和学习情况吧!

7:00,手机闹钟响了。你睁开眼,打开了苹果手机(iPhone),滑动的手机触摸屏是由日本东芝(Toshiba)生产的。

7:20,走进洗手间。你在佳洁士(Crest)牙刷上挤上了黑人牙膏,开始刷牙。

7:30,从宿舍出发去教室。上课快迟到了,你匆匆拿起法国达能(Danone)饼干,背上美国的杰斯伯(JanSport)双肩包,和室友快速走向教室。

8:00,上课。老师在讲台上用幻灯片讲课,使用的投影仪是由日本爱普生(Epson)生产的。你手里拿的教材是国外原版的全英文教材。

12:30,吃完午饭。你看了看美国股市、日本股市的情况,看了看自己的股票账户,决定今天不进行操作;你在网上银行帮你父母兑换了1万美元的外汇,为去美国游玩做准备。

14:00,写作业。午休后,你打开美国戴尔(Dell)电脑做作业,电脑主板是韩国三星(Samsung)公司生产的。

17:30,吃晚饭。你和你的同学约好在学校附近的肯德基(KFC)见面。你的同学一个是来自英国的留学生,另一个是来自美国的留学生。

21:00,操场运动。上完晚自修,回到宿舍,你换上新百伦(New Balance)运动鞋,穿上耐克(Nike)的运动上衣和短裤。

21:30,洗澡。你用的是飘柔(Rejoice)洗发水、多芬(DOVE)沐浴露。

22:00,看电视剧。回到宿舍,你的室友正在用苹果电脑看美国电视剧《生活大爆炸》,你自己看了一集韩国电视剧《太阳的后裔》。

22:30,准备睡觉。你铺好了你父母从意大利帮你购买的芙蕾特(Frette)品牌的被子。

毫无疑问,我们的生活与国际经济捆绑在了一起,并且从中获益。那么,国际经济的奥秘是什么呢?

资料来源:根据网络资料整理、补充撰写。

21世纪是一个全球化的时代。国与国之间产品、劳动力和资本的流动都非常普遍。当你进入一家商店购买商品时,该商品很可能是由其他国家制造的,这家商店本身可能是外国人所有的,而接待你的售货员也可能是来自另一个国家的移民。① 在马克思时代,所谓全球

---

① 〔美〕罗伯特·C.芬斯特拉、艾伦·M.泰勒著,张友仁、杨森林等译:《国际贸易》,中国人民大学出版社2011年版,第4页。

经济大约只涉及人类的10%,第二次世界大战之后,也只覆盖了25%,如今全球经济把世界各国都卷入其中。国际经济学作为一门古老而年轻的学科,在全球经济迅速变化的过程中也得到了空前的发展。

第一节 国际经济学的产生

一、国际经济学的发展历程

国际经济学是国际经济现象和实践的升华与总结,经济学家对国际贸易和国际资本流动的研究是随着国际贸易现象的出现而产生的。

早在公元前100年左右,世界上就出现了最早的国际贸易,主要有罗马的亚麻布、金银铜锡、玻璃贸易,印度的香料、宝石贸易和中国的丝绸贸易。到14世纪,欧洲形成了以意大利威尼斯、热那亚和比萨等城市为中心的地中海贸易区,以布鲁日等城市为中心的北海和波罗的海贸易区,以基辅等城市为中心的俄罗斯贸易区、德意志北部和斯堪的纳维亚地区的汉萨贸易区以及不列颠贸易区。在亚洲形成了以中国、朝鲜和日本为主的东亚贸易区,占婆(越南南部)和扶南(柬埔寨)等国的东南亚贸易区,以印度为主的南亚贸易区。[①] 在此期间,整个国际贸易以自然经济为基础,按自愿交换为原则进行交易,由于当时技术、运输和交换媒介的限制,各国和各洲的贸易常处于不连续、不稳定的状态,贸易在自然经济中的地位并不重要,仅属于经济生活中的补充部分。

15世纪的"地理大发现",使各个区域性的市场彼此联系起来,世界市场和国际分工开始萌芽,国际贸易的物品交换规模和区域交换范围都得到了极大的发展。18世纪60年代工业革命开始之后,资本主义机器化大工业逐渐形成,推动了全球贸易的蓬勃发展,并开启了以英国为世界经济中心的国际分工时代。经济学家在此时已开始了对国际贸易和货币的研究,但由于当时国际贸易分工发展不够,统一的世界市场尚未正式形成,全球性的贸易制度和世界性的货币体系也未成立,国际贸易和国际货币交换的规模依旧很小,因此,经济学家还没有专门对各国间的贸易与货币交换问题加以研究。

19世纪中叶,英国、法国、德国、美国等主要资本主义国家完成了工业革命。工业革命使传统的农业经济开始被新兴的工业经济所取代,人类进入了一个全新的时代。工业革命对国际分工和世界市场的形成起了特别重要的作用。在19世纪末20世纪初,资本主义进入垄断时期,统一的世界市场最终形成,国际分工得到了进一步的加深和扩大,国际货币制度也开始形成(如19世纪后期以英国为首的金本位的建立),这一切为国际经济学的产生奠定了重要的基石。

20世纪初至中叶,两次世界大战和世界范围内蔓延的危机,既严重破坏了国际经济的关系,又在破坏的基础上重新推动了国际经济大发展。在第二次世界大战还处于白热化阶段时,国际社会就已决定设计一个有助于战后经济繁荣与和平发展的新的国际经济体系。几乎就在战争结束的前一年,国际社会在美国新罕布什州的布雷顿森林召开了具有历史意义的会议,会议决定成立两个国际性的经济组织,以促成战后新的自由的国际经济秩序的形成。这两个国际性的经济组织分别是旨在处理国际货币问题的国际货币基金组织(IMF)和

---

① 海闻、林德特、王新奎:《国际贸易》,上海人民出版社2003年版,第3页。

国际复兴开发银行(IBRD)。前者的目的在于保持国际货币的稳定,后者旨在促进用于重建和发展目的的长期贷款的流动,以取代大萧条年代消失的国际资本市场。① 在这之后又成立了旨在促进全球自由贸易的关税与贸易总协定(GATT)。自此,关税与贸易总协定、国际货币基金组织、国际复兴开发银行构成了支撑世界经贸和金融格局的三大支柱。②

第二次世界大战后,在国际经济组织的积极作用下,西方国家的经济迅速恢复,国际金融趋于稳定,贸易成为经济增长的发动机,而经济的发展反过来又极大地推动了国际贸易和国际资本流动的迅猛发展。于是,必须有一门单独的经济学科来对日益膨胀的国际经济活动加以研究,国际经济学便由此产生。

二、国际分工的演变与发展

国际分工是国际经济发展的基础,也是国际经济学产生和发展的基础。国际分工的演变和发展促进了国际经济的发展,进而促进了国际经济学的产生和发展。

(一) 国际分工的萌芽时期

从人类社会的发展历史来看,最初的社会分工是原始社会部落内部按性别和年龄实行劳动分工,以提高劳动的效率。各个部落用自己多余的产品与其他部落多余的产品进行交换,就形成了最初的交换。这就是国际分工的雏形。一旦不同部落之间的交换发展到不同国家和地区之间的交换,就形成了国际分工。

国际分工的发展萌芽于15世纪末、16世纪上半期的地理大发现,地理大发现为近代国际分工提供了地理条件,在一定程度上推动了世界市场的形成与发展,形成了早期的国际分工。在这个时期,虽然国际交换的种类和数量、参与国际交换的国家和地区都有了一定的增加,但是,由于各地区沟通的主要方式是骑骆驼(马/驴)、步行等陆上交通,海上交通虽然有一些,但基本上都属于近海近岸航行,因此国际分工和国际贸易具有明显的地域局限性。从商品交换来看,旧大陆③的家畜、家禽、谷物、苹果进入了美洲和澳洲,美洲的农作物也广泛地移植于旧大陆和澳洲。美洲的烟草、可可,中国的茶叶、瓷器,印度的甘蔗、香水,北亚和北美的毛皮,都成了国际贸易的重要商品。④ 在此期间,西班牙和葡萄牙通过对各洲贸易的垄断以及对亚非拉地区各种形式的殖民掠夺,成为世界最早的殖民帝国。

(二) 国际分工的产生时期

真正意义上的国际分工是伴随产业革命与机器大工业的形成而建立和发展起来的。18世纪70年代,影响整个世界经济发展的工业革命首先在英国兴起,从18世纪60年代到19世纪中叶,英国、法国、德国、美国等主要资本主义国家完成了工业革命。工业革命使传统的农业经济开始被新兴的工业经济所取代,人类进入了一个全新的时代。工业革命加速了人类社会生产力和经济的发展,不仅生产出可供世界市场消费的工业品,而且产生了世界市场所需要的交通(海洋轮船、铁路、公路和运河等)和通信工具(电报、海底电缆等),把一切民族和国家统统卷入了世界贸易的漩涡。

工业革命对国际分工的形成起了特别重要的作用。当机器大工业取代手工制造业之

---

① 华民:《国际经济学》,复旦大学出版社2010年版,第2页。
② 张国林、王勇:《国际经济学(第二版)》,法律出版社2013年版,第5页。
③ 指哥伦布发现新大陆之前欧洲认识的世界,包括欧洲、亚洲和非洲。
④ 萧国亮、隋福民:《世界经济史》,北京大学出版社2007年版,第117页。

后,自然经济让位于商品经济,随着商品经济的不断发展,商人在满足国内市场的同时,逐渐加快开拓国外市场。另外,生产扩大引起了对原料需求的急剧增长。因此,生产的民族性和地域性逐渐消失,国际市场逐渐形成,国际分工逐渐明显和深化。国际分工逐渐演变成以先进技术为基础的工业国与以自然条件为基础的农业国之间的分工。这一时期国际分工的基本格局是少数发达国家变为工业国,广大亚非拉国家成为农业国。例如,印度成了为英国生产棉花、羊毛、亚麻的地方,澳大利亚成为英国的羊毛殖民地。可见,"由于机器和蒸汽的应用,分工的规模已使大工业脱离了本国基地,完全依赖于世界市场、国际交换和国际分工"①。

（三）国际分工的形成时期

从19世纪70年代开始到第二次世界大战,是国际分工的形成时期。在这一时期,主要资本主义国家发生了第二次产业革命。发电机、电动机、内燃机等开始广泛使用,一些新兴的工业部门,如电力、石油、化工、汽车制造等纷纷建立,促进了社会生产力和国际分工的发展。19世纪70年代之前,在整个世界工业体系中轻工业占据主导地位,到了19世纪末20世纪初,重工业发展迅速,取代了轻工业的主导地位,美、德、英、法等国相继成为以重工业为主导的工业国,这一转变确立了资本主义工业在世界经济中的主导地位,为资本主义经济在世界范围的扩张、资本主义生产的国际化和资本的国际化,提供了更加现实的可能性。

与此同时,资本主义从自由竞争向垄断过渡,通过资本输出进一步加深和扩大了国际分工。资本输出则把资本主义的生产方式也移植到了殖民地和半殖民地国家,生产国际化和资本国际化的趋势逐渐加剧,真正意义上的国际分工得以最终形成。② 在这一时期国际金本位制、多边支付体系形成了,为国际分工和国际贸易的发展奠定了制度基础,促进了国际分工的深化和国际贸易的迅速增长。参与分工的各个国家都有一些部门为世界其他国家生产,同时每个国家中的日用消费品和原材料、工业制成品等也都由不同的国家生产和提供。

总的来说,由于殖民烙印太深,这个时期的国际分工基本上是宗主国和殖民地之间的垂直分工,发达国家等宗主国主导国际分工和世界市场,出口工业制成品,从发展中国家等殖民地廉价进口或掠夺原材料。也就是说,第二次世界大战以前,国际分工基本上是产业间国际分工,表现在亚非拉国家专门生产矿物原料、农业原料及某些食品,欧美国家专门进行工业制成品的生产,即宗主国与殖民地半殖民地之间、工业发达国家与初级产品生产国之间的分工日益加深。③

（四）国际分工的转变时期

第二次世界大战以后到20世纪80年代,国际分工发生了明显的变化。第二次世界大战以后发生了以原子能、电子计算机、空间技术为主要标志的第三次科技革命,出现了电子、信息、服务、软件、宇航、生物工程、新能源、新材料、海洋工程等高新技术产业。第三次科技革命对当代国际分工产生了深刻的影响,使国际分工的形式和趋向发生了很大的变化。战前形成的传统型国际分工是以工业制成品生产国同原料、食品生产国之间的国际分工为主导的,是一种工业国与农业矿业国之间的国际分工,是以自然资源为基础的。此时已经发展到以现代工艺和技术为基础的分工,各产业部门之间的分工发展到各产业部门内部的分工,

---

① 《马克思恩格斯选集（第四卷）》,人民出版社2009年版,第627页。
② 张二震、马野青：《国际贸易学》,南京大学出版社2007年版,第32页。
③ 《世界经济百科全书》,中国大百科全书出版社1987年版,第212—214页。

进而发展到以制成品专业化为基础的分工。

制成品一般分为四大类：一是劳动密集型产业部门，如纺织业、服装业、钟表业等轻纺工业部门；二是资本和能源密集型产业部门，如钢铁、有色金属冶炼、水泥、石油化工等部门；三是一般资本和技术密集型产业部门，如一般机械制造、金属加工制品、运输设备等工业部门；四是高级资本和技术密集型产业部门，如精密仪器、宇航设备、电子计算机、尖端通信设备、核能工业部门。这个时期的国际分工不仅在部门之间展开，而且在部门内部展开，出现了部门内部生产国际专业化，即产品专业化，国际分工从产业间分工转变为产业内分工。一般情况是，发达国家把劳动密集型、环境污染较大等产业或本国夕阳产业转移到其他国家去，发达国家进行产业结构升级，致力于高级资本和技术密集型产业的发展。

延伸阅读
国际分工转变的原因

（五）国际分工的新发展

自20世纪90年代以来，国际分工进一步细化，国际分工由产品层面深入到工序层面，很多产品的生产过程被拆分为不同的阶段，分散到不同的国家或地区进行，并以跨国界的产品内贸易相连接。在经济全球化不断发展、国际市场日益一体化与生产日益分散化的今天，产品内国际分工快速兴起并得到迅速发展。

早在20世纪六七十年代就有学者注意到了国际分工从产业内向产品内转变，并从不同层面进行了研究。不同学科背景的学者使用不同的概念来描述这一现象，主要概念有垂直专业化、价值链分解、外包、生产分离、国际化生产网络、生产非一体化、多阶段生产、生产过程的分裂化、要素分工等。虽然概念不同，但是实际观察和表达的内容都是同一个国际化生产现象——国际分工体系的新变化，即美国、欧洲国家、日本等发达国家的跨国公司通过在亚洲、拉美等新兴工业化国家和地区的大量加工组装业的投资，建立起"世界工厂"或"制造飞地"，而各加工组装点之间产生大量的零部件或中间品贸易，只是关注的视角和重点不同而已。这种变化表明国际分工已经从产业内分工走向产品内分工。

产品内分工是指特定产品生产过程中不同工序、不同区段、不同零部件在空间上分布在不同国家和地区，每个国家和地区专业化于产品生产价值链的特定环节进行生产的国际现象。一般认为，产品内分工必须具备以下三个方面的条件[①]：第一，产品的生产需要经过两个或两个以上的连续阶段；第二，两个或两个以上的国家参与产品的生产过程，提供价值增值，每个国家专业化于一个以上的生产阶段，但不是完成所有的生产阶段；第三，至少超过一次的跨越国界，也就是说至少一个国家必须在它所从事的生产阶段使用进口投入品，或出口的产品作为另一个国家生产中的投入品。

产品内分工是产业内分工的进一步深化和细化，是同一产品的不同生产阶段（生产环节）之间的国际分工，其实质是生产布局的区位选择，其既可在跨国公司内部实现，也可通过市场在不同国家间的非关联企业间完成。产品内分工既可以通过横向扩展方式来实现，表现为发达国家之间的中间产品贸易，又可以通过纵向延伸方式来建构，表现为处于不同发展阶段的国家之间的中间产品贸易。如果说传统国际分工的边界是产业、产品的话，产品内分工的边界则在于价值链和生产的环节、工序。

产品内分工的产生和发展促进了国际贸易的增长，传统的地区间最终制成品之间的贸

[①] 田文："产品内贸易的定义、计量及比较分析"，《财贸经济》，2005年第5期，第77页。

易逐渐演变为零部件、半制成品之间的贸易,零部件和半制成品贸易量在世界贸易总额中所占的份额日益增加。贸易增长主要来源于:①贸易地区越来越多。越来越多的国家和地区融入国际分工,参与国际贸易。②贸易对象越来越细化。贸易对象由以前的最终制成品转变为半成品,再转变为零部件。因此,以往一次贸易完成的交易,现在要很多次交易才能完成。③国际服务贸易迅速发展。其实,目前贸易的本质已经发生了根本性的变化,传统的贸易是以消费目的为导向的,现在的贸易是以生产目的为导向的,也正因为如此,在商品贸易蓬勃发展的同时,为国际生产提供服务的一些国际性活动也迅速发展起来,即国际服务贸易日益兴起。

相关案例 1-1

"微笑曲线"与 iPhone 的国际分工

一个国家在全球分工中地位的提升,是向"微笑曲线"两端的升级。从劳动密集型的低附加值环节,或者向资本、技术密集型的环节去升级,或者向信息和管理密集型的环节去升级。

"微笑曲线"

台湾宏碁集团创办人施振荣,1992 年在《再造宏碁》中提出了著名的"微笑曲线"理论,以此作为宏碁的策略方向。如图 1-1 所示,横轴左段为研发,即技术或专利,中段为制造,右段为营销,即品牌、服务;纵轴代表的是附加值。曲线代表的是获利价值曲线,曲线在中段位置为获利低位,而在左右两段为获利高位,如此整个曲线看起来像微笑的表情符号。

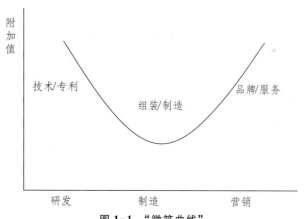

图 1-1 "微笑曲线"

"微笑曲线"说明了不同行业不同环节与所实现的附加值之间的关系。"微笑曲线"两端朝上,在产业链中,附加值更多地体现在两端——研发和营销,处于中间环节的制造附加值最低。作为劳动密集型的中间制造、装配环节,不但技术含量低、利润空间小,而且市场竞争激烈,容易被低成本的同行所替代,因此成为整个价值链中利润最低的环节。

iPhone 的国际分工

iPhone 由美国苹果公司设计和营销。除软件与产品设计外,iPhone 的生产主要在美国境外完成。如表 1-1 所示,iPhone 的生产涉及分别位于中国、韩国、日本、德国和美国的 9 家公司。iPhone 零部件的主要制造商与供应商包括东芝、三星、博通等。这些公司制造的 iPhone 零部件运至中国深圳富士康公司进行组装,最终产品再从中国出口至世界其他国家。

表 1-1 2009 年 iPhone 3G 主要零部件制造商与单位生产成本　　　　单位：美元

制造商	零部件	单位成本
东芝（日本）	闪速存储器	24.00
	显示模块	19.25
	触摸屏	16.00
三星（韩国）	应用处理器	14.46
	移动同步动态存储器	8.50
英飞凌（德国）	基带	13.00
	手机摄像头	9.55
	射频收发器	2.80
	GPS 接收器	2.25
	射频集成电路	1.25
博通（美国）	蓝牙/调频/无线局域网三合一芯片	5.95
恒忆（美国）	多晶片封装记忆体	3.65
村田（日本）	前端模块	1.35
德商戴乐格半导体（德国）	电力集成电路应用处理器	1.30
凌云逻辑（美国）	音频编解码器	1.15
其他		48.00
组装成本		6.50
总生产成本		178.96

然而，由于中国厂商仅负责组装 iPhone 成品，它们在 iPhone 生产的价值增值过程中只有非常小的贡献。对 iPhone 生产成本的分解显示，每部 iPhone 的组装成本只有 6.5 美元，只占总生产成本的 3.6%。

图 1-2 画出了 iPhone 的"微笑曲线"。中国组装 iPhone，位于微笑曲线最底端。iPhone 单位生产总成本为 178.96 美元，苹果公司销售一部手机，利润约 50%，获利 179 美元，作为品牌和服务，位于"微笑曲线"右端。值得注意的是，各国的零部件既包含专利技术，也包含制造，但是具体数值无法测算，因此"微笑曲线"底部制造的附加值应该稍高一些。

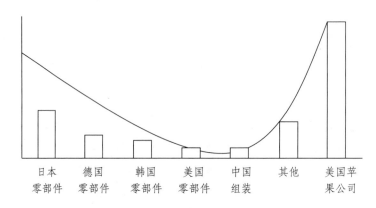

图 1-2 iPhone 的"微笑曲线"

资料来源：洪涛，《现代流通产业与金融制度创新》，经济管理出版社 2012 年版，第 27—28 页；刑予青、Neal Detert，"国际分工与美中贸易逆差：以 iPhone 为例"，《国际金融》，2011 年第 3 期，第 199—206 页。

[问题思考] 你认为中国应如何向"微笑曲线"两端升级。

[案例点评] 一方面，要"引进来"，吸纳更多高端产业和高端人才；另一方面，要"走出去"，开拓更多新兴市场。

第二节 国际经济学的研究对象

国际经济学以经济学的一般理论为基础，研究发生在主权国家之间的经济活动，是一般经济理论在国际经济活动范围中的应用与延伸，是经济学体系的有机组成部分。

国际经济学是西方经济学中的一个以国际经济关系为研究对象的分支学科，是研究世界范围内货物、服务、资本的生产、分配和消费活动的学科。① 它的研究目的是通过对国家之间的经济关系、经济活动以及经济现象的分析，揭示各个国家或地区之间经济联系的传导机制及其发展规律。一般来说，国际经济关系是指一国同其他国家的经济联系，是世界范围内超越国家界限的国家间的经济关系的总和。在国际经济关系中从事经济活动的行为主体是国家。国与国之间的经济活动形式，主要是相互之间的贸易、投资、劳务与资金的转移等。

国家之间的经济关系是由国家之间的经济活动所引起的。国家之间的这些经济活动有两种形式：①国际贸易形式的经济活动。它主要包括国与国之间的商品交易和劳务交换，以及这些商业活动对世界经济及其有关国家的影响，这部分涉及与国际贸易密切相关的国际分工、国际商品流通、国际劳动力流动、对外贸易利益、贸易条件、贸易结构、各国生产专业化、关税及限额等贸易保护主义措施与政策。②国际金融形式的经济活动。它主要包括国与国之间的直接投资和证券投资所引起的资本流动，以及与国际贸易和国际融资活动有关的国际结算、国际汇兑、国际收支、汇率制度、国际货币体系、外汇管制及金融限制等政策。因此，国际经济学的研究对象就是由各国间的国际贸易与国际金融这两种形式的经济活动所引起的国际经济关系。

正如德尔伯特·斯奈德所说："国际经济学主要研究国际经济关系，其中包括国际分工、国际商品交换、国际劳工和资本流动的原因研究、数量研究、过程研究以及后果研究，并且还包括制度、结构、不同发展程度的各国之间的经济关系等问题。"②

因此，可以说，国际经济学是一门通过对国际贸易、国际金融以及国家宏观经济政策的分析来研究国际经济关系并揭示其传导机制及规律的理论经济学。

国际经济学是在微观经济学和宏观经济学的基础上发展起来的，它还和许多其他经济学分支有着千丝万缕的联系。但它之所以被当作一个独立的学科分支看待，并获得人们的普遍重视，是因为国际经济学有其自身的一些特殊性。

对于学习国际经济学的学生来说，国际经济关系也会对其产生一些直接影响。作为消费者，我们会感受到国际货币兑换价值变化带来的影响，倘若美元或者日元相对于欧元升值

---

① 〔美〕W. 查尔斯·索耶、理查德·L. 斯普林克著，刘春生译：《国际经济学》，中国人民大学出版社 2010 年版，第 2 页。

② 德尔伯特·斯奈德：《国际经济学》，台湾华东书局 1967 年版，第 9 页。

了,我们就会花更多的欧元去购买美国或者日本的产品。作为投资者,如果英国的利率上升,超过了德国的利率水平,我们可能更愿意购买英国证券。作为劳动力中的一员,我们要知道国家、政府对我们所在企业生产产品的贸易政策,从而对自己工资和就业风险有个基本的预期。

总的来说,国际经济关系已经成为当今时代一个复杂的问题,经常会对不同国家以及某国的不同部门产生剧烈而非均衡的影响。企业、劳动力、消费者和投资者都会感受到其他国家经济形势变动、金融政策变动、贸易政策变动所带来的影响。当今的国际经济需要各国在国际层次上进行合作,以应对各种争端、摩擦和冲突。

第三节 国际经济学理论的发展

一、国际贸易理论的发展

国际贸易理论旨在揭示国际贸易产生的原因、模式以及贸易利益的分配问题。[①] 最早的国际贸易理论始于重商主义,重商主义者从其错误的财富观出发,认为金银货币是财富的唯一形态,货币的多寡体现了一国的富裕程度,因此他们主张"奖出限入"的贸易政策,并极力维持一国的国际贸易顺差。重商主义者的主张建立于世界资源的静态观基础之上,认为一国经济所得是以另一国经济的所失为代价的,因此他们推崇贸易保护主义。但是,如果每个国家都采取类似的保护措施,必然导致大规模的保护主义泛滥,国际贸易规模也会随之大量萎缩。

随着英国资本主义的迅速发展,新兴工业资产阶级要求扩大对外贸易、海外销售市场和原料来源地的呼声越来越高,而重商主义的贸易与产业政策限制了工业资产阶级的利益。所以英国新兴工业资产阶级迫切要求废除基于重商主义的贸易保护政策,而代之以自由贸易政策。在此背景下,绝对优势理论和比较优势理论应运而生。[②] 1776 年,亚当·斯密在其出版的《国民财富的性质及其原因的研究》一书中,系统地阐述了自由放任的经济理论,批判了重商主义的财富观和贸易观,提出了绝对优势理论,有力地论证了自由贸易的合理性和可行性,第一次将国际贸易理论建立在科学的基础之上。斯密认为每个国家都有其适宜于生产某些特定产品的绝对有利的生产条件,如果每个国家都专业化生产自己具有绝对优势的产品,然后彼此进行交换,则对所有交换国家都是有利的。绝对优势理论的贸易基础建立于贸易双方至少有一个行业的生产处于绝对优势状态,但现实生活中往往存在一国所生产的产品均处于绝对劣势,依然会与他国进行国际贸易的现象,绝对优势理论便无法对这种现象进行合理解释。1817 年,大卫·李嘉图在其代表作《政治经济学及赋税原理》中,进一步发展了斯密的绝对优势理论,提出了比较优势理论。李嘉图认为即使一个国家各个行业的生产都缺乏优势、没有低成本的产品,通过国际贸易仍可获得贸易利益;而另一个国家即使各行业的生产都有优势、成本比国外同行业都低,仍应按照比较优势的原则实行国际分工,并通过国际贸易而获益。亚当·斯密的国际贸易理论和大卫·李嘉图的自由贸易政策主张被称为古典国际贸易理论。

---

① 胡静寅:《国际经济学》,机械工业出版社 2017 年版,第 2 页。
② 高敬峰:《国际经济学》,对外经济贸易大学出版社 2010 年版,第 3—4 页。

斯密和李嘉图的古典国际贸易理论认为,生产技术不同是各国在市场成本上产生差异的主要原因。20世纪初,不同国家的生产技术已非常接近甚至相同,但为什么成本差异仍然很大?对这一问题的质疑导致了赫克歇尔-俄林定理(又称H-O定理或要素禀赋理论)的出现。要素禀赋理论认为,各国因要素禀赋状况存在差异而产生不同的比较优势,劳动充裕的国家拥有生产劳动密集型产品的比较优势,资本充裕的国家拥有生产资本密集型产品的比较优势,如果两国发生贸易,劳动充裕的国家应该生产并出口劳动密集型产品,进口资本密集型产品;资本充裕的国家应该生产并出口资本密集型产品,进口劳动密集型产品。要素禀赋理论是新古典贸易理论中经典的代表理论之一,其后不少经济学家对要素禀赋理论进行了进一步扩展,如萨缪尔森对赫克歇尔-俄林定理进行引申和发展,提出了要素价格均等化定理;彼德·林德特提出了斯托尔珀-萨缪尔森定理;雷布津斯基提出了雷布津斯基定理。

在20世纪相当长的时间内,以新古典模型为表达形式的要素禀赋理论在国际贸易中一直占据绝对的统治地位。① 1951年,里昂惕夫首次运用投入产出法对要素禀赋理论进行了经验检验,发现美国作为世界上资本要素最丰富的国家,出口的竟然是劳动密集型产品,而进口的却是资本密集型产品,这显然与要素禀赋理论所预测的贸易模式正好相反,这就是著名的"里昂惕夫之谜"。围绕这个谜,大量的经济学家对国际贸易理论进行了深入的研究,力图解开这一理论难题,但这个谜始终没有得到解答,因此要素禀赋理论也未受到真正的挑战。

20世纪70年代末80年代初,以克鲁格曼和赫尔普曼为代表的一批经济学家提出了所谓的新贸易理论,被认为是国际贸易理论的发展出现的一次重大突破。新贸易理论认为,除生产要素禀赋差异外,规模经济也是国际贸易的原因和贸易利益的另一个独立决定因素。新贸易理论打破了比较优势理论关于规模收益不变和完全竞争的假设,使得研究的重心由国家间的差异转向了市场结构和厂商的行为方面。②

20世纪90年代和21世纪初期,众多的研究者发现,国际贸易其实是一种相对稀少的企业行为,并非一国所有的企业都选择对外贸易。即使在同一产业内部,一国的出口企业和非出口企业在劳动生产率、资本和技术密集度以及工资水平等方面也存在显著差异。也就是说,无论在规模还是在生产率方面,企业都是异质的。因此,以企业异质性为基础的理论研究开始兴起。这种以企业异质性为分析前提和研究内容的理论体系被鲍德温等人称为新新贸易理论。这一理论体系是进入21世纪以来国际贸易理论的又一重大突破,也是当前国际贸易理论研究的前沿领域。2003年,梅里兹的研究首次将企业生产率差异内生到垄断竞争模型中,构建了一个基于异质企业的贸易模型。该模型运用一般均衡框架下的动态产业分析方法扩展了克鲁格曼的垄断竞争贸易模型,从而成功地将企业生产率内生到模型中,将贸易理论研究对象扩展到企业层面,形成了新新贸易理论的基本理论框架。③

二、国际金融理论的发展

国际金融理论主要研究各国之间货币运动和资本流动的方式、规律及其影响,所涉及的问题和领域较多,流派众多,不像国际贸易理论的演变那样线索清晰。

---

① 国彦兵:《国际经济学》,立信会计出版社2012年版,第7页。
② 胡静寅:《国际经济学》,机械工业出版社2017年版,第3页。
③ 高敬峰:《国际经济学》,对外经济贸易大学出版社2010年版,第7—8页。

基本上,国际金融理论的发展一直是围绕"外部平衡"这个十分重要的问题而展开的。从古典贸易理论起,贸易平衡总是被看作一个先决条件,并不考虑货币因素。然而,现实生活中,国际贸易是以货币作为流通媒介来完成的,因而贸易不平衡现象是显而易见的,而贸易平衡现象事实上只反映了国际经济的长期均衡状态。

早在李嘉图提出比较优势之前,历史上就已经产生了外部调节的古典范例。1952年,英国古典经济学家大卫·休谟提出的"价格-铸币流动机制",认为可以通过市场力量不断恢复国际收支平衡。他指出,可以通过货币-贵金属的进出口来完全解决贸易不平衡的问题,并且基于货币数量学说,建立了一个国际收支和贸易条件的动态模型。休谟的理论在相当长的时间内一直主导着国际金融领域的研究。实际上影响一国商品贸易的因素除了相对价格,还有一个重要的变量——名义汇率,但这个因素在金本位制的固定汇率时期,一直没有被引入理论分析中,直到金本位制度崩溃。① 在两次世界大战期间,为了取得外部平衡,许多国家对浮动汇率和直接控制国际收支进行了广泛的试验。国际金融理论的研究也避开了对国际收支调节的关注,而将研究重点转向国际收支平衡和国内经济条件之间的相互作用上。

第二次世界大战后,布雷顿森林体系的确立和发展对国际金融理论的发展方向产生了深远的影响,凯恩斯主义的流行也在国际金融理论的发展过程中留下了深深的烙印。休谟把国际相对价格变动放在国际收支调整问题研究的重心上,其后的一些学者曾对此提出质疑:直接的收入或财富效应是否也可能起作用,在不改变价格的条件下,能否进行外部调整。早在20世纪20年代末,凯恩斯等人在关于德国的转移问题讨论中,就提出过这样的看法。在布雷顿森林体系之后,考虑到与固定汇率相联系的物价水平和工资黏性,在20世纪四五十年代,许多研究文献放弃了古典模型核心所在的相对价格调整之说,转向寻求通过收入和就业的变动来调整国际收支,以取得外部均衡的做法。凯恩斯的乘数理论说明了在价格不变的情况下,收入变动对国际收支的影响,它可以帮助我们理解本国或外国居民的支出变动如何影响国内收入的均衡水平,进而影响国际收支。强调国际收支调节机制的学说认为,产出与就业的变动与古典学派所主张的价格变动,差不多起着一样大的作用。但强调收入作用的外部调整学说,有着重大的缺陷,它基本上排除了资本流动的可能性,与古典学说一样,仍然只关注国际收支经常项目的调整。这种缺陷直到20世纪60年代才被发现。

20世纪60年代,美国经济学家罗伯特·蒙代尔建立了一个模型,把货币部门放在了首要位置,更新了国际收支调整的传统观点。他指出运用恰当的货币政策和财政政策调节资本的跨国流动,可以有效解决内外平衡问题。完全资本流动不符合布雷顿森林体系要求。1973年,布雷顿森林体系崩溃后,国际资本流动规模迅速扩大,对一国的内外均衡产生重要影响。同时,理论上许多经济学家开始主张浮动汇率,实践中许多国家也开始实行有管理的浮动汇率制度。在这些国际经济活动的推动下,国际金融理论研究从片面地关注国际收支平衡,拓展到关注不同汇率制度下的国际收支调节及开放经济条件下的内外均衡的实现。许多重要的国际金融学概念得到重新定义,理论框架得以重新构建,更多的复杂因素被考虑到国际金融研究中,经济相互依存性和国际政策协调越来越得到国际金融学研究的重视。国际经济学的内容体系也得到极大的丰富和完善。②

---

① 胡静寅:《国际经济学》,机械工业出版社2017年版,第5页。
② 原毅军:《国际经济学》,机械工业出版社2005年版,第4页。

第四节 本书的结构安排

本书包括国际贸易和国际金融两部分内容，共计十六章。第二章至第十一章是国际贸易部分的内容，第十二章至第十六章是国际金融部分的内容。具体安排如下：

第一章是导论。

第二章介绍国际货物贸易。本章主要介绍了国际货物贸易商品的统计分类标准、国际贸易商品结构的分析框架，在此基础上阐述了国际货物贸易的发展历史、商品结构和地区分布。本章的目的在于加深读者对国际货物贸易现实的了解。

第三章介绍国际服务贸易。本章主要介绍了国际服务贸易的分类、发展现状，在此基础上介绍了国际服务贸易壁垒、服务贸易壁垒与自由化谈判的情况，最后介绍了《服务贸易总协定》。本章的目的在于加深读者对国际服务贸易现实的了解。

第四章介绍传统国际贸易理论。本章首先介绍了古典贸易理论中的绝对比较优势理论和相对比较优势理论，然后介绍了新古典贸易理论中的要素禀赋理论及其扩展以及里昂惕夫之谜。

第五章介绍国际贸易理论的新发展。本章主要介绍克鲁格曼的新贸易理论、异质性企业贸易理论和全球价值链理论、增加值贸易等内容。

第六章介绍保护贸易理论。贸易保护理论的发展经历了四个基本阶段：重商主义阶段、幼稚产业保护阶段、凯恩斯主义阶段和战略性贸易保护政策阶段。这些阶段是在特定历史条件下产生的，也是由各国经济利益驱动的。

第七章介绍国际贸易与经济增长。经济增长对国际贸易的影响表现在，经济增长通过生产的变动对贸易产生影响；经济增长使人们的收入提高从而引起需求变动，需求反过来也会影响贸易。国际贸易对经济增长的作用主要表现在，对经济资源的有效配置而带来的效率提高，以及对经济增长的动态作用。

第八章介绍国际资本流动和国际贸易。国际资本流动的经济效应主要包括国际资本流动对资本输出国、输入国及整个世界的影响。其代表性理论是麦克杜格尔模型，后经过肯普的发展，成为分析国际资本流动的一般理论模型。关于对外直接投资与贸易的关系，罗伯特·蒙代尔提出了著名的投资替代贸易的模型；日本经济学家小岛清提出了国际直接投资与国际贸易之间互补关系的理论。

第九章介绍劳动力国际流动和国际贸易。经济全球化促使劳动力跨国流动日益频繁，劳动力国际流动可以改变劳动力要素在全球的资源配置，会深刻影响劳动力输出国、输入国以及全球的经济发展和贸易格局。劳动力国际流动影响国际贸易的机制是，有助于对外贸易中的交易成本降低；有助于对外贸易中的交易信息获取；有助于对外贸易中的交易契约履行；有助于对外贸易中消费偏好的扩散。

第十章介绍国际贸易政策措施。国际贸易的政策措施主要包括关税措施、非关税壁垒以及出口鼓励措施与出口管制。关税是使用时间最长的限制进口的贸易政策工具，但并不是保护国内企业避免外国企业冲击的唯一手段，在现实社会中，非关税壁垒因具有隐蔽性和灵活性等优势而广受各国政策制定者的青睐。此外，出口鼓励措施和出口管制措施也是较为常见的贸易政策措施。本章将介绍关税的特征、各国征收关税的原因以及征收关税对进口国和出口国的影响，非关税壁垒的特征、类型以及出口鼓励措施和出口管制措施。

第十一章介绍区域经济一体化。区域经济一体化的产生和发展，引起许多经济学家对这一现象进行研究和探讨，形成了一系列的理论。经济一体化一般是从商品贸易开始的，因而经济一体化理论中首先出现的是有关贸易的一体化理论。

第十二章介绍国际收支。国际收支平衡是整个宏观经济均衡的重要组成部分。在经济日益全球化的今天，国际收支均衡越来越受到人们的重视。不论国际收支赤字还是盈余，它们的持续存在都会通过各种传递机制对国内经济产生或大或小的不利影响，妨碍内部经济均衡目标的实现。本章首先介绍了国际收支的基本含义和国际收支平衡表，之后介绍了国际收支不平衡的原因、类型、差额口径和影响，最后介绍了国际收支调节的机制和理论。

第十三章介绍外汇与外汇市场。在国际经济交往中，进出口商为了结清货款、投机者为了获利、银行为了轧平头寸，或者都为了避免外汇风险，总要进行各种各样的外汇交易。本章首先介绍了外汇和外汇市场的基本概念及作用，其次进一步介绍了传统外汇市场交易和衍生外汇市场交易中的各种外汇交易，最后对外汇风险和外汇管制进行了详细的介绍。

第十四章介绍汇率与汇率理论。汇率决定理论是西方外汇理论的核心，也一直是国际经济学中最为活跃的领域之一，它研究汇率由哪些因素决定以及汇率变动受哪些因素影响。在现实世界中，汇率变动反复无常，影响其变动的因素是多方面的，有经济因素、政治因素、心理因素等，有时它还受突发事件及新闻报道的强烈影响。从理论发展来看，有关汇率决定理论较多，随着世界经济的发展和国际货币体制的变迁，汇率决定理论也在不断发展。本章首先介绍了汇率的概念、标价方式和种类，并分析了影响汇率变动的因素以及汇率变动对经济的影响，然后分析了不同的汇率制度，最后重点介绍了汇率决定理论。

第十五章介绍开放经济条件下的宏观经济。本章首先介绍了内部均衡和外部均衡的目标，并分析了内部均衡和外部均衡的关系，然后利用开发经济下的宏观经济模型讨论了固定汇率制与浮动汇率制下财政政策和货币政策的作用效果，最后介绍了开放经济下的宏观经济政策工具、国际储备管理以及开放经济体的财政政策和货币政策。

第十六章介绍国际货币体系。国际货币体系是指在国际经济关系中，为满足国际间各类交易的需要，各国政府对货币在国际的职能作用及其他有关国际货币金融问题所制定的协议、规则和建立的相关组织机构的总称。本章首先介绍了国际货币体系的概念和演变，然后分别介绍了布雷顿森林体系、牙买加体系、欧洲货币体系，最后介绍了国际货币体系的改革以及中国对国际货币体系的发展策略和角色定位。

本章小结

1. 国际经济学的产生。国际经济学以经济学的一般理论为基础，研究发生在主权国家之间的经济活动，是一般经济理论在国际经济活动范围中的应用与延伸，是经济学体系的有机组成部分。国际经济学的研究对象就是由各国间的国际贸易与国际金融这两种形式的经济活动所引起的国际经济关系。因此，国际经济学是一门通过对国际贸易、国际金融以及国家宏观经济政策的分析来研究国际经济关系并揭示其传导机制及规律的理论经济学。

2. 国际贸易理论的发展。国际贸易理论发展至今，经历了不同的发展阶段，以第二次世界大战作为分界线，可分为传统贸易理论和现代贸易理论两个阶段。其中，传统贸易理论可进一步分为古典贸易理论和新古典贸易理论两个阶段，古典贸易理论主要包括绝对优势理论和比较优势理论,新古典贸易理论主要以要素禀赋理论作为代表性理论。现代贸易理论主要包括新贸易理论和新新贸易理论。

3. 国际金融理论的发展。国际金融理论涉及的领域较多,包括国际收支及其调整理论、外汇汇率决定理论、国际货币体系理论等。不过,总的来看,国际金融理论主要是从货币金融角度研究开放经济下内外均衡同时实现的问题,或者说,国际金融理论是基于开放的宏观经济视角,从货币金融角度研究在内部均衡约束条件下的外部均衡问题,并在此基础上提出解决外部均衡的方案。因此,国际金融理论的核心是外部均衡问题,即国际收支及其调整理论。

 推荐阅读

1. 〔澳〕理查德·庞弗雷特著,殷德生译:《国际贸易理论与政策讲义》,格致出版社,上海人民出版社 2017 年版。
2. 〔美〕托马斯·弗里德曼著,何帆等译:《世界是平的:21 世纪简史》,湖南科学技术出版社 2008 年版。
3. 李坤望:《国际经济学(第四版)》,高等教育出版社 2016 年版。

 复习思考题

1. 简述国际经济学的发展脉络。
2. 简述国际分工的演变与发展。
3. 简述国际经济学的研究对象。
4. 简述国际经济学的研究内容。

21世纪经济与管理规划教材
经济学系列

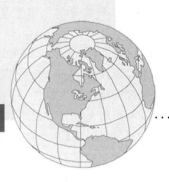

第二章

国际货物贸易

【关键词】

国际货物贸易　　　　　　　国际货物贸易商品结构
SITC　　　　　　　　　　 商品技术复杂度
HS 编码　　　　　　　　　 国际货物贸易格局
BEC

> **导入案例**

中国 2015 年仍为欧盟第二大货物贸易伙伴

欧盟统计局公布的 2015 年欧盟对外货物贸易数据显示,美国和中国 2015 年继续稳居欧盟前两大货物贸易伙伴地位。中国 2015 年继续成为欧盟最大进口来源国,欧盟从中国进口的货物总量占从非欧盟国家进口总额的 20%。

2015 年,美国在欧盟对外货物贸易总额中所占比重为 18%。2015 年,瑞士和俄罗斯是欧盟的第三和第四大货物贸易伙伴,欧瑞、欧俄商品进出口贸易总额分别为 2 530 亿欧元和 2 100 亿欧元,瑞士和俄罗斯在欧盟对外货物贸易总额中所占比重分别为 7% 和 6%。

欧盟统计局发表的统计报告指出,欧中货物贸易增长最快。2015 年,中国在欧盟对外货物贸易总额中所占比重已经由 2012 年的 7% 上升到 15%。自 2011 年以来,美国在欧盟对外货物贸易总额中所占比重持续上升。自 2013 年以来,俄罗斯在欧盟对外货物贸易总额中所占比重大幅下降。相比之下,瑞士在欧盟对外货物贸易总额中所占比重保持稳定。

数据还显示,美国、中国和瑞士为欧盟三大出口目的地,分别占欧盟向非欧盟国家出口总额的 21%、10% 和 8%。中国、美国和俄罗斯则为欧盟三大进口来源国,分别占欧盟从非欧盟国家进口总额的 20%、14% 和 8%。

据统计,中国在 2006 年取代美国成为欧盟最大进口来源国,当年进口额上升 21%,达到 1 915 亿欧元。欧盟与美国之间的贸易自 2011 年起扭转颓势,此后欧美贸易额占欧盟全球贸易额的比重逐年增加;欧中贸易额占欧盟全球贸易额的比重从 2002 年的 7% 增加至 2015 年的 15%;欧俄贸易比重从 2013 年开始急剧下降;欧盟与瑞士之间的贸易比重则多年来几乎保持不变。

资料来源:"中国 2015 年仍为欧盟最大进口来源国",中央政府网,2016 年 4 月 1 日;"欧盟统计局:中国继续成为欧盟第二大贸易伙伴",新华网,2016 年 4 月 5 日。

第一节 国际货物贸易商品的统计分类标准

一、国际货物贸易的定义与特点

(一)货物贸易的定义

根据贸易的不同标的,国际贸易可以分为三个部分:国际货物贸易、国际服务贸易以及国际技术贸易。[①] 其中,国际货物贸易(货物进出口)是最早、最基本的国际贸易形式。在国际贸易领域,国际货物贸易作为最主要的构成部分,其贸易额远远超过 20 世纪 90 年代才开始蓬勃发展的国际服务贸易的贸易额。

国际货物贸易(World Merchandise Trade)是指不同的国家和地区之间进行的以实物形态表现的各种实物性商品的交换。由于物质商品是有形的,是可以看得见、摸得着的,因此货物贸易通常又被称为有形贸易(Tangible Trade)。

(二)货物贸易的统计对象

国际货物贸易统计数据是深入研究国际货物贸易的发展特点、趋势、贸易结构、贸易地

---

① 蔡春林:《国际贸易》,对外经济贸易大学出版社 2012 年版,第 235 页。

理方向、各国贸易条件、贸易依存度等的基本依据。为消除各国在贸易统计编制上的差异，提高贸易统计的国际可比性，联合国制定了国际贸易统计的记录制度与贸易统计的国际标准，以供各国参考执行。目前共有两种贸易统计记录制度被不同的国家或地区采用：一种是专门贸易记录制度，它以货物是否办理完海关实际进出口手续作为统计界限；另一种是总贸易记录制度，它以一国的统计地域是否与该国的经济领土相一致作为该国的海关统计界限。

联合国贸易统计局将所有进出口货物按照统计界限分为：列入贸易统计的货物、不列入贸易统计的货物、单项统计的货物。其中，列入贸易统计的货物有：非货币黄金；未发行的钞票、证券以及非流通中的硬币；易货贸易货物；政府贸易；食品和其他人道主义援助；军品；各类旅行者（包括非居民工人）获得并以国家法律界定为重要规模的货物；寄售货物；电、气和水资源；邮递物品；知识产权贸易；用于加工的货物；母公司与其直接投资企业（子公司/分公司）之间的交易引起的跨边界货物；退运货物，指货物进出口后被退运进出境的未改变货物本质归属性质的货物；移民财物；缓冲存货组织转出或转入货物；金融性租赁货物；船舶、飞机及其他移动设备；（从一国经济领土）提供给编制国经济领土上的货物或从编制国发送到（另一国经济领土）的货物；外国船舶在本国港口卸下的或本国船舶在公海上从外国船舶上获得的鱼货、海底矿物或打捞的财物；燃料、补给品、压仓物和垫仓物；作为商品进行交易的空瓶子；有正残值的废碎品。

（三）货物贸易的特点①

相对于服务贸易而言，货物贸易具有以下特点：

（1）有形性。进行货物贸易的商品是具体的、有形的，是看得见和摸得着的产品，生产者和消费者可以就某一产品进行交易。相对而言，服务贸易的产品是无形的，它仅仅是一种劳务或服务。

（2）可储存性。货物贸易的商品是可以储存的，一般是生产者先生产，然后进行一段时间的储存，再销售给消费者。而服务贸易是不能储存的，生产和消费一般同时进行。正是由于货物的可储存性，商人们可以利用其价格的变动进行投机活动，以获得利益。

（3）贸易的统计是有形的。货物贸易是有形的，所以其进出口都由所在国的海关进行监管，贸易规模也都有海关进行统计。服务贸易是无形的，海关对此无法进行监管和统计，所以各国对服务贸易的统计是由外汇管理部门负责的。

（4）存在贸易壁垒。目前世界各国为了保护本国国内的工农业，都设置了多种形式的、合法或不合法的贸易壁垒，以限制外国产品的进入。货物贸易的壁垒大体上有两类：一类是关税壁垒，即通过对进口产品征收较高的关税，以提高其进口成本，降低其竞争力，达到保护国内市场的目的；另一类是形形色色的非关税壁垒，如进口配额、技术标准等。服务贸易因为不受海关的监管和征税，所以不存在关税壁垒和非关税壁垒，它的壁垒一般是通过对外商投资进行限制和国民待遇的不平等来实施的。

与一般的国内贸易相比，国际货物贸易具有以下特点。

（1）国际货物贸易受到不同国家和地区的政策措施、法律体系、投资环境的综合影响，不仅存在文化、习俗、语言等的差异，还会受到国家政治、经济双边关系及国际局势的影响，因此，其复杂程度更高。

---

① 徐复：《中国对外贸易概论（第3版）》，南开大学出版社2012年版，第75页。

（2）国际货物贸易的交易数量和金额一般较大,运输距离较远,履约时间较长,因此贸易双方承担的风险更大。

（3）国际货物贸易的交易过程涉及运输、保险、银行、检疫等多部门的协作配合,交易过程中环节和手续更多。

二、国际货物贸易商品的统计分类标准

（一）《国际贸易标准分类》

国际贸易中的货物种类繁多,为了便于统计及兼顾国际通用性,联合国统计委员会研究制定了《国际贸易标准分类》(SITC),把货物贸易分为10大类、63章、233组、786个分组和1 924个基本项目。其中,0—4类为初级产品,5—9类为工业制成品,供各国对外贸易统计之用。SITC的主要大类划分以及具体细分情况如表2-1所示。

表2-1 SITC主要部门划分及其细分

部门代码	具体名称
SITC10大类	
0	食物和活的动物
1	饮料和烟草
2	除燃料外的不能食用的天然原料
3	矿物燃料、润滑剂及相关原料
4	动植物油、脂肪和蜡
5	化学制品
6	主要按原料分类的制成品
7	机械和交通设备
8	各种机器制成品
9	不能在其他地方分类的商品和业务
第7大类（机械和交通设备）包含9章	
71	发电机械设备
72	个别工业专用机械
73	金属加工机械
74	一般工业机械和设备以及机器零件
75	办公室机器和自动资料处理仪器
76	电信和录音及音响设备和仪器
77	电气机械、仪器和用具及零件
78	道路车辆（包括气垫车辆）
79	其他运输设备
第74章包含9组	
741	加热和冷却设备及零件
742	水泵、灌溉设备及零件
743	空气压缩机、通风设备和离心机设备及零件

(续表)

部门代码	具体名称
744	机器运输设备及零件
745	塑料机械工具装置及零件
746	轴承类装置
747	龙头、旋塞、阀门类器具以及管道、锅炉类设备及零件
748	传动轴、齿轮以及铰链类装置
749	一般工业机械类其他零部件

SITC 采用经济分类标准,即按原料、半成品、制成品分类并反映商品的产业部门来源和加工程度。该标准目录使用 5 位数字表示,第 1 位数字表示类,第 2 位数字表示章,第 3 位数字表示组,第 4 位数字表示分组,第 5 位数字表示项目。自 1951 年颁布实施以后,进行了数次修订,除门类框架不动以外,其他类目随着层次的增加变动也相应扩大。用 SITC 编辑和报告所有国家的贸易信息,其广泛性的分类可使调查者在分析各国参与世界贸易的种类时,很容易对比分析其贸易结构。

(二)《商品名称及编码协调制度》

国际货物商品分类的产生,除了便于各国对外贸易的统计,还有一个重要作用是各国对进出口本国的商品征收关税。随着国际货物贸易的发展,一个能满足关税、统计和国际贸易其他方面要求的商品目录需求越来越强烈。《商品名称及编码协调制度》(HS 编码)是由世界海关组织主持制定的一部供海关、统计、进出口管理及与国际贸易有关各方共同使用的商品分类编码体系,其涵盖了《海关合作理事会税则商品分类目录》(CCCN)和联合国的《国际贸易标准分类》(SITC)两大分类编码体系,是系统的、多用途的国际贸易商品分类体系。当前世界上有 200 多个国家使用 HS 编码,其已成为国际贸易的一种标准。中国海关自 1992 年 1 月 1 日开始使用。

HS 编码每 4 年修订一次,其总体结构包括三大部分:归类规则,类、章及子目注释,按顺序编排的目与子目编码及条文。HS 编码采用六位数编码,把全部国际贸易商品分为 22 类、98 章。HS 编码的 21 类具体情况如表 2-2 所示。章以下再分为目和子目。其中,类是按照生产部类划分,章是按商品属性或用途划分,目是按动植物顺序、原材料到最终产品顺序、加工程度低到加工程度高的顺序划分。商品编码第一、二位数码代表"章",第三、四位数码代表"目"(Heading),第五、六位数码代表"子目"(Subheading)。例如,62.05 代表第 62 章(机织服装)05 顺序号下的商品为机织男衬衫。有的国家根据本国的实际,已分出第七、八、九位数码。中国目前使用的 HS 编码一共 10 位,其中前 8 位等效采用 HS 编码,最后两位是中国子目,是在 HS 分类原则和方法基础上根据中国进出口商品的实际情况延伸的两位编码。

表 2-2　HS-2 编码具体情况及所包含商品种类数量

HS-2	中文名称
01—05	活动物和动物产品
06—14	植物产品

(续表)

HS-2	中文名称
15	动、植物油脂及其分解产品；动植物蜡
16—24	食品、饮料和烟草
25—27	矿产品
28—38	化学工业及相关工业产品
39—40	塑料及其制品；橡胶及其制品
41—43	生皮、皮革、毛皮；鞍具；旅行用品、手提包及类似品；动物肠线制品
44—46	木及相关制品；稻草、秸秆或其他编织产品
47—49	木浆与纸制品
50—63	纺织原料及纺织制品
64—67	鞋、帽、伞、杖、鞭及其零件；已加工的羽毛及其制品；人造花；人发制品
68—70	石料、石膏、水泥材料制品；陶瓷及玻璃制品
71	珍珠、宝石及贵金属制品
72—83	贱金属及其制品
84—85	机电产品
86—89	车辆、航空器、船舶及有关运输设备
90—92	光学及医疗设备
93	武器、弹药及其零件
94—96	杂项制品
97	艺术品、收藏品及古物

（三）按经济大类的分类

为了将对外贸易统计数据同一国国民核算和工业统计等其他类型的一般经济统计放在一起处理，了解商品的最终用途，以及进行国家、区域或世界的经济分析，联合国统计司将SITC数据转换为按照经济大类（BEC）来划分的数据，即资本货物、中间货物和消费品。BEC包括19个基本类型，每个类型是将SITC中的基本标准类别重新组合而成，反映了每个基本标准类别，包括商品的最终用途。BEC所包含的19个基本类型的具体情况如表2-3所示。世界各国希望利用联合国的BEC分类方法对进口货物进行分类指南，并且对BEC分类进行调整，使其符合各国的具体用途，因此，BEC不能被视作同SITC相似的分类方法。

表2-3 BEC大类的19个基本类型

BEC大类名称	具体代码	包含内容
资本品	41	资本货物（运输设备除外）
	521	工业运输设备
中间品	111	食品和饮料，初级，用于工业
	121	食品和饮料，加工，用于工业
	21	未另归类的工业用品，初级

(续表)

BEC 大类名称	具体代码	包含内容
	22	未另归类的工业用品,加工
	31	燃料和润滑剂,初级
	321	汽油
	322	燃料和润滑剂,加工
	42	资本货物零配件
	53	运输设备零配件
	7	未另归类货物
消费品	112	食品和饮料,初级,用于消费
	122	食品和饮料,加工,用于消费
	51	载客汽车
	522	运输设备,非工业
	61	未另归类的消费品,耐用品
	62	未另归类的消费品,半耐用品
	63	未另归类的消费品,非耐用品

第二节 国际货物贸易的商品结构分析框架

目前,针对贸易商品结构划分的问题,国内外学者已经进行了大量的研究。主要的分析框架和研究方法有三种:国际机构的商品结构分析框架、劳尔的制成品商品结构分析框架和基于技术复杂度指标构建的商品结构分析框架。

一、国际机构的商品结构分析框架

最基本的固定标准分类方法就是依据 SITC、HS 编码、BEC 或者其他机构制定的一些标准,对这些编码下的商品进行全部产业或者某几个产业的贸易统计,只要将每年的数据加总就可以得到一个国家对外贸易的商品结构。例如,在 SITC 一位码的分类基础上,一些国际组织将 SITC 分类中的第 7 类(机械和交通设备)和第 8 类(各种机器制成品)等大类产品认为是具有较高技术含量的产品,而前四类(第 0 类(食物和活的动物)、第 1 类(饮料和烟草)、第 2 类(除燃料外的不能食用的天然原料)、第 3 类(矿物燃料、润滑剂及相关原料))被认为是仅仅具有低技术含量的劳动密集型产品,其他各类产品被认为是资本密集型产品,从而在此框架下进行贸易结构分析。

二、劳尔的制成品商品结构分析框架[①]

Lall(2000)根据不同商品的要素投入、技术活动相关指标以及工业技术知识等,将 SITC

---

① 魏浩、郭也等:"中国进口商品结构及与贸易伙伴的关系研究",《经济理论与经济管理》,2014 年第 5 期,第 97—112 页。

Rev.2下的三位码230多种出口商品分为五大类:初级制成品(PM)、资源型制成品(RB)、低科技含量制成品(LT)、中等科技含量制成品(MT)和高科技含量制成品(HT),如表2-4所示。

表2-4 工业制成品贸易结构分类标准

制成品分类	英文代码	产品数量	代表性产品
初级制成品	PM	48	铜、铁、锌
资源型制成品	RB	62	—
基于农业型制成品	RB1	35	饮料、木制品、食用油
其他产品	RB2	27	石油/橡胶类制品、水泥、宝石、玻璃
低科技含量制成品	LT	44	—
纺织、服装、鞋类产品	LT1	20	纺织品、衣服、帽子、皮革、旅行用品
其他产品	LT2	24	瓷器、简单金属零件、玩具、塑料用品
中等科技含量制成品	MT	58	—
自动化设备	MT1	5	商业及客用车辆、摩托车及零件
加工类制成品	MT2	22	合成纤维、化学品及染料、化肥、钢、铁管
工程类制成品	MT3	31	发动机、工业机械、船只、抽水机、钟表
高科技含量制成品	HT	18	—
电子和电力制成品	HT1	11	办公/数据处理/电信设备、晶体管、发电设备
其他产品	HT2	7	医药产品、航空类产品、光学/测量设备

资料来源:Lall, S.,"The Technological Structure and Performance of Developing Country Manufactured Exports, 1985—1998", *Oxford Development Studies*, 2000, 28(3), 337—369.

对于初级制成品(PM)(不包括特殊的交易),不需要在比较优势和技术层面上进行过多的分析。对于其他制成品,按技术含量分类如下。

1. 资源型制成品

资源型制成品(RB)的生产技术比较简单,且劳动密集度较高,但有些产品的生产仍属于资本、规模、技术密集型(如石油提炼和现代食品加工);这类产品的比较优势主要来自本地自然资源的可获得性。这类产品又分为两种类别:基于农业型制成品(RB1)和其他产品(RB2)。

2. 低科技含量制成品

低科技含量制成品(LT)生产使用较为稳定和容易扩散的技术,这种技术通常体现在资本设备中,生产只需要简单的技能;多数这类产品不存在差异化并且以价格作为竞争手段,需求弹性较小;规模经济和市场进入的障碍较小。然而部分低科技产品由于存在品牌、专业技能、设计、技术成熟度等因素影响而属于高质量的产品。我们需要关注的是发展中国家生产这些产品主要集中在属于低质量的生产环节,其竞争力主要依赖产品的价格而不是质量。这类产品又划分为两类:纺织、服装、鞋类产品(LT1)及其他产品(LT2);前一类产品的生产经历了从发达国家向发展中国家大量转移的过程,即生产的加工操作阶段转移到工资低廉的国家,而产品复杂的设计和生产仍保留在发达国家,正是这种转移推动了这类产品的出口增长。

3. 中等科技含量制成品

中等科技含量制成品(MT)包括需要大量技能及规模密集型技术的资本品和中间产品，是成熟经济工业活动的核心内容。这类产品的生产需要使用复杂的技术、较高的研发投入、高级技能和较长的学习时间。这类产品中的自动化设备和工程类设备等各类产品之间存在很强的关联效应，需要企业之间进行很好的相互沟通才能达到良好的技术效应。这类产品主要分为三类：①自动化设备(MT1)。这类产品在新兴工业化国家的出口有特别的利益，特别是在亚洲和拉丁美洲国家及地区。②加工类制成品(MT2)。该类产品比较稳定且无差异，但是生产通常需要大规模的设施并且在改进设备和优化复杂生产过程中要付出巨大的努力。③工程类制成品(MT3)。该类产品强调的是产品的设计和研发，需要大量安装和生产车间，还需要有广泛的供应商网络。这些产品的生产进入障碍较高，劳动密集型生产过程转移到低工资国家的情况虽然存在但并不广泛，因为这类产品本身巨大且需要较高的能力才能达到世界标准。

4. 高科技含量制成品

高科技含量制成品(HT)生产需要高度先进和快速变化的科技，需要投入大量的研发经费且主要强调产品的设计。最先进的科技来自成熟的科技基础设施、高水平的专业化技能、企业之间及企业和大学、研究机构的紧密沟通配合。然而，一些高科技产品(如电子类产品)存在劳动密集型的组装阶段，所以能够把组装环节转移到工资较低的国家进行生产，因而这类产品的生产导致了新的国际生产体系，跨国公司根据生产成本把不同的生产过程放在不同的地点以获取利润的最大化。这类产品分为两大类：电子和电力制成品(HT1)及其他产品(HT2)。

三、基于技术复杂度指标构建的商品结构分析框架

目前，针对进出口商品的技术结构划分的问题，国内外学者已经进行了大量的研究，主流的研究方法是：首先，利用技术复杂度指数给每种商品进行技术赋值；其次，按照技术赋值把商品进行分类，构建分析框架。

(一) 商品技术复杂度的测度方法

技术复杂度指标，即赋予每一种商品一个技术附加值，然后按照技术附加值的大小进行商品分类。技术复杂度指标的计算方法有很多种，不同方法的差异主要在于赋值的权重不同。目前，按技术复杂度划分商品结构的分类方法主要有：

方法1：首先将一国出口一种商品占世界总出口该商品的份额乘以本国人均GDP，然后对各国的数值进行加总。

方法2：首先计算各国出口一种商品占本国出口总量的比值，再将一国的这一比值除以各国该比值之和，最后乘以本国人均GDP并对各国数值进行加总。

方法3：首先计算各国一种商品的显示性比较优势指数(RCA)，然后将一国的RCA除以各国该商品的RCA之和，最后乘以本国人均GDP并对各国数值进行加总。

方法4：首先计算一国出口一种商品占世界总出口该商品的份额，然后除以本国的出口贸易依存度，其后将一国的该值除以各国该值之和，最后乘以本国人均GDP并进行加总。

方法5：首先所有国家按照人均GNI分为十个收入等级，然后计算每个收入等级国家在一种商品世界出口上的份额，最后乘以各收入等级的平均GNI并进行加总。

(二) 按技术复杂度指标对贸易商品进行分类的方法

目前,按技术复杂度指标对贸易商品进行分类的方法主要有:

方法 1:等商品种类分类法。将赋值以后的商品依据升序排列,如果将所有 n 个商品分为 M 类,则每类里包含 n/M 个商品。

方法 2:等世界份额分类法。把世界看作一个经济体,世界在所有 M 大类商品上的份额都等于 $1/M$,例如,5 大类商品上的份额都等于 20%,也就是说,这种分类方法是以世界的贸易结构为基准,来决定有多少商品归入各大类商品的。

方法 3:等技术赋值分类法。例如,如果要把出口商品按技术程度分为 5 类,将赋予所有贸易品的技术含量数值从低到高排列,把技术含量的数值进行 5 等分,以此来决定商品的分类。

方法 4:把非技术性商品单独分类法。为了避免自然资源等因素对国家贸易结构的干扰,将资源类等非技术性商品单独进行归类。魏浩(2014)[①]将非技术性商品单独归类,并把技术性商品赋值后按照等商品分类法分类。

方法 5:肘函数和 K 均值分类法。为克服已有研究对商品分类的随意性,魏浩等(2016)[②]在对非技术性商品单独进行分类的基础上,利用肘函数方法确定商品分类组数,利用 K 均值算法对技术性商品进行分类,构建新的国际贸易商品结构分类框架。

相关案例 2-1

中国进出口商品技术结构的测算

分析框架的构建

根据数据的可得性,魏浩等(2016)构建的商品分析框架共包含 3 116 种商品,分成 11 类,其中,将技术特征不明显的商品分成 5 类,将技术特征明显的商品用 K 均值和肘函数方法分成 6 类。利用技术复杂度指数计算商品的技术含量,因为 UN comtrade 数据库中缺少一些商品的各国进口贸易额详细信息,最终只有 1 772 种商品能被赋予技术含量,再加上 1 344 种非技术类商品,最终整理后共有 3 116 种商品。使用肘函数方法确定最优分类数目 6 类,利用 K 均值算法对商品进行分类,最终将其分为低技术、中低技术、中等技术、中高技术、高技术和特高技术 6 类。具体分类结果见表 2-5。

表 2-5 国际贸易商品结构分类标准

产品分类	类别名称	商品数量	代表性商品
初级产品	非农业型初级商品	88	铁矿石、铜矿石、矿物油、天然气、柴油、沥青、煤、电
	农业型初级商品	627	粮食、蔬果、活家禽、木头、冷冻和鲜动物肉、烟草
工业制成品	金属类制成品	239	铁、锌、锰、铝、不锈钢、铝箔
	农业型制成品	127	橡胶制品、木制品、纸与纸板、动物皮、瓶塞
	其他类制成品	263	乙烯、石灰、瓷砖、胶粘剂、珍珠

---

① 魏浩:"中国进口商品的国别结构及相互依赖程度的研究",《财贸经济》,2014 年第 4 期,第 69—81 页。
② 魏浩、赵春明、李晓庆:"中国进口商品结构变化的估算:2000—2014 年",《世界经济》,2016 年第 4 期,第 70—94 页。

(续表)

产品分类	类别名称	商品数量	代表性商品
	低技术商品	152	纺织纱线、化肥、玩具、伞、烟花、印花染布
	中低技术商品	268	气垫、厨具、打字机、显示器、服装、聚酯纤维、遮阳材料
	中技术商品	332	办公用品、半导体、化妆品、车床、乐器、交流电机
	中高技术商品	409	合成纤维、发动机、汽车配件、家电、炸药、雷达、变阻器
	高技术商品	427	高分子聚合物、航天器、核反应堆、印刷排版机、起落架、飞机零件、激光器
	特高技术商品	184	坦克、数控车床、射线疗法装置、航空器弹射器、测绘仪

需要说明的是,在对工业制成品进行分类时,考虑到资源的特殊性,把资源类制成品专门提了出来并分为 3 类:金属类制成品(矿产资源型制成品)、农业型制成品、其他类型制成品。虽然,金属类制成品也具有技术属性,但是,与一般工业制成品不同,这类产品对矿产资源的依赖性特别高。

中国进出口商品结构的历史变迁

通过进口商品结构和出口商品结构的对比,可以发现,2000—2014 年,在进口方面,非农业型初级产品、高技术产品在中国进口总额中所占份额大幅度增加,中国进口商品结构发生了根本性变化;在出口方面,中高技术产品在出口中所占份额有所增加,但是,增加幅度不明显,中国出口结构没有发生根本性的变化,目前,中国主要出口中等技术产品、中低技术产品。具体结果见表 2-6。

表 2-6 2000—2014 年中国进口、出口商品结构的变迁 单位:%

产品分类	产品类型	进口							出口	
		2000	2005	2010	2011	2012	2013	2014	2000	2014
初级产品	非农业型初级产品	10.14	13.62	25.57	28.45	28.79	28.90	27.91	2.39	0.45
	农业型初级产品	8.96	7.07	9.45	10.00	10.50	8.32	8.17	7.12	3.62
	合计	19.10	20.69	35.02	38.45	39.29	37.22	36.08	9.51	4.07
工业制成品	金属类制成品	5.83	5.27	6.11	5.42	4.95	4.42	4.32	2.72	4.50
	农业型制成品	3.30	1.42	1.29	1.15	1.13	1.15	1.13	1.74	1.94
	其他类制成品	3.34	3.15	3.70	3.91	3.80	4.46	5.87	3.77	6.43
	低技术产品	7.95	13.91	0.14	0.13	0.13	0.13	0.13	14.04	6.72
	中低技术产品	6.68	7.10	5.70	4.75	5.13	5.15	4.65	29.87	31.42
	中等技术产品	15.83	14.96	11.75	10.11	9.93	9.40	9.21	23.55	22.23
	中高技术产品	15.34	13.08	13.09	11.81	11.42	11.67	11.82	9.28	14.01
	高技术产品	14.37	12.83	17.89	18.80	19.35	21.54	21.45	4.37	7.20
	特高技术产品	4.96	4.25	5.31	5.47	4.87	4.87	5.35	1.14	1.48
	合计	80.90	79.31	64.98	61.55	60.71	62.78	63.92	90.48	95.93

中国与其他发展中国家进口商品结构的比较

与其他发展中国家相比,2014 年,高技术产品在中国进口中的比例只高于巴西、泰国、印度、印度尼西亚和越南,中高技术产品在中国进口中的比例只高于菲律宾、南非和印度。这就说明,与其他发展中国家相比,中高技术产品、高技术产品在中国进口总额中的份额还是偏低。具体结果见表 2-7。

表 2-7　2014 年中国与发展中国家进口商品结构比较　　　　　　单位:%

产品分类	产品类型	中国	菲律宾	马来西亚	巴西	南非	墨西哥	泰国	印度	印度尼西亚	越南	俄罗斯
初级产品	非农业型初级产品	27.91	13.08	8.96	14.56	20.00	2.96	20.99	42.15	13.08	3.30	2.23
	农业型初级产品	8.17	14.07	12.50	6.96	7.87	8.74	7.74	6.56	15.37	15.12	14.97
	合计	36.08	27.15	21.46	21.52	27.87	11.7	28.73	48.71	28.45	18.42	17.20
工业制成品	金属类制成品	4.32	4.03	11.25	4.10	3.02	5.05	11.73	11.47	7.80	9.02	3.29
	农业型制成品	1.13	2.09	1.80	2.00	2.44	3.19	1.51	1.02	1.89	3.42	2.56
	其他类制成品	5.87	3.37	4.30	6.15	4.50	4.34	4.17	9.33	6.40	3.74	2.90
	低技术产品	0.13	4.30	0.56	1.06	1.24	0.55	0.39	0.35	1.30	1.10	1.15
	中低技术产品	4.65	5.43	5.27	5.89	8.41	7.69	5.95	5.60	6.76	10.50	9.62
	中等技术产品	9.21	10.16	11.34	11.66	8.35	14.84	11.39	4.71	10.13	15.63	11.66
	中高技术产品	11.82	11.30	15.93	18.80	11.57	25.38	15.51	6.82	17.04	19.02	18.05
	高技术产品	21.45	27.88	23.13	20.81	25.63	22.20	16.41	9.61	15.69	14.14	24.65
	特高技术产品	5.35	4.27	4.95	8.01	6.99	5.05	4.20	2.37	4.53	5.01	8.91
	合计	63.92	72.83	78.53	78.48	72.15	88.29	71.26	51.28	71.54	81.58	82.79

中国与发达国家进口商品结构的比较

从进口商品结构来看,与 8 个发达国家相比,2014 年,除了日本、韩国,中国与其他 6 个国家的进口商品结构基本类似。2000 年,高技术产品在中国进口总额中的比例低于所有其他 6 个发达国家;2014 年,高技术产品在中国进口总额中的比例已经基本与其他 6 个发达国家持平。具体情况见表 2-8。

表 2-8　2014 年中国与发达国家进口商品结构比较　　　　　　单位:%

产品分类	产品类型	中国	韩国	美国	荷兰	日本	新加坡	英国	德国	法国
初级产品	非农业型初级产品	27.91	37.82	13.04	16.59	36.35	18.22	9.51	11.97	11.33
	农业型初级产品	8.17	7.78	7.02	16.17	11.09	6.63	11.61	9.98	11.41
	合计	36.08	45.60	20.06	32.76	47.44	24.85	21.12	21.95	22.74
工业制成品	金属类制成品	4.32	7.11	4.43	4.17	3.28	5.43	6.68	5.65	4.06
	农业型制成品	1.13	0.96	1.89	2.05	1.29	1.07	2.28	2.65	2.49
	其他类制成品	5.87	4.48	5.15	4.45	3.34	6.39	4.05	3.83	4.76
	低技术产品	0.13	0.64	1.48	0.76	1.43	0.47	1.09	0.85	1.01
	中低技术产品	4.65	5.55	13.50	8.68	10.68	5.79	10.83	8.70	9.31

（续表）

产品分类	产品类型	中国	韩国	美国	荷兰	日本	新加坡	英国	德国	法国
	中等技术产品	9.21	8.23	11.35	11.39	9.52	10.93	8.75	9.73	9.15
	中高技术产品	11.82	8.62	12.46	10.30	7.00	14.07	12.86	15.27	15.12
	高技术产品	21.45	12.15	22.50	16.57	10.40	22.00	23.81	23.50	22.95
	特高技术产品	5.35	6.65	7.18	8.87	5.62	9.00	8.52	7.86	8.41
	合计	63.92	54.39	79.94	67.24	52.56	75.15	78.87	78.04	77.26

资料来源：魏浩、赵春明、李晓庆，"中国进口商品结构变化的估算：2000—2014 年"，《世界经济》，2016 年第 4 期，第 70—94 页。

[问题思考] 试从中国国内经济发展的角度，分析进口商品结构变化的原因。

[案例点评] 内资企业日益重视技术水平的提升和产业结构的调整，除了自身内部加大研发力度，也逐渐通过进口先进机器设备、关键零部件等来提升自身的竞争力。另外，中国还加强了供水、供气、供热、电力、通信、公共交通、物流配送、防灾避险等各类基础设施的建设和改造，进口了大量的相关高端机器设备。

第三节 国际货物贸易格局的演变

一、国际货物贸易的发展历史

（一）古代的国际货物贸易

公元前 3500 年左右，人类文明始于中东，贸易也逐渐始于中东。在公元 100 年前后的古典时代鼎盛时期，国际贸易的萌芽产生了，当时各地区间交换的货物主要是罗马的亚麻布、金、银、铜、锡、玻璃，印度的香料、宝石，以及中国的丝绸。

公元 11 世纪至 13 世纪，西欧实力扩张，十字军通过多次东征夺得了地中海，使得地中海成为欧亚大陆贸易最重要的海上通道。到公元 14 世纪，整个欧洲已经形成多个主要贸易区：地中海贸易区（以意大利的威尼斯、热那亚和比萨为中心）、北海和波罗的海贸易区（以布鲁日为中心）、汉萨贸易区（以德意志北部和北欧斯堪的纳维亚为中心）、不列颠贸易区等。这些贸易区不仅区内贸易繁荣，也存在密切的区间贸易。同时，亚洲也形成了几个重要的贸易区：东亚贸易区（以中国、朝鲜和日本为中心）、东南亚贸易区（以越南南部和柬埔寨地区为中心）、南亚贸易区（以印度为中心）。在此阶段，亚欧之间也存在一定的贸易往来：西方从东方进口中国的丝绸、瓷器、茶叶，印度的珠宝、蓝靛、药材、地毯，以及东南亚的香料。但欧洲向东方出口的商品主要就是羊毛、羽绒和金属制品，存在巨额贸易逆差，所以不得不支付大量的黄金和白银。

（二）地理大发现对国际货物贸易的影响

1492 年，热那亚人哥伦布从西班牙出发经过大西洋，发现了美洲；1498 年，葡萄牙人达·伽马从欧洲绕过非洲南端的好望角到达印度。15 世纪的地理大发现所开辟的新航路和欧洲的殖民扩张促使以西欧为中心的世界市场进一步形成，贸易中心转移到大西洋沿岸的诸如阿姆斯特丹、巴黎、伦敦等城市,真正意义上的国际货物贸易开始发展。该时期,欧洲建立起了专门在全世界从事贸易活动的新型合股公司,例如荷兰、英国的东印度公司和荷兰、法国的西印度公司,至此国际贸易成为一个以谋利为目的的巨大产业开始运行。马克思和恩格斯曾在《共产党宣言》中写道:"美洲的发现,绕过非洲的航行,给新兴的资产阶级开辟了新的活动场所。东印度和中国的市场、美洲的殖民化、对殖民地的贸易、交换手段和一般商品的增加,使商业、航海业和工业空前高涨,因而使正在崩溃的封建社会内部的革命因素迅速发展。"①

延伸阅读
16—17世纪欧洲国家对国际贸易霸权的争夺

该阶段贸易流向基本是:①欧洲向美洲出口制造品,如纺织品、金属制品、家具、酒类和其他消费品;②美洲向欧洲运送殖民地开采的黄金和白银,烟草、棉花、粮食、糖和海产品等;③亚洲和东方各国向欧洲出口传统商品,如香料、丝绸、茶叶和咖啡等;④非洲向美洲输送的则是骇人听闻的凭借武器和欺骗获取的大批黑奴。世界市场在资本主义国家暴力掠夺、欺骗奴役的方式下被逐渐联为一体,欧洲资本主义国家在此贸易过程中获取了大量利润,积累了大量资本。

(三)工业革命对国际货物贸易的影响

18世纪60年代开始,欧美国家先后开始了工业革命,机器大规模制造得以实现,极大地推动了国际货物贸易的发展。从18世纪初到19世纪的将近100年里,世界贸易总额增长了1倍多。然而仅从1800—1870年的70年间,世界贸易总额就增长了6.7倍。从1870年到第一次世界大战前的1913年,尽管除英国以外的主要欧美国家开始实行贸易保护主义政策并先后出现了几次经济衰退,世界出口总额仍然从51.3亿美元增加到184亿美元,增长了将近2.6倍。②

资本主义机器大工业的建立促使生产规模空前扩大,国际贸易额迅速增长。从表2-9可以看出,世界贸易的年均增长率从1780—1800年的0.27%增加到1860—1870年的5.53%。在1840年以前,绝大多数年份的世界工业生产的增长速度超过世界贸易的增长速度。但自1840年起,情况则发生了变化,世界贸易的增长速度超过了世界工业生产的增长速度。

表2-9 1720—1870年世界贸易和工业的年均增长率   单位:%

年份	世界贸易增长率	年份	世界贸易增长率	年份	世界工业增长率
1720—1750	1.75	1720—1780	1.10	1705—1785	1.5
1750—1780	0.46				
1780—1800	0.27	1780—1820	1.37	1780—1820	2.6
1800—1820	1.50				
1820—1830	3.33	1820—1840	2.18	1820—1840	2.9
1830—1840	2.30				

---

① 《马克思恩格斯全集(第1卷)》,人民出版社1972年版,第252页。
② 〔英〕安格斯·麦迪森著,李德伟、盖建玲译:《世界经济二百年回顾(1820—1992)》,改革出版社1997年版,第45页。

（续表）

年份	世界贸易增长率	年份	世界贸易增长率	年份	世界工业增长率
1840—1850	6.46	1840—1860	4.84	1840—1860	3.5
1850—1860	3.25				
1860—1870	5.53	1860—1870	5.53	1860—1870	2.9

资料来源：W. W. Rostow, *The History and Prospects of the World Economy*. London：TEXAS University Press, 1978, 76。

工业革命后，国际货物贸易的商品结构和流向都发生了重大变化。主要表现在：①机器、纺织品特别是棉麻纺织品成为19世纪国际贸易中最主要的工业制成品；②大宗工业原料、棉花、黄麻、生丝、烟草以及矿产原料逐渐取代香料、茶叶等传统贸易品，成为19世纪初级产品贸易中的重要商品；③铁轨、机车、蒸汽机、矿山机械等机器设备和金属制成品成为重要的贸易产品；④农产品特别是谷物贸易大大增加。①

经过工业革命，世界形成了以西欧、北美国家生产和出口制成品，其余国家生产和出口初级产品并进口美国制成品的国际分工和贸易格局。国际贸易的基础已不仅是各国的天然资源，各国生产技术不同而产生的成本差异成为决定贸易模式的主要因素。②

（四）第二次世界大战后国际货物贸易蓬勃发展

第一次世界大战后，国际货物贸易缩减了40%，直到1924年才略超过战前水平。1929—1933年的大萧条及同期盛行的贸易保护主义使得国际货物贸易额又一次大幅下降并持续萎缩。直至第二次世界大战爆发前的1937年，世界出口总额也仅为254.8亿美元，尚未恢复到1929年372.5亿美元的水平，甚至低于1924年的275.95亿美元。直到第二次世界大战结束之后，由于工业技术的极大提升，飞机等运输工具的改进和使用愈发成熟，国际货物贸易出现蓬勃发展的态势，发展的速度和规模都远远超过19世纪工业革命后的贸易增长。从1950年到2015年的65年中，全世界的商品出口总值从约620亿美元增加到164 820亿美元，增长了近265倍，国际货物贸易在经济中的地位越来越重要。

特别是20世纪90年代以来，国际货物贸易主要呈现以下特点：

（1）国际货物贸易结构由传统的生产要素投入型向知识技术密集型转变。20世纪90年代到21世纪初，国际货物贸易结构主要表现为初级产品比重下降和工业制成品比重上升，资本密集型产品、技术密集型产品比重上升。其原因一是初级产品普遍具有需求收入弹性较低的特征，二是科学技术的先进化使得更多的替代物被应用于生产，使得天然原料等初级产品在国际货物贸易中的需求明显下降，甚至出现初级产品贸易的供应量大于工业化国家需求量的局面。但2008年经济危机后世界经济下行压力大，整体上制成品占货物贸易比重有所回落，但亚洲制成品贸易比重较稳定。

（2）发达国家间的货物贸易成为贸易的主要流向。第二次世界大战后随着制成品贸易数量和种类的增加，发达国家一直是国际货物贸易的主体。20世纪60年代初，北美、西欧和日本相互之间的贸易量约占当时世界总贸易量的40%；90年代初（1993年）增加到47%左

---

① 蔡春林：《国际贸易》，对外经济贸易大学出版社2012年版，第240页。
② 陈霜华：《国际贸易》，复旦大学出版社2006年版，第12页。

右;2000年,世界贸易总额的将近50%发生在欧美发达国家和日本之间;2008年,这一比例上升到54%左右。如果把新加坡、韩国等新兴工业化国家算上,这一比例会更高。①

(3)产业内贸易发展迅速。自第二次世界大战以来,国际贸易领域一个现象愈发受到关注②:一个国家既出口又进口同一个产业内的产品,例如日本向美国出口丰田汽车,同时又从美国进口福特汽车。凡登(Verdoorn)在考察比利时、荷兰、卢森堡经济联盟内部的贸易形式所发生的变化时,第一次注意到了这种贸易的存在,他发现,经济联盟内部各国专业化生产的产品大多是同一贸易分类目录下的。③ 为了研究国际贸易中商品集中度和价格弹性之间的关系,迈克利(Michaely)计算了商品出口和进口差异性的系数,他把商品分为5类,通过对36个国家数据的计算,发现在一般情况下,发达国家之间的进出口商品组成有较高的相似性,发展中国家之间的进出口商品相似性较小。④ 这种新的贸易类型可以概括为同一产业内的产品在国家间进行贸易的现象,巴拉萨(Balassa)把它称为产业内贸易(Intra-Industry Trade IIT)⑤,也有人称之为双向贸易(Two-Way Trade)和贸易重叠(Trade Overlap)。从统计上讲,产业内贸易是指一个国家在出口的同时又进口某种同类产品。这里的同类产品是指按SITC至少前3位数相同的产品,即至少属于同类、同章、同组的商品。

(4)国际货物贸易自由化进程加快,区域贸易集团化发展迅速。1993年11月1日,《马斯特里赫特条约》正式生效,欧盟正式诞生。1994年1月1日,《北美自由贸易协定》正式生效,北美自由贸易区(NAFTA)宣布成立,使得相互间双边贸易额达到历史最高水平。2010年1月1日,东盟自由贸易区正式启动,其目标是促进东盟成为一个具有竞争力的基地,以吸引外资;消除成员国之间关税与非关税障碍,促进本地区贸易自由化;扩大成员国之间互惠贸易的范围,促进区域内贸易;建立内部市场。此外,全球区域性自由贸易区如跨太平洋伙伴关系协议(TPP)、跨大西洋贸易与投资伙伴协议(TTIP)等均有所发展。

二、国际货物贸易格局分析

(一)国际货物贸易商品结构

国际货物贸易商品结构是指一定时期内各大货物或某种货物贸易在整个国际货物贸易中的构成。它是反映国际货物贸易发展水平、世界经济发展水平、产业结构状况的主要指标。随着国际分工的不断深化,国际货物贸易商品结构以及各国的进出口商品结构都在不断发生变化。⑥

1. 第二次世界大战前的国际货物贸易商品结构

第二次世界大战前,国际分工中占主导地位的是殖民主义宗主国与殖民地落后国家之间的垂直分工。殖民主义宗主国(欧洲国家)主要从事工业制成品的生产,殖民地落后国家

---

① 蔡春林:《国际贸易》,对外经济贸易大学出版社2012年版,第242页。
② 苑涛:"西方产业内贸易理论评述",《经济评论》,2003年第1期,第91—94页。
③ Verdoon. P. J., "The Intra-Block Trade of Benelux", Robinson, E. A. G., *Economic Consequences of the Size of Nations*, London: Macmillan, 1960, 291—329. 也有人认为,俄林(Ohlin)在1933年就意识到了产业内贸易的存在,见 Perdikis, N. and Kerr, *Trade Theories and Empirical Evidence*, Manchester and New York: Manchester University Press, 1998, 149.
④ Michaely, M., *Concentration in International Trade*, Amsterdam: North-Holland Publish Company, 1962.
⑤ Balassa, B., "Tariff Reductions and Trade in Manufactures among the Industrial Countries," *American Economic Review*, 1966, 56, 466—473.
⑥ 蔡春林:《国际贸易》,对外经济贸易大学出版社2012年版,第242页。

（亚非拉国家）主要从事以自然条件为基础的农业或矿业生产。而工业国与工业国之间,也发展了一种"水平式"分工,即工业部门间的分工。例如,英国侧重于钢铁的生产,挪威专门生产铝,德国侧重于发展化工企业,芬兰专门生产木材加工品。但是,这种"水平式"分工不是国际分工的主流。这一时期,国际货物贸易以初级产品贸易为主,初级产品贸易额在国际货物贸易额中所占比重长期稳定在60%以上(见表2-10)。针对具体商品来说,纺织品、粮食、煤炭、钢铁、农业原料、机器及运输材料等商品的贸易有较大增长,而香料、丝绸、咖啡、茶叶等大宗商品的贸易比重在下降。

表2-10 1876—1937年国际货物贸易结构　　　　　　　　　　单位:%

年份	初级产品比重	制成品比重
1876—1886	63.5	36.5
1886—1890	62.3	37.7
1896—1900	64.5	35.7
1906—1910	63.2	36.8
1913	62.5	37.5
1937	63.3	36.7

资料来源:尹翔硕,《国际贸易教程(第二版)》,复旦大学出版社2011年版,第243页。

在此期间,欧美国家控制了工业制成品的绝大部分市场:1899年,英国、美国、法国和德国输出的工业制成品占世界制成品输出总额的83.6%;1913年,这一比例为83.8%。在1876—1913年,北美在世界制成品出口总额中所占比重从1.4%上升到10.6%,而英国的比重从37.8%下降到25.3%,欧洲大陆各国比重保持不变,均为56%,日本的制成品出口有所增加。①

2. 第二次世界大战后的国际货物贸易商品结构

第二次世界大战后,国际分工逐渐由垂直分工向水平分工发展,由工业各部门之间的分工向工业部门内部的分工发展。工业制成品在国际货物贸易中的比重不断上升,初级产品在国际货物贸易中的比重不断下降。从1953年起,工业制成品贸易在国际货物贸易中所占的比重超过初级产品贸易所占的比重。1985年,工业制成品贸易占国际货物贸易总额的比重为62.3%,1999年该比重上升到76.5%,然而2006—2014年间,工业制成品贸易所占比重逐步下降到66.2%(见表2-11)。

表2-11 2006—2014年国际货物贸易结构　　　　　　　　　　单位:%

年份	工业制成品比重	初级产品比重
2006	70.1	29.9
2007	69.8	30.2
2008	66.5	33.5
2009	68.6	31.4
2010	67.1	32.9

---

① 陈同仇等:《国际贸易(第三版)》,对外经济贸易大学出版社2009年版,第25页。

(续表)

年份	工业制成品比重	初级产品比重
2011	64.6	35.4
2012	64.1	35.9
2013	64.7	35.3
2014	66.2	33.8

资料来源：WTO International Trade Statistics 2007—2015。

从细分世界货物贸易来看，2000—2014年，以进口为例，虽然世界进口商品结构发生了一定的变化，但整体上还是基本稳定的。具体来看（见表2-12）：①从主要变化来看，非农业型初级产品的市场规模急剧增加，占世界进口市场的比例从2000年的9.27%上升到2014年的16.66%，上升了大约7个百分点；低技术产品、中技术产品占世界进口市场的比例表现为下降的趋势，低技术产品占世界进口市场的比例从2000年的6.66%下降到2014年的0.99%，下降了大约6个百分点，中技术产品占世界进口市场的比例从2000年的13.51%下降到2014年的10%，下降了大约4个百分点，其他各类商品的市场份额变化不大。②从现状来看，国际市场的交易商品主要是高技术产品、非农业型初级产品、中高技术产品、农业型初级产品。2000—2014年，高技术产品一直是国际贸易的第一大商品，一直占据国际贸易交易1/5左右的份额；2008年非农业型初级产品超过中高技术产品成为国际市场中第二大交易商品；中高技术产品一直占据13%左右的份额，是第三大交易商品；农业型初级产品目前是第四大交易商品，一直占据10%左右的份额。①

表2-12　2000—2014年世界细分进口商品结构情况　　　　单位：%

年份	初级产品		工业制成品								
	非农业型初级产品	农业型初级产品	金属类制成品	农业资源型制成品	其他资源类制成品	低技术产品	中低技术产品	中技术产品	中高技术产品	高技术产品	特高技术产品
2000	9.27	9.71	4.00	2.65	4.63	6.66	10.09	13.51	13.18	21.41	4.89
2006	13.38	8.78	5.31	2.17	4.46	5.48	9.69	11.88	13.05	21.58	6.27
2007	13.61	9.51	6.51	2.31	4.77	1.30	9.08	10.97	14.09	20.79	6.13
2008	16.77	9.79	6.57	2.12	4.6	0.99	8.41	10.37	13.44	21.35	7.22
2009	13.83	10.88	5.37	2.18	4.77	1.01	9.12	10.96	13.32	19.98	6.85
2010	15.26	10.41	6.05	2.17	4.85	0.99	8.97	11.09	13.39	19.12	6.63
2011	17.15	10.73	6.58	2.13	4.93	0.95	8.57	10.05	13.15	19.48	6.62
2012	17.83	10.55	6.04	2.08	4.81	0.94	8.61	9.95	13.08	19.48	6.62
2013	17.94	10.22	6.63	2.02	4.85	0.97	9.16	9.86	12.80	18.90	6.65
2014	16.66	10.27	5.98	2.02	5.01	0.99	9.24	10.00	13.01	19.93	6.91

① 魏浩、赵春明、李晓庆："中国进口商品结构变化的估算：2000—2014年"，《世界经济》，2016年第4期，第70—94页。

(二) 国际货物贸易地理分布

国际货物贸易地理分布通常用各国或地区的货物出口额(进口额)占世界货物出口额(进口额)的比重来表示,它是反映国际货物贸易地区分布和商品流向的重要指标。国际分工的变化是影响国际货物贸易地理方向发生变化的重要因素。

1. 第二次世界大战前的国际货物贸易地理分布

19 世纪,国际分工的主要形式是宗主国同殖民地等落后国家间的分工(见表 2-13),即发达工业国出口工业品,落后的发展中国家出口农产品和原材料。例如,1876—1880 年,西方工业国与发展中国家之间的货物贸易额占国际货物贸易总额的 51%,西方工业国之间的贸易额占 45%,而发展中国家之间的贸易额仅占 4%。在此期间,英国一直处于国际分工中心国的地位,其次是法国、德国和美国。1870 年,英国在国际货物贸易中的比重达 25%,几乎相当于法国、德国和美国的总和。法国、德国和美国等也在这一时期内相继完成工业革命,开始在世界市场上展开竞争,这些国家在国际货物贸易中亦居支配地位。1880 年,英国在国际货物贸易额中所占比重下降为 23%,法国所占比重为 11%,美国和德国所占比重均为 10%。在之后的 19 世纪后半期,美国在经历了 1861—1864 年的南北战争之后,其工农业生产得到迅速发展。与此同时,德国的统一,尤其是 1870—1871 年普法战争的胜利大大推动了德国工业的发展,使德国在世界贸易中的比重超过了法国。1913 年,英国货物贸易出口仍位居世界第一,但所占份额下降至 13.1%①;同时,欧洲在世界贸易中仍然占据控制地位,占世界进口的 65%,占世界出口的 59%。

表 2-13　主要资本主义国家 18—19 世纪在世界贸易中所占比重　　　　单位:%

国家	1750 年	1780 年	1800 年	1850 年	1870 年
英国	13	12	33	21	22
法国	10	12	9	11	10
德国	11	11	10		13(1872)
美国		2	5	10	8

资料来源:1750 年、1780 年和 1800 年数据来自 W. W. Rostow, *The History and Prospects of the World Economy*. London: TEXAS University Press, 1978, 70;1850 年、1870 年数据来自樊亢等编:《主要资本主义国家经济简史》,人民出版社 1973 年版,第 351 页。

欧洲以外国家的出口货物对欧洲市场的依赖性越来越大。19 世纪 80 年代,美国出口的 4/5 是输往欧洲的。1895 年以后,美国对加拿大、拉丁美洲和亚洲的出口虽然有所增加,但在 1913 年欧洲仍然占美国出口的 60%。拉丁美洲的对外贸易有 2/3 是对欧洲的贸易。在非洲和大洋洲国家的对外贸易中,欧洲占很大比重。英国是它们进口货物的主要供应地和最大的出口市场。此外,英国也是加拿大的重要出口市场。

2. 第二次世界大战后的国际货物贸易地理分布

第二次世界大战后,由垂直分工向水平分工发展的国际分工趋势深刻影响了国际货物贸易的地理方向:发达国家间的贸易开始居于主导地位,发达国家同发展中国家的贸易居于次要地位,越来越多的国家参与到国际货物贸易中。近十几年来,位居国际货物贸易进出口额前十位的国家基本没有变化,德国、美国、中国、日本、法国始终在国际货物贸易中占主导

---

① 蔡春林:《国际贸易》,对外经济贸易大学出版社 2012 年版,第 246 页。

地位,发展中国家整体增长较缓慢。但是,发展中国家中的部分新兴经济体发展迅速。中国自改革开放以来,货物贸易进出口快速增长,贸易地位不断提升,中国从 2009 年开始货物贸易出口额超过德国,位居世界第一,货物贸易进口自 2013 年起位居世界第一,2015 年中国的货物贸易进口额和出口额均居世界第一。如表 2-14 所示,2006 年,中国出口额仅占世界总出口额的 7.99%,2015 年占比为 13.80%,上升了 5.9%。除中国外,2006—2015 年,世界其余国家或地区占比变化幅度不大,均不超过 2%,例如日本由 5.33% 下降至 3.79%,下降了 1.54%;美国由 8.46% 上升至 9.13%,仅上升了 0.67%。20 个国家或地区中,13 个国家出口额占比下降,仅有 7 个国家或地区占比上升,包括中国、美国、韩国、中国香港、墨西哥、瑞士以及印度。

表 2-14 2002—2015 年世界主要国家或地区出口额占比 单位:%

国家/地区	2006	2007	2008	2009	2010	2011	2012	2013	2014	2015
中国	7.99	8.70	8.85	9.57	10.31	10.35	11.08	11.66	12.33	13.80
美国	8.46	8.19	7.97	8.41	8.36	8.08	8.36	8.34	8.53	9.13
德国	9.13	9.42	8.95	8.92	8.23	8.04	7.58	7.63	7.87	8.07
日本	5.33	5.09	4.84	4.63	5.03	4.49	4.32	3.77	3.63	3.79
荷兰	3.82	3.93	3.95	3.97	3.75	3.64	3.54	3.54	3.54	3.44
韩国	2.68	2.65	2.61	2.90	3.05	3.03	2.96	2.95	3.02	3.20
中国香港	2.66	2.49	2.29	2.62	2.62	2.48	2.66	2.82	2.76	3.10
法国	4.09	3.99	3.81	3.86	3.42	3.25	3.07	3.07	3.06	3.07
英国	3.72	3.15	2.92	2.83	2.72	2.76	2.56	2.85	2.66	2.79
意大利	3.44	3.56	3.36	3.24	2.92	2.85	2.71	2.74	2.79	2.79
加拿大	3.20	3.00	2.82	2.52	2.53	2.46	2.46	2.42	2.50	2.48
比利时	3.02	3.07	2.92	2.95	2.66	2.59	2.41	2.47	2.49	2.42
墨西哥	2.06	1.94	1.80	1.83	1.95	1.91	2.00	2.01	2.09	2.31
新加坡	2.24	2.13	2.09	2.15	2.30	2.23	2.21	2.17	2.16	2.13
俄罗斯	2.50	2.53	2.92	2.42	2.62	2.85	2.86	2.76	2.62	2.06
瑞士	1.22	1.23	1.24	1.37	1.28	1.28	1.69	1.89	1.64	1.76
中国台湾	1.85	1.76	1.58	1.62	1.79	1.68	1.66	1.64	1.69	1.73
西班牙	1.76	1.81	1.74	1.81	1.66	1.67	1.60	1.68	1.71	1.71
印度	1.00	1.07	1.21	1.31	1.48	1.65	1.60	1.66	1.70	1.62
阿联酋	1.74	1.66	1.94	1.53	1.64	1.99	2.10	1.98	1.80	1.22

资料来源:WTO 数据库。

本章小结

1. 国际货物贸易是指不同的国家和地区之间进行的以实物形态表现的各种实物性商品的交换,由于物质商品是有形的,可以看得见、摸得着的,因此货物贸易通常又被称为有形贸易。

2. 货物贸易的商品分类标准主要包括《国际贸易标准分类》(SITC)、《商品名称及编码协调制度》(HS 编码)、按照经济大类的分类(BEC)三大类。SITC 把货物贸易分为 10 大类、63 章、233 组、786 个分组和 1 924 个基本项目;HS 编码采用六位数编码,把全部国际贸易商品分为 22 类、98 章;BEC 将《国际贸易标准分类》数据转换为按照经济大类划分的数据,即资本货物、中间货物和消费品。

3. 贸易商品结构的分析框架主要有三种,分别是国际机构的商品结构分析框架、劳尔的制成品商品结构分析框架和基于技术复杂度指标构建的商品结构分析框架。

4. 技术复杂度指数可以对进出口商品技术结构进行划分,主流的研究方法是,利用技术复杂度指数给每种商品进行技术赋值,然后按照技术赋值对商品进行分类。具体的技术复杂度指标分类方法有等商品种类分类法、等世界份额分类法、等技术赋值分类法等。

5. 20 世纪 90 年代以来,国际货物贸易主要呈现以下特点:国际货物贸易结构由传统的生产要素投入型向知识技术密集型转变;发达国家间的货物贸易成为贸易的主要流向;产业内贸易发展迅速;国际货物贸易自由化进程加快,区域贸易集团化发展迅速。

推荐阅读

1. 魏浩、王露西、李翀:"中国制成品出口比较优势及贸易结构研究",《经济学》(季刊),2011 年第 4 期,第 1281—1310 页。

2. 魏浩、郭也等:"中国进口商品结构及与贸易伙伴的关系研究",《经济理论与经济管理》,2014 年第 5 期,第 97—112 页。

3. 魏浩、赵春明、李晓庆:"中国进口商品结构变化的估算:2000—2014 年",《世界经济》,2016 年第 4 期,第 70—94 页。

4. 魏浩、马野青:"中国出口商品的地区结构分析",《世界经济》,2006 年第 5 期,第 22—31 页。

5. 樊纲、关志雄、姚枝仲:"国际贸易结构分析:贸易品的技术分布",《经济研究》,2006 年第 8 期,第 70—80 页。

6. 杜修立、王维国:"中国出口贸易的技术结构及其变迁:1980—2003",《经济研究》,2007 年第 7 期,第 137—151 页。

复习思考题

1. 国际货物贸易商品的分类标准有哪些?

2. 利用一种基于技术复杂度指数构建的国际货物贸易商品结构分析框架,查找 SITC 三位码的中国数据,计算 2001 年、2015 年中国货物贸易进出口商品结构。

3. 掌握不同技术复杂度指数的计算方法。

4. 回顾当代国际货物贸易的商品结构和地理方向,国际货物贸易主要有哪些特点?

5. 基于不同的货物贸易商品结构分析框架,针对 2015 年美国的情况进行计算,比较结果的差异性。

21世纪经济与管理规划教材

经济学系列

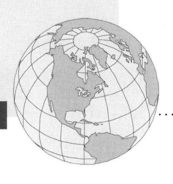

第三章

国际服务贸易

【关键词】

国际服务贸易　　服务贸易壁垒
服务贸易的分类　　服务贸易总协定

导入案例

美国服务贸易领跑全球

美国是目前世界上服务贸易最发达的国家。据中国商务部 2016 年 4 月发布的统计数据,2015 年世界服务贸易进出口总额为 92 450 亿美元,进出口规模位居前五位的国家分别为美国、中国、英国、德国、法国。

基础雄厚

近年来,全球服务贸易一直保持较快的增长速度,2013 年服务贸易占全球贸易的比例达到 20%。但全球服务贸易发展存在地区不均衡性,表现为发达国家依然占据全球服务贸易的优势地位,美国就是典型例子。2014 年,美国服务贸易出口总额为 7 103 亿美元,进口总额为 4 785 亿美元,呈现 2 318 亿美元顺差。具体来看,金融服务出口额为 895 亿美元,进口额为 193 亿美元;通信、计算机和信息服务出口额为 333 亿美元,进口额为 334 亿美元;其他商业服务出口额为 1 256 亿美元,进口额为 983 亿美元。

延伸阅读
世界贸易组织

商务部有关专家表示,美国服务贸易发达是长期发展的结果。伴随产业转移,美国经济发展的竞争优势从制造业转向服务业,通过大量的科研投入,在充分竞争的市场环境下形成了服务领域的跨国公司。美国政府通过世界贸易组织(WTO)及各类协定拓展全球市场,扩大其服务业的市场准入,并通过互联网和信息技术,为服务业的发展创造良好环境。

后劲充足

在雄厚的经济实力基础上,美国乘胜追击,继续想方设法地推动服务贸易持续有力地发展。美国服务业联盟主席克里斯汀·布利斯 2016 年 4 月 19 日称,美国政府正努力在 2016 年内完成《服务贸易协议》(TISA)的谈判,这项诸边协议覆盖了全球约 70% 的服务贸易。2016 年 4 月 15 日,TISA 刚刚在日内瓦完成了由澳大利亚主持的第 17 轮谈判。有关专家预计,服务业仍将是美国最具竞争力的领域,美国通过国际协定继续推动其优势输出,美国在服务贸易领域的竞争力仍将长期存在。

资料来源:张日,"美国:厚积薄发 领跑全球",《国际商报》,2016 年 5 月 22 日。

在经济全球化的背景下,服务业在整个世界经济发展中的作用越来越大,服务贸易在整个国际贸易中的地位越来越重要,成为众多国家在后危机时代经济发展的新引擎。本章将对国际服务贸易的基本概念、分类、特点及近年来的发展情况进行阐述,同时对服务贸易壁垒进行解读,并对《服务贸易总协定》及其在推动服务贸易自由化中的作用进行介绍。

第一节 国际服务贸易的概述

一、服务的定义与基本特征

(一) 服务的定义

人们在日常活动中要消费各种各样的有形商品,如食物、服装等;但也需要消费别人提供的无形商品,如演出、旅游等,这些无形商品就是服务。最早关于服务的定义是 1977 年由希尔(Hill)提出的,他认为,服务是"隶属于一些经济实体的人和货物的条件发生变化,而这种变化是由于其他一些经济实体的活动而引发的,这一切基于双方先前签署的协议"①。服务是相对于有形商品而言的一个经济学概念,人们一般认为它是以提供活劳动的形式满足他人某种需要并取得报酬的活动。从国际服务贸易的角度而言,服务就是指以活劳动的形式满足经济单位或个人的需要,增加服务接受者的价值或效用。

(二) 服务的基本特征

服务作为无形商品,和一般商品不同,主要有如下几个基本特征:

1. 服务的无形性或非物质性

这是服务最主要的特征。不同于有形商品直观的存在状态,服务的存在状态基本上是无形的、不固定的,不能触摸或肉眼看不见其存在,也不能用大小和尺度来度量。服务的无形性特点对服务的可贸易性有着重要意义。一个重要的结果是,相对于商品而言,由于消费者与服务提供者之间的信息不对称,在购买服务之前消费者无法评判服务的质量,服务的质量只有在消费过程中或消费过程结束后才能体现出来。在这种条件下,服务提供者的信誉就成为一种资产——一种可以不断创造价值的资产。这是因为消费者出于服务质量的考虑,在消费策略上会采取选择信誉好的提供者,并将其服务的获取固定在某些提供者之中。在服务业,信誉本身对新进入者就是一种壁垒。这就是为什么在服务市场服务提供者的竞争中,非价格因素更为重要。

2. 服务的生产和消费的不可分离性

有形商品从生产、流通到消费的过程中,一般要经历一系列中间环节,而且生产和消费过程在时空上是可以相互分离的。而服务则一般具有不可分离的特征,即服务的生产和消费过程是同时进行的,而且服务的生产者和消费者必须发生直接的联系。如教师授课和学生听课,运输的服务过程和消费过程,医生提供医疗服务和病人接受治疗等,都是同时同地进行的。但在某些特殊情况下,服务的生产和消费可以分离,如电影或软件的光盘等,这些光盘也被称为"物化服务"的载体。

3. 服务的不可储存性

有形商品生产出来后可以储存在仓库里,而且这个过程不一定会给生产者造成损失。而服务一般却不能像货物一样被储存起来,生产者不能储存服务,消费者一般也不能将服务带回家去储存。所以服务生产出来之后,如果不被消费,则既不能给生产者带来利润,也不能给消费者带来效用,只会造成损失。"物化服务"例外。

4. 服务的差异性

主要是指同种服务因服务提供者不同,或同一服务提供者提供的服务因为受主客观因素的影响而导致服务具有差异,服务消费者对服务产品的满足程度也就不同。因为服务提供者往往是人,而人会受各种各样因素的影响,从而导致提供的服务质量具有差异。但随着科技的进步,越来越多由计算机控制的机器人成为服务的提供者,这方面的差异就会小很多。而货物在标准化生产的条件下,产品质量一般是稳定的。

二、国际服务贸易的定义

现实中,一些服务与跨国贸易的货物一样可以在国家之间进行贸易,另一些服务则需要

---

① Hill, T. P., "On goods and Service", *Review of Income and Wealth*, 1977, 23(4), 23.

消费者移动到服务提供者所在地,如旅游。由于需要消费者与提供者必要的地理接近,一些服务的提供就涉及生产要素的跨国界移动,涉及跨国界的直接投资,还有一些服务的提供需要服务生产或提供人员的短期境外滞留。WTO负责实施的《服务贸易总协定》中根据国际服务贸易的提供方式将服务贸易定义为四种形式:

(一) 跨境交付

跨境交付指的是从一个成员方境内向任何其他成员方境内提供服务。这里"跨境"的是服务,一般不涉及人员的跨境流动,所以服务的提供者和消费者都不移动,这种形式的典型代表是电信服务或基于电信服务为手段的服务,如信息咨询、卫星影视服务、国际电台等。

(二) 境外消费

境外消费是指在一成员方境内向其他成员方的消费者提供服务。一般是通过服务的消费者的过境移动来实现,服务的对象是在服务提供者所在国的境内消费。最典型的是旅游服务,外国人到本国旅游,购买本国的旅游服务,便发生了旅游服务贸易。另外,出国留学、国外就医等也属于此类。

(三) 商业存在

商业存在是指一成员方在其他任何成员方境内通过建立商业机构或者其他专业机构而提供服务。服务人员可以来自母国,也可以在东道国雇用;服务对象可以是东道国的消费者,也可以是第三国的消费者。常见的形式有在境外设立服务分支机构,如银行、律师事务所、会计师事务所、维修服务站等。与境外消费不同的是,它强调通过生产要素流动到消费者所在地提供服务。商业存在往往与对外直接投资联系在一起,规模大、范围广、发展潜力大,对服务消费国尤其是发展中国家冲击力较强,是国际服务贸易中最敏感、最活跃、最主要的形式,占整个服务贸易总额的65%—70%。

(四) 自然人流动

自然人流动指的是一成员方的国民(自然人)在其他任何成员方境内提供服务。这里的自然人可以代表自己,也可以代表雇主(涉及自营人员和雇员),但都要进入消费者所在国家或地区提供服务,最典型的代表是管理人员、建筑设计人员与工程承包所带动的服务人员的流动,还有艺人出国演出、公司派审计人员去国外公司进行审计、医生和教师在国外的短期就业等,具有个体性和暂时性。

三、国际服务贸易的特点

随着国际服务贸易的发展,其经济特征日益明显地表现出来。与货物贸易相比,国际服务贸易具有如下特点:

第一,国际服务贸易的标的物一般是无形的。因为贸易的对象——服务具有无形的特征,因而国际服务贸易主要表现为无形的贸易,当然在一些特殊形式下,国际服务贸易可以表现为有形的实体,如前面提到的电影或软件的光盘等。

第二,国际服务贸易生产、消费的同步性和国际性。因为服务具有生产和消费的不可分离性,服务产品的生产、交换和消费是同步完成的,在国际市场上同样如此,只不过服务提供者和服务消费者具有不同的国籍。

第三,国际服务贸易的保护更具有隐蔽性和灵活性。国际服务贸易的保护通常采用非关税壁垒的形式,因为贸易对象的特殊性,关税壁垒不起作用,而非关税壁垒的手段是多样的,可以针对某种具体的产品制定专门规则,如技术标准、资格认证等,更有灵活性;而各国对国际服务贸易的限制通常采用市场准入和国内立法的形式,更具有刚性和隐蔽性,国内立法既不属于数量限制,也不能通过谈判解决。

第四,国际服务贸易市场具有高度垄断性。由于国际服务贸易在发达国家和发展中国家的发展严重不平衡,加上服务市场的开放涉及跨国银行、通信、航空、教育等,直接与服务进口国的主权、安全、伦理道德等敏感的领域和问题密切相关,所以国际服务贸易具有高度垄断性,受到国家有关部门的严格限制。

第五,国际服务贸易统计复杂。由于服务产业本身复杂多样,国内服务贸易与国际服务贸易的统计尚未完全区分开,国际公认的统一的国际服务统计体系尚未确立,各个国家、组织机构有各自的统计标准,使得服务贸易难以准确统计,因此现有的国际服务贸易统计十分复杂,而且统计数字往往很大程度上低于实际数字。

四、国际服务贸易的分类

虽然《服务贸易总协定》将国际服务贸易分为四种形式,但现实生活中服务门类众多,没有统一的分类标准。本书将以"乌拉圭回合"服务贸易谈判小组的分类为标准进行介绍。"乌拉圭回合"服务贸易谈判小组提出了以部门为中心的国际服务贸易分类方法,将国际服务贸易分成12大类,即商业性服务、通信服务、建筑及相关工程服务、分销服务、教育服务、环境服务、金融服务、健康及社会服务、旅游及相关服务、文化娱乐及体育服务、交通运输服务和其他服务。

(一) 商业性服务

商业性服务(Business Services)是指在商业活动中涉及的服务交换活动。服务贸易谈判小组列出了6种这类服务,其中既包括个人消费的服务,也包括企业和政府消费的服务。

1. 专业性(包括咨询)服务

这类服务涉及的范围包括法律服务、工程设计服务、旅游机构提供服务、城市规划与环保服务、公共关系服务等。专业性服务中包括涉及上述服务项目的有关咨询服务活动;安装及装配工程服务(包括建筑工程服务),如设备的安装、装配服务;设备的维修服务,指除固定建筑物以外的一切设备的维修服务,例如成套设备的定期维修、机车的检修、汽车等运输设备的维修等。

2. 计算机及相关服务

这类服务包括计算机硬件安装的咨询服务、软件开发与执行服务、数据处理服务、数据库服务及其他服务。

3. 研究与开发服务

这类服务包括自然科学、社会科学及人类学中的研究与开发服务、在资源约束下的研究与开发服务。

4. 不动产服务

这类服务指不动产范围内的服务交换,但是不包含土地的租赁服务。

5. 设备租赁服务

这类服务主要包括交通运输设备(如汽车、卡车、飞机、船舶等)和非交通运输设备(如计算机、娱乐设备等)的租赁服务。但是,不包括其中有可能涉及的操作人员的雇用或所需人员的培训服务。

6. 其他服务

这类服务指生物工艺学服务;翻译服务;展览管理服务;广告服务;市场研究及公众观点调查服务;管理咨询服务;与人类相关的咨询服务;技术检测及分析服务;与农、林、牧、采掘业、制造业相关的服务;与能源分销相关的服务;人员的安置与提供服务;调查与保安服务;与科技相关的服务;建筑物清洁服务;摄影服务;包装服务;印刷、出版服务;会议服务;其他服务;等等。

(二) 通信服务

通信服务(Communication Services)主要指所有有关信息产品、操作、储存设备和软件功能等的服务。通信服务由公共通信部门、信息服务部门、关系密切的企业集团和私人企业间进行信息转接与服务提供。主要包括:邮电服务;信使服务;电信服务,其中包含电话、电报、数据传输、电传、传真;视听服务,包括收音机及电视广播服务;其他电信服务。

(三) 建筑及相关工程服务

建筑及相关工程服务(Construction and Related Engineer Services)主要指工程建筑从设计、选址到施工的整个服务过程。具体包括:选址服务,涉及建筑物的选址;国内工程建筑项目,如桥梁、港口、公路等的地址选择等;建筑物的安装及装配工程;工程项目施工建筑;固定建筑物的维修服务;其他服务。

(四) 分销服务

分销服务(Distribution Services)是指产品销售过程中的服务交换。具体包括:商业销售,主要指批发业务;零售服务;与销售有关的代理费用及佣金等;特许经营服务;其他销售服务。

(五) 教育服务

教育服务(Educational Services)是指各国间在高等教育、中等教育、初等教育、学前教育、继续教育、特殊教育和其他教育中的服务交往,如互派留学生、访问学者等。

(六) 环境服务

环境服务(Environmental Services)是指污水处理服务;废物处理服务;卫生及相似服务;等等。

(七) 金融服务

金融服务(Financial Services)主要指银行和保险业及相关的金融服务活动。包括:①银行及相关的服务;银行存款服务;与金融市场运行管理有关的服务;贷款服务;其他贷款服务;与债券市场有关的服务,主要涉及经纪业、股票发行和注册管理、有价证券管理等;附属于金融中介的其他服务,包括贷款经纪、金融咨询、外汇兑换服务;等等。②保险服务;货物运输保险,其中含海运、航空运输及陆路运输中的货物运输保险等;非货物运输保险。具体包括人寿保险、养老金或年金保险、伤残及医疗费用保险、财产保险服务、债务保险服务;附属于保险的服务,例如保险经纪业、保险类别咨询、保险统计和数据服务;再保险服务。

(八) 健康及社会服务

健康及社会服务(Health Related and Social Services)主要指医疗服务、其他与人类健康相关服务;社会服务;等等。

(九) 旅游及相关服务

旅游及相关服务(Tourism and Travel Related Services)是指旅馆和饭店提供的住宿、餐饮服务、膳食服务及相关的服务、旅行社及导游服务。

(十) 文化娱乐及体育服务

文化娱乐及体育服务(Recreational Cultural and Sporting Services)是指不包括广播、电影、电视在内的一切文化、娱乐、新闻、图书馆、体育服务,如文化交流、文艺演出等。

(十一) 交通运输服务

交通运输服务(Transport Services)主要包括:货物运输服务,如航空运输、海洋运输、铁路运输、管道运输、内河和沿海运输、公路运输服务,也包括航天发射以及运输服务,如卫星发射等;客运服务;船舶服务(包括船员雇用);附属于交通运输的服务,主要指报关行、货物装卸、仓储、港口服务、起航前查验服务等。

(十二) 其他服务

其他服务(Other Services not Included Elsewhere)是指凡是无法归入上述任何类别之一的服务贸易。

鉴于WTO在国际贸易实践中所发挥的指导性作用,越来越多的国家接受并采用了这一服务贸易的划分标准。

第二节 国际服务贸易的发展现状

第二次世界大战后,国际服务贸易发展最为迅速并占据主导地位的是发达的工业化国家。国际货币基金组织的统计资料显示,全世界十大服务出口国几乎全是发达国家,它们的服务贸易额约占国际服务贸易出口总额的65%。以1990年的统计数据为例,美国的服务贸易出口额为1 190亿美元,加拿大为151亿美元,法国为819亿美元,德国为518亿美元,意大利为408亿美元,英国为552亿美元,欧共体为3 446亿美元。

进入20世纪90年代后,国际服务贸易继续保持增长,发达国家在世界服务贸易中仍占有主导地位。据WTO秘书处统计资料,全球1994年服务贸易总额为10 800亿美元,1996年达12 600亿美元,占世界货物贸易总额的1/4,比1995年增长5%,2006年更高达27 100亿美元,占世界货物贸易总额的23%。国际服务贸易一直是以发达国家为中心而发展的,在全球近200个国家和地区中,排名世界服务贸易前15位的国家和地区占世界服务贸易额的80%,并且它们主要是发达国家和地区。

一、国际服务贸易结构发生变化

技术进步,特别是计算机技术主导下的信息加工系统、通信、运输、互联网等技术,通过提供新的方式,使远距离的服务交付成为可能,从而导致其他商业性服务在服务贸易总额中的份额迅速增长,代价是传统服务贸易的比例减少。2000—2013年,运输服务年均增长率为

13%，旅游和其他商业性服务分别为9%和14%。在国际服务出口中，2000年运输、旅游和其他商业性服务的占比分别为23.2%、32.0%、44.8%；而2013年的相应比例则分别为19.5%、25.5%、54.9%；在国际服务进口中，2000年运输、旅游和其他商业性服务的占比分别为28.6%、30.1%、41.2%，而2013年的相应比例分别为26.6%、24.5%、47.6%。①

二、服务业FDI的发展推动了国际服务贸易的发展

联合国贸易和发展会议（UNCTAD）公布的数据显示，20世纪70年代，服务贸易在世界贸易中的比重不足10%，80年代一跃上升到20%，1980—2004年，服务贸易保持年均6.9%的增长率，超过货物贸易年均5.6%的增长率。1995—2000年服务贸易年均增长5%，2000—2008年为12%，2009—2014年服务贸易年均增长6.75%，均超过同期货物贸易的增长速度。

服务贸易的快速发展与FDI对服务行业的高比例投入密切相关。1985年以后，每年世界FDI流量的50%进入服务行业。20世纪90年代初期，全球FDI存量的50%是在服务部门。根据WTO的数据，2004年，以商业存在的方式提供的服务占整个国际服务贸易的50%，2014年，这个数字达到了近70%。

延伸阅读
联合国贸易和发展会议

2012年、2013年和2014年，服务占全球跨国并购总额的比例分别为57.0%、68.9%和52.7%；占绿地投资总额的比例分别为50.4%、56.9%和50.0%。在这三年全球跨国并购总数中，服务占比分别为61.5%、63.0%和64.8%；占绿地投资总数的比例分别为53.6%、52.7%和51.8%。②

三、服务贸易在国际贸易中的重要性日益提高

新技术的开发，政府的放松管制，双边、区域性、多边服务贸易自由化的努力提高了服务贸易在国际贸易中的重要性。通信和信息加工活动为通过互联网、电子商务进行的跨界服务贸易提供了许多新的机会。国家控制的服务部门开始放松管制，如电信、陆地运输等企业可以进入母国之外的新市场。另外，欧盟、北美自由贸易区在推进服务贸易自由化方面取得的成就，《服务贸易总协定》的生效与自由化进程的加速，都促进了国际服务贸易的发展。

四、发达国家是国际服务贸易的主体

根据UNCTAD公布的数据，2014年，发达国家在世界服务出口和进口中的占比分别为68.24%和58.26%，发展中国家分别为29.23%和37.97%，其他国家仅占2.53%和3.77%。依照服务部门分类统计的数字，发达国家在运输、旅游、其他商业性服务贸易中，都占据绝对的控制地位。2013年，美国、英国、德国、法国、日本五国合计在世界服务贸易出口中占比为35%，在世界服务贸易进口中占比为29%（见表3-1）。2013年欧盟27国、美国、日本、加拿大在世界运输服务出口与进口中的占比分别为58.7%与44.1%，在世界旅游服务出口与进口中的占比分别为51.5%与47.5%，在世界其他商业性服务出口与进口中的占比分别为68.4%与61.8%。③

---

① WTO, International Trade Statistics, 2014, 121.
② UNCTAD, World Investment Report, 2015.
③ WTO, International Trade Statistics, 2014.

表 3-1　2013 年世界前十位的服务出口与进口的国家和地区

排名	出口国	出口额（十亿美元）	比重（%）	排名	进口国	进口额（十亿美元）	比重（%）
1	美国	662	14.3	1	美国	432	9.8
2	英国	293	6.3	2	中国	329	7.5
3	德国	286	6.2	3	德国	317	7.2
4	法国	236	5.1	4	法国	189	4.3
5	中国	205	4.4	5	英国	174	4.0
6	印度	151	3.2	6	日本	162	3.7
7	荷兰	147	3.2	7	新加坡	128	2.9
8	日本	145	3.1	8	荷兰	127	2.9
9	西班牙	145	3.1	9	印度	125	2.8
10	中国香港	133	2.9	10	俄罗斯	123	2.8

资料来源：WTO, International Trade Statistics, 2014。

五、发达国家服务贸易发展不平衡

发达国家服务贸易发展不平衡主要通过它们在世界服务贸易中的比例和主要服务部门所占比例的变化体现出来。

从服务出口的情况看，美国 1990 年、2000 年、2008 年、2013 年在世界服务总出口中的占比分别为 17%、18.8%、13.80%、14.3%；英国相应的数据为 6.9%、7.9%、7.5%、6.3%；德国为 6.5%、5.4%、6.4%、6.2%；法国为 8.5%、5.4%、4.2%、5.1%；日本 1995 年为 5.8%，2000 年、2008 年为 4.9%、3.9%，2013 年为 3.1%。因此，美国在世界服务总出口中所占比例最大，远高于其他发达国家，相当于英国的两倍之多。

从服务进口的情况看，1990 年、2000 年、2008 年、2013 年各国在世界服务总进口中的比例，美国为 11.9%、14.2%、10.5%、9.8%；英国为 5.4%、6.5%、5.6%、4.0%；德国为 10.2%、9.2%、8.1%、7.2%；法国为 6.1%、4.1%、4.0%、4.3%；日本为 10.3%、7.9%、4.8%、3.7%。美国在世界服务总进口中占比也最大，高于其他发达国家。

从主要服务部门来看，发达国家中，美国在运输服务贸易、旅游服务贸易和其他商业性服务贸易中都是居于绝对主导地位，但其所占比例在明显下降。英法在世界服务贸易中的重要性在提高，日本则在一直降低。

六、发展中国家在世界服务贸易中占比较小

发展中国家在世界服务贸易中占比较小，但发展也不平衡，个别国家已经成为世界主要的服务贸易国家。

发展中国家作为一个整体在世界服务贸易中的重要地位还没有显现出来。根据 UNCTAD 公布的数据，2014 年，南美洲国家联盟、非洲国家和地区在世界服务总出口中的占比分别为 1.76% 和 2.13%，亚洲占比为 28.01%，除去日本等发达国家后占比为 23.60%，属于发展中国家和地区的亮点。亚洲的韩国、印度、中国内地、中国香港、中国台湾等国家和地区共占 11.83%。由此可以看出，发展中国家和地区服务贸易发展也存在严重的不平衡。

2013年,根据服务贸易额排列的世界主要服务出口国家和地区中,进入前15位的发展中国家和地区包括中国内地、印度、中国香港、新加坡和韩国,占15个国家与地区总出口的15.5%。世界主要服务进口国家和地区中,进入前15位的发展中国家和地区包括中国内地、新加坡、印度和韩国,占15个国家与地区总进口的15.6%。①

七、国际服务贸易全球化、自由化与贸易壁垒并存

各国产业结构的升级,必将不断推动服务贸易的发展,服务贸易的全球化、自由化是大势所趋。WTO将服务贸易纳入了全球贸易自由化体系之内,将商业存在作为服务贸易内容之一。发达成员承诺的覆盖率为81%,转型经济体承诺的覆盖率为66%。由于服务贸易的发展空间和盈利空间都比较大,因此在服务业具有较强垄断竞争力或相对竞争力的国家和地区会通过WTO与区域性贸易组织,积极推动贸易的自由化和全球化,要求世界各国开设服务贸易市场。但与此同时,由于服务贸易不存在关税壁垒,各国纷纷采用较为隐蔽的非关税壁垒来保护本国服务业。而且,由于各国经济发展水平与阶段的不同,在国际分工中处于不同的地位,从服务贸易的自由化和全球化中获取的利益是不对等的。为保护国内某些弱势服务产业,国际竞争力较弱的国家往往对本国服务市场开放施加诸多限制。

相关案例 3-1

出境旅行成为中国服务贸易外汇收支逆差主因

"十二五"期间,中国服务贸易快速发展,贸易额跃居世界第二位,软件、技术、文化等新兴服务出口成为新亮点,自2012年起,服务贸易逆差增幅逐步缩小,增幅从2012年的70.4%下降至2015年的5.8%。国际收支交易中旅行项目替代运输项目逐步成为服务贸易逆差的最大来源,占服务贸易逆差的比重由2012年的65.2%增加至2015年的97.7%。

从总体上看,旅行项目逆差主因是中国居民收入水平提高,出境旅行和留学形成热潮带动的用汇增长。具体表现在以下几个方面:

首先,中国国力增强、居民收入水平提高和消费观念的改变,导致海外消费规模不断扩大。2015年全国居民人均可支配收入21 966元,扣除价格因素,实际增长7.4%。2013年、2014年全国居民人均可支配收入分别为18 311元、20 167元,扣除价格因素,实际同比分别增长8.1%和8.0%。单纯的国内消费已不能满足不同人群的不同需求,人们转向海外消费。

其次,中国改革开放步伐的加快和国际形象的不断提升,让中国护照的"含金量"逐年增加。近年来,中国居民办理签证程序不断简化,出境愈加便利。2015年中国居民累计出境12 786万人次,同比增长9.7%,特别是居民因私出境达12 172万人次,同比增长10.6%;与此同时,2015年中国出境旅行消费额在全球游客消费额中排名第一,中国游客也逐渐成为各国眼中的"香饽饽"。

最后,教育方式的自主化、多元化和国际化,使出境留学成为中国许多家庭的选择。2015年中国出境留学人员总数达52.4万人,其中自费留学48.2万人,较上一年度增加6.4万人,同比增长13.9%。出境留学呈现多年龄层次、不同结构人群、受教育领域丰富等特点,且这一趋势有增无减。

---

① WTO, International Trade Statistics, 2014.

可以看出,一方面,居民出境旅行和留学人数增加对个人项下服务贸易逆差有直接扩大作用;另一方面,出境旅行和留学带动了境内银联、旅行和留学相关机构的业务发展,也间接扩大了机构项下服务贸易逆差。例如,近年来境内银行卡境外使用便捷,银联国际支付网络不断提升,截至2016年3月,含有银联标志的银行卡受理网络已延伸至境外157个国家和地区,可受理商户数近3 400万户,自动取款机超200万台。同时,银联还推出了境外刷卡消费和退税服务等优惠措施,让出境旅行刷卡消费常态化和扩大化,加速了银联作为付汇主体的业务增长。

资料来源:"出境旅行成为中国服务贸易外汇收支逆差主因",《金融时报》,2016年7月19日;"平衡服务贸易促中国走向贸易强国",《经济参考报》,2016年5月12日。

[问题思考] 你认为中国应如何缩小服务贸易逆差?

[案例点评] 服务业要紧紧依托"走出去"的制造业企业,通过货物贸易把服务贸易带出去,带动技术和人才的出口,带动与制造业密切相关的服务性企业向海外投资,这些外向的"商业存在"不仅可以为中国企业"走出去"提供良好的服务保障,同时也可以逐步扭转中国"商业存在"方面的巨额贸易赤字,促进服务贸易的平衡发展。

第三节 国际服务贸易壁垒与自由化谈判

国际服务贸易的自由化程度远远落后于货物贸易的自由化程度,究其原因,一是服务贸易自由化运动起步较晚,从1995年《服务贸易总协定》生效到现在仅二十多年,而货物贸易从第一次多边关税减让谈判至今已经过了七十多年;二是服务贸易的壁垒缺乏弹性,大多与国内产业发展与保护相结合,同时鉴于服务贸易标的的特点,保护壁垒更加隐蔽。

一、国际服务贸易壁垒的含义

国际服务贸易壁垒是指一国政府对外国服务或外国服务提供者设置或者实施的有障碍作用的政策或措施。凡是直接或间接阻碍外国服务或外国服务提供者进入、增加外国服务或外国服务提供者成本的做法都属于服务贸易壁垒范畴。

虽然服务贸易自由化的利益是明显的,但是不同国家仍然对服务贸易设置各种壁垒。主要原因有以下几点:

(1) 政府担心某些管理规定的取消会导致国内垄断的产生,特别是在电力、通信、交通领域。

(2) 政府出于安全的考虑,对外国资本进入本国的基础性服务领域心存疑虑。

(3) 是传统的幼稚产业保护论在服务贸易上的体现和应用。政府认为对国内幼稚服务部门的必要扶持是一国获取长期经济与政治利益的一个重要选择和手段。

(4) 抵制外来意识形态的侵入。教育、娱乐等服务部门虽然不是一国国民经济的命脉,但却属于意识形态领域。任何国家和政府都希望保持本国在政治、文化上的相对独立性,反对大量外国文化入侵,因此对这些部门进行一定的保护和限制。

二、国际服务贸易壁垒的形式

根据关贸总协定统计,国际服务贸易壁垒多达2 000多种。可以划分为四大类:产品移动壁垒、资本移动壁垒、人员移动壁垒和商业存在壁垒。

（一）产品移动壁垒

产品移动壁垒包括数量限制、当地成分或本地要求、补贴、政府采购、歧视性技术标准和税收制度，以及落后的知识产权保护体系等。数量限制主要包括服务提供者数量限制和服务产出数量限制，如不允许外国航空公司利用本国航空公司的预订系统，或给予一定的服务进口配额；当地成分如服务厂商被要求在当地购买设备，使用当地的销售网或只能租赁而不能全部购买等；本地要求如德国、加拿大和瑞士等国禁止在东道国以外处理的数据在国内使用；政府补贴本国服务厂商也能有效地阻止外国竞争者，改变补贴可能改变某个厂商在本国服务贸易上的竞争优势，如英国政府改变在英学习的外国留学生的补贴，由此使得学费高到足以禁止留学的程度；政府采购如规定公共领域的服务只能向本国厂商购买，或政府以亏本出售方式对市场进行垄断，从而直接或间接地排斥外国竞争者；歧视性的技术标准和税收制度，如对外国服务厂商使用设备的型号、大小和各类专业证书等的限制，外国服务厂商可能比国内厂商要缴纳更多的交易附加税、经营所得税和使用设备（如机场）的附加税；缺乏保护知识产权的法规或保护知识产权不力，都可能有效地阻碍外国服务厂商的进入，因为知识产权既是服务贸易的条件，也是构成服务贸易的内容和形式。

（二）资本移动壁垒

其主要形式有外汇管制、浮动汇率和投资收益汇出的限制等。外汇管制主要是指政府对外汇在本国境内的持有、流通和兑换，以及外汇的出入境所采取的各种控制措施。外汇管制将影响到除外汇收入贸易外的几乎所有外向型经济领域；不利的汇率将严重削弱服务竞争优势，它不仅会增加厂商的经营成本，而且会削弱消费者的购买力；对投资者投资收益汇出的限制，如限制外国服务厂商将利润、版税、管理费汇回母国，或限制外国资本抽调回国，或限制汇回利润的额度等措施，也在相当程度上限制了服务贸易的发展。这类措施大量存在于建筑业、计算机服务业和娱乐业中。

（三）人员移动壁垒

作为生产要素的劳动力的跨国移动是服务贸易的主要途径之一，也自然构成各国政府限制服务提供者进入本国或进入本国后从事经营的主要手段之一。种种移民限制和出入境烦琐手续，以及由此造成的长时间等待等，都构成人员移动的壁垒形式。在一些专业服务如管理咨询服务中，能否有效地提供高质量服务通常取决于能否雇用到技术熟练的人员。比如，在美国与加拿大之间存在工作许可证制度，某个美国公司在加拿大的分公司需要维修设备，技术人员就在一千米之外的美国境内，但他们却不能进入加拿大境内开展维修业务，公司只能从更远的地方，或等待更长时间雇用加拿大维修人员来工作。又如，印度尼西亚通过大幅提高机场启程税的方式，限制为购物而前往新加坡的本国居民数量。

（四）商业存在壁垒

它又称开业权壁垒、生产者创业壁垒。据调查，2/3以上的美国服务业厂商都认为开业权壁垒是其开展服务贸易的最主要壁垒。在与被调查厂商保持贸易关系的29个国家中都有这类壁垒，即从禁止服务进入的法令到东道国对本地成分的规定等。例如，1985年以前澳大利亚禁止外国银行设立分支机构，1985年后首次允许外资银行进入，但仅从众多申请机构中选择了16家银行，其选择标准是互惠性考虑和公司对金融制度的潜在贡献。加拿大规定外国银行在国内开业银行中的数量不得超过预定比例等。一般地,即使外国厂商能够在东道国开设分支机构,其人员构成也受到诸多限制。除移民限制外,政府有多种办法限制外国服务厂商自由选择雇员,如通过就业法规定本地劳工比例或职位等。美国民权法、马来西亚定额制度、欧洲就业许可证制度、巴西本地雇员比例法令等,都具有这类性质。有些国家还规定专业人员开业必须接受当地教育或培训。

延伸阅读
世界主要服务部门贸易壁垒的具体做法

三、服务贸易自由化谈判

服务贸易自由化是指不断修改和调整管理服务商品流动、服务要素的市场准入的法律及规章制度,降低进行服务贸易的壁垒,从而创造出更开放、竞争程度更高的服务贸易的交易制度和环境的过程。通常情况下,服务贸易自由化给贸易国带来的福利收益大于同等条件下货物贸易自由化带来的福利收益。发达国家是服务贸易自由化的积极倡导者,而发展中国家则由于在许多服务行业(银行、通信、保险、运输等)比较脆弱、不具备竞争力的原因,对服务贸易自由化持谨慎态度。但随着经济全球化趋势的增强,世界经济一体化进程加快,服务贸易自由化已经成为经济全球化发展的必然趋势,关于服务贸易自由化的谈判也进行了很多次,下面将分别对其进行介绍。

(一)乌拉圭回合服务贸易谈判

关贸总协定体制下的八轮多边贸易谈判,前六轮主要是针对货物贸易的关税减让,第七轮谈判重心开始转移,第八轮乌拉圭回合开始讨论服务贸易、知识产权等问题,国际服务贸易成为各国利益较量的主题。下面重点介绍乌拉圭回合服务贸易谈判。

乌拉圭回合服务贸易谈判主要经历了三个阶段:

第一阶段是1986年10月至1988年11月。该阶段的谈判重点是关于服务贸易的定义、范围,与服务贸易有关的国际规则或协议等问题。这一阶段各方分歧很大,发展中国家要求对国际服务贸易做比较狭窄的定义,将跨国公司内部交易和金融、保险、咨询、法律服务等不必跨出国境的交易都排除在外。而发达国家则坚持较为广泛的定义。欧共体提出折中意见,主张不预先确定谈判范围,而是根据谈判需要采取不同的定义。多边谈判基本采纳了欧共体的意见。

第二阶段从1988年12月至1990年6月。为加速谈判,各国在一定程度上摆脱了对服务贸易定义的纠缠,而将谈判重点集中在透明度、逐步自由化、国民待遇、最惠国待遇、市场准入、发展中国家更多参与、例外和保障条款以及国内规章等原则在服务部门的应用方面。与此同时,各国代表同意采纳一套服务贸易的准则以消除服务贸易谈判中的诸多障碍。后来《服务贸易总协定》文本采纳了"亚非提案"的主张,承认成员国家发展水平的差异,对发展中国家做出了很多保留和例外。

第三阶段为1990年7月至12月。这一阶段各国对国民待遇、最惠国待遇等原则在服务贸易领域的适用已经基本达成共识,但在开放与不开放的服务部门的列举方式上,发达国家主张采用"负面清单"的方式,且清单一旦列出,不能再继续增加条目;而发展中国家主张采用"正面清单",列出之后可以随着开放程度的不断深化,随时增加条目,这对服务业相对落后的国家来说是一种比较灵活的方式。最后,发展中国家的主张被采纳,对市场准入和国民待遇等特定义务按"正面清单"的方式加以确定,在一定程度上保护了发展中国家的利益。

(二) WTO 成员的服务贸易自由化

乌拉圭回合多边贸易谈判最终达成了《服务贸易总协定》，在尊重国家政策目标的前提下，在促进所有参与国的互惠利益和确保权利与义务总体平衡的基础上，为服务贸易逐步达到更高水平的自由化奠定了基础，也为各缔约国发展国际服务贸易提供了共同遵守的国际规则。

1. 服务贸易具体承诺减让表的内容

(1) 整体结构，包括两个部分。第一部分是水平承诺，是指对所有表中列出的服务行业适用的内容；第二部分是部门承诺，表中列出了对各具体部门或分部门所做出的承诺。

(2) 承诺内容，由四栏构成。第一栏为部门或分部门，列出开放的部门或分部门；第二栏是市场准入限制，以序号列出市场准入限制的种类；第三栏是国民待遇限制，是指在商业存在时给予国民待遇限制的内容；第四栏是其他承诺。

2. WTO 成员对具体服务业的承诺

(1) 发达成员。在列出的 149 个具体服务部门中，发达成员做出了 64% 的承诺，如果排除视听服务、邮政、速递和基础电信及运输服务，它们承诺的覆盖率高于 80%。但在健康服务、教育服务、娱乐、文化和体育服务、商业服务中的一些具体服务承诺很低。

(2) 经济转型成员。经济转型成员所做出的承诺覆盖了 149 种具体服务业的一半以上，但在商业服务中的一些具体服务、健康服务、娱乐、文化和体育的服务承诺很差。

(3) 发展中国家成员。发展中国家成员列入减让表的服务部门的比例比发达国家成员和经济转型国家成员要少得多，149 种具体服务业只涉及了 16%，但绝大多数发展中国家成员做出承诺的具体服务行业包括旅游相关的饭店和餐馆服务。

四、《服务贸易总协定》

《服务贸易总协定》是多边贸易体制下第一个有关国际服务贸易的框架性法律文件，旨在促进世界服务业市场的开放及国际服务贸易在透明和渐进自由化条件下的新发展。

(一)《服务贸易总协定》的主要内容

正文部分由一个序言和六个部分组成，计 29 条。序言主要阐明了宗旨、服务贸易自由化的途径以及实现服务贸易自由化的总原则。

第一部分，范围和定义。主要包括如下内容：①协定的适用范围；以四种服务贸易的方式——跨境提供、境外消费、商业存在和自然人流动——所界定的服务贸易定义；②最惠国待遇原则的含义以及几种例外情形；③透明度原则的具体要求；④发展中国家更多参与原则的具体要求；⑤实现经济一体化的必备条件；⑥对成员国国内法规方面的一些具体要求；⑦关于各成员方相互承认在对方境内取得的学历、经历、资格和证明等的规定；⑧对垄断和专营服务提供者的规制；⑨关于取消限制性商业惯例的规定；⑩紧急保障措施的谈判和实施；⑪限制国际支付和转移的条件；⑫为了保障国际收支平衡而实施或维持对自己已做出具体承诺的服务贸易的限制应满足的各项条件；⑬政府采购问题；⑭各成员方实施限制服务贸易的例外措施的前提条件和各种具体理由以及对以安全为由而采取限制服务贸易的例外措施的错误认识的澄清；⑮补贴的影响和反补贴谈判问题以及对补贴所造成的损害的救济。

第二部分，一般义务和纪律。内容包括：①最惠国待遇的含义；②有关透明度的要求；③机密信息披露的例外情形；④促进发展中国家更多参与的措施；⑤经济一体化协议的含义、要求、扩大或修改的程序、审查及劳动力市场一体化协议;⑥各成员方对服务贸易国内管理的方式、义务;⑦资格的承认;⑧对垄断和专营服务提供者的规制;⑨商业惯例的适用范围,有关纠纷的解决程序;⑩紧急保障措施的实施原则、谈判、修改或撤销的程序要求;⑪支付和转账;⑫为保障收支平衡采取限制服务贸易措施的适用条件、范围、程序、磋商;⑬政府采购的不适用范围、谈判时间;⑭一般例外的适用原则、范围、对安全例外的澄清;⑮有关实施补贴的磋商与谈判。

第三部分,具体承诺。内容包括:①市场准入原则的适用要求、违反市场准入原则的各种表现形式;②国民待遇原则的含义、符合与违反国民待遇原则的待遇的不同表现形式;③附加承诺的内容。

第四部分,逐步自由化。内容包括:①具体承诺谈判的目的、时间、方式、方向、原则,在服务贸易自由化进程中应注意的问题,每一回合多边谈判的方法和方向;②具体承诺表的编制方法及其法律地位;③如何修改承诺表。

第五部分,制度条款。内容包括:①磋商的适用事项、不适用的事项、磋商的主体和程序以及磋商中所遇争议的处理;②诉诸争端解决谅解的条件、争端解决机构处理以及处理结果的执行;③服务贸易理事会有关情况介绍技术合作事宜与其他国际组织的关系。

第六部分,最后条款。内容包括:①一成员拒绝给予本协定规定之利益的情形;②《服务贸易总协定》中15个重要术语的解释;③关于附件地位的规定。

正文附件的主要内容请扫二维码阅读。

延伸阅读
《服务贸易总协定》附件的主要内容

(二)《服务贸易总协定》的意义

《服务贸易总协定》的生效,是关贸总协定成立以来,在推动世界贸易自由化问题上的一个重要突破。它对形形色色的服务贸易进行多边贸易规范,将服务贸易纳入多边体制,使得多边贸易体制进一步完善。通过规则的约束、减让谈判、保障条款、惩戒措施等形成一套有效的运作机制,对扫除国际服务贸易壁垒、推动国际服务贸易的发展产生了重要的促进作用。

《服务贸易总协定》的意义主要有以下几个方面:

1. 为各缔约国发展国际服务贸易提供了共同遵守的国际规则

《服务贸易总协定》为国际服务贸易的发展创立了各缔约国必须共同遵守的国际准则。其目的在于制定处理服务贸易的多边原则和规则的框架,包括对各个服务部门制定可能需要的守则,以便在透明度和逐步自由化的条件下扩大服务贸易,并以此作为促进所有贸易伙伴经济增长和发展中国家发展的一种手段。《服务贸易总协定》把四十多年来在有形商品贸易谈判中取得的全部经验都引申到服务贸易中,从而使服务贸易的规则、内容、条款以及组织机构得以完整地建立,使各缔约国有了一个共同的认可和可供遵循的国际规则。

2. 促进服务贸易自由化

国际服务贸易虽然不存在关税壁垒,但却存在各种各样、名目繁多的非关税壁垒,并对国际服务贸易的发展形成重大障碍。《服务贸易总协定》的基本精神是服务贸易自由化,即提请各国在遵守一般义务和原则的前提下,做出开放本国各个服务部门的具体承诺,然后在框架协议生效后,就上述具体承诺举行多边谈判,以逐步实现服务贸易的自由化,使服务业在各国或地区间无阻碍地自由流动。《服务贸易总协定》通过最惠国待遇、各国服务贸易政策透明度、市场准入和国民待遇、发展中国家更多的参与、逐步自由化,以及成员国所制定的一系列义务、原则等在最大程度上促进其自由化,从而使国际服务贸易额有较大增长。

3. 对发展中国家的服务贸易有一定的促进作用

首先,由于《服务贸易总协定》对发展中国家做了许多保留与例外,特别是允许它们在国民待遇、最惠国待遇、透明度、市场准入等方面逐步自由化,并在对发展中国家经济技术援助方面予以很大的优惠,因此发展中国家可以充分利用这些机会扩大本国具有优势的服务业的出口。其次,《服务贸易总协定》的实施,虽然要求发展中国家为服务贸易的逐步自由化作出贡献,对本国服务业市场作适度开放,但也允许发展中国家在特定条件下采取适当的措施保护其落后的服务业。因此,发展中国家既可以为保护国内幼稚服务业或民族服务业的发展而采取很多限制服务进口的措施和规定,也可以在适度的开放过程中,学到发达国家在服务业方面的先进技术和经营管理方式,并可以在开放过程中,使本国相应的服务业与发达国家进行竞争,使其在竞争中得到发展。

相关案例 3-2

美国致力于《服务贸易协议》谈判

美国服务业联盟主席克里斯汀·布利斯(Christine Bliss)2016年4月19日称,美国政府正努力在2016年内完成《服务贸易协议》(TISA)的谈判。这项覆盖全球70%服务贸易的诸边协议一直处于秘密状态,外界所知有限。

TISA成员包括美国、欧盟、日本、瑞士和中国香港等23个谈判方;美国与欧盟处于谈判的主导地位。在谈判路径上,欧盟主张协议需紧贴现有《服务贸易总协定》条款,而美国则主张用"负面清单"的方式来确定各方服务业的市场准入,最终可能是在这两种之间取得平衡。

奥巴马政府在2015年10月完成《泛太平洋伙伴关系协议》(TPP)之后,得以有精力推动包括美欧自贸协议(TTIP)和此项服务贸易协议在内的贸易议程的进度。

中国加入或须接受高标准要求

中国政府已在2013年八九月间正式向TISA成员提出了加入谈判的申请。在中国经济增长模式急需由投资和出口拉动转向消费拉动、增加服务业在GDP中比重的大背景下,加入TISA谈判成为应有之义。2013年10月末,美国贸易代表迈克尔·弗罗曼(Michael Froman)为中国加入TISA设置了五大评估关口,其中包括中国在与美国谈判双边投资协议(BIT)时的立场,上海自由贸易试验园区中的投资改革情况等。

中方明确拒绝接受美国提出的上述所谓评估关口;同时强烈敦促TISA谈判成员提高透明度,用实际行动来证明其对所有有意愿加入谈判的WTO成员都是开放的。

美国服务业联盟呼吁加快谈判进度

美国服务业联盟(Coalition of Service Industries,CSI)覆盖了金融、电信和IT等行业,成员包括花旗、思科和IBM等,雇用了全美3/4的服务业雇员。这家行业协会又与10个TISA谈判成员中的12家行业协会结成非正式的全球服务业联盟(GSC),其中包括欧洲服务业论坛、香港服务业联盟和日本服务业网络等。

全球服务业联盟呼吁谈判方能够殚精竭虑地达成一个具有雄心的协议。声明说,TISA成员已经在2016年安排了多轮谈判,并设置了两个出价修改的最后期限。这显示出谈判方清晰的意愿,寻求在近期结束谈判。

这家联盟说,刚刚结束的第 17 轮谈判相当关键,需要在核心条款以及监管纪律上完善文本。监管纪律包括国内合规、获取牌照程序的透明度等,覆盖电信、电子商务、金融业、快递行业等。声明称,未来还需要在服务工作人员临时性的进出境、环境相关的服务以及交通业上获得进一步的进展。

资料来源:"美服务业联盟主席:美国致力于年内完成《服务贸易协议》谈判",《21 世纪经济报道》,2016 年 4 月 21 日;"国际服务贸易协定(TISA)对中国经济的影响及对策建议",《东方早报》,2014 年 10 月 28 日。

[**问题思考**] 中国为何提出申请加入 TISA 谈判?

[**案例点评**] TISA 作为一项新的、有创新意义的贸易协定,在规则、规范、领域和模式上必然会提出新的、更高的要求,在一定程度上代表了新形势下服务贸易自由化的趋势和潮流。中国提出申请加入 TISA 谈判,既是主动适应服务贸易自由化趋势的需要,也有利于扩大服务业开放,进一步开拓国际服务业市场。

本章小结

1.《服务贸易总协定》依据服务提供方式,将国际服务贸易定义为四种形式:跨境交付、境外消费、商业存在和自然人流动。

2. 国际服务贸易具有标的物无形、生产和消费的同步性和国际性、贸易保护更具有隐蔽性和灵活性、市场具有高度垄断性、统计复杂等特点。

3. 乌拉圭回合服务贸易谈判小组以部门为中心,将国际服务贸易分成 12 大类:商业性服务、通信服务、建筑及相关工程服务、分销服务、教育服务、环境服务、金融服务、健康及社会服务、旅游及相关服务、文化娱乐及体育服务、交通运输服务和其他服务。

4. 国际服务贸易发展现状主要表现为:发达国家是国际服务贸易的主体;发展中国家在世界服务贸易中占比较小;世界各国服务贸易的发展不平衡;国际服务贸易全球化、自由化与贸易壁垒并存;等等。

5. 国际服务贸易壁垒是指一国政府对外国服务或外国服务提供者设置或实施的有障碍作用的政策或措施。凡是直接或间接阻碍外国服务或外国服务提供者进入、增加外国服务或外国服务提供者成本的做法都属于服务贸易壁垒范畴。国际服务贸易壁垒分为四大类:产品移动壁垒、资本移动壁垒、人员移动壁垒和商业存在壁垒。

6.《服务贸易总协定》是多边贸易体制下第一个有关国际服务贸易的框架性法律文件,旨在促进世界服务业市场的开放和国际服务贸易在透明和渐进自由化条件下的新发展。《服务贸易总协定》的基本原则主要有最惠国待遇原则、透明度原则、逐步自由化原则、发展中国家更多参与原则、服务贸易的限制和禁止原则以及服务提供申请获准原则。

推荐阅读

1. 任靓、林桂军、赵绍全:"如何应对美国推动服务贸易自由化的挑战",《国际贸易》,2016 年第 6 期,第 63—66 页。

2. 肖前:"中国服务贸易及服务外包最新情况统计",《国际经济合作》,2016年第10期,第30页。

3. 桑百川、郑伟、谭辉:"金砖国家服务贸易发展比较研究",《经济学家》,2014年第3期,第93—100页。

4. 尹国君、刘建江:"中美服务贸易国际竞争力比较研究",《国际贸易问题》,2012年第7期,第56—66页。

5. 孙秀丽、隋广军:"中欧服务贸易竞争力比较研究",《国际经贸探索》,2015年第1期,第4—15页。

复习思考题

1. 国际服务贸易有几种形式?
2. 国际服务贸易的发展现状是什么?
3. 为什么会有服务贸易壁垒?
4. 服务贸易壁垒有哪些类型?
5. 简述《服务贸易总协定》的基本原则及意义。
6. 讨论中国发展服务贸易的必要性。

21世纪经济与管理规划教材

经济学系列

第四章

传统国际贸易理论

【关键词】

绝对优势　　　　　　　要素禀赋理论
比较优势　　　　　　　斯托尔珀-萨缪尔森定理
显性比较优势指数　　　要素价格均等化定理
动态比较优势　　　　　雷布津斯基定理
超比较优势　　　　　　里昂惕夫之谜
比较优势陷阱　　　　　新要素贸易理论

> **导入案例**
>
> ### 生产还是进口?
>
> 在美国,拿起任何一件商品,你很可能会发现它是从国外进口的。以滑雪板为例,2015年,美国共计从国外进口了价值1 986万美元的滑雪板。表4-1列出了美国滑雪板的进口数据,显示了美国进口滑雪板金额最大的10个国家或地区。
>
> 表4-1 2015年美国的滑雪板进口
>
> | 排名 | 进口来源国 | 进口额(百万美元) | 占进口总额比重(%) |
> | --- | --- | --- | --- |
> | 1 | 中国 | 5.73 | 28.87 |
> | 2 | 意大利 | 3.12 | 15.73 |
> | 3 | 澳大利亚 | 1.95 | 9.84 |
> | 4 | 捷克 | 1.26 | 6.34 |
> | 5 | 立陶宛 | 1.26 | 6.32 |
> | 6 | 挪威 | 0.27 | 1.35 |
> | 7 | 瑞士 | 0.22 | 1.13 |
> | 8 | 荷兰 | 0.21 | 1.05 |
> | 9 | 泰国 | 0.06 | 0.30 |
> | 10 | 德国 | 0.04 | 0.18 |
>
> 资料来源:联合国商品贸易统计数据库。
>
> 具体来看,美国主要从中国进口滑雪板,滑雪板进口额为573万美元,来自中国的进口额占总进口额的28.87%。此外,美国进口滑雪板金额最大的10个国家或地区中,发达国家较多,如意大利、澳大利亚、德国等。
>
> 在全球顶尖的十大滑雪板品牌中,三个品牌来自美国:K2、Line、4FRNT,其余品牌来自法国、奥地利、德国等国家。因此,美国完全拥有制造各类滑雪板的能力,为什么还要从其他国家或地区进口呢?
>
> 资料来源:冯跃、夏辉,《国际贸易理论、政策与案例分析》,北京大学出版社2012年版,第74页。

传统国际贸易理论可分为古典国际贸易理论和新古典国际贸易理论。古典国际贸易理论主要指以古典经济学派的亚当·斯密和大卫·李嘉图等人为代表的古典自由贸易理论。该理论试图回答国际贸易发生的原因、各国贸易的类型和贸易的结果,包括斯密的绝对优势理论和李嘉图的比较优势理论。19世纪末20世纪初,以瓦尔拉斯、马歇尔为代表的新古典经济学逐渐形成,为国际贸易研究开辟了新的领域,在新古典经济学框架下,许多微观经济学的理论被应用于国际商品贸易和国际要素流动的分析中,新古典贸易理论逐渐形成,其中代表性理论为要素禀赋论。

第一节 绝对优势理论

一、绝对优势理论产生的背景

重商主义是代表资本原始积累时期商业资本利益的经济思想的集合。重商主义先后经历了两个发展阶段:15世纪到16世纪中叶为早期重商主义,16世纪下半叶至17世纪为晚期重商主义。

早期重商主义者以英国的斯坦福(Stafford)和法国的孟克列钦(Montchretien)为代表。他们普遍主张国家应该采用行政或法律手段禁止货币流出,以确保货币收支的绝对顺差。因此,在对外贸易政策上,应该鼓励出口,禁止进口,以确保国家财富的不断增加。在实践中,他们通常奉行出口垄断、禁止性关税或外汇管制等贸易措施。早期重商主义者由于将重点放在货币收支的绝对增加上,因此也被称为重货币主义者或货币差额论者。

晚期重商主义者以英国的托马斯·孟(Thomas Mun)为代表,他以批判的眼光看待早期重商主义"守财奴"的做法,认为货币只有在流通中才可以逐渐增值。因此,晚期重商主义者主张将货币投入到有利可图的对外贸易中,通过货币流动产生贸易,贸易增加货币存量,只要总体保持贸易顺差,就可以使本国财富增加。托马斯·孟提出发展英国的工场手工业、航运业、殖民扩张及保护贸易等系列主张,并同时增加了以优惠条件鼓励工业原料进口,以退还税款、对出口商发放奖金或补助等措施鼓励商品出口。

总体而言,重商主义体现了资本主义生产方式准备时期,工业资产阶级为迅速完成资本原始积累而采取的强制保护贸易政策。这一政策在很大程度上促进了早期工业化国家的崛起。但重商主义的理论体系及政策主张存在诸多不足:第一,重商主义以金银货币衡量财富的观点过于狭隘;第二,重商主义通过保护贸易获得财富的观点容易导致保护主义泛滥。

18世纪末19世纪初,英国的经济实力不断增强,国内市场无法满足资本扩张的需要,资产阶级强烈需要进一步开拓国际市场,与此同时,英国本国内部重商主义盛行,经济效率低下,英国需要从重商主义思想下建立的特许和垄断制度中解放出来。代表工业资产阶级利益的古典经济学家在批判重商主义观点的基础上创立了古典自由贸易理论,绝对优势理论就是古典自由贸易理论其中之一。1776年,英国经济学家亚当·斯密出版了《国民财富的性质与原因的研究》(以下简称《国富论》),书中用大篇幅批判了重商主义,首次提出绝对优势理论,有力地论证了自由贸易的合理性和可行性。

二、绝对优势理论的内容

(一)绝对优势理论的基本假设[1]

亚当·斯密的绝对优势理论是建立在以下假设之下的:①世界上存在两个国家,每个国家生产两种商品,并拥有一种要素——劳动,即 $2\times2\times1$ 模型;②产品交易采用物物交换,产品是最终产品;③劳动力在国内可以自由流动,在国家间不能自由流动,在国内劳动力是充分就业的;④两国资源都已经得到了充分利用,即某部门生产的增加就意味着另一部门生产的减少;⑤经济是完全竞争的,生产和交换不受到任何限制;⑥不存在贸易或运输成本,政策取向是自由贸易,产品可以在两国间自由流动;⑦进出口价值相等。

(二)绝对优势理论分析[2]

我们假设只有英国和葡萄牙两个国家生产呢绒和酒。如表4-2所示,英国生产每单位呢绒需要2小时,生产每单位酒需要4小时;葡萄牙生产每单位呢绒需要4小时,生产每单

---

[1] 冯跃、夏辉:《国际贸易理论、政策与案例分析》,北京大学出版社2012年版,第81页。
[2] 贾金思、郎丽华、姚旭东:《国际贸易——理论·政策·实务》(第三版),对外经济贸易大学出版社2013年版,第30页。

位酒需要 2 小时。分工前,两国各自耗费 6 小时的劳动,共计 12 小时劳动;两国各自生产 1 单位呢绒和 1 单位酒用于消费,共计 2 单位呢绒和 2 单位酒。由于英国生产 1 单位呢绒用时较少,葡萄牙生产 1 单位酒的用时较少,因此,英国在生产呢绒上具有绝对优势,葡萄牙在生产酒上具有绝对优势。

表 4-2　英国和葡萄牙分工前后的绝对生产成本

国别	分工前		分工后	
	呢绒	酒	呢绒	酒
英国	2 小时/1 单位	4 小时/1 单位	6 小时/3 单位	0 小时/0 单位
葡萄牙	4 小时/1 单位	2 小时/1 单位	0 小时/0 单位	6 小时/3 单位
合计	2 单位	2 单位	3 单位	3 单位

按照绝对优势原则,英国应该专门生产具有绝对优势的呢绒,葡萄牙应该专门生产具有绝对优势的酒。分工后,在相同的时间内,两国可以生产出 3 单位的呢绒和 3 单位的酒。与分工前相比,呢绒和酒的总产量都增加了 1 单位。如果两国将各自生产的产品按 1∶1 的比率进行交换,那么英国比分工前多了 1 单位呢绒,葡萄牙比分工前多了 1 单位酒。两国均从专业生产并交换呢绒或酒中获利,福利水平也随之提高。

进一步,亚当·斯密的绝对优势理论概括为以下几点:

(1) 绝对优势促使分工的形成。在斯密看来,一国生产并出口哪种产品,应该由本国生产产品的成本来决定。当一国在一种产品的生产上具有绝对优势时,那么该国应该专注于生产该种产品,并用该种产品交换外国生产上具有绝对优势的产品。从而,只要我们知道一国在生产上的绝对优势,就可以根据这一理论来分析一国的贸易模式,即一国出口什么产品,进口什么产品。

(2) 劳动分工可以提高劳动效率。斯密认为,分工可以提高劳动生产率的途径主要有:提高劳动者的劳动熟练程度;使得每个人专门从事某项工作,从而节省与生产没有直接关系的时间;由于人们可以将注意力全部集中在某一生产环节或目标上,因此分工有利于发明创造和工具的改进。斯密用生产针来举例:在没有分工的情况下,一个工人每天可以生产 20 枚针,当存在分工时,每个人专门负责生产针的某一环节,平均每人每天可以生产 4 800 枚针,劳动生产率提高了数百倍。

(3) 分工由一国的自然禀赋(自然优势)或后天有利条件(获得性优势)决定。斯密认为,国际分工是建立在一国所拥有的自然优势或获得性优势的基础上的。自然优势是超乎人力范围之外的自然环境的优势,如气候、土壤、地理和矿产等。获得性优势是后天获得的优势,如英国在工业革命时期发展的纺织和冶铁那样的特殊技术与技巧。一国在生产产品上具有自然优势或获得性优势使得该国能够拥有成本优势,从而在价格上能够占据优势。这样,该国应该输出本国在有利条件下生产的产品去交换外国产品,而不是自己生产,从而决定了国家间是如何分工的。

三、对绝对优势理论的评价

如果从斯密于 1776 年发表《国富论》算起,则国际贸易理论经历了大约 240 年的发展。斯密批评了重商主义关于贵金属是财富来源的观点,认为国内生产才是一国财富的真正来源,而生产增长的关键是分工。同时,斯密认识到分工将受到市场规模的限制,尽管分工可以极大地提高生产效率,但如果没有足够的市场的保证,就没有必要进行分工。因此,任何有利于市场扩大的事情就有利于财富的创造,参与国际贸易也就成为财富扩大的源泉之一。在这样的认识下,斯密提倡自由贸易,因为有些国家生产的产品比另一些国家的便宜,进行贸易可以使得参与贸易的双方都得益,国际贸易也就成为更加有效配置一国资源的方式。出口是支付进口的方法,而不是积累贵金属的方法,因此,限制进口导致资源的低效率配置。① 斯密还指出,国际贸易提供了"剩余的出路",即国际市场可以为劳动生产超过本国消费的部分提供产品的国际需求市场,同时国际贸易还可以改善分工,提高劳动生产率。

概括起来,绝对优势理论积极的一面至少包括:

(1) 有力抨击了重商主义,主张自由贸易,为自由贸易的实践奠定了坚实的基础;

(2) 指出了分工对于提高劳动生产率的巨大意义;

(3) 阐明了国际贸易可以是贸易双方都得益的正和博弈。

虽然斯密并没有直接指出国际贸易的原因,但是他所提倡的自由贸易其实是建立在所谓的"绝对优势"基础上的,即一个国家应该生产并出口其具有绝对劳动生产率优势,从而具有绝对成本优势的产品,进口其具有绝对生产率劣势,从而具有绝对成本劣势的产品。然而,斯密并未认识到国家间进行贸易并非一定具有绝对优势才行。随后,李嘉图以及穆勒、托伦斯等人提出比较优势理论,进一步完善了绝对优势理论。

总结起来,绝对优势理论本身所具有的局限性至少包括:

(1) 按照绝对优势理论,一国要想参与国际分工和国际贸易,就必须在某种产品生产上具有绝对优势,若一国与另一国相比,在所有产品上都存在比较劣势,则该国无法参与国际分工或无法从国际贸易中获利,这一点与实际情况并不相符。对于发展中国家而言,其可能在所有产品生产上的劳动生产率都比不上发达国家,但是发展中国家仍然在参与国际贸易。

(2) 不能回答以下问题:各国在按照绝对优势原则进行分工时,会使自己的生产专业化,但一国会在何种程度上停止生产专业化? 国家间会以何种价格进行交易?

(3) 现实生活中,很少有国家按照绝对优势专业化生产某种或某几种产品而不生产其他产品,那些本该按照绝对优势原则衰亡的产业也并未最终消失。

上述不足的存在客观上要求有新的贸易理论来修正绝对优势理论存在的这些问题,接下来,大卫·李嘉图的比较优势理论可以帮助我们更好地回答上述问题。

第二节 比较优势理论

一、比较优势理论产生的背景

从1789年法国大革命初期到1815年拿破仑滑铁卢战败,英国几乎一直和法国处于战争之中。这一时期,私掠船(战时获外国政府批准的海盗船)袭击英国货船,法国也企图封锁英国的货物供应,因此,英国的海外贸易受到了战争的影响。战后英国粮食价格下跌,英国政府为了维护土地贵族阶级的利益,于1815年修订实行了《谷物法》。《谷物法》颁布后,英

---

① 尹翔硕:《国际贸易教程》,复旦大学出版社2005年版,第8页。

国粮价上涨,地租猛增,这对地主贵族有利,却严重损害了产业资产阶级的利益。《谷物法》的影响具体表现如下:昂贵的谷物使工人的货币工资被迫提高,企业的成本增加,利润减少,削弱了工业品的竞争能力;同时,昂贵的谷物也增加了英国各阶层吃粮食的开支,从而减少了对工业品的消费;《谷物法》还招致外国以高关税阻止英国工业品对它们的出口。出于发展资本、提高利润率的需要,英国产业资产阶级迫切要求废除《谷物法》,从而与土地贵族阶级展开了激烈的斗争。为了废除《谷物法》,英国产业资产阶级采取了多种手段,鼓吹谷物自由贸易的好处,而地主贵族阶级则千方百计维护《谷物法》,他们认为英国能够自己生产粮食,根本不需要从国外进口,反对在谷物上自由贸易。

人物专栏
大卫·李嘉图与重商主义

问题的焦点集中到要不要实行谷物自由贸易上,因此,产业资产阶级要想在这场论战中胜出,就必须为谷物自由贸易找到理论上的依据。大卫·李嘉图适时而出,他在1817年出版的《政治经济学及赋税原理》中提出了著名的比较优势原理(Law of Comparative Advantage),这一原理具有极强的使用价值与经济解释力,在很大程度上支持了一个现象:英国不仅要从国外进口粮食,而且要大量进口,因为英国在纺织品生产上所占的优势比在粮食生产上的优势还大,故英国应专门发展纺织品生产,提高商品生产数量,以其出口换取粮食,取得比较利益。

二、比较优势理论的主要内容

一个国家两种产品的劳动生产率均绝对低于另一个国家时,在绝对优势理论的假设下,该国则没有可能参与国际贸易,也就无法从国际贸易中获益,而这与现实情况是存在差距的。举例来说,20世纪90年代,相比中国,美国在服装和小麦的生产上均具有绝对优势,但是仍然会从中国进口服装。如何来理解这种现象,李嘉图的比较优势理论可以在一定程度上回答这一问题。

比较优势理论着重考察了国家间进行贸易的各种原因中的一种——国家间的技术差距,由于这种解说是由李嘉图提出的,因而也通常被称为李嘉图模型(Ricardo Model)。可以说,李嘉图的比较优势理论的核心思想可以用李嘉图模型来表述,其基本思想是,一个国家两个部门的劳动生产率即使都比另一个国家要高,或者都比另一个国家低,只要有一个部门的劳动生产率相对较高,该部门就是具有比较优势的部门。因此李嘉图的理论也常被称为比较优势理论。

(一) 比较优势理论的基本假设

(1) 世界上只有两个国家,它们只生产两种产品,即两个国家、两种产品模型(2×2模型);

(2) 生产产品的劳动都是同质的,没有熟练和非熟练之分;

(3) 生产在成本不变的情况下进行;

(4) 没有运输费用;

(5) 贸易在完全竞争的条件下进行,就业是充分的,生产要素在国内完全自由流动,在国外则完全不能流动;

(6) 收入分配没有变化;

(7) 贸易按实物交换的方式进行。

(二) 比较优势理论的分析①

为了方便理解,我们同样按照举例的方式来解释比较优势理论。我们假设只有英国和葡萄牙两个国家生产呢绒和酒,生产模式如表4-3所示。

表4-3 分工前的生产情况

国别	呢绒	酒
英国	10 小时/单位	12 小时/单位
葡萄牙	9 小时/单位	8 小时/单位
合计	2 单位	2 单位

从表4-3能发现,葡萄牙生产每单位的呢绒和酒所需要的人力都要低于英国,也就是说葡萄牙在两种商品的生产上均具有绝对优势。但是英国生产呢绒的成本是葡萄牙的1.1倍(10/9=1.1),生产酒的成本是葡萄牙的1.5倍(12/8=1.5)。可见,相比之下葡萄牙生产酒的效率比生产呢绒的效率更高一些,因此我们认为葡萄牙在生产酒方面较英国具有比较优势。同理,英国生产呢绒的效率,要高于生产酒的效率,因此英国生产呢绒具有比较优势。

如表4-4所示,如果英国和葡萄牙达成协议,两国用原有的劳动成本分别生产呢绒和酒,则能够生产2.2单位的呢绒和2.125单位的酒。显然,这个产量要比之前的总产量高。假定两国按照1∶1的交换比例交换商品,交换后英国拥有1.2单位呢绒和1单位酒,葡萄牙拥有1单位呢绒和1.125单位酒,则两国境况仍然要比之前好。

表4-4 分工后的生产情况

国别	呢绒	酒
英国	(10+12)/10 = 2.2	0
葡萄牙	0	(8+9)/8 = 2.125
合计	2.2 单位	2.125 单位

相关案例 4-1

姚明会去经营音乐网站吗?

身高2.26米的姚明有"小巨人"之称,是NBA历史上首位获得"状元秀"的外籍球员,也是目前为止征战过NBA赛场的中国球员中最成功的一位。在其运动生涯最鼎盛的时期(姚明现在已经退役),扣除姚明个人上缴的个人所得税、养老金和衣食住行的费用以及经纪人的费用,姚明仅年工资一项纯收入就有3 500万美元,据当时估计姚明在未来5年内的广告赞助至少在7 000万美元。姚明对网络的兴趣也很浓,很喜欢玩电脑游戏,据说也是高手之一。他曾经建立过音乐网站,委托助手经营。假设网站出现了技术问题,姚明只要花费2个小时就能解决,当然,在同样的2个小时里,如果他参加篮球赛可以赚取1万美元。而与姚

---

① 贾金思、郎丽华、姚旭东:《国际贸易——理论・政策・实务》,对外经济贸易大学出版社2013年版,第34—36页。

明相比,他委托的助手解决音乐网站上出现的这个问题需要4个小时,而在同样的4个小时里,这位助手可以为别人设计网页赚取200美元收入。显然姚明的网络技术比他的网络助手高多了,可是姚明还是继续在篮球赛场上打球,并没有自己来经营音乐网站。

资料来源:〔美〕普格尔著,赵曙东、沈艳枝译:《国际贸易》,南京大学出版社2010年版,第29页。

[问题思考] 试用比较优势理论解释姚明为什么不自己经营音乐网站。

[案例点评] 姚明在打篮球与经营网站两方面均优于助手,也就是说在两方面都具有绝对优势,可是,相比之下,姚明在打篮球方面相较于助手具有比较优势,因此,姚明会继续打篮球,而非经营网站。

三、比较优势的测度指标

延伸阅读
比较优势的测度指标

关于比较优势的测度主要存在两个问题:一个是指标选取,不同的指标体现了不同的思想,因此选择合理的指标至关重要;另一个是数据来源,不同统计口径下的贸易数据差别较大,因此在选取数据来源时,应该对不同数据来源的基本特点有所了解。

比较优势测度指标主要包括显性比较优势指数、专业化竞争力指数、实际竞争力指数三种。具体信息请扫描二维码参阅。

四、比较优势理论的检验、评价和误区

(一) 比较优势理论的检验和评价

比较优势理论的思想简洁,逻辑严密。该理论指出,国家之间参与贸易的原因是劳动生产率存在差异,这种因生产率的差异而进行的贸易对参与贸易的各国来说都有利可图。应该说,比较优势理论是解释国际贸易产生原因的重要理论分支,但是理论能否经得起现实的考验,需要进一步用实证研究对这一理论进行检验。

相当长一段时间内,没有人对比较优势理论进行过相应的实证检验,主要的实证研究直到第二次世界大战以后才慢慢增多,具有代表性的研究是麦克道格尔(MacDougall)于1951年做的实证检验。他以英国和美国为分析对象,根据两国1937年25个行业的劳动生产率和出口数据,对两国间的劳动生产率比例及相同部门产品向世界其他国家出口的数量比例进行了考察。由于美国和英国绝大多数制成品是出口到其他国家去的,且为消除两国间的关税和其他贸易壁垒对劳动生产率的影响,因此,他没有考察英美两国间的贸易,而是考察两国相同产品对其他国家市场出口的比例。由于当时美国制造业工人的工资水平相当于英国的2倍,根据前文的分析,美国应该在产品生产率大于英国2倍的行业中有比较优势,而英国应该在劳动生产率超过美国1/2的行业具有比较优势。麦克道格尔的研究发现,当美国的劳动生产率大于英国的2倍时,美国产品在市场上占主导地位;但是当美国的劳动生产率与英国的比例低于2倍时,英国的产品在市场上占主导地位。在他研究的25个行业中,有20个行业的情况与此相吻合。麦克道格尔的检验为比较优势理论提供了实证证据,但是,他的研究相对来说还较为简单,其研究架构还是停留在"结构—行为—绩效"的分析范式上。并且,在他的研究中,两国都会同时生产两种产品,该检验只是部分地检验了英美之间的出口优势,并没有完全精确反映两国的国际分工,缺乏对于行业内差异产品的精细处理。

此外，不能排除诸如要素禀赋等其他因素的影响等。这些因素最终使得其研究结论难以具有普遍意义。

麦克道格尔之后，斯顿、巴拉萨等学者都做过比较优势理论的实证检验。① 早期大多数的研究都支持比较优势理论的结论，但是20世纪80年代以后的检验却并不十分清楚，其中的部分原因可能是世界经济格局发生了变化。

比较优势理论的局限性主要包括：①它只涉及劳动一种生产要素，而没有考虑其他生产要素的影响，这一点与现实情况有较大的出入，企业生产中很显然不会只将劳动作为生产投入；②该理论要求贸易各国都进行专业化分工才能获益，后面章节中的要素禀赋理论中我们会看到，各国都会生产两种产品，并用一种产品的出口换取另一种产品的进口；③对贸易利益来源的揭示还不完全，指出了比较优势是贸易福利增加的来源，但是却没有揭示出其他贸易福利的来源，比如规模经济、产品种类增加和与企业异质性相关的资源配置效率提高等途径。②

（二）关于比较优势的三个认识误区

人们习惯于用比较优势来分析诸如竞争力、贫穷劳动力和剥削等问题，但在分析过程中常会出现一些误区，具体可扫描二维码查阅。

相关案例 4-2

比较优势可以创造吗？

大卫·李嘉图曾列举的葡萄牙与英国之间所进行的葡萄酒和呢绒贸易的例子中，英国由于缺乏适宜的自然条件，无法在葡萄酒的生产上获得优势，但生产呢绒不是很难，因此英国在呢绒的生产上具有比较优势，并最终选择生产呢绒与葡萄牙进行贸易。那么，如果英国拥有了新技术来生产高品质的葡萄和葡萄酒，和葡萄牙的贸易又会出现什么变化呢？一个现实生活中的例子可以给我们一些启示。

20世纪50年代末，日本小汽车的生产成本为美国的8.5倍，按照比较优势理论的原则，日本不应发展小汽车，但是日本选择将小汽车作为产业的发展方向。到70年代后期，日本小汽车的生产成本只有美国的2/3，小汽车成为日本出口的支柱产业之一。所以，在制定对外经济发展的长期战略时，应该灵活运用比较优势理论，目前的劣势可以转化为将来的优势。

同样，纵观美国历史，在不同时期，美国都能抓住当时的主导产业，引领世界发展潮流，掌握生产优势。在两次世界大战期间，美国着重发展军工产业，逐渐成为世界霸主。第二次世界大战后，美国曾主要依靠航空航天工业有效地维持了国际收支的平衡和庞大的就业需求，确立了超强的经济和军事大国地位。从冷战后期到21世纪以来，一方面，经济全球化进一步削弱了美国在传统制造业包括航空业领域的既有优势；另一方面，电子通信技术的发展却又凸显出美国在电影、电视、录音录像、电脑软件等文化产品出口领域的巨大优势。因此，

---

① 关于比较优势理论的相关检验的一个比较详细总结可参考赵伟：《高级国际贸易学十讲》，北京大学出版社2014年版，第138—140页。

② Bernard, Andrew, B. Jensen, J. Bradford, Redding, Stephen, J. Schott, and Peter, K., "Firms in International Trade", *The Journal of Economic Perspectives*, 2007, 21(3), 104—130.

美国似乎不太关心中低端制造业部门的贸易逆差,而是逐渐将注意力转向高新技术产业和服务业,侧重于在这些领域实现"出口垄断"和贸易逆差。当然,由于2008年金融危机的影响,美国实体经济和就业出现萧条的景象,美国最近又提出"回归制造业"的口号,以加强其制造业在全球产业链中的竞争优势。

资料来源:冯跃、夏辉,《国际贸易——理论、政策与案例分析》,北京大学出版社2012年版,第86—87页。

[**问题思考**] 日本汽车产业的发展对我们有何启示?

[**案例点评**] 比较优势可以被创造,我们应当动态地看待比较优势。如果严格按照比较优势理论,日本汽车生产成本高,不属于比较优势,日本就应当大力发展比较优势产业,但是在日本政府的扶持下,汽车产业成了支柱产业。同样,中国在制定对外经济发展的长期战略时,应当有意识地培育本国的比较优势产业。

五、比较优势的扩展

长期以来,对于比较优势的认识可以分为多种。根据比较优势的来源不同,可以将比较优势分为静态比较优势、动态比较优势、超比较优势和大国比较优势,这些概念时常被用于论述一国经济发展战略。而从遵循比较优势发展经济的后果来看,有比较优势陷阱之说。接下来,将简要介绍以上概念。

(一)静态比较优势[①]

比较优势的来源可以有静态和动态即外生给定和随时间变化之分。李嘉图意义上的比较优势假设生产率差异是外生给定的,因此其比较优势是外生(先天)比较优势,具有不随时间变化的特点,这种比较优势我们称为静态比较优势。可以看到,比较优势的来源不仅是生产率,还包括各种禀赋,如要素禀赋、制度等,此处将生产率差异也看作一种禀赋,因此,可以将静态比较优势界定为:由禀赋所外生给定的、具有不随时间变化特点的比较优势。

(二)动态比较优势[②]

动态比较优势是在静态比较优势基础上提出的。现实中,发展中国家可以通过自主发展劳动密集型产业和"干中学"的溢出效应来逐渐提升经济发展水平,各个国家希望能够按照这种比较优势格局参与国际分工,获得最大的贸易利益。但事实是,基于静态比较优势框架的比较优势理论对于现实的解释力度在逐渐下降,这就引出了动态比较优势。动态比较优势理论是对静态比较优势理论分析的延伸和发展,是贸易理论与经济增长理论综合考虑的成果,主要研究的是长期比较优势变化的决定因素及其福利的影响。现有的关于动态比较优势理论的研究主要分为三大类:基于要素变化的动态比较优势理论、基于技术进步的动态比较优势理论和基于其他因素变化的动态比较优势理论。

---

① 魏浩、李翀:"超比较优势与中国梯形对外贸易发展战略的构建",《世界经济与政治论坛》,2014年第1期,第111页。

② 同上。

(三) 超比较优势[1]

在国际贸易中,不仅存在绝对优势和比较优势,而且存在超绝对优势。超绝对优势是一国与另一国进行对方没有的商品贸易时所具有的优势,主要产生于社会资源的不同,特别产生于技术和技能的积累。绝对优势学说是假定两个国家都能生产两种商品,当一个国家某种商品的生产成本或市场价格低于对方国家时,它在这种商品的贸易上就具有绝对优势。但在现实中,一个国家能生产的某种商品可能是另一个国家所不能生产的,这就不存在在这两个国家里绝对成本或绝对价格的高低问题,因而也就不是绝对优势问题。假定存在A、B两个国家,某种商品只有A国能生产而B国不能生产,那么在这两个国家这种商品的贸易中A国具有不可比拟的优势,这种优势就是超比较优势。也就是说,超比较优势是指在多国贸易中,一个国家能生产的某种商品可能是另一个国家所不能生产的;或者,在多国贸易中,某种产品只有很少国家可以生产的情况。

超比较优势产品是国际贸易领域中的一种客观现象,不仅有其客观性,而且有其对称性。超比较优势产生于社会资源的不同,超比较优势产品或者是分布极不均匀的自然资源产品,或者是某个国家特有的特殊工艺产品,或者是高技术高技能产品。[2] 超比较优势产品产生的原因,既有先天的自然禀赋,也有后天的科技创新和发明,还有由于垄断或者使用传统工艺所形成的超比较优势。

(四) 大国比较优势

大国比较优势重点关注大国与小国在国土面积、劳动力、资源等方面的差异,这种差异使得大国在参与国际分工中更易有比较优势。大国比较优势,既包括自然地理特征,也包括社会经济特征,涵盖诸如劳动力的长期比较优势、巨大的市场规模、制度改革的空间、人文历史积淀等众多方面,实际应用中依据所分析的对象而对大国的界定有所不同。

(五) 比较优势陷阱[3]

比较优势陷阱侧重于说明发展中国家按照资源禀赋决定的比较优势参与国际竞争所带来的后果。比较优势陷阱是指,在劳动密集型产品和技术密集型产品的贸易中,以劳动密集型产品和自然资源密集型产品出口为主的国家总是处于不利地位。在劳动密集型产品市场上,面对发达国家资本对劳动的替代,发展中国家的劳动密集型产品并不具有竞争优势,事实上,一个国家的产品在国际市场上的竞争力,最主要的是产业竞争力。单纯的由资源禀赋决定的比较优势在国际贸易中不一定具有竞争优势。单纯根据资源禀赋来确定自己的国际贸易结构,企图以劳动密集型产品作为出口导向,就会陷入比较优势陷阱。

相关案例 4-3

中国培育外贸竞争新优势

中国在2013年跃居世界第一货物贸易大国,但是,传统竞争优势比如基于中国所谓地

---

[1] 魏浩、李翀:"超比较优势与中国梯形对外贸易发展战略的构建",《世界经济与政治论坛》,2014年第1期,第112页。

[2] 李翀:"比较优势与超比较优势:论我国经济的发展战略",《学术研究》,2006年第3期,第53页。

[3] 洪银兴:"从比较优势到竞争优势——兼论国际贸易的比较利益理论的缺陷",《中国工业经济》,1997年第6期,第21页。

大物博及拥有丰富的廉价劳动力而形成的初级产品和劳动密集型产业贸易优势已明显削弱,而新的竞争优势尚未形成,或将陷入比较优势陷阱。并且,企业创新能力亟待增强,品牌产品占比偏低,同质化竞争较为普遍;参与国际贸易规则制定的能力有待提升,外贸体制和营商环境需进一步改进。

当前,世界经济仍处在国际金融危机后的深度调整期,全球总需求不振,大规模国际产业转移明显放缓,世界科技和产业革命孕育新突破,贸易保护主义持续升温。中国经济正处于"三期叠加"阶段。2015年以来,中国外贸形势更加复杂严峻。据海关总署统计,2015年1月至4月,中国进出口总额12 225.1亿美元,同比下降7.6%。其中,出口6 901.6亿美元,增长1.6%;进口5 323.5亿美元,下降17.3%。在全球贸易下降、主要经济体和新兴市场国家出口普遍负增长的大背景下,中国出口仍保持增长势头,进口降幅逐步收窄,外贸发展的质量和效益进一步提升。今后一段时期,中国外贸发展既面临重要机遇期,也面临严峻挑战。必须适应新形势新要求,努力巩固外贸传统优势,加快培育竞争新优势,继续发挥出口对经济发展的重要作用。

"一带一路"倡议实施,为中国培育外贸新优势提供了"肥沃的土壤"。因为"一带一路"沿线国家对中国有着庞大的贸易和投资需求,而且这些需求的结构也层次多样。看资源禀赋,"一带一路"的大陆桥辐射区域是全球最主要的能源和战略资源供应基地,区域内资源互补性强;看比较优势,沿途多个国家处于不同发展阶段,具有不同禀赋优势,在农业、纺织、化工、能源、交通、通信、金融、科技等诸多领域有广阔的经济技术合作天地。由近几年的国际贸易数据分析可知,内陆区域主要向东部区域输出石油、化工、钢铁、有色金属及机电类产品等货品;而主要从东部区域输入机电设备、机动车、塑料及橡胶、精密仪器、动植物油脂等货种。通过对东、西不同区域的经济发展状况和消费水平的未来趋势进行分析,预计"一带一路"内陆国家未来对钢材、水泥、运输机械、工程机械、基建设备、机电类产品以及电子消费类、耐用品类的需求会有更大的增长空间,东部国家对资源加工类、农产品及特殊消费品类需求仍会持续增加。

资料来源:王勇,"培育外贸竞争新优势",《上海证券报》,2015年5月19日。

[问题思考] 中国应如何培育外贸竞争新优势?

[案例点评] 应统筹考虑和综合运用国际国内两个市场、两种资源,着力调整优化贸易结构,转变外贸发展方式,提升中国外贸在全球价值链中的地位,加快提升营造法治化、国际化营商环境,借助"一带一路"沿线国家的"肥田沃土",培育外贸竞争新优势。

第三节 要素禀赋理论

一、要素禀赋理论产生的背景[①]

斯密和李嘉图的古典贸易理论认为,生产技术不同是各国在市场成本上产生差异的主要原因。可是到了20世纪初,不同国家的生产技术已非常接近甚至相同,但为什么成本差异仍然很大?对这一问题的质疑导致了赫克歇尔-俄林定理(H-O定理,要素禀赋理论)的出

---

① 康灿华、刘海云等:《国际贸易》,武汉理工大学出版社2005年版,第24页。

现。埃利·赫克歇尔(Eli Heckscher)是瑞典著名的经济学家,他于1919年发表了《对外贸易对收入分配的影响》的经典论文。他认为,决定两国在不同产品上的比较优势,除了生产技术差异,还要考虑各国生产要素的禀赋不同和产品生产中使用的要素比例不同。此后,他的学生贝蒂尔·俄林(Bertil Ohlin)于1933年出版的《区域贸易与国际贸易》一书中,进一步发展了赫克歇尔的观点,并对赫克歇尔理论做出了清晰而全面的解释,建立了赫克歇尔-俄林定理,被人们称为要素禀赋理论。

人物专栏
赫克歇尔和俄林

二、要素禀赋理论的相关概念①

(一)要素禀赋

要素禀赋也称要素丰裕度(Factor Endowment),是指一个经济体所拥有的各种生产要素(如劳动、资本、技术、土地等)的总量。由于历史、自然条件、地理位置以及经济发展水平等原因,各经济体所拥有的生产要素禀赋情况是不同的,有的国家自然资源丰富,有的国家劳动资源丰富。这些差异决定了各经济体之间生产成本的差异,进而形成国际贸易的基础。

(二)要素密集度

要素密集度(Factor Intensity),是要素禀赋理论的最基础概念。要素密集度衡量的是商品生产过程中不同生产要素被密集使用的程度,是指在生产各种产品的过程中所需要投入的生产要素的比例。例如,生产棉花投入的土地所占比例最大,称为土地密集型产品;生产纺织品投入的劳动所占比例最大,则称为劳动密集型产品;生产机械设备投入的资本所占比例最大,则称为资本密集型产品,以此类推。

需要特别强调的是,要素密集度是一个相对的概念,与所投入的生产要素的绝对数量无关。例如,在中国生产一条裤子所投入的劳动资本比为1:0.6,而生产复印机所投入的劳动资本比为1:1.4,则称裤子是劳动密集型产品,复印机是资本密集型产品。

(三)要素丰裕与要素稀缺

要素丰裕(Factor Abundance)是指一个经济体某种生产要素相对于其他要素而言,供应量较大;要素稀缺(Factor Scarce)则相反。要素丰裕和要素稀缺有两种表示方法:其一为实物单位定义法,例如美国资本总量与劳动总量之比大于中国,则美国是资本丰裕国、劳动稀缺国;而中国是劳动丰裕国、资本稀缺国。这种表示方法仅考虑了要素供给情况,没有考虑要素需求情况。第二种方法是相对要素价格表示法,例如如果美国的资本租用价格(即利率)与劳动时间价格(即工资率)之比小于中国,就是说,美国资本租用价格较低,劳动时间价格较高,而中国正好相反。这说明,美国的资本供给大于中国,因此美国是资本丰裕国、劳动稀缺国,而中国是劳动丰裕国、资本稀缺国。

三、对要素禀赋理论的基本分析②

赫克歇尔-俄林定理建立在下列假设条件之上:①两个国家,使用劳动和资本(或土地)两种生产要素,生产两种产品;②两国生产要素都是给定的,生产要素在国内可自由流动,

---

① 贾金思、郎丽华、姚东旭:《国际贸易——理论·政策·实务》(第二版),对外经济贸易大学出版社2010年版,第47页。
② 康灿华、刘海云等:《国际贸易》,武汉理工大学出版社2005年版,第24—26页。

在国际不可流动;③两国使用相同的生产技术;④生产规模收益不变,意味着生产要素量增加,则产品量也以相同比例增加;⑤两国消费偏好相同;⑥商品市场和要素市场为完全竞争市场;⑦无关税、无运输成本。

根据以上基本假设,赫克歇尔-俄林定理下的两国生产和贸易模式可简述如下:劳动丰裕的国家拥有生产劳动密集型产品的比较优势,资本丰裕的国家拥有生产资本密集型产品的比较优势,如果两国发生贸易,劳动丰裕的国家应该生产并出口劳动密集型产品,进口资本密集型产品;资本丰裕的国家应该生产并出口资本密集型产品,进口劳动密集型产品。

为了更好地体现国家间生产要素(资源)禀赋不同决定的两国贸易中比较优势的差异,下面就2×2×2模型,即两个国家、两种产品、两种生产要素为例,来说明由于国家间生产要素(资源)禀赋不同决定的两国贸易中比较优势的差异,亦即生产要素禀赋的国际差异决定了贸易中各国竞争力的差异。

假设中国和澳大利亚两国都生产小麦和棉布两种产品,均具有土地和劳动两种生产要素,其中澳大利亚拥有大量土地,中国拥有大量劳动。由于生产要素的赋予数量不同,两种生产要素的相对价格也就不同。澳大利亚土地价格相对便宜,假设每单位土地价格为1澳元,每单位劳动价格为2澳元。而在中国,土地价格相对贵些,假设每单位土地价格为4元人民币,每单位劳动价格为1元人民币。在两国生产同一产品具有相同的生产技术水平和要素密集程度的条件下,每生产1单位小麦都要消耗5单位土地和1单位劳动;每生产1单位棉布,都要消耗1单位土地和10单位劳动。这就决定了在澳大利亚生产1单位小麦的成本为7澳元,生产1单位棉布的成本为21澳元;而在中国,生产1单位小麦的成本为21元人民币,生产1单位棉布的成本为14元人民币。如表4-5所示。

表4-5 两国生产要素价格和比例

国家	商品	要素比例		要素价格		成本	比较成本
		劳动	土地	劳动	土地		
澳大利亚	小麦	1	5	2	1	7	1/3
	棉布	10	1	2	1	21	3/1
中国	小麦	1	5	1	4	21	3/2
	棉布	10	1	1	4	14	2/3

从表4-5可以看出,运用比较成本分析方法,就可确定两国间的比较优势差异和国际贸易商品流向。澳大利亚小麦的比较成本是1/3,中国小麦的比较成本是3/2,澳大利亚棉布的比较成本是3/1,中国棉布的比较成本是2/3。相比之下,澳大利亚生产小麦的比较成本低,具有生产小麦的比较优势。而中国生产棉布的比较成本低,具有生产棉布的比较优势。这就决定了在两国的生产和贸易中,澳大利亚应大量生产小麦并向中国出口,中国则应大量生产并出口棉布换取澳大利亚的小麦。

赫克歇尔-俄林定理不仅解释了比较成本优势产生的原因,而且说明了国际贸易的流向:一个国家的比较优势就在于出口那些在生产中密集地使用该国最丰裕的生产要素生产的产品,进口那些在生产中密集地使用了该国最为短缺的生产要素生产的产品。尽管比较成本受多种因素的影响,但由于赫克歇尔-俄林定理假设各国的生产技术水平、消费偏好都是相同的,因此,国际分工和贸易的方式最终取决于各国所拥有的生产要素的丰裕程度。也就是说国际贸易的产生在于各国生产要素禀赋条件的差异。

四、要素禀赋理论的扩展

（一）要素价格均等化定理①

1. 要素价格均等化定理的提出

按照赫克歇尔-俄林定理，由于国家之间要素禀赋不同，产品在生产中投入的要素比例不同，从而决定了产品的成本不同，通过贸易，双方均能获利。此外，赫克歇尔-俄林定理中还有一个重要的内容是，它认为贸易的结果会出现价格均等化现象。

美国经济学家保罗·萨缪尔森（Paul Samuelson）发展了这个理论，他认为，国际要素价格均等化不仅是一种趋势，而且是一种必然。由于他对赫克歇尔-俄林定理（H-O 定理）的引申和发展，这一理论又被称为 H-O-S 定理。一国的劳动非常丰裕，劳动相对比较便宜，生产和出口劳动密集型产品，然而随着出口的扩大，在生产中对劳动的需求日益增加，劳动力工资随之上升；同时，国内资本相对比较昂贵，然而，随着资本密集型产品进口的增加，对于本国资本的需求相对减少，资本的价格下降。相反，资本相对比较丰裕的国家，生产和出口资本密集型的产品，随着出口的扩大，对资本的需求日益增加，资本的价格趋于上升；同时，随着劳动密集型产品进口的增加，对于劳动的需求相对减少，工人工资趋于下降。随着贸易的发展，两个国家的要素价格向着相反的方向运行，逐渐趋向均等，这就是要素价格均等化定理（Factor-Price Equalization Theory）。该定理的结论是，虽然生产要素在国际上不能自由流动，但商品在国际上的自由流动将会导致这两个国家的工人取得同等的实际工资、资本获得同样的利息、土地获得同等的地租。

有的经济学家认为，商品的流动实际上起到要素流动的作用。例如，美国的劳工组织极力阻挠墨西哥人移民到美国，担心移民的增多影响美国工人的工资和就业。然而，事实上，墨西哥生产和出口劳动密集型产品到美国会起到同样的效果。而一些欠发达国家的资本比较缺乏，其中有的国家的资本拥有者极力阻碍外国资本的自由流入。事实上，外国资本密集型产品的进口也会使得资本的价格相对下降。

2. 要素价格均等化定理的评述

在现实世界里，国际贸易在不断发展和扩大，然而要素价格均等化的实现似乎还很遥远。随着国际贸易的发展，发达国家工人的平均工资和发展中国家工人的平均工资的差距不但没有缩小，反而在扩大。可见，现实世界里国际贸易发展的结果和要素价格均等化定理不完全一致。经济学家对于这一理论和实际不相符合的问题，提出了各自的见解。大多数人认为，要素价格均等化是有条件的，条件就是完全的自由贸易，贸易既不受政府政策的干扰，也不受自然条件的影响。然而，在现实世界里，自由贸易受到一些因素的阻碍和影响，因此要素价格均等化难以实现。其主要原因是：

第一，贸易受到运输费用的影响，许多贸易特别是服务贸易受到阻碍。因此，各个国家参加贸易的只是部分产业，而且是部分产业中的部分产品。

第二，世界上大多数国家或多或少地实行贸易保护主义政策，因此，即使一些产业的贸易受到运输费用的影响不大，也往往受到一些国家贸易政策的阻碍。许多产业的产品能够

---

① 李左东：《国际贸易理论、政策与实务》，高等教育出版社 2012 年版，第 42—43 页。

参加贸易,却受到政府政策的影响而被排斥在贸易之外。这个现象有愈演愈烈的趋势。

第三,依据要素价格均等化定理,随着贸易的发展,一些资本相对比较丰裕的国家,由于进口劳动密集型产品,对于劳动力的需求相对减少,工资会下降。然而,在现实世界里,这些国家由于经济和贸易的发展,人们的收入增加,对于服务的消费越来越多,因此服务业相应发展。然而,服务业劳动生产率的提高相对比较缓慢,因此吸收的劳动力较多。于是在这些资本较为丰裕的国家,工资又有上升的趋势。由于两种原因的存在,工资不一定是一种下降的趋势。近二十年来,在一些资本较为丰裕的国家,有的国家工人工资有所上升,而且在个别阶段上升幅度较大;有的国家名义工资有所上升,但实际工资没有太大变化。

相关案例 4-4

资源价格接轨而工资没接轨的原因是什么?

处于经济转轨期的中国遭遇全球化,幸运与不幸掺杂其间,与国际接轨亦是毁誉参半。日前,公众心中一直挥之不去的疑团是,为何资源价格与国际接轨,而工资却可以说"不"?

在要素价格被严重低估的情况下,以高投资和高消耗为特征的重化工业增长模式必然导致中国能源的粗放式消费,能源瓶颈迅速缩紧。中国已卷入世界能源供求体系之中,价格与国际接轨,承担风险和收益已成为现实。

随着全球化的蔓延和交通运输技术的发展,石油、天然气和煤炭等能源产品的"可贸易性"越来越强,全球价格趋同不可避免。作为生产投入要素的土地和劳动力等是"不可贸易商品",各国要素禀赋的不同必然导致要素价格差,其实这也是发生国际贸易的原动力。

国际贸易往来并不仅仅是简单的商品交换,同时也是在间接地进行生产要素的交换。根据国际贸易的要素禀赋理论,贸易后商品价格的趋同会导致各国要素价格形成均等化趋势。中国目前外贸依存度已达70%,成为继美国和德国之后的世界第三大贸易国。按照要素价格均等化定理,中国"可贸易部门"的工资水平应该不断上升,而进口国相关部门的工资水平不断下降。但梦想并未照进现实,中国与发达国家的工资差距并未缩小,相反却有扩大的趋势。正如经济学家巴格瓦蒂所言,这应归因于该理论不现实的假设条件,其中包括完全自由的国际贸易、固定不变的各国技术和自由流动的生产要素等。

首先,由于全球化给发达国家的低技能工人带来了收入下降和失业的风险,国内收入差距逐渐拉大,反全球化声浪甚嚣尘上,不仅美国人发出了"经济繁荣与我无关"的慨叹,德国人也陷入了"贫穷"问题的困扰。于是贸易保护主义者设置人为壁垒(如关税、进口配额和反倾销等)阻碍自由贸易前进的车轮,同时也阻碍了要素价格均等化的脚步。

其次,随着"技术进展理论"兴起,技术成为新的生产要素,传统的要素价格均等化定理中的各国技术相同这个假设前提已不能成立,而且国际贸易的实践表明技术差异才是各国工资率水平不同的决定性因素。

最后,根据人力资本理论,教育和培训等智力投资会有效提高劳动生产率,劳动力的比较优势已不仅体现在数量上,还体现在质量上。

由此,贸易保护主义和经济民族主义的风行以及中西方在技术进步与人力资本存量上的巨大差异,客观上限制了中国工资与国际接轨。

资料来源:"资源价格接轨而工资没接轨原因何在",《每日经济新闻》,2006年11月22日。

[问题思考] 除了案例中所提到的原因,你认为工资不接轨可能还有哪些原因?

[案例点评] ①贸易受到运输费用的影响,许多商品,特别是服务贸易受到阻碍,因此,各个国家参加贸易的只是部分产业,而且是部分产业中的部分产品。②过去三十多年,加工贸易对中国外贸发展发挥了重要作用,加工贸易占中国对外贸易规模的比重一度达到53%左右。而在加工贸易中,中国主要依靠低廉的劳动力成本吸引国外厂商,一旦工资成本上升,大量外贸企业将无法继续生存。

(二) 斯托尔珀-萨缪尔森定理①

假设:一个国家以两种生产要素(如土地和劳动)生产两种商品(如小麦和布);这两种商品各自都不是另一种商品的投入品;竞争普遍存在;要素供给既定;两要素被充分利用;无论是否有贸易,一种商品(小麦)是土地密集型产品,而另一种商品则是劳动密集型产品;两种要素在部门间可流动,国家间不可流动;开放贸易提高了小麦的价格。

在上述假设条件下,从没有贸易到自由贸易的转变毫无疑问地提高了价格上升产业所密集使用的要素(土地)的收益,降低了价格下降产业所密集使用的要素(劳动)的收益,无论两种要素供应者倾向于消费哪种商品。这一结论是由美国经济学家沃尔夫冈·斯托尔珀(Wolfgang Stolper)和萨缪尔森在1941年提出并论证的,所以被称为斯托尔珀-萨缪尔森定理(Stolper-Samuelson Theorem)。

对这一定理我们可做如下分析:当对外贸易提高了小麦的价格后,在利益动机的驱使下,人们必然会扩大小麦的产量,但是由于国内生产要素已经得到了充分的利用,所以增加小麦的生产就必须同时减少布的生产,以将原来生产布的要素转移到小麦的生产上来。根据假设,小麦是土地密集型产品而布是劳动密集型产品,这样每减少一单位布的生产就会富余出较多的劳动和较少的土地,每增加一单位小麦的生产则需要较多的土地和较少的劳动。在土地供给既定的条件下,随着生产转移过程的进行,其价格必然会由于供不应求而上涨,在高地租的刺激下,两种商品的生产者都会设法减少土地的使用,从而使土地从布的生产向小麦的生产转移过程能够顺利进行。劳动的价格则会发生相反的变化,一开始,由于从布的生产中转移了出大量的劳动,而小麦的生产只能吸收其中的一部分,从长期来看,这会促使劳动的价格即工资降低,工资降低后,两个行业就会使用更多的劳动,从而使富余出的劳动可以被全部吸收。也就是说,当小麦的价格提高引起生产要素从布的生产向小麦的生产转移的过程中,为了适应要素供给总量不变的状况,必然会导致小麦所密集使用的土地的价格即地租上升,以及布所密集使用的劳动的价格即工资下降,也就是出现斯托尔珀和萨缪尔森所预言的结果。

延伸阅读
斯托尔珀-萨缪尔森定理的证明

(三) 雷布津斯基定理②

赫克歇尔-俄林定理是建立在要素禀赋基础上的,所有的分析都假定每个国家拥有的要素总量是固定不变的。然而事实上,资本的积累、人口的增长、自然资源的开发等因素都会使一个国家拥有的要素数量发生变化。1955年,英国经济学家T. M. 雷布津斯基(T. M.

---

① 国彦兵:《西方国际贸易理论——历史与发展》,浙江大学出版社2004年版,第126—128页。
② 卜伟、刘似臣、李雪梅、张弼:《国际贸易学》,清华大学出版社2006年版,第72页。

Rybczynski)对要素增长的生产效果和对国际分工模式的影响进行了研究。他指出:在一个国家、两种商品、两种生产要素的模型中,假定要素禀赋发生变化,其他假设条件不变,为了使分析简单化,假定这个国家是个小国,生产和消费数量的变化(包括进出口商品数量的变化)都不会影响商品的相对价格和要素的相对价格。当一种生产要素 L 增加时,另一种生产要素 K 不变,要想使已增加的劳动得到充分利用,而两个部门的要素使用比例保持不变,就必须在两个行业中调整劳动与资本的存量(总使用量)。

为了使新增的劳动全部进入劳动密集型行业 X,以保证充分就业,就必须从资本密集型行业 Y 转移出一定量的资本来配合新增的劳动。不仅如此,原来和这些资本匹配的劳动也要转移出来,又形成劳动的进一步增加。只要劳动继续增加,就要不断地从 Y 产业把资本(及劳动)转移出来,一直到两个产业的资本与劳动比率恰好合适为止。这个调整过程的结果是扩大了劳动密集型产业 X 的生产,提高了 X 产业的专业化程度,缩小了资本密集型产业 Y 的生产。于是,可以得到雷布津斯基定理,即在商品相对价格不变的前提下,某一要素的增加会导致密集使用该要素部门的生产增加,而另一部门的生产则下降。

该定理指出:如果商品和生产要素的相对价格不变,在两种生产要素中,其中一种要素的数量增加,而另一种的数量保持不变,那么密集使用前一种生产要素的产品其绝对产量将增加,而密集使用另一种生产要素的产品其绝对产量将减少。例如,中国资本的增加会使资本密集型产品如汽车、钢铁、高技术产品的生产增加,使劳动密集型产品如大米、服装、鞋类等的生产减少。雷布津斯基定理背后的经济学原理是简单明了的,在小国的假设前提下,因为产品的相对价格没有变化,同时由于技术也是不变的,要素的相对价格也就无法改变,那么两个行业在新均衡点上的 K/L 比率就与增长前的比率是一样的。在劳动数量增加的前提下,这种情况发生的唯一途径就是,只有资本密集型部门释放出部分资本,与新增的劳动共同用于劳动密集型部门的生产。当这种情形发生时,资本密集型产品的产出就会下降,而劳动密集型产品的产出就会扩张。

开发新的出口资源有时也会带来问题。一个例子是"福利恶化型增长",即对一个出口国来说,出口的扩张会使世界市场价格下跌,并最终使该国的福利恶化,这被通称为"荷兰病"。雷布津斯基定理恰可解释其中的原因,即新出现的部门从原来的制造业部门夺走了资源。具体地说,新部门通过施加工资上涨的压力夺走了劳动力,通过市价利率上涨的压力夺走了资本。在这样的成本压力中,原有的工业部门萎缩了。但也可以有相反的情形,如自然资源价格下降,而这又是重要的工业原料,这就会使工业生产增加而不是减少,或者是新资源可能被征税,用于刺激工业发展。

相关案例 4-5

沙特欲摆脱"荷兰病"

"我们将致力于实现全面发展""到 2020 年,我们将不再依赖石油而生存"……"沙特愿景 2030"经济改革方案,规划了沙特未来 15 年的发展蓝图。外界普遍认为,这是沙漠王国改革雄心的体现。那么,是什么原因迫使沙特这么做呢?

按沙特商业和工业大臣陶菲克·拉比耶的话说,沙特饱受"荷兰病"侵扰。"荷兰病"是指一国经济的某一初级产品部门异常繁荣而导致其他部门衰落的现象。20 世纪 50 年代,已是制成品出口主要国家的荷兰发现大量油气资源,政府随即大力开发,经济显现繁荣景象。然而,油气产业的"一骑绝尘"严重打击了农业和其他工业部门。20 世纪 80 年代初,荷兰开始遭受通货膨胀率上升、制成品出口下降、收入增长率降低、失业率攀升等问题的困扰。国际上把这种现象称作"荷兰病"。

沙特无疑符合"荷兰病"的特征。作为世界首屈一指的石油出口国,沙特凭借石油从一个落后的"骆驼加帐篷"农牧国,发展成为"喷气机加计算机"的富国。这导致沙特严重依赖单一产业——2015 年,沙特的石油收入达 1 620 亿美元,约占国家财政收入的 73%。"我们有石油瘾,这很危险,而且最近几年它妨碍了许多其他领域的发展",主持此次改革的副王储穆罕默德对沙特媒体表示。

由于油价持续下跌,2014 年沙特财政赤字高达 386 亿美元,是 2009 年以来首次预算赤字。尽管沙特财政大臣阿萨夫说沙特有足够财力抵御油价下跌带来的不利影响,但油价暴跌后持续低位徘徊,让沙特"很受伤":石油收入缩水,外汇储备减少,财政赤字攀升。

2015 年,沙特出现高达 980 亿美元的财政赤字,外汇储备与 2014 年相比减少 15.8%,政府不得不动用 800 多亿美元外汇储备并发行 200 亿美元债券以应对财政困难。2016 年,沙特的财政赤字预计将扩大到 GDP 的 19%。

以往沙特并不是没有想过转型,但官方经常认为石油价格终会回升,难关"熬一熬"就过去了。英国《经济学人》称,20 世纪 90 年代油价下跌时,沙特仅仅有大量贷款而已。21 世纪头十年,中国经济蓬勃发展,推高商品价格,沙特渡过难关。但这回,沙特的统治者对油价重回高位不抱任何希望。相反,他们意识到,是时候进行改革了。

值得一提的是,英国智库皇家国际问题研究所 2011 年 12 月曾发布一份著名的报告,预估到 2021 年沙特的国内消费量将会耗光其石油产出,到 2038 年沙特将成为一个纯石油进口国。对于长期以来依赖"统治交易"(通过石油出口给民众提供大量福利)的沙特王室来说,这样的预测结果是灾难性的。

资料来源:韩晓明,"戒'石油瘾',沙特能当楷模吗",《环球时报》,2016 年 4 月 28 日。

[问题思考] 结合雷布津斯基定理解释沙特出现"荷兰病"的原因。

[案例点评] 沙特的石油部门从其他的制造业部门夺走了资源。具体地说,石油部门通过施加工资上涨的压力夺走了劳动力,通过市价利率上涨的压力夺走了资本。在这样的成本压力中,其他的工业部门萎缩了。

第四节　里昂惕夫之谜

一、里昂惕夫之谜的提出

要素禀赋理论的逻辑非常清晰,自创立以来逐渐被西方经济学界所普遍接受。要素禀赋理论所揭示的道理同人们的普遍认知相一致,只需知道一个国家的要素禀赋情况,就可以很容易地判断出该国的贸易走向,如资本要素相对丰裕的国家将出口资本密集型产品,而劳动要素相对丰裕的国家则将出口劳动密集型产品。

第二次世界大战结束之后,西方许多学者试图利用经验数字来对该理论模型进行实证检验,期望进一步从实证角度来证明这一理论的正确性。其中较为著名的有美国当代经济学家里昂惕夫,他运用新创造的投入-产出分析法,以美国的情况为例,计算了在1947年和1951年生产每百万美元美国出口商品和每百万美元进口竞争商品所需的资本要素和劳动要素的数量(如表4-6所示),结果发现,美国出口的竟然是劳动密集型产品,而进口的却是资本密集型产品。由此,里昂惕夫解释道,"美国参加国际分工是建立在劳动密集生产专业化基础之上的。换言之,这个国家是利用对外贸易来节约资本和安排剩余劳动力,而不是相反"。①

表4-6 1947年美国每百万美元出口商品和进口竞争商品的资本和劳动投入量

	资本(百万美元,按1947年的价格计算)	劳动(人均年数)	资本/劳动
出口商品	25.51	182.31	0.140
进口竞争商品	30.91	170.00	0.182

资料来源:〔意〕甘道尔夫著,周端明等译,周端明校,《国际经济学Ⅰ:国际贸易理论》,中国人民大学出版社2015年版,第88页。

但是这个验证结果与一般的经济学直觉是不符的。通常认为,美国资本充足,科技发达,劳动力相对不足、成本较高。因此,美国在生产资本密集型产品方面应有相对优势。按照赫克歇尔-俄林定理的内容,美国应当出口资本密集型产品,进口劳动密集型产品,而里昂惕夫的实证研究结果却与此恰好相反。赫克歇尔-俄林定理的推论与实证结果之间出现了矛盾,这就是有名的里昂惕夫悖论,又被称为里昂惕夫之谜。

二、对里昂惕夫之谜的解释②

里昂惕夫之谜引起了西方经济学界的极大兴趣,这一研究不论是在数据上还是在理论上都引起了广泛的争议。围绕这个谜,西方学者们进行了大量的研究,从不同角度提出了各种各样的解释,深化了对要素禀赋理论的认知。

(一)生产要素密集度逆转论

生产要素密集度逆转论,又称生产要素密集度反向论、生产要素密集度变换论。按照要素禀赋理论,无论生产要素的价格比例实际如何,某种商品总是以某种要素密集型的方法生产的,如小麦总是用劳动密集型方法生产的。然而,这种判断不一定是正确的。某种商品在某个国家既定的生产要素价格条件下是劳动密集型的,但在另一个国家既定的生产要素价格条件下却可能是资本密集型的。例如,小麦在不少发展中国家都是劳动密集型产品,而在美国却可能是资本密集型产品。因此,同一种商品的生产可能存在要素密集度逆转。这样就可以解释里昂惕夫之谜了,美国进口的产品在国内可能属于资本密集型产品,但在国外却属于劳动密集型产品,但从美国的角度来看,就会造成进口以资本密集型产品为主的错觉;同时,美国的出口商品在国内可能是劳动密集型产品,在其他国家却可能是资本密集型产品,仅用美国的标准进行衡量也会造成出口时是劳动密集型产品的假象。只要贸易双方有一方存在要素密集度逆转的情况,其中一国就必然会出现里昂惕夫之谜。

(二)要素非同质论

要素非同质论认为,要素禀赋理论的假设前提之一——各国的每一种生产要素本身都

---

① 外国经济学说研究会:《国外经济学讲座(第2册)》,中国社会科学出版社1980年版,第89页。
② 张二震、马野青:《国际贸易学》,南京大学出版社2009年版,第70—72页。

是同质、无差异的——在现实生活中并不成立。实际上，每种生产要素都不是同质的，生产要素本身包含许多小类，这些小类的组合也千差万别，因此，各国的生产要素禀赋之间的差异不仅表现在要素的数量上，还应表现在质量上。如果将这些质量上的差异忽略，要素禀赋理论就很难对贸易格局做出合理的解释。

里昂惕夫在分析里昂惕夫之谜的产生原因时，就曾提出过生产要素（劳动力）非同质的问题，具体地，他认为美国对外贸易结构出现进口资本密集型产品、出口劳动密集型产品的原因，在于美国工人具有比其他国家的工人更熟练的技术和更高的劳动生产率。里昂惕夫指出，美国工人劳动的效率和技能大约要比其他国家高三倍，这意味着，在运用同样数量的资本进行生产时，美国工人可以多出三倍的产出。如果劳动以实际的生产量为单位来衡量，那么美国将是劳动要素相对丰裕、资本要素相对稀缺的国家，美国将以劳动密集型产品交换其他国家的资本密集型产品，由此里昂惕夫之谜便不再存在了。

（三）贸易壁垒说

不少经济学家认为，里昂惕夫之谜其实是美国及别国的贸易壁垒所造成的。美国出于某些政治和集团利益的需要，对雇用大量不熟练工人的劳动密集型产业采取贸易保护政策，这就导致了别国的劳动密集型产品难以进口，而资本密集型产品却相对容易输入。

而如果别国为了保护本国工业的发展而对资本密集型产品的进口采取了贸易保护措施，美国的资本密集型产品就很难进入别国市场，相对地，劳动密集型产品就会容易出口。事实上，美国政府的确很关心公民的就业情况，在贸易政策方面也确实对需雇用大量工人的产业进行保护。

（四）需求偏向论

需求偏向论试图用国内的需求结构来解释里昂惕夫之谜，该理论认为，各国由于国内需求不同，因此出口那些在成本上不完全占优势的产品，而进口那些在成本上处于优势的产品。一个资本相对丰裕的国家，如果国内需求强烈偏向于资本密集型产品，其贸易结构就有可能是出口劳动密集型产品而进口资本密集型产品。比如，美国对资本密集型产品的需求远远大于对劳动密集型产品的需求，导致了美国忽略其在生产成本上的比较优势，而进口资本密集型产品的情况出现。

（五）自然资源论

自然资源论认为，里昂惕夫的计算局限于资本要素和劳动要素两个方面，而完全忽略了自然资源这一生产要素的作用。各国资源禀赋的种类和数量都存在很大的差别，例如，阿拉伯半岛富产石油，却几乎没有其他资源；日本只有很少的耕地且没有矿产或森林；美国拥有丰裕的耕地和煤炭；加拿大拥有除热带特殊资源外的所有自然资源。

显而易见，各国自然资源禀赋的不同会直接影响到产品中的资本-劳动比率。美国进口竞争工业之所以是资本密集型，是因为美国大量进口矿产和木材，这些产品的进口不仅需要用到大量的自然资源，也需要用到大量的资本。而在出口方面，美国出口的农产品恰好是相对来说使用大量劳动力和土地的。

由此可见，要计量美国的出口工业和进口竞争工业中的生产要素含量，不能忽视自然资源在其中的角色。事实上，在分析1951年美国的贸易结构时，里昂惕夫也曾指出，如果在计算中排除自然资源行业的话，里昂惕夫之谜就会消失。

三、对里昂惕夫之谜的评价

里昂惕夫之谜是西方国际贸易理论发展史上的一个重大转折点,它引发了人们对于第二次世界大战后国际贸易的新现象、新问题的深入探究,使当代国际贸易理论的研究更加贴近现实。上述关于里昂惕夫之谜的种种解释就补充了要素禀赋理论的框架内容,增强了要素禀赋理论的现实性和对战后国际贸易实践的解释能力,既保证了世界经济学家可以继续运用要素禀赋理论来作为研究国际贸易现象的工具,也在一定程度上降低了该理论在学术界上曾有过的特殊统治地位,使得国际贸易理论的相关内容在后期的研究中更加完善。

另外,学者们大量的实证研究结果也表明,里昂惕夫之谜以及由此可能产生的要素禀赋理论的无效性,不能被视为是一定存在的,对每个事实都应从时间和空间两个角度展开综合的分析,不仅要针对某个国家,还要针对这个国家的各个时期进行研究和考察。

相关案例 4-6

中美贸易出现了"里昂惕夫之谜"?

纵观10年来的中美双边经贸数据,从产品结构来看,中美贸易顺差最大的产品依然是体现中国劳动力成本优势的普通机械电器、家具玩具、鞋帽和纺织服装,而中国则主要从美国进口农产品、矿产品、化工产品以及飞机、尖端集成电路、电信设备等。中美经贸的产品结构符合国际分工及资源禀赋理论,各自在具有比较优势的领域形成顺差。

然而,值得关注的一组数据是,自2001年以来,中国高新技术产品对美出口额开始飞速增长。海关统计数据显示,2001年,中国对美出口高新技术产品总额为97.08亿美元,而2005年这一数字已经达到520.4亿美元,其中,同比增长幅度最高达62.02%,最低增幅也达到了29.4%。这组数据意味着,中国对美出口高新技术产品出现顺差,直到2005年,顺差达到359.3亿美元,占中方统计对美顺差总额的31.5%。这是否代表中美贸易开始逐渐"颠覆"传统的国际贸易资源禀赋理论,出现了"里昂惕夫之谜"?

"中国出口的高新技术产品(占出口总额的28%左右),近90%是进口零部件组装后以加工贸易方式出口的,"国家发改委有关专家认为,"这代表跨国公司的技术、产品和产业结构,而不代表中国的技术、产品和产业结构,中国今天的比较优势主要还是劳动力密集型产品出口。"

中国虽然以加工贸易方式取得了顺差,但并未取得相应的贸易收益。有关专家认为,如果抛开贸易形式,单独来看高新技术产品出口比例的上升数据毫无意义。"事实上,出口价值1 000美元的电脑,我们只能获得20—30美元的加工费,我们所谓的高新技术产品出口,只是位于全球产业加工链的末端,"有关专家说,"设计、研究、开发、品牌,这个产业链高端的部分都是外资在控制。"

以罗技畅销产品之一"Wanda无线鼠标"为例来说明这种产业链的利益分配格局则更加清晰而直观:每个Wanda无线鼠标在美国的售价大约为40美元,在这一价值链中,罗技大约拿到8美元,其分销商和零售商拿15美元,另外14美元则被Wanda零部件供应商获得。中国从每只鼠标中仅能拿到3美元,苏州装配厂里工人工资、电力、交通和其他经常开支全都包括在这 3 美元里。

资料来源:"逆差——美国压榨中国产业利润的有效工具",《第一财经日报》,2006 年 4 月 14 日。

[问题思考] 你如何理解中美贸易出现的"里昂惕夫之谜"?

[案例点评] 虽然中国出口的是高新技术产品,但是中国仅在高新技术产品中贡献了劳动力,因此从中国的角度而言,出口的高新技术产品仍然是劳动密集型产品。

第五节 新要素贸易理论①

关于里昂惕夫之谜的几种解释,实际上都是从不同侧面对要素禀赋理论的一系列假设前提的修正,在特定的条件和环境下,这些解释确实可以部分解释里昂惕夫之谜。然而,从总体上来看,这些解释不足以回答对要素禀赋理论的一般疑问。为此,一些经济学家从修正这一理论的前提条件出发,提出了国际贸易新要素理论,以试图从更宽的角度说明里昂惕夫之谜,并解释当代国际贸易格局所发生的新变化。

国际贸易新要素理论认为,应当赋予生产要素以新的含义,扩展生产要素的范围。生产要素应当不局限于比较成本说中的劳动要素,也不仅是要素禀赋理论所说的劳动、资本、土地。综合来看,技术、人力资本、研究与开发、信息及管理等都应属于生产要素,这些新要素在解释贸易分工的基础和贸易格局的过程中发挥着重要作用。

一、技术要素说

技术要素说认为,技术是生产过程中的知识、技巧和熟练程度的积累。

首先,技术本身也是一种独立的生产要素。技术不仅能够提高土地、劳动和资本要素的生产效率,而且可以提高三者作为一个整体的全部要素生产率,从而改变土地、劳动和资本等生产要素在生产中的相对比例关系。因此,从这个意义上来看,技术也是一种独立的生产要素。技术进步、技术创新意味着一定的要素投入量可以生产出更多的产品,或者说,一定的产量只需要较少的投入量就可以生产出来。通过技术改进,现有的劳动量和资本量的生产率可以得到提高,就像在技术不变的情况下,劳动的供给和资本的供给得到了增加一样。可见,技术进步会对各国要素禀赋的比率产生影响,从而影响各国产品的相对优势,对贸易格局的变动产生作用。比如,节约劳动型的技术进步,会使该国的劳动密集型产品更具相对优势;节约资本型的技术进步,则会使该国的资本密集型产品更具相对优势。

其次,技术作为生产要素,可以生产创新产品并改造已有的产品。美国经济学家波斯纳(Posner)在 1959 年提出了技术差距论,用以解释这种创新技术对于国际贸易的影响。他认为,在要素禀赋理论中,技术被认为是不变的,但事实上,科技水平时刻都在提高。技术创新和新技术的运用在各国间的不平衡导致了国家间技术差距的存在。技术差距使技术领先的国家享有出口技术密集型产品的优势。新产品总是在工业发达国家最先问世,并在国内销售后进入国际市场,创新国借此获得初期的比较利益。其他国家虽然想生产,但技术差距的存在使产品创新到其他国家模仿生产之间存在时滞,从而创新国的技术优势得以在一段时

---

① 张二震、马野青:《国际贸易学》,南京大学出版社 2009 年版,第 72—75 页。

间内保持,其他国家对该产品的需求只能通过进口才能得到满足。因此,技术差距引起的国际贸易得以持续一段时期。

相关案例 4-7

阿迪达斯未来将普及机器人制鞋

据外媒报道,由于人工成本较低,中国、越南等国一直是阿迪达斯和耐克跑鞋的主要产地。不过,未来这种劳动密集型产业恐将走下坡路,因为阿迪达斯开始在美国建厂了,未来你穿的跑鞋可能就是机器人制作的了。

2016 年 8 月 11 日,阿迪达斯公布了自家"Speed factory"(速度工厂)的细节。据悉,该工厂将设在亚特兰大,占地面积达到 74 000 平方米,2017 年年底将开始全负荷生产。借助大量机器人,该工厂可年产 5 万双跑鞋。当然,这点数字相对于阿迪达斯庞大的出货量只能算杯水车薪,不过它依然是该公司的伟大尝试。

此外,虽然机器工人是该厂的主力员工,但阿迪达斯的亚特兰大工厂依然会为当地带来 160 个工作机会,这些员工将负责监督机器生产。

眼下,要断定阿迪达斯未来会全面使用机器人替代人工生产还早,不过从 Speed factory 上我们已经可以看出些许端倪。此外,由于采用了可编程的机器人员工,该工厂在生产个性化鞋款的能力上绝对不容小觑,而此前,各种定制化鞋款一直是耐克的强项。

与传统生产不同,机器人的"学习能力"更强,只需调整下程序,它们就能快速适应新型鞋款的生产,型号、大小、材料对它们来说都不是困难。

眼下,机器人的生产能力还无法满足阿迪达斯的需求,不过它在灵活性上绝对无可比拟。所以说,传统的劳动密集型产业正在迎来自己的黄昏。

资料来源:"劳动密集型产业的黄昏,阿迪达斯未来将普及机器人制鞋",凤凰科技,2016 年 8 月 11 日。

[问题思考] 你认为中国如何应对未来机器人对劳动密集型产业的冲击?

[案例点评] 长期以来,中国劳动密集型产业占主导地位,导致技术创新和人力资本积累受到影响,中国应尽快实现产业结构升级转型。中国产业结构转型和升级的方向为鼓励第二产业由低端制造业向高技术产业、装备制造业转型升级,从劳动密集型、资本密集型产业向技术密集型和知识密集型产业过渡,以进一步拉动第二产业比重的上升,从而尽快实现工业化。

二、人力资本说

人力资本,是指资本与劳动力供给而形成的一种新的生产要素。一国通过对劳动力进行投资,如正规的学校教育、卫生保教、在职培训等,可以使劳动者的素质得到很大程度的改善,从而大大提升劳动生产率,并对该国的对外贸易格局产生重要影响。一般来说,资本丰裕的国家往往同时也是人力资本丰裕的国家,人力资本丰裕是这类国家参与国际分工和国际贸易的基础。在贸易结构和产品流向上,这类国家往往是出口人力资本要素密集型的产品。

那么,电子计算机、飞机等这类产品是劳动密集型产品还是资本密集型产品呢?这要看具体是从哪个角度展开分析了。如果把人力资本的投资算作一国的资本存量,即算作产品生产中的资本投入,那么人力资本密集型产品也就是资本密集型产品了。美国经济学家 R. E. 鲍德温(R. E. Baldwin)和 P. B. 凯能(P. B. Kennen)就支持这一说法,他们认为,美国参与国际分工的基础依然是资本密集型产业,美国出口部门是资本密集型的。如果把人力资本视为熟练的、有较高技术技能的劳动力,那么人力资本密集型产品也可视为劳动密集型产品,美国参与国际分工的基础就是劳动密集型产业了。这里的关键点在于,将技能和技术型的劳动密集型产品和简单劳动密集型产品区分开来。

人力资本说认为,里昂惕夫之谜产生的原因就是,美国出口产品中含有的大量人力资本投资都被记在劳动力要素的账上了,而实际上这些应当算作资本要素的投入。如果非要把美国出口产品算作劳动密集型产品,那也只能理解为"技能劳动密集型产品",以区别于一般意义上的简单劳动密集型产品。

三、研究与开发要素说

就具体行业而言,研究是指与新产品、新技术、新工艺紧密相关的基础与应用研究,开发是指新产品的设计开发与试制。研究与开发要素可以用投入到新产品中的与研究和开发活动有关的指标来度量,如研究开发费用占销售额的比重,从事科研开发的科学家和工程技术人员占就业人员的比例等。在进行国际比较时,可要使用研究和开发费用占国民生产总值或出口总值的比重等指标。

该学说认为,研究与开发也是一种生产要素,一个国家越重视研究与开发要素的作用,产品的知识与技术密集度就越高,在国际市场竞争中就越有利。在一定条件下,投入研究与开发的资金的多少,可以改变一个国家在国际分工中的比较优势,产生新的贸易比较利益。美国经济学家格鲁贝尔(Gruber)等根据 1962 年美国 19 个产业的有关资料,就研究和开发费用占整个销售额的百分比以及科学家、工程师占整个产业全部就业人员的比重进行排列,结果发现,运输、电器、仪器、化学和非电器机械这五大产业中,研究与开发费用占 19 个产业的 78.2%,科学家和工程师占 85.3%,销售量占 39.1%,而出口量占 72%。在当代国际贸易中,西方国家在技术密集型产品方面居比较优势,与它们重视研发投入是密不可分的。多数西方国家研发占 GDP 的比重都在 2.5% 以上。

相关案例 4-8

自主研发新产品成出口企业"杀手锏"

在当前全球贸易持续萎缩、中国进出口连续出现"双降"态势的压力下,第 119 届广交会到会客商迎来"开门红"。来自广交会主办方的统计数据显示,2016 年广交会首日(4 月 15 日)到会采购商 43 306 人,比第 118 届(2015 年秋交会)同期 40 633 人增长了 6.6%,比第 117 届(2015 年春交会)同期 42 077 人增长了 2.9%。

为增强国际市场竞争力、吸引采购商新增订单,越来越多的企业通过依托科技创新提高生产技术,尤其是通过科技创新增加产品附加值已成为行业龙头企业主流。

自主研发的新产品、新技术已普遍成为参展企业向采购商展示的"杀手锏"。不少企业表示,尽管近年国际需求下降,但通过技术创新提升产品附加值,尤其是行业龙头企业推出的智能产品促使出口订单不降反升,利润也得到较大幅度的提高。

志高空调集团董事局主席李兴浩表示,新产品带来了可观的增量订单,尽管当前国际家电需求大环境依然十分恶劣,但志高2016年出口有信心保持10%的增长。据悉,目前志高空调主打"智能云+生态系统",预计未来三年,志高空调的中高端产品占比将逐步提升至80%左右。李兴浩介绍,志高空调新推出的产品中,远程调控已经是低配,高端产品能感应客户需要而自动调节,从而实现透明服务、精确服务、即时服务功能。

以智能机器人Ubot"站台"的海尔集团展位科技感十足,吸引了大量采购商驻足观看。该智能机器人采用了语音、图像识别等自然交互技术,能够像人一样与用户对话,帮助用户操控家电。不仅如此,它能听、能看、会说、能思考、有情感等特点,为海尔集团的展位吸引了大量采购商。

事实上,为提高产品竞争力、吸引更多客户,除了智能机器人,本届广交会海尔还推出了一系列智能家电产品。海尔集团工作人员展示了一款新上市的互联网冰箱,不仅利用了新型风冷、智能杀菌等先进技术保证食材新鲜,还能直接点击冰箱屏幕下单购买蔬菜、水果等,并具有人脸识别、全语音交互、食物识别等功能。

海尔海外电器产业有限公司副总裁张庆福介绍,广交会首日该公司已拿到了来自以色列、德国等采购商的多笔订单。"在多种因素倒逼下,我们已不能再停留在以低价取胜的阶段。"张庆福说,目前海尔产品正逐步向高端、智能化转型升级,并在当前严峻的出口形势下打开了突破口,2015年海尔智能家电出口实现逆势增长。

资料来源:"自主研发新产品成出口企业'杀手锏'",《南方日报》,2016年4月17日。

[问题思考] 该案例有何启示?

[案例点评] 研发投入有利于中国产业结构转型。案例中的海尔电器和志高空调均通过研发新产品扩大了出口,提高了产品附加值。其他行业可借鉴家电行业的做法,增加研发投入,努力推动各产业向高质、高效、高端转型升级,提高产品附加值,从"中国制造"迈向"中国智造"。

四、信息要素说

信息是指一切来源于生产过程之外、作用于生产过程的、能带来利益的信号的总称。信息要素说认为,信息也是一种生产要素,现代经济生活不仅需要土地、资本和劳动这样的传统生产要素,也需要信息这样的无形生产要素。在现代国际贸易中,竞争越来越表现为商业情报战、信息战,每个企业获取信息的快慢、拥有信息的多寡,往往会左右其生产经营和决策结果,甚至决定着企业的未来命运。一个国家利用信息的状况将会影响到它的比较优势,改变该国在国际贸易分工中的地位。

信息对国际贸易的影响在日本的综合商社中表现得特别明显。日本的综合商社是以贸易为主的跨国企业,它们在日本的国际贸易中占据重要地位,日本的三菱商事、三井物产、伊藤忠、丸红等九大综合商社占据了日本对外贸易的一半以上。这些综合商社之所以有如此强的竞争力,很大程度上是因为它们拥有非常强的信息搜集和处理能力。九大商社都把信息情报业摆在重要位置,各商社除了在总部设有情报中心,还在世界各地设立众多的办事处或者信息中心,形成遍布全球的国际通信信息网。庞大的信息网使其能对世界经济形势、国际市场供求状况等作出及时、准确的判断,以确保自身的国际竞争力。

随着新科学技术革命的深入发展和人们对事物认识的深化,人们对于决定贸易分工基础和格局的生产要素的认识也在不断加深,新要素的范围在不断扩大。例如,随着信息技术的发展,电子商务的运用能力正逐步影响到一国在国际贸易中的竞争力。一些贸易专家经过测算,运用电子商务可使交易的成本降低70%—80%。另外,适合市场经济发展的先进制度对国际贸易分工的影响也日益重要。在当今的国际竞争中,通过制度竞争形成制度优势,减少本国在国际竞争中的不确定因素,加强对全球可流动资源的吸引和利用,促进内部比较优势与外部资源的有效结合,正成为各国的重要举措。

综合来看,新要素贸易理论实际上是将生产要素的范围不断扩大,从有形的物质资本扩大至无形的技术、工艺、信息等,这些无形的要素成为贸易的新对象,从而拓宽了国际贸易的交易范围,促进了国际贸易的新发展。

本章小结

1. 当一个国家在一种产品的生产上具有绝对优势时,该国应该专注于生产该种产品,并用该种产品交换外国生产上具有绝对优势的产品,参与交换的两国均受益。

2. 一个国家两个部门的劳动生产率即使都比另一个国家要高,或者都比另一个国家低,只要有一个部门的劳动生产率相对较高,该部门就是具有比较优势的部门。这个国家应该专注于生产具有比较优势的产品,并用这种产品交换外国生产上具有比较优势的产品。这意味着即使是技术落后的国家也能够出口其具有比较优势的产品。

3. 根据要素禀赋理论,一国应该出口密集使用本国相对丰裕要素生产的产品,进口密集使用本国相对稀缺要素生产的产品;一个国家的比较利益就在于出口那些在生产中密集地使用该国最丰裕的生产要素生产的产品,进口那些在生产中密集使用该国最为短缺的生产要素生产的产品。

4. 自由贸易中的商品价格的变化,将会使在生产中使用的要素报酬及不同要素所有者的收入情况发生改变。在劳动丰裕的国家,贸易后劳动所有者的实际收入将会提高,而资本所有者的实际收入将会下降,这一结论被称为斯托尔珀-萨缪尔森定理。

5. 在要素禀赋理论的前提假设下,即使生产要素在国家之间不能流动,国际贸易也将使不同国家之间的同质生产要素的相对收益和绝对收益均等化。在国际贸易领域中,这一理论被称为要素价格均等化定理。

6. 如果商品和生产要素的相对价格不变,在两种生产要素中,其中一种要素的数量增加,而另一种的数量保持不变;那么密集使用前一种生产要素的产品其绝对产量将增加,而密集使用另一种生产要素的产品其绝对产量将减少,这一定理被称为雷布津斯基定理。

7. 通常认为,美国资本充足而劳动力相对不足,按照要素禀赋理论,美国在生产资本密集型产品方面具有相对优势,美国应当出口资本密集型产品,进口劳动密集型产品;然而,里昂惕夫对美国的检验结果却与此相反。要素禀赋理论与现实检验之间出现了矛盾,这就是著名的"里昂惕夫之谜"。

8. 国际贸易新要素理论认为,应当赋予生产要素以新的含义,扩展生产要素的范围;技术、人力资本、研究与开发、信息等都应属于生产要素,这些新要素在解释贸易分工的基础和贸易格局的过程中发挥着重要作用。

推荐阅读

1. 魏浩、王露西、李翀:"中国制成品出口比较优势及贸易结构研究",《经济学》(季刊),2011年第4期,第1281—1310页。
2. 樊纲、关志雄、姚枝仲:"国际贸易结构分析:贸易品的技术分布",《经济研究》,2006年第8期,第70—80页。
3. 杜修立、王维国:"中国出口贸易的技术结构及其变迁:1980—2003",《经济研究》,2007年第7期,第137—151页。
4. 王直、魏尚进、祝坤福:"总贸易核算法:官方贸易统计与全球价值链的度量",《中国社会科学》,2015年第9期,第108—127、205—206页。
5. 鞠建东、马弘、魏自儒、钱颖一、刘庆:"中美贸易的反比较优势之谜",《经济学》(季刊),2012年第3期,第805—832页。
6. 林毅夫、李永军:"比较优势、竞争优势与发展中国家的经济发展",《管理世界》,2003年第7期,第21—28、66—155页。
7. 管汉晖:"比较优势理论的有效性:基于中国历史数据的检验",《经济研究》,2007年第10期,第151—160页。
8. 梁琦、张二震:"比较利益理论再探讨——与杨小凯、张永生先生商榷",《经济学》(季刊),2002年第4期,第239—250页。

复习思考题

1. 试述绝对优势理论和比较优势理论之间的区别。
2. 简述比较优势理论的不足。
3. "如果一个国家的工人远比其他国家的工人工资低,那么贸易就会使得这个国家受到剥削,并使它的福利恶化",这种说法是否正确?请说明理由。
4. 请简述要素禀赋理论。
5. 请证明斯托尔珀-萨缪尔森定理。
6. 请结合现实,解释要素价格均等化定理。
7. 请利用雷布津斯基定理,解释"荷兰病"的成因。
8. 新要素贸易理论包括哪些生产要素?

21世纪经济与管理规划教材

经济学系列

第五章

国际贸易理论的新发展

【关键词】

需求相似理论　　　异质性企业贸易理论
产品生命周期理论　全球价值链理论
国家竞争优势理论　增加值贸易
新贸易理论

国际经济学

导入案例

发达国家与谁在进行贸易?

传统贸易理论中的比较优势理论和要素禀赋理论认为,贸易主要应该在存在要素禀赋差异的国家之间即发达国家和发展中国家之间进行。那么过去的二十年间,发达国家主要与哪些国家在进行贸易呢?

如表 5-1 所示,1996—2015 年间,发达国家之间的贸易额占发达国家总贸易额的比重由 74.02% 下降到了 67.29%,虽然有所下降,但 2015 年该比重仍高达 67.29%,说明发达国家的贸易以发达国家之间进行的横向贸易为主。具体来看,2015 年联合国贸发会议统计手册显示,2014 年,加拿大与发达国家之间的贸易占本国贸易总额的 87.5%;法国与发达国家之间的贸易占本国贸易总额的 73.5%;英国与发达国家之间的贸易占本国贸易总额的 72.6%;美国与发达国家之间的贸易占本国贸易总额的 45.2%,所占比重较低。

表 5-1 1996—2015 年发达国家贸易情况 单位:%

年份	发达国家之间的贸易额占发达国家总贸易额比重	年份	发达国家之间的贸易额占发达国家总贸易额比重
1996	74.02	2006	74.41
1997	73.30	2007	73.67
1998	76.12	2008	72.14
1999	76.79	2009	70.98
2000	75.79	2010	68.57
2001	76.04	2011	68.12
2002	76.02	2012	66.54
2003	76.32	2013	66.02
2004	75.54	2014	67.18
2005	74.95	2015	67.29

资料来源:根据《联合国贸易和发展会议数据库》的数据计算得出。

由此可见,发达国家的贸易主要发生在发达国家之间,与传统的比较优势理论和要素禀赋理论相悖,那么,我们应该如何解释这种现象呢?

第一节 需求相似理论

需求相似理论是针对在 20 世纪 60 年代工业制成品国际贸易中出现的新现象而提出的国际贸易理论。当时发达国家间的产业内工业制成品贸易远远超过发达国家与发展中国家之间的贸易,比较优势理论和要素禀赋理论无法有效解释这种现象,在此背景下,需求相似理论从重叠需求的角度解释了发生在发达国家之间的产业内贸易的原因。

一、需求相似理论的主要内容

需求相似理论由瑞典经济学家林德尔(Lindell)于 1961 年提出,该理论从需求角度解释了发达国家产业内贸易的根源。林德尔认为,要素禀赋理论只能说明初级产品的国际贸易模式,解释工业化国家之间相互进行工业制成品贸易格局问题要用新的贸易理论,并且这种新的贸易理论不能仅仅从供给方面分析,还必须从需求角度来寻求答案。他认为发达国家之间相互进行工业化产品贸易的种类、范围、流量是由各国的需求因素决定的。因此,需求相似理论的核心思想为,一国的国际贸易主要受该国的平均收入水平、需求偏好和产品出口结构三个因素影响。

需求相似理论将两国之间共同的消费偏好称为重叠需求,认为重叠需求是两国国际贸易的基础。两国消费者需求偏好的相似程度越高,需求结构就越接近,重叠需求就越大,两国均可进口和出口重叠需求范围内的商品。因此,如果两国人均收入相似,则可以认为两国需求偏好相似,两国间重复需要的商品都有可能成为贸易品,贸易范围很大。如果人均收入水平相差较大,需求偏好相异,则可以认为两国间重复需要的商品可能很少,贸易的密切程度也就很低。基于该理论,国际贸易被视为国内贸易的延伸,各国应当向收入水平相似的国家出口本国国内市场需求巨大的产品,然后才是向全球市场出口。在国际贸易上就表现为:收入水平相似的国家相互出口种类相同但品牌不同的产品。

需求相似理论有如下两个重要观点:

(1) 国内需求决定产品出口种类。由于国际贸易被视为国内贸易的延伸,只有在一国国内对某种产品存在大规模需求,该国企业才能在长期地致力于满足国内需求的过程中,实现生产规模扩大和成本降低,使得产品在国际市场具有比较优势,这是一个渐进过程。只有当本国企业规模扩大到不满足于相对狭小的国内市场、开始通过出口扩大销售范围时,才会出现产业内贸易。出口工业品必须是先有一个国内市场,才能获得相对优势。本国企业不可能生产并出口仅满足国外需求的产品,因为一种新产品要使其最终适合于市场需要,在生产者和消费者之间必须反复地交流信息。如果消费者和市场都在国外,取得信息的成本就会很大。因此只有满足国内需要的产品才会是具有最大相对优势的产品。

(2) 两个国家的需求结构越相似,两国之间的贸易量越大。影响一个国家需求结构和偏好的主要因素是人均收入水平,两个人均收入水平相似的国家,需求结构和偏好也会相似,重叠需求结构部分大,两国间的贸易量也大。在两国需求结构为完全一样的极端情况下,一国所有可供进出口的物品也就是另一国可供进出口的物品。

因此,需求相似理论认为发达国家间存在大量产业内贸易的原因是,发达国家之间经济发展水平和人均收入水平相近,因而需求结构具有相似性,一国生产的满足国内需求的产品,也能成为满足他国需求的产品,所以发达国家之间会发生大量的产业内贸易。对于发达国家与发展中国家之间的国际贸易,需求相似理论从收入结构角度也进行了解释,认为发展中国家中的高收入者和发达国家中的较低收入者会出现需求重叠,继而发生两国间贸易。总之,需求相似理论认为,人均收入水平的差异是贸易的潜在障碍,一个国家即使有比较优势的产品,但如果其他国家由于收入较低而对其没有什么需求,也无从发生贸易。

二、需求相似理论的贡献和不足

需求偏好相似与产业内贸易有密切的联系。正是因为经济学家试图对产业内贸易这种用传统的国际贸易理论无法解释的现象进行解释,才引致了需求相似理论的产生。与比较优势理论和要素禀赋理论从供给角度解释国际贸易动因的视角不同,需求相似理论从需求方面解释了产业内贸易产生的原因,较好地解释了20世纪五六十年代以来发达国家间的产业贸易现象,开辟了研究国际贸易模式的新视角。

但需求相似理论也存在较多不足。比如,将人均收入水平作为唯一影响一国需求结构和偏好的因素,忽视了现实经济是一个复杂的系统,有诸多因素会影响一国需求结构和偏好。以宗教因素为例,如果各国间存在较大的宗教信仰差异,即使贸易伙伴国具有相同的收入水平,它们的需求结构也必然存在显著的差异。如美国和中东产油国即使人均收入相同,但受其宗教信仰和生活方式不同的影响,两国的需求结构和偏好会有很大差异。另外,由于各国要素禀赋和生产技术不同,相同产品在两国间的相对价格必然有差异,这也会影响需求相似理论对一国贸易结构的预测。

相关案例 5-1

美国的高尔夫球出口到哪儿?

根据联合国数据,2015 年,美国高尔夫球的出口额高达 1.24 亿美元,居全球第一位。表 5-2 显示了美国高尔夫球出口额排名前 10 的国家或地区。英国、加拿大和日本排名前三,且占比均在 10% 以上。根据世界银行的标准,墨西哥为中高收入国家,其余 9 个国家或地区均为高收入国家或地区。

表 5-2　2015 年美国高尔夫球出口情况

排名	目的国/地区	出口金额 (万美元)	占美国高尔夫球 出口总额比重(%)	人均 GDP (万美元,现价美元)
1	英国	3 375.27	27.27	4.37
2	加拿大	3 239.80	26.17	4.32
3	日本	2 355.72	19.03	3.25
4	韩国	783.26	6.33	2.72
5	墨西哥	566.12	4.57	0.90
6	澳大利亚	562.38	4.54	5.63
7	中国香港	237.53	1.92	4.24
8	德国	235.94	1.91	4.12
9	新加坡	209.85	1.70	5.29
10	荷兰	183.65	1.48	4.44

资料来源:出口金额来源于联合国商品贸易统计数据库,人均 GDP 来源于世界银行数据库。

需求相似理论可以解释美国高尔夫球出口目的地的分布情况。高尔夫球运动起源于 15 世纪的苏格兰,19 世纪传入美国,现在,高尔夫球运动是贵族运动的代名词。除墨西哥外,美国与出口目的国或地区同属高收入国家,经济发展水平和人均收入水平相近,因而需求结构具有相似性。美国生产的高尔夫球能够满足国内需求,也能满足其他高收入国家的需求,因此,美国向这些高收入国家出口了大量的高尔夫球。

[问题思考] 墨西哥属于中高收入国家,与美国收入水平有一定差距,试分析为何墨西哥也进口美国的高尔夫球。

[案例点评] 一方面,人均收入水平并非唯一影响一国需求结构和偏好的因素。可能受美国文化的影响,墨西哥对高尔夫球运动也有偏好,如墨西哥国内举办多项高尔夫球比赛;世界排名第一的女子高尔夫球运动员来自墨西哥。另一方面,墨西哥与美国毗邻,贸易成本低,从成本的角度考虑,墨西哥可能会选择从美国进口高尔夫球。

第二节 产品生命周期理论[①]

如果说要素禀赋理论都是从静态的角度来分析贸易分工的基础的话,那么产品生命周期理论则从动态的角度来说明贸易格局的变化。美国哈佛大学教授R.弗农(R. Vernon)提出的产品生命周期理论,从产品生产的技术变化出发,分析了产品生命周期阶段的循环以及对贸易格局的影响。

按照这个理论,许多新产品都有一个划分为四个阶段的生命周期:第一阶段是创新国(比如说美国)对某一种新产品的出口垄断时期;第二阶段是其他发达国家生产者开始生产这种新产品;第三阶段是外国产品在出口市场上进行竞争的时期;第四阶段是在创新国开始进口竞争的时期。

在产品生命周期的第一阶段,创新国(美国)企业发明并制造出新产品。这时的新产品实际上是一种科技知识密集型产品,由于它垄断了制造技术,因而美国厂商就垄断了这种产品的世界市场。这一阶段生产成本对于厂商来说不是最重要的,因为没有其他竞争者。新产品开始只能在美国和其他创新国生产,因为新产品需要大量的研究和开发以及技术熟练的工人,因此一般比较昂贵,其消费者也只能是美国等高收入国家。其产品出口,也是首先出口到创新国以外的其他工业发达的高收入国家。

在产品生命周期的第二阶段,其他发达国家的厂商开始生产原来只从创新国进口的新产品。美国等创新国的新产品在发达国家打开销路以后,吸引了大量消费者。潜在的市场为这些发达国家的厂商开始生产这种产品提供了前提条件。无须花费创新国必需的大量科技开发费用以及无须支付国际运费及关税,使发达国家生产成本降低。这一阶段,产品由技术知识密集型变成技能或资本密集型。许多生产技术由于标准化变得容易学会。因此,这些国家开始大量生产新产品。开始生产这种产品的厂商也许就是创新国公司的子公司。它们知道如果它们不生产这种产品,东道国的公司也会进行生产。这样,原进口国生产了这种产品并占了国内市场。创新国的新产品对这些国家的出口减少甚至停止。

在第三阶段,创新国以外的国家成为该产品的净出口国,参加与创新国的出口竞争。因为这些产品在这些国家成本低,在国际市场上有竞争力。随着这些国家出口的扩大,创新国逐渐丧失了国外市场。

最后,新产品仿制国的厂商由于国内外市场的扩大,有条件进行大批量生产,以取得规模经济效益,大幅降低了产品成本,以至于可以把产品打进创新国市场。这就是产品生命周期的第四阶段,创新国成为该产品的净进口国。新产品在创新国的生命周期宣告结束。

这个周期在创新国是结束了,但在开始生产这种新产品的其他发达国家,产品生命周期

---

① 张二震、马野青:《国际贸易学》,南京大学出版社2009年版,第75—78页。

还在继续着,它可能处于第二或第三阶段上。这时产品的技术已完成了其生命周期,生产技术已经被设计到机器或生产装配线中了,生产过程已经标准化了,操作也变得简单了。甚至生产该产品的机器本身也成为标准化的产品而变得比较便宜。因此到了这一阶段,技术和资本也逐渐失去了重要性,而劳动力成本则成为决定产品是否具有比较优势的重要因素。发展中国家劳动费用低廉,地价便宜,生产标准化产品极具竞争力。当生产过程标准化和创新国的技术专利失效后,生产便转移到发展中国家进行了。这些国家最终会成为该产品的净出口国,把产品出口到创新国和其他发达国家。在国际贸易中,许多产品都经历了或正经历着这样的生命周期。如纺织品、皮革制品、橡胶制品和纸张在20世纪80年代就进入了产品周期的第四阶段,而汽车在90年代也已开始标准化而进入第三阶段,这一时期韩国大量向日本等发达国家出口汽车就说明了这一事实。图5-1显示了新产品的"产品生命周期"期间的国际贸易模式。

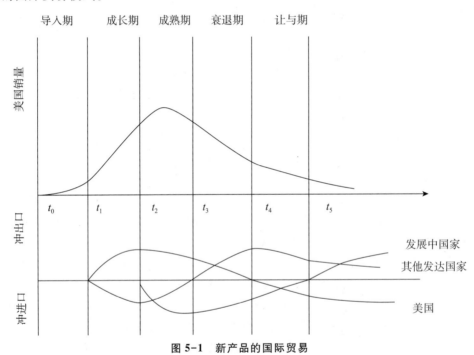

图 5-1 新产品的国际贸易

注:纵轴表示商品的销售量,横轴表示时间。

新产品的国际贸易模式之所以发生上述有规则的变化,是因为不同类型的国家,在产品生命周期的各个阶段的比较优势不一样,而比较优势不同,又是与新产品生命周期的各个阶段产品的要素密集度联系在一起的。像美国那样工业比较先进、技术力量相当雄厚、国内市场广阔、资源相对丰富的国家,生产技术知识密集型产品具有比较优势。发达国家资本丰裕,且拥有相对丰富的科学和工程实践经验,生产处于产品生命周期第二、第三阶段的资金密集型成熟产品具有相对优势。发展中国家有相对丰富的不熟练劳动,弥补了相对缺乏的资本存量的不足,因此生产成熟标准化产品具有优势。

不难看出,产品生命周期理论是把动态比较成本理论和要素禀赋理论、新要素理论结合起来的一种理论。这一理论运用了动态分析法,从技术创新、技术传播的角度分析国际分工的基础和贸易格局的演变。因此,产品生命周期理论也可视作对比较成本理论和要素禀赋理论的一种发展。还应指出的是,产品生命周期理论发展至今,与国际投资、技术转让等生产要素的国际移动结合在一起,不仅对于国际贸易,而且对其他国际经济领域有着很大的影响。这一理论已成为第二次世界大战后最有影响的国际贸易理论之一。

第三节 国家竞争优势理论[①]

产品周期理论从动态角度成功地解释了国内市场对创新的影响,但它仍留下许多问题未能解答,如为什么一些国家的某种产品在国内市场很小或发展缓慢的情况下仍能成为世界领先者?为什么许多国家的产业并没有像该理论预测的那样失去竞争优势?鉴此种种,哈佛大学教授迈克尔·波特(Michael Porter)提出,一国兴衰的根本在于赢得国际竞争优势,而国际竞争优势的取得关键在于国家具有适宜的创新机制和充分的创新能力。

一、国家竞争优势理论的内涵

波特的国际竞争优势理论以产业经济为突破口,站在产业层次,认为国家竞争优势取决于产业竞争优势,而产业竞争优势又取决企业竞争战略,从企业层面上扩展到国家层面,从微观、中观、宏观三个层次系统地提出了竞争优势理论。

(一)竞争优势理论中的创新机制

波特的竞争优势理论中的创新机制可从以下三个层面来分析:

(1)微观竞争机制。国家竞争优势的基础是企业内部活力,企业缺少活力,不思进取,国家就难以树立整体优势。能使企业获得长期赢利能力的创新,应当是研究、开发、生产和服务各环节上都使产品增值的创新。企业要在整个经营过程的升级上下工夫,在强化管理、研究开发、提高产量和降低成本等方面实行全面改革。

(2)中观竞争机制。企业的创新不仅取决于企业内部要素,还涉及产业与区域。企业经营过程的升级有赖于企业的前向、后向和侧向关联企业的辅助与支持。企业追求长远发展,需要有一个产业空间,利用产业链构建一个最优的区域组合,以达到降低成本、提高快速反应能力等目的。

(3)宏观竞争机制。个别企业、产业的竞争优势并不必然导致国家竞争优势。因此,一国的宏观竞争机制对其能否取得国家竞争优势有重要的决定性作用。为了对国家竞争优势提供一个比较完整的解释,波特提出了一个国家竞争优势的四个基本因素、两个辅助因素模型,如图5-2所示。

该模型由四个基本决定因素和两个辅助因素组成。四个基本决定因素分别是生产要素,需求状况,相关产业和支撑产业,企业的战略、结构和竞争对手。两个辅助因素是机遇和政府。由此构成所谓的"波特菱形"或完整的"钻石模型"(Diamonds Framework)。这些因素中的每一个都可单独发生作用,但又同时对其他因素产生影响。各个因素结合成一个有机体系,共同作用决定国家的竞争优势。同时,该系统也是一个双向强化的系统,其中任何一项因素的效果必然影响到另一项因素的状态。当企业获得系统中任何一项因素的优势时,也会帮助其创造或提升其他因素上的优势。

[①] 冯跃、夏辉:《国际贸易理论、政策与案例分析》,北京大学出版社2012年版,第125—132页。

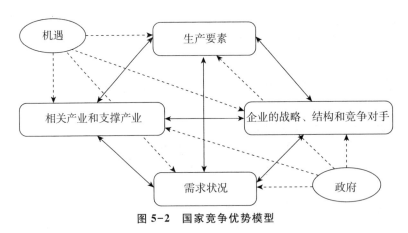

图 5-2 国家竞争优势模型

（二）国家竞争机制的六个因素

1. 生产要素

要素是指一国拥有的生产要素，要素可以归为下列几大类：人力资源、物质资源、知识资源、资本资源以及基础设施。

要素可分成初级要素和高级要素、专门要素和一般要素。初级要素是被动继承的，其产生需要较少的或不那么复杂的私人投资和社会投资，如自然资源、气候、简单劳动力。初级要素的作用不能过分夸大。一方面，由于科学技术的发展，对初级要素的需求减少，另一方面，初级要素的来源广泛，靠初级要素获得的竞争优势难以持久。而高级要素才是竞争优势的长远来源。高级要素往往需要长期地对人力资本、物质资本的投资才能得到。要创造高级要素，创造机构本身就需要高级的人力资源和技术资源，因此高级要素资源相对稀缺，在全球市场上较难获得。高级要素在当前的国际竞争中扮演十分重要的角色。美国在计算机和计算机软件乃至在医疗电子和金融服务等方面的成功，得益于美国在该领域独特的技术人才和科学家。日本在家电、汽车等产业的竞争优势，得益于其大批的工程师。

同样，专业化要素比一般要素更重要。一般要素是一些适用范围广泛的要素，如公路系统、受过大学教育的雇员等。专业要素则是指专门领域的专业人才、特殊的基础设施，特定领域的专门知识，如掌握光学技术的研究所、专门处理化学药品的港口等。越是高级的要素越可能是专门要素。专门要素比一般要素更能为国家提供持久的竞争优势，因为一般要素提供的仅是基本类型的竞争优势，它们的供给在许多国家都能得到，更容易被取代、被绕开或失去作用。而专门要素不但需要更专一的、更具风险性的投资才能得到，而且往往还需要有广大的一般要素作为其基础，其在更复杂或更具专有性质的生产中必不可缺，尤其是在高精尖的竞争领域。

2. 需求状况

国内需求对竞争优势最重要的影响是通过国内买主的结构和买主的性质实现的。不同的国内需求使公司对买方需求产生不同的看法和理解，并做出不同的反应。在国内需求给当地公司及早提供需求信号或给当地公司施加压力，要它们比国外竞争者更快创新，提供更先进的产品的产业或产业部门时，国家最可能获得竞争优势。国内市场有三个特征对国家竞争优势有十分重要的影响：

（1）老练、挑剔的买主。如果国内买主是世界上对产品和服务最老练、最挑剔的买主，那么一个国家的公司便可能获得竞争优势。由于国内买主同公司在地理、文化上的接近，最容易使公司看到最新、最高层次的买方需求。如果买方是公司,则可能与生产公司合作开发新产品。此外,老练、挑剔的买主往往会给国内公司施加压力,使其在产品质量、性能和服务方面都建立起高标准。

(2) 前瞻性的买方需求。如果一国的买方需求比其他国家领先,则一国的公司也能获得竞争优势,因为国内领先需求使公司先意识到国际需求的到来。国内领先的需求不仅对新产品重要,而且对公司自身不断升级换代也很重要。国内领先的需求还往往使公司的新产品更容易在国内找到市场,从而使公司的新产品得到发展的机会。最突出的例子是日本的节能型汽车。由于日本是能源缺乏的国家,因此对节能型汽车的需求比世界其他国家领先,这使得日本汽车在世界能源危机发生后能迅速占领美国市场。

(3) 国内独立的买主数量、需求的增长速度、需求的规模以及市场饱和的时间。国内众多的独立买主可以为公司提供更多的需求信息,减少公司的风险;国内市场的迅速增长可以鼓励公司更快采用新技术,更大规模地对设备进行投资;国内需求规模大则可能使公司获得规模效益;国内市场的早期饱和则会迫使公司提前向海外扩张,占领国际市场。

3. 相关产业和支撑产业

一个国家的产业要想获得持久的竞争优势,就必须在国内具有在国际上有竞争力的供应商和相关产业。例如,日本的机床生产商是世界第一流的,其成功靠的是日本国内第一流的数控系统、马达和其他部件供应商;瑞典的轴承、切割工具等钢制品在世界领先,靠的是本国特殊钢的优势。支持性产业以下列几种方法为下游产业创造竞争优势:以最有效的方式及早、迅速地为国内公司提供最低成本的投入;不断地与下游产业合作;促进下游产业的创新。世界第一流的供应商往往帮助公司看到利用新技术的新方法、新机会,让公司最快地得到新信息、新见解以及供应商的新创产品。有竞争力的供应商还充当把信息和创新从一个公司传递到另一个公司的渠道,从而使整个行业的创新速度加快。

相关产业是指因共用某些技术、共享同样的营销渠道或服务而联系在一起的产业或具有互补性的产业。一个国家如果有许多相互联系的有竞争力的产业,该国便很容易产生新的有竞争力的产业。因此有竞争力的几种相关产业往往同时在一国产生。例如,美国的电子检测设备和病人监测器;丹麦的奶制品、酿制品和工业酶;等等。

相关产业对各有关产业的促进在于以下几方面:首先,最可能促进产业创新。相关产业往往是某一产业新进入者的源泉,往往带来新的资源、技术、竞争方法,从而能促进产业的创新和升级。例如,日本的传真机产业,其相关产业如复印机业、照相器材业、通信业等在日本都很强,当这些产业的公司大举入侵传真机业时,各自带来的新技术、新方法使传真机业迅速发展,在很短的时间里便成为世界领先的产业。其次,相关产业的国际成功也带动了有关产业成功。例如,美国计算机在国外的大量销售使美国计算机辅助设备、软件、数据服务等产业也在国外得到了很大的市场。

4. 企业的战略、结构和竞争对手

企业的战略、结构和竞争包括公司建立、组织和管理的环境以及国内竞争的性质。不同国家的公司在目标、战略和组织方式上大不相同。国家优势来自对它们的选择和搭配。

(1) 各个国家由于环境不同,需要采用的管理体系也就不同。适合国家环境、适合产业的竞争优势源泉的管理方式能提高国家竞争优势。例如,德国许多公司的高层管理人员都具有技术背景,因此他们喜欢以有条不紊的方式来改进产品和生产工序,对于看不见、摸不着的东西不感兴趣。这些特征使德国公司在工程和技术含量高的产业(如光学、化工等)十分成功,尤其是在要求高精度生产、细致的开发过程和严明的管理结构的高精尖产品方面。

(2) 不同国家的不同公司也都有不同的目标,对经理和雇员有不同的激励机制。在许多产业,获得竞争优势并保持这种优势的方法之一是持续的投资,换言之,一个国家只有在存在不同寻常的投入和努力的产业才能成功。而要做到这一点,需要公司有正确和恰当的目标,对经理、雇员有正确的激励机制。

(3) 国内竞争。国家竞争优势的获得还取决于国内的竞争程度。激烈的国内竞争是创造和保持竞争优势最有力的刺激因素。其作用机制在于:减少外国竞争者的渗透;模仿效应和人员交流效应;促使竞争升级;强化竞争程度;迫使企业走向海外。

5. 机遇

机遇包括重要的新发明、重大技术变化、投入成本的剧变(如石油危机时)、外汇汇率的重要变化、突然出现的世界或地区需求、战争等。例如,微电子时代的到来使美国和德国失去了在众多的以机电为基础的产业的支配地位,为日本公司的崛起提供了机会。机遇的重要性在于它可能打断事物的发展进程,使原来处于领先地位的公司的竞争优势无效。落后国家的公司如果能顺应局势的变化,利用新机会便可能获得竞争优势。但机遇对竞争优势的影响不是决定性的。同样的机遇可能给不同的公司带来不同的结果。能否利用机遇以及如何利用,还是取决于四种决定因素。

6. 政府

对国家竞争优势的作用主要在于对四种决定因素的影响。政府可以通过补贴、对资本市场加以干预、制定教育政策等影响要素条件,通过确定地方产品标准、制定规则等影响买方需求(政府本身也是某些产品或服务的大买主)。例如,西方国家对来自日本的服装进口施加限制,使新加坡的服装业发展起来。政府也能以各种方式决定相关产业和支持产业的环境,影响企业的竞争战略、结构、竞争状况等,因此政府的作用十分重要。但由于政府的影响主要是通过对四种决定因素的影响实现的,所以它没有被归入决定因素。

上述六种因素中,前四种因素是国家竞争优势的决定因素,其情况如何直接导致国家竞争地位的变化。后两种因素对国家的竞争优势产生影响。

二、对国家竞争优势理论的简评

波特的国家竞争优势理论是当代国际经济学理论的重大发展,该理论主要有以下三个方面的贡献:

(1) 深化了对要素竞争优势的认识。例如,在要素基础上形成的竞争优势是动态变化的,要素上的劣势也能产生国家竞争优势,要素创造比要素禀赋对于一国的竞争优势来说重要得多。

(2) 用贸易和对外投资综合在一起的思路,来解释一国何以能成为在一个特定产业中成功并维持竞争优势的国际竞争者的"母国基地"。因为成功的国际竞争者常常以全球战略竞争,而贸易和对外投资在全球战略中是综合在一起的,但大多数先前的理论或者只涉及贸易方面,或者只涉及对外投资方面。

(3) 强调国内因素对于竞争优势的重要性,并在此基础上强调国家在决定国际竞争力方面的重要作用。传统的贸易理论对于国内需求状况、相关与支持性产业及国内竞争等因素对于企业竞争优势影响的认识,要么被认为很小,要么被忽视。而波特非常肯定地认为,国内因素与竞争优势之间存在因果关系。国内需求的增长、国内需求的结构、相关与支持性产业的发展情况和国内竞争强度等都对一国竞争优势有着决定性影响。国内因素对于竞争优势的作用往往是国外的同类因素取代不了的。波特的理论观点弥补了传统理论的不足,也为实践所证实。波特强调加强国家的竞争优势扶持和培育,这对于发展中国家竞争优势的发展无疑具有积极的指导意义。

总之,国家竞争优势理论不仅对当今世界经济和贸易格局进行了理论上的归纳总结,而且对国家未来贸易地位的变化提供具有一定前瞻性的预测。

第四节 新贸易理论

一、新贸易理论产生的背景[①]

传统贸易理论中的比较优势理论和要素禀赋理论认为,贸易主要应该在存在要素禀赋差异的国家即发达国家和发展中国家之间进行。但该理论与实际情况具有很大的反差,第二次世界大战后,绝大部分国际贸易是发达国家与发达国家之间进行的横向贸易,而不是发生在有着较大要素禀赋差异的发达国家与发展中国家之间。而且大量的贸易是发生在同一行业和同类产品(如汽车、计算机等)之间,是同一产业内同类产品之间的交换。可以说,面对此种贸易现象,传统贸易理论遇到以下四种困境:第一,不能解释现有的贸易量;第二,不能解释现有的贸易构成;第三,不能解释公司内贸易的作用和现有规模,也不能解释外商直接投资;第四,不能解释贸易自由化的福利效果。这些事实对传统贸易理论构成了严峻的挑战,并为新贸易理论的出现提供了契机。

20世纪70年代末到80年代,以克鲁格曼为代表的国际贸易经济学家,通过在贸易理论模型中引进规模经济、不完全竞争和差异化产品,建立了垄断竞争贸易模型。在该理论中最为重要的创新,就是把规模经济的思想和垄断竞争模型应用到国际贸易理论中,从而能够用简单的技巧把规模报酬递增的思想进行模型化。其观点是两国间生产率以及资源禀赋的差异是导致国际贸易的动因,由于现实世界中规模经济和垄断竞争的存在,其也是国际贸易的一个重要决定因素,进而从供给层面解释了产业内贸易的原因。

二、新贸易理论的主要观点[②]

克鲁格曼所提出的新贸易理论在现代国际贸易理论发展史中具有里程碑意义,并且对其之后的国际贸易理论的发展有着极为深远的影响。在规模报酬递增的基础上,通过垄断竞争市场结构所特有的垄断性质和竞争性质,克鲁格曼推导出新贸易理论的两个重要市场均衡条件:第一,每个厂商最大化自己的利润,要求边际收益等于边际成本,厂商定价采用的是边际成本加成定价的方式;第二,当经济利润为正时厂商可自由进入,所以长期均衡时一定有零利润,或价格等于平均成本。根据以上两个均衡条件,可以将新贸易理论的观点概括为以下四点。

人物专栏
克鲁格曼的神话

---

① 林发勤、崔凡:"克鲁格曼新贸易理论及其发展评析",《经济学动态》,2008年第12期,第79—83页。
② 〔美〕保罗·克鲁格曼著,黄胜强译:《克鲁格曼国际贸易新理论》,中国社会科学出版社2001年版,第1—3页。

(一) 国际贸易产生的原因

传统国际贸易理论对于国际贸易发生的解释可以概括为：国家之间存在差异，使得国际贸易可能实现。以加拿大和日本之间的贸易情况为例进行说明：加拿大之所以向日本出口小麦，原因是加拿大的人均耕地面积比日本大得多，如果不进行贸易，小麦在加拿大只能以很低廉的价格销售。因此，可以说国家之间在资源、技术甚至消费需求方面的差异是国际贸易产生的根本动因。但是，不管怎样，开展贸易的目的是从这种差异中获得好处，这是传统贸易理论的通则。

新贸易理论也承认国家间的差异是国际贸易产生的动因之一，但其认为还有更为深层次的原因。新贸易理论认为：相当一部分国际贸易，特别是经济特征相似国家之间的贸易，其产生原因主要是报酬递增形成的国际分工，而不仅是国与国之间在资源禀赋上存在的差异。

(二) 国际分工模式的决定因素

传统贸易理论认为贸易本身的扩大决定了国际分工模式，一些国家在不进行贸易的条件下生产比较便宜的产品，比较优势来自许多方面，但在任何情况下，一个国家的经济特征决定了这个国家生产什么产品。但是，新贸易理论认为，可以把历史某种偶然性也作为一个形成国际分工模式的重要因素。为什么飞机在西雅图制造？很难说是因为这个城市地理位置具有制造飞机的经济特征；与之相反，其关键先是报酬递增这一定律使飞机制造肯定会集中在一个地点，而西雅图又偶然是这个转盘上转轮所停住的地方。

(三) 贸易收益不确定性

传统贸易理论并未对国际贸易的福利效应作专门分析，因为其理论的结论是按比较优势进行分工对各国都有利，贸易利益来源于专业化生产效率的提高。新贸易理论认为贸易利益不仅来自比较优势，还来自规模经济性、增加了不完全竞争产业的竞争程度、增加了产品的差异性等。同时，新贸易理论指出，尽管存在潜在贸易利得，但不完全竞争市场同时也产生了风险，使一国经济有可能不仅无法利用潜在的贸易得益，而且实际上会遭受损失。当贸易使得本国以递增规模生产的行业和高度垄断的行业收缩，而带来的其他利益不足以弥补这种收缩带来的损失时，贸易使本国受损，这说明参加贸易并不是总能得到利益。

(四) 最佳贸易政策

传统贸易理论一直是自由贸易支持者的主要理论依据，而新贸易理论提出了更深层次的观点，认为在报酬递增条件下从贸易中得到的好处会更多，因此自由贸易成为一件理所当然的事情。另外，新贸易理论模型表明出口补贴、临时关税等措施也可能在短期改变国际分工模式，使实行保护主义的国家获取收益，但是从长期来看必然会引起其国民福利水平的下降。

三、新贸易理论的贡献和不足[①]

新贸易理论兼容了传统贸易理论的正确结论，并有新的发展，从本质上说，是将传统贸易理论的相对要素禀赋原理修正为相对要素禀赋和规模经济优势原理。新贸易理论没有否

---

① 王小军："新贸易理论述评"，《经济学动态》，1995年第12期，第68页。

定比较利益原则。

新贸易理论指出要素禀赋的相对差异是比较优势的来源之一,但更重要的是规模经济优势带来的比较优势。规模经济优势不仅取决于国家大小和国家经济规模大小,而且在一定程度上取决于政府对产业的干预情况。因此,新贸易理论又摆脱了完全自由主义经济学的阴影,强调了人的行为的重要性,这和当前的主流经济学是相通的。至此,我们可以得出结论:新贸易理论在比较优势原则无可辩驳的正确性的旗帜下,在理论和实践两方面成功描述了当今国际贸易领域的各种现象,理所当然地成为当今的标准国际贸易理论。

但是新贸易理论也有不足,它在建立不完全竞争市场下的一般均衡分析框架时,认为商品的价格可以纳入一般均衡的经济系统中而内生地决定。但现实情况是,在不完全竞争中和进入受到限制的行业中,商品价格往往是垄断行业,根据经营计划(或长期利润最大化原则)而不是根据短期利润最大化原则确定的。因而,商品价格在一定程度上是一个外生变量,或者说应考虑外生力量的影响,单纯地将其视为内生变量有失严谨和完善。

第五节 异质性企业贸易理论

一、异质性企业贸易理论产生的背景

传统贸易理论中的比较优势理论和资源禀赋理论,以市场完全和规模报酬不变假定为基础,分析了国家间因生产技术差异和要素禀赋不同而出现的产业间分工和贸易的动因和利益来源。新贸易理论在传统贸易理论基础上放松了市场完全和规模报酬不变的假设,分析了在市场不完全和规模经济的情况下国际分工与贸易的原因及其利益来源,解释了产业内分工与贸易的现象。但是,不论是传统的贸易理论还是新贸易理论,其研究均从宏观层面出发,分析国际间分工与贸易的开展,忽视了贸易的微观主体(企业)之间的差异性。根据美国统计局1999年对30多万家企业的调查研究,从事出口的企业不到5%。而且这些出口企业中前10%的企业出口总量占美国出口总额的96%。出口企业与非出口企业在劳动生产率、要素密集度和工资水平上都存在显著的差异。相对于非出口企业,出口企业具有较高的劳动生产率和工资水平。

异质性企业贸易理论正是从微观企业角度解释了此类国际贸易中出现的新现象,在传统贸易理论和新贸易理论的基础上,假定微观企业存在异质性,建立微观企业层面的分析框架,解释了当前国际贸易的新现象,使贸易理论的分析和研究从宏观层面深入到微观领域,更加与现实接近,也更具有说服力。而且,异质性企业贸易理论还将新制度经济学的不完全契约和产权分析引入国际贸易的一般均衡分析框架,为当前研究企业的全球生产组织分工提供了新的思路,特别是在外包与垂直一体化的抉择方面。

异质性企业贸易理论主要是从微观层面来分析企业的国际化路径选择及全球生产组织抉择问题,是一种关于企业异质性贸易模型和内生边界模型的理论,为解释新的贸易现象而产生。其主要解决和回答的问题包括:为何只有少数企业服务于国际市场,大多数企业都是只服务于国内市场?企业如何选择国际化路径,是通过出口还是对外直接投资方式进入国际市场?企业在进行全球化生产组织时,是实行垂直一体化还是外包的形式?

二、异质性企业贸易理论的主要内容

异质性企业贸易理论的发端主要包括以伯纳德(Bernard)①和麦利茨(Melitz)②为代表的两类异质性企业贸易模型,下面将分别介绍这两类异质性企业贸易模型的主要内容。

(一)以伯纳德为代表的异质性企业贸易模型

伯纳德等于2003年提出以寡头价格垄断竞争模型为基础的异质企业贸易模型为异质性企业静态贸易模型。该模型采用比较静态分析法,引入李嘉图技术差异、冰山出口成本等市场不完全条件,分析了企业生产率和出口之间的关系。其基本结论为国际贸易对不同生产率的企业会带来不同影响。生产率最低的企业可能倒闭,生产率相对较高的企业会选择出口,行业的总生产率会由于低生产率企业倒闭和高生产率企业扩张出口而上升。该模型模拟了全球范围内贸易成本下降5%的情形,发现这将引发世界贸易增加15%,同时使得美国3.3%的企业倒闭,但未出口企业中会有超过5%的企业转向出口,美国总体生产率水平也由于低生产率企业倒闭和高生产率企业扩大出口而提高4.7%,就业率下降1.3%。

(二)以麦利茨为代表的异质性企业贸易模型

麦利茨模型是采用垄断竞争分析框架,在克鲁格曼新贸易理论的基础上构建的异质性企业动态贸易模型。其核心假设为在同一产业内部,不同企业拥有不同的生产率,不同企业在进入该产业时面临不可撤销的初始投资,同时进入出口市场也是有成本的,而企业会在了解生产率状况之后才做出是否生产和是否出口的决策。

模型的核心思想为企业在进入一个特色产业之前,对自己的生产率水平是不了解的,但是当它进入一个新产业之后,企业做出的投资又是不可逆的。所以在同一个行业里,会存在不同生产率水平的各种企业。与此同时,当企业准备进入国际市场时,对自己的生产率已经有了一定程度的了解,而且企业在出口产品时会存在流通费用、运输成本以及服务费等各种进入成本,这些进入成本是企业在支付国内市场生产销售固定成本后,单独支出的出口固定成本。而且出口数量越多、出口目的地越多,这种固定成本就越高。在这种情况下,并不是这个行业内的所有企业都能承担起这样的成本选择出口。只有生产率水平很高的那部分企业才会选择出口,而生产率水平次之的企业只能选择国内市场,生产率最低的企业会被迫退出行业。在这种情况下,贸易将提高在国内和国外市场上销售产品的企业生产率,同时通过资源在行业内的重新配置提高整个行业的生产率水平,进而带来福利的增长。因为生产率最低的企业退出市场,更多的出口份额甚至市场总份额被生产率水平相对较高的企业占据,生产资源重新配置,整个行业的生产率就会因国际贸易而得到提升。这种产业生产率水平的提升,并不是因为产业内某个企业的生产率提高了,而是由于贸易结构的优化得到的。因此,该模型为贸易影响产业结构的路径提供了一种新的解释。

麦利茨模型认为国际贸易自由化会带来以下三个影响:

第一,国际贸易能引发生产率较高的企业进入出口市场,而生产率较低的企业只能继续为本土市场生产甚至退出市场。具体原因是,一个产业部门的贸易开放将会提高工资和其

---

① Bernard, Andrew B., Jonathan Eaton, J. Bradford Jensen, and Samuel Kortum, "Plants and Productivity in International Trade", *American Economic Review*, 2003, 93(4), 1268—1290.

② Melitz, M. J., "The Impact of Trade on Intra-industry Reallocations and Aggregate Industry Productivity", *Econometrica*, 2003, 71(6), 1695—1725.

他要素价格,使生产率最低的企业被迫退出市场。生产率最高的企业将能承担出口固定成本从而选择出口,之后会扩大生产规模并获得更高利润。出口企业生产规模的扩大引起劳动力要素实际工资的上升,生产率最低的那部分企业因此被迫退出市场,生产率居于中游的企业将继续为本土市场生产。

第二,贸易自由化会引起异质企业的产业内竞争和资源重新配置效应,国际贸易进一步使得资源重新配置,流向生产率较高的企业。产业的总体生产率由于资源的重新配置获得了提高,这种类型的福利是以前的贸易理论没有解释过的贸易利得。贸易自由化使得资源重新配置,利益分配将有利于那些生产率较高的企业,因为这些企业既为本土市场生产也为出口市场生产,而生产率最低的企业已经退出市场,出口收益向高生产率的企业集中,其结果是整个产业的生产率因国际贸易而得到提升。当削减关税、降低运输成本或增加出口市场规模时,整个产业的生产率也会得到相应提高,这些贸易措施都将提高本土和出口市场销售的平均生产率。

第三,在消费者福利方面,虽然国内企业数量减少使国内产品的供给数量减少,但国际贸易可以使得企业成本加成下降①,同时使得更多国外高生产率水平的企业向国内出口更高质量的产品,这样消费者可以花费比以前更低的成本得到更高质量的产品,从而净福利水平增加。

三、异质性企业贸易理论的理论价值

异质性企业贸易理论开启了国际贸易研究新领域,为国际贸易理论的发展做出了极为重要的贡献。有关异质性企业贸易理论的理论价值论扫二维码参阅。

延伸阅读
异质性企业贸易理论的理论价值

相关案例 5-2

中国出口企业是否存在"生产率悖论"?

异质性企业贸易理论认为,国际贸易能够引发生产率较高的企业进入出口市场,而生产率较低的企业只能继续为本土市场生产甚至退出市场。因此,同行业中,出口企业的生产率高于内销企业。那么中国出口企业的生产率是否高于内销企业呢?

将 2007 年中国 30 个制造业行业的企业分为出口企业和内销企业,并分别计算两类企业的生产率均值。结果发现,如表 5-3 所示,30 个制造业行业中,仅有 8 个行业的出口企业生产率高于内销企业,符合异质性企业贸易理论;22 个行业的出口企业生产率不高于内销企业,不符合异质性企业贸易理论,即存在生产率悖论。

中国进出口贸易中,加工贸易占据了一半的份额。本文尝试去除出口企业中的加工贸易企业进行检验。去除加工贸易企业后,从劳动生产率的结果看,仅有行业 39 与 42 还存在悖论,其他行业的悖论不复存在。这说明出口企业中加工贸易的大量存在是形成生产率悖论的主要原因。

---

① Melitz, M. J. and G. Ottaviano, "Market Size, Trade and Productivity", *Review of Economic Studies*, 2008, 75(1), 295—316.

表 5-3　2007 年中国 30 个制造业行业的企业生产率情况

代码	行业	出口企业生产率是否高于内销企业	代码	行业	出口企业生产率是否高于内销企业
13	农副食品加工业	否	28	化学纤维制造业	是
14	食品加工业	否	29	橡胶制品业	否
15	饮料制造业	是	30	塑料制品业	否
16	烟草制品业	是	31	非金属矿物制品业	否
17	纺织业	否	32	黑色金属冶炼及压延加工业	是
18	纺织服装、鞋、帽业	否	33	有色金属冶炼及压延加工业	否
19	皮革、毛皮、羽毛及其制品业	否	34	金属制品业	否
20	木材加工及木、竹、藤、棕、草制品业	否	35	通用设备制造业	否
21	家具制造业	否	36	专用设备制造业	否
22	造纸及纸制品业	否	37	交通运输设备制造业	否
23	印刷业和记录媒介的复制	否	39	电器机械及器材制造业	否
24	文教体育用品制造业	否	40	通信设备、计算机及其他电子设备制造业	否
25	石油加工、炼焦及核燃料加工业	是	41	仪器仪表及文化、办公用机械制造业	否
26	化学原料及化学制品制造业	是	42	工艺品及其他制造业	否
27	医药制造业	是	43	废弃资源和废旧材料回收加工业	是

资料来源：李春顶，"中国出口企业是否存在'生产率悖论'：基于中国制造业企业数据的检验"，《世界经济》，2010 年第 7 期，第 64—81 页。

[问题思考] 为何加工贸易的存在是形成生产率悖论的主要原因？

[案例点评] 这些加工贸易企业利用廉价的劳动力资源，为国外产品贴牌生产，它们大多规模较小并以私营为主，产品主要用于出口。加工贸易企业的大量存在，能够拉低中国出口企业整体的生产率均值水平，导致生产率悖论。

第六节　全球价值链与增加值贸易

一、全球价值链与增加值贸易的定义

（一）全球价值链的定义

全球价值链始于价值链理论。哈佛商学院教授波特于 1985 年提出价值链的概念，其认

为:价值链是一种商品或服务在创造过程中所经历的从原材料到最终产品的各个阶段,或者是一些群体共同工作,不断地创造价值、为顾客服务的一系列工艺过程。价值链理论为全球价值链概念的出现奠定了坚实的基础。全球价值链(Global Value Chain,GVC)是建立在国际产品内分工和贸易基础上的,将产品生产划分成不同的价值环节,各个国家和地区为实现不同环节的价值而进行生产、销售和贸易,表现为在每个生产环节中价值增值的链条。

(二)增加值贸易的定义

在国际垂直分工和全球价值链背景下,一些发展中国家的贸易结构虽然是主要出口资本密集型商品,但其实质是仅在国内完成劳动密集型生产环节中的加工装配,创造的价值较少,却在传统的关境统计中显示较大的出口额,存在大量贸易顺差,这种"统计幻象"使发展中国家在新型国际分工体系下获得的贸易利益与贸易差额极不匹配。在此背景下,经济合作与发展组织和 WTO 提出了增加值贸易(Trade in Value-added)的概念。增加值贸易是指将出口总值分解为每一生产环节形成的增加值,进而剔除关境统计出口额中的进口部分,仅考虑国内的新增价值。附加值率是指按照增加值统计口径统计的出口额与按照关境统计口径统计的出口额的比值。在全球价值链背景下,增加值贸易的出现可以去除传统的关境统计法的弊端,更合理地统计分工"碎片化"的国际贸易利得。

二、增加值贸易的统计方法

当前,在全球价值链背景下研究增加值贸易的统计主要集中在两个方面:一是基本数据库建设与投入产出结构分析,二是分析垂直一体化分工下国内外增加值的分解。具体请扫描二维码查阅。

延伸阅读
增加值贸易的统计方法

三、全球价值链与增加值贸易的作用①

全球价值链和增加值贸易概念的出现为分析产品内贸易提供了新方法,解决了关境统计法中的重复计算、统计利益错位、贸易利益属地和属权分歧等问题,有助于反映全球贸易失衡的真实情况,也可以反映各国产业的真实竞争力。

(一)解决传统贸易统计中的重复计算问题

传统关境统计法同时包含对中间品贸易和最终品贸易的统计,会重复计算跨越国界的中间品价值。这一重复统计的实质是本国实际创造的增加值小于本国的实际出口值。随着产业内分工的快速发展,传统关境统计的贸易流量越来越不能代表价值增值的流动。而以全球价值链体系通过将贸易统计口径从商品总值转为增加值,能够有效识别增加值贸易,避免重复计算。

(二)解决国际贸易规模与贸易利益之间的错位问题

传统关境统计无法有效地反映一国实际创造的价值增值,高估了一国通过国际贸易获得的贸易利得。以中国为例,中国在产品内分工中大量承接了高附加值的工业品和服务产品中低技术制造环节的生产和组装,然而这种高技术产品出口的爆炸式增长是一种统计假象。中国出口中的增加值远远低于出口总值,这样的统计假象掩盖了中国在高技术产品生

---

① 李宏艳,王岚:"全球价值链视角下的贸易利益:研究进展述评",《国际贸易问题》,2015 年第 5 期,第 103—114 页。

产中所处的价值链低端地位和获得较低分工利益的事实。

（三）解决跨国公司主导下的贸易利益属地和属权统计原则不同的问题

跨国公司是产品内分工布局的主导力量，所以分析一国贸易利益必须要区分东道国企业和跨国公司的作用，即按照属地原则和属权原则，贸易利益会因跨国公司而不同。只有在属权原则下，探讨由于外商投资企业引发的国际贸易及其贸易利益变动，才能真实反映一国的贸易利益水平。以中国为例，2009 年以来，按照属权原则统计中国对外贸易由顺差变为逆差，表明跨国公司通过大量中间品采购和销售影响了中国的进出口规模，逆转了贸易差额的方向。由此可见，只有从总值贸易中分离跨国公司 FDI 引致的贸易部分才能准确界定价值增值的国别属性，准确测算一个国家的贸易增加值，才能客观评价一国的福利水平。

四、全球价值链和增加值贸易视角下的贸易利得①

在产品内分工和贸易背景下，全球分工边界缩小至工序、生产环节层面，产品内贸易总量超过最终品贸易，使得国际贸易利益的来源、获得主体、分配机制等方面都出现了重大变化，改变了原有贸易利得的内涵。

（一）贸易利得来源多样化

在贸易利得的分配方面，公司主导着全球价值链背景下的贸易利得。对外直接投资在东道国直接投资或外包所引致的贸易，其贸易利益多被界定为利润、劳动力成本的节约和加工贸易利益，这种显性贸易利益大部分被跨国公司获得，只给东道国带来了人力工资、税收和土地租金等收益。而且这部分利益是东道国的静态利得。从动态看，东道国的贸易利得可能还包括：一方面，跨国企业会对东道国国内企业造成挤压，推升东道国原材料价格，甚至通过转移价格来避税，降低东道国的贸易利得；另一方面，跨国公司的出口行为通过示范效应、技术溢出和产品结构调整，可能会促进东道国整体经济的增长，增加东道国的贸易利得。

（二）贸易利得主体微观化

贸易利得主体可以分为宏观国家、中观行业、微观企业和要素三个层次。产品内分工模式模糊了国家的界限，全球价值增值链条构成了分工主线，所有国家、企业都沿着这个链条参与分工，其实质是不同国家、不同行业、不同企业的生产要素在产品价值链条上的重新整合，生产要素成为产品内分工的基本单位，贸易利得主体直观地体现为一国要素所有者在参与国际分工过程中获得的要素报酬及相关收益，主体更加微观地体现为产品层面和企业层面。

（三）贸易利益分配复杂化

在国际产品内分工下，确定一国参与分工获得的贸易利益不仅要剔除一国出口中包含的外国中间品价值，还要在国内价值增值基础上进一步剔除本国外资企业的贡献，因为一国创造的国内增加值中由跨国公司创造的部分，可能会通过利润转移等方式离开东道国，出现东道国国内增加值的漏出。最后，还要从要素层面确定参与分工的生产要素所有权归属问题，才能计算出本国参与国际分工的静态利得。

---

① 李宏艳、王岚："全球价值链视角下的贸易利益：研究进展述评"，《国际贸易问题》，2015 年第 5 期，第 103—114 页。

相关案例 5-3

世界主要国家制造业附加值率的比较

表 5-4 列出了 1995—2011 年各国制造业增加值统计口径出口额与关境统计口径出口额的比值。具体来看：①世界平均水平及各国制造业整体出口的国内附加值率基本表现为"下降、上升、下降"的基本态势。②除俄罗斯外，其余国家 2011 年的国内附加值率均较 1995 年出现下降。③与发达国家相比，1995—2011 年，中国的制造业出口国内附加值率大于韩国和德国，小于日本和美国；与发展中国家相比，中国的出口国内附加值明显低于同属金砖国家的俄罗斯和巴西，中国在 2008 年出口国内附加值率超过了印度，之后一直高于印度；1995—2011 年，中国出口国内附加值率在大部分年份里明显高于世界平均水平。④2011 年相较 1995 年，中国出口国内附加值率变动远小于韩国和印度。

表 5-4 世界各国制造业附加值率比较 单位：%

年份	中国	美国	日本	德国	韩国	印度	巴西	俄罗斯	世界平均
1995	82.37	85.88	93.06	80.79	72.92	87.74	90.96	87.93	78.16
1996	84.23	85.89	92.08	80.47	71.74	87.76	90.45	89.70	77.92
1997	84.18	85.86	91.21	79.19	68.85	87.57	90.07	89.56	77.27
1998	85.37	86.63	91.80	78.66	68.78	86.29	89.76	87.16	76.99
1999	83.47	85.95	92.06	77.66	69.41	84.81	87.08	84.32	76.55
2000	80.25	84.50	90.65	75.00	67.04	82.60	85.91	84.41	74.21
2001	80.97	85.47	90.09	75.04	67.80	82.55	84.22	84.92	74.39
2002	79.16	85.97	90.13	76.20	66.88	81.41	84.94	86.46	74.91
2003	75.44	85.49	89.82	75.76	67.11	80.96	85.72	84.90	74.19
2004	71.02	82.77	88.65	74.16	65.70	76.46	85.18	87.64	72.17
2005	70.69	81.81	86.85	72.40	65.33	73.40	86.25	88.39	71.17
2006	71.38	80.69	84.25	70.32	64.21	72.61	86.17	89.32	69.78
2007	72.23	80.67	82.70	69.48	63.24	72.21	86.07	89.51	69.29
2008	74.49	78.65	79.51	68.54	55.58	71.18	84.20	89.47	68.09
2009	78.36	83.47	84.74	72.49	60.40	70.56	87.92	91.78	72.28
2010	75.84	80.72	83.06	69.99	60.10	71.50	87.33	91.92	70.24
2011	75.58	78.80	80.80	68.76	57.28	71.68	85.79	91.12	68.83
2011—1995	-6.80	-7.09	-12.26	-12.03	-15.63	-16.06	-5.17	3.19	-9.33
2011/1995	0.92	0.92	0.87	0.85	0.79	0.82	0.94	1.04	0.88

表 5-5 给出了 2011 年各国制造业不同行业国内附加值率的情况。具体来看：

（1）2011 年，德国和俄罗斯在所有的制造业产品中交通运输设备，巴西在电气电子器材，印度在其他制造业上的出口国内附加值率最低，世界平均、其他国家出口国内附加值率最低的情况均出现在石油加工制品上，其中韩国在该行业中的国内附加值率最低，为

17.29%。

（2）2011年，不同行业间国内附加值率差异最小的国家分别是德国、巴西和俄罗斯，中国紧随其后，各行业间国内附加值率的标准差为8.36，小于美国和世界平均水平，说明中国较美国和世界平均水平各行业国内附加值率的差异要小，行业之间国内附加值率差异最大的国家分别是日本、印度和韩国。

（3）中国各类制成品的出口国内附加值率均高于世界平均水平。

（4）纺织及服装制造业、毛皮制品及鞋类等中国传统的优势出口商品、食品饮料及烟草、非金属矿物制品、交通运输设备和其他制造业的国内增加值率在各国位居前列，电气电子器材、机械制品、交通运输设备等行业的出口国内附加值率则在参与比较的国家中排名较为靠后。

表5-5　世界各国制造业分行业附加值率比较　　　　　　　　　　单位：%

	产品	中国	世界平均	美国	日本	德国	韩国	印度	巴西	俄罗斯
1	食品、饮料及烟草	88.73	78.43	85.90	88.85	73.59	70.37	88.68	90.88	89.66
2	纺织及服装制造业	85.32	78.89	80.39	87.75	68.55	68.78	84.05	89.41	79.36
3	毛皮制品及鞋类	85.28	80.96	82.96	89.00	69.34	70.63	89.17	90.26	86.45
4	木材加工制品	83.14	78.86	86.10	84.11	72.88	62.77	87.61	92.59	91.32
5	造纸及印刷制品	81.23	76.85	87.96	90.51	77.71	72.56	83.90	89.42	91.02
6	石油加工制品	56.46	44.71	55.07	46.70	73.01	17.29	66.21	78.90	95.13
7	化学原料及其制品	75.65	68.30	79.80	79.07	71.58	51.96	80.40	83.44	88.44
8	橡胶及塑料制品	76.62	71.25	80.64	82.83	69.91	62.20	80.55	82.70	83.11
9	非金属矿物制品	83.08	78.51	86.68	78.00	78.99	68.78	83.46	88.74	92.20
10	金属制品	72.68	67.51	79.89	74.37	63.32	53.90	79.19	85.30	91.77
11	机械制品	76.54	73.14	82.18	83.72	71.73	64.57	80.52	84.82	84.82
12	电气电子器材	69.63	67.88	87.88	83.58	69.59	62.68	80.49	77.83	87.01
13	交通运输设备	77.08	66.20	71.27	84.04	63.25	66.94	80.13	80.32	66.66
14	其他制造业	85.23	71.98	85.87	84.48	73.71	68.53	46.45	89.66	87.78

资料来源：魏浩、王聪，"附加值统计口径下中国制造业出口变化的测算"，《数量经济技术经济研究》，2015第6期，第105—119页。有改动。

[问题思考] 2001年之后，为何中国制造业增加值统计口径出口额与关境统计口径出口额的比值呈现先下降、后上升的趋势？

[案例点评] 这主要是由于中国转变经济增长方式导致的。在加入WTO初期，中国依靠在产业国际价值链部分生产环节上的竞争优势迅速融入全球价值链中，但是，由于中国经济增长主要依靠大量投入要素的粗放型和外延型生产方式，因此中国制造业出口产品中包含的国外进口品比例日益提升。此时，中国对外贸易主要表现为规模扩张，忽视了质量的提升，中国出口规模的高速扩张，也给中国带来了很多不利影响，例如，国际贸易摩擦日益严峻，国内资源能源瓶颈日益凸显，国内环境污染日益严重，使中国对外贸易的可持续发展面临严峻的挑战。

本章小结

1. 需求相似理论是从需求的角度解释产业内贸易现象,其主要观点为:一国国际贸易主要受该国的平均收入水平、需求和产品出口结构三个因素影响,出口国和进口国的人均收入水平越相近,两国间的贸易量就越大。

2. 新贸易理论的两个重要市场均衡条件如下:第一,每个厂商最大化自己的利润,要求边际收益等于边际成本,厂商定价采用的是边际成本加成定价的方式;第二,当经济利润为正时厂商可自由进入,所以长期均衡时一定有零利润,或价格等于平均成本。

3. 新贸易理论的观点主要可以概括为以下四点:国际贸易产生的原因、国际分工模式的决定因素、贸易收益不确定性以及最佳贸易政策。

4. 异质性企业贸易理论的主要内容可以概括为以下两个方面:第一,以伯纳德为代表的异质性企业贸易模型;第二,以麦利茨为代表的异质性企业贸易模型。

5. 全球价值链是建立在国际产品内分工和贸易基础上,将产品生产划分为不同的价值环节,各个国家和地区为实现不同环节的价值而进行生产、销售和贸易,其主要表现为在每个生产环节中价值增加的链条。

6. 全球价值链与增加值贸易的作用。全球价值链与增加值贸易的作用可以概括为以下三个方面:第一,解决传统贸易统计中的重复计算问题;第二,解决国际贸易规模与贸易利益之间的错位问题;第三,解决跨国公司主导下的贸易利益属地和属权统计原则不同的问题。

推荐阅读

1. 〔美〕保罗·克鲁格曼著,黄胜强译:《克鲁格曼国际贸易新理论》,中国社会科学出版社 2001 年版。

2. 李昕、徐滇庆:"中国外贸依存度和失衡度的重新估算——全球生产链中的增加值贸易",《中国社会科学》,2013 年第 1 期,第 29—55,205 页。

3. 刘仕国、吴海英:"全球价值链和增加值贸易:经济影响、政策启示和统计挑战",《国际经济评论》,2013 年第 7 期,第 6,87—96 页。

4. 程大中:"中国增加值贸易隐含的要素流向扭曲程度分析",《经济研究》,2014 年第 9 期。

5. 雷达、刘元春:"新贸易理论与自由主义:冲突与融合中的发展",《世界经济》,2005 年第 5 期,第 62—74 页。

6. 赵君丽、吴建环:"新新贸易理论评述",《经济学动态》,2008 年第 6 期,第 96—101 页。

复习思考题

1. 需求相似理论的主要观点是什么?
2. 产品生命周期的主要观点是什么?

3. 国家竞争优势理论的决定因素是什么?

4. 新贸易理论的主要观点是什么?

5. 异质性企业贸易理论的理论价值是什么?

6. 查阅相关文献,结合本书提供的数据库,测算增加值统计下中国历年制造业的进出口情况,并与关境统计的数据作比较。

21世纪经济与管理规划教材

经济学系列

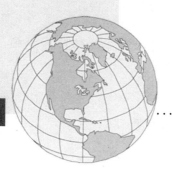

第六章

保护贸易理论

【关键词】

重商主义
幼稚产业保护理论
超保护贸易理论
战略性贸易保护理论
政治经济学

国际经济学

导入案例

日本与美国半导体产业之争

美国是半导体产业的发源地,1947年,美国贝尔实验室晶体管的发明标志着半导体的诞生。在半导体产业发展的早期阶段,美国政府通过军事采购及国防技术研发为产品提供了最初的市场,并确定了早期产品的技术导向:微型化、高性能和可靠性。到20世纪60年代,计算机产业成为半导体产业的第一用户,美国政府对半导体产业发展的影响下降,市场竞争机制促进了技术进步,使美国的电子产业在国际市场上保持了较高的竞争力。

在20世纪50年代,日本的半导体产业不论是技术还是规模均和美国存在很大的差距。为了提高半导体产业的竞争力,日本政府一方面通过有限的市场准入控制日本市场和国际市场的联系,保护日本企业在国内市场形成竞争优势,同时以进入日本市场为条件,迫使外国企业向日本企业转让技术;另一方面通过一系列促进政策,引导主要企业扩大生产规模向海外扩张的同时,促使企业之间进行有序竞争。日本政府在半导体产业追赶美国的过程中无疑起了重要的作用。

60年代,日本电子产品的出口急剧上升,1965年,日本收音机的出口量达到2 421万台。这一时期,日本半导体产业的成功主要在于利用美国最先开发出来的电子元件生产消费品并向国际市场销售,获得较高的增值效益,而不是直接向国际市场低价格销售电子元件。在20世纪60年代中期以前,美国的半导体产业主要为国防部门提供集成电路,无暇顾及日本的半导体消费品大量进入美国及欧洲市场的情况。但之后美国半导体产业的国防采购急剧减少,而日本的半导体产业则从以消费品为导向、元件生产技术比较落后的状况逐渐发展成一个具有生产优良元件、计算机和远程通信产品能力的产业。这些压力促使美国开始考虑如何应对。

实际上,直到70年代,美国和日本、欧洲等国家在半导体的关税上一直存在明显差异。美国对半导体征收的关税约为7%,而日本、英国和法国等则为10%—20%。美国为了应对关税差异对美国在半导体贸易中的不利影响,并鼓励境外企业使用美国的半导体元件,在关税表中增加了806.30条款和807.00条款,规定使用美国生产的金属或元件在国外生产产品后返销美国的,仅对产品的增值部分征收关税。这一措施是美国在70年代半导体贸易中保持顺差的重要因素之一。

进入70年代,日美在半导体国际市场上的竞争更加激烈。尽管日本迫于美国的压力,在1976年放开了国内半导体市场,但由于日本特殊的市场结构,美国产品进入日本国内市场仍然面临种种障碍。同时,日本政府为了应对美国企业的竞争,通过资助大型R&D项目,促进技术进步,提高半导体产业的竞争能力。如1976年通产省组织企业实施的"超大规模集成电路"计划,使日本实现了半导体核心技术的跳跃式进步。由于政府的扶持加上日本企业在半导体生产流程上的开拓创新,到了80年代,日本在商用存储器的国际市场上具备了真正的竞争优势,1985年,日本半导体产品在国际市场的占有率超过美国。

然而,随着日美在半导体领域贸易摩擦的加剧,日本在美国的压力下签订了旨在防止日本向美国市场倾销半导体产品和进一步开放日本半导体市场的《日美半导体协议》,加上日本大型研发项目的失败导致研发投入大幅减少,进入90年代后,日本半导体产业的竞争力不断下降,而美国以技术创新主导的市场机制的优势逐渐显现。1996年,美国超过日本再次成为半导体等电子零部件的头号出口大国。1996年以后,尽管日本仍然是美国在半导体国际市场上最强大的竞争对手,但一直未能撼动美国头号半导体零部件出口大国的位置。

资料来源:唐杰英,"警惕战略性贸易政策陷阱——兼评日美的半导体产业政策",《国际经贸探索》,2012年第11期,第40—43页。

纵观贸易发展的历史,保护贸易政策和自由贸易政策如影随形、相伴相生,本质上都是作为管理贸易的手段,是国家利益在贸易政策领域的体现。任何一个国家都会在追求本国利益最大化的目标约束下,权衡利弊,制定和实施最适合本国特定发展阶段的贸易政策。本章主要介绍重商主义的保护贸易学说及其相关政策主张、幼稚产业保护理论、超保护贸易理论、战略性保护贸易理论及贸易保护的政治经济学。

第一节 重商主义

保护贸易主义最早可以追溯到15世纪兴起的重商主义——作为欧洲资本原始积累时期代表商业资本利益的经济思想和政治体系。[①] 重商主义者认为,金银货币是财富的唯一形态,货币的多寡体现一国的富裕程度,一切经济活动的目的都是最大限度地获取金银。除了开采手段获取,只有让更多的金银货币通过贸易净流入本国,即维持国际贸易的顺差状态,才可以让国家的财富不断增加。重商主义先后经历了两个发展阶段:15世纪到16世纪中叶为早期重商主义,16世纪下半叶至17世纪为晚期重商主义。

一、重商主义者的贸易政策主张

重商主义者的贸易政策主张远超过其理论方面的"成就",其对当时的西欧各国产生了极其深远的影响。综合归纳包括以下三个方面:

第一,国家严格控制贸易的政策。首先是国家控制金银货币,这一点早期重商主义者表现得尤为显著。16—17世纪的西班牙、葡萄牙、荷兰、英国和法国等国家基本都实行严格的货币管制政策。如英国政府曾规定,外国商人必须将出售货物所得的全部货币,用于购买当地商品。其次是垄断对外贸易。例如,葡萄牙国王直接掌握并垄断对亚洲的贸易,西班牙则垄断其与美洲的贸易,不允许他国插手。英国则是给予东印度公司贸易独占经营权。这些政策是确保其保护性贸易政策有效实施的关键所在。

第二,限入奖出的政策。无论是早期重商主义还是晚期重商主义,大都坚持这一保护性贸易措施。重商主义者反对进口昂贵的奢侈品,对一般制成品的进口也采取严格的限制措施。在出口方面,重商主义鼓励制成品的大量出口,同时阻止原料和半成品的输出。他们认为,出口廉价原材料和进口高级制成品一样是一种愚蠢的行为,并用现金奖励在国外市场上出售本国商品的商人。尤其是晚期重商主义者,他们作为工业资产阶级的代言人,极力推动原材料的进口和工业制成品的出口,但由于更加关注早期资本的原始积累,因此其更多是以鼓励出口为主。

第三,鼓励发展本国工业。为了实现贸易顺差,必须多出口商品,这就需要大力发展本国工业,尤其是采取保护性关税等措施扶持本国幼稚工业的发展。为此各国都制定了鼓励

[①] 张二震,马野青:《国际贸易学》(第三版),人民出版社、南京大学出版社2007年版,第180页。

发展工业的政策措施,如高薪聘请外国工匠、禁止熟练工人外流和机械设备输出、向生产者发放贷款并提供各种优惠条件等,甚至包括鼓励生育、增加本国人口、降低工资水平、增强本国商品的国际竞争力等措施。

二、对重商主义的评价

总体而言,重商主义体现了资本主义在生产方式的准备时期,工业资产阶级为迅速完成资本原始积累而采取的强制性保护贸易政策。这一政策在很大程度上促进了早期工业化国家的崛起,同时也为后期的贸易保护理论提供了现实依据。但重商主义的理论体系及政策主张存在诸多缺陷。

第一,重商主义以金银货币衡量财富的观点过于狭隘。重商主义把金银货币看成财富的唯一形态,并且认为国际贸易的目的就是获取金银。事实上,贵金属只是物质财富的表现形式或媒介,真正的财富源泉在于本国劳动生产率的提高和技术进步。

第二,重商主义通过保护贸易获得财富的观点容易导致保护主义泛滥。在重商主义者看来,至少要持续维持贸易顺差,一国财富才可以不断增加。但是,在已有贵金属存量既定的前提下,一国的净盈利就是另一国的净损失,这种国家干预贸易的结果必然导致零和博弈。托马斯·孟指出:"凡是我们将在本国加之外人身上的,也会立即在他们的国内制成法令而加之于我们身上。"① 如果每个国家都采取类似的保护措施,将必然导致大规模的保护主义泛滥。

重商主义思想和政策主张一直影响着后世的经济学家和各国的对外贸易政策。后来我们从凯恩斯主义的外贸理论和政策主张中,也可以看到诸多重商主义思想的影子,因此,也将其称为新重商主义。

相关案例 6-1

拉美国家重商主义有抬头迹象

进入 21 世纪以来,拉美国家通过一系列金融经济改革,成为世界上最具开放度的经济区域之一。根据国际货币基金组织最新发布的报告,拉美地区 2011 年经济增幅达到 4.6%,美洲开发银行也认为,最近 10 年拉美经济总体稳固,拉美地区对世界经济的贡献率升至 14%,是引领世界经济复苏的重要引擎之一。

拉美经济"表现良好"的同时也面临重商主义抬头和外部经济环境变化等潜在风险。游资大幅涌入和本币升值问题严重侵蚀本土工业商品和出口服务产品的竞争力,加剧了拉美多国的去工业化问题,进而助长了贸易保护主义势头。

2012 年以来,墨西哥、阿根廷、巴西等拉美大国相继出台多项单边进口限制举措,厄瓜多尔、玻利维亚和委内瑞拉等国为保护本国工业也相应提高贸易壁垒,南方共同市场很快将对 100 种进口商品进一步提高关税水平。当前,乌拉圭对阿根廷和巴西设置过高关税壁垒抱怨不断;墨西哥与巴西、阿根廷在汽车贸易领域继续博弈;巴西酒商向政府施压,要求保护其免受进口智利酒的竞争;阿根廷为保护本国能源产业决定强制收购西班牙石油巨头雷普索

---

① 〔英〕托马斯·孟著,袁南宇译:《英国得之于对外贸易中的财富》,商务印书馆 1978 年版,第 19 页。

尔在阿股份……

墨西哥蒙特雷科技大学国际贸易系主任马努埃尔指出,如果没有找到正确出路,全球将分化为"开放经济体"和"重商主义经济体"两大对峙阵营,这无助于世界经济复苏。智利经济部长隆盖拉以智利近30年经济飞速增长为证,力促拉美国家从大局出发,着力减少关税壁垒,提升区域内部贸易往来。

资料来源:"拉美对世界经济贡献率上升,重商主义有抬头迹象",人民网,2012年4月21日。

[问题思考] 拉美各国重商主义抬头,可能对拉美经济造成什么样的影响?

[案例点评] 重商主义将构成拉美经济可持续增长的一大威胁,各国将采用"短视"的贸易保护主义,难以营造开放和自由的贸易环境,各国都难以从贸易中获益。

第二节 幼稚产业保护理论

随着第一次工业革命,英国等先进工业国打着亚当·斯密宣扬的自由贸易大旗,将廉价的工业制成品源源不断地输出到欧美其他国家,强烈冲击着它们脆弱的民族工业。18世纪刚刚独立的美国,经济上仍是殖民地经济为主的形态,19世纪的德国无论是政治还是经济层面都显得那么虚弱,根本无力与英、法等国公平竞争于贸易领域。于是,以保护本国幼稚产业(Infant Industry)、发展本国生产力为核心目标的幼稚产业保护理论率先在美国、德国兴起并系统化,并持续影响至20世纪众多发展中国家。

一、幼稚产业保护理论的兴起

幼稚产业保护理论最早是由美国首位财政部长亚历山大·汉密尔顿(Alexander Hamilton)于1791年提出的一种对某些产业采取过度的保护、扶植措施的理论,是国际贸易中贸易保护主义的基本理论。其基本内容是,某个国家的一个新兴产业还处于最适度规模的初创时期时,可能经不起外国的竞争。如果通过对该产业采取适当的保护政策,提高其竞争能力,将来可以具有比较优势,能够出口并对国民经济发展做出贡献的,就应采取过渡性的保护、扶植政策,主要运用关税保护之类手段来实现。他于1791年在《制造业报告》(Report on Manufactures)中首先明确提出了保护幼稚工业的贸易学说。[①]

美国刚刚从英国殖民统治下获得独立时,其经济结构仍然是殖民地模式下的经济形态,即以南方种植园主的农产品和初级产品为主的出口模式和以欧洲早期工业化国家工业制成品为主的进口模式。北方工业资产阶级极力发展的制造业并没有很好的发展环境。汉密尔顿代表北方工业资产阶级的利益,力推用高关税保护美国制造业的主张。他指出,美国目前的经济状况不及欧洲先进工业化国家,工业基础薄弱,技术水平落后,根本无法同英、法等国的廉价商品进行自由竞争。因此,美国应该实行保护关税制度,以使新建立起来的工业得以生存、发展和壮大。汉密尔顿还详细地论述了发展制造业的直接和间接利益。他认为,制造

---

① 这一报告体现了汉密尔顿使美国由农业国变成为工业国的强烈愿望。可惜,他的这一报告没有被国会采纳,因为当时美国还没有感受到发展制造业的紧迫性。他的报告受到同时代人的冷漠对待。但是,到了19世纪30年代,当美国工业革命开始起飞时,他的报告才得到重视。

业的发展,有利于推广机器使用,提高整个国家的机械化水平,进而促进社会分工的快速发展;同时,有利于扩大就业,吸引移民进入,加速美国国土开发等。

汉密尔顿的具体政策主张包括:①向私营企业发放政府信用贷款,为其提供发展资金;②实行保护关税制度,保护国内新兴工业的发展;③限制重要原料出口,免税进口各种稀缺原料;④为必需品工业发放津贴,给各类工业发放奖金;⑤限制改良机器输出;⑥建立联邦检查制度,保证和提高制造品质量。①

汉密尔顿提出《制造业报告》时,自由贸易理论仍在美国占据上风,因此,他的主张并没有得到多数派的拥护。对比英、法等国工业化进程的快速推进,美国的制造业遭遇了前所未有的冲击和挑战,他的相关主张才在美国的贸易政策中得以体现。1816年,美国提高了制成品的进口关税,这是美国首次以保护制造业为目的的关税政策。汉密尔顿的思想主张体现的是经济不发达国家独立发展民族工业的诉求和意愿,它是落后国家进行经济层面的自我防卫,并通过经济发展与先进国家进行经济抗衡的保护贸易理论,这一体系的诞生标志着保护贸易学说的诞生。

二、幼稚产业保护理论的发展

19世纪上半叶,英国已经完成工业革命,法国工业体系也有了较大发展,而此时的德国还是一个政治上分裂、经济上落后的农业国,全境共有38个小邦,各自拥有独立的政府、军队、法庭、货币及外交。② 1834年以普鲁士为中心的关税同盟成立,该同盟一方面在封建势力控制下,以斯密的绝对优势理论和李嘉图的比较优势理论为依据,实行自由贸易政策,另一方面德国新兴工业资产阶级则主张实行保护关税制度,但苦于缺乏有力的理论基础。1841年,李斯特代表德国资产阶级的利益,推出其代表作《政治经济学的国民体系》(The National System of Political Economy),李斯特从当时德国相对落后的状况出发,提出要以禁止进口和征收高关税的办法对其新兴的工业进行保护。这一理论将汉密尔顿提出的幼稚产业保护理论系统化,而成为最早、最重要的贸易保护理论。发展后的幼稚工业保护理论影响了19世纪的德国和美国,以及20世纪的日本,使它们都能在保护主义的篱笆后迅速成长,强大之后又转而推行自由贸易。

李斯特的贸易保护理论主要包括以下四个核心部分:

第一,生产力理论。李斯特认为,英国古典学派考虑通过对外贸易增加财富,是基于交换环节创造价值的理论。价值和财富本质上来源于一国生产力的发展。他在书中写道:"财富的生产力比之财富本身,不晓得要重要多少倍;它不但可以使已有的和已经增加的财富获得保障,而且可以使已经消失的财富获得补偿。个人如此,对整个国家来说,则更加是如此。"③"生产力是树之本,可以由此产生财富的果实,因为结果实的树比果实本身价值更大。"④根据生产力理论,李斯特认为英国古典学派推行的自由贸易政策更加适合英国相对发达的生产力水平,而并不适合经济落后的德国。德国及其他经济落后国家需要实施贸易保护政策,只有通过保护贸易,才可以使得本国幼稚工业具备初期良好的发展环境,进而形

---

① 张二震、马野青:《国际贸易学(第三版)》,人民出版社、南京大学出版社2007年版,第183页。
② 董瑾:《国际贸易学(第二版)》,机械工业出版社2010年版,第114页。
③ 〔德〕弗里德里希·李斯特著,陈万煦译:《政治经济学的国民体系》,商务印书馆1961年版,第118页。
④ 同上书,第47页。

成与外部竞争的能力。李斯特同时看到了保护贸易政策的短期弊端和长期利益。他指出，实施保护初期，本国生产率会有所降低，国内厂商提供的商品价格也会提高，消费者福利会受到损害。但从长远来看，如果保护得当的话，生产率会提高，价格会下降，消费者福利最终会提高。

第二，发展阶段理论。李斯特强调，经济发展的具体阶段应对应不同的贸易政策。大致来讲，"从经济方面，国家都必须经历如下几个发展阶段：原始未开化阶段、畜牧业阶段、农业阶段、农工业阶段及农工商业阶段"①。每个阶段所需要的对外贸易政策不同，自由贸易并不适用于每个经济发展阶段。在农工业阶段的国家应采用保护主义的贸易政策，因为此时本国工业虽有所发展，但发展程度低，国际竞争力差，不足以与来自处于农工商业阶段国家的产品竞争。如果采用自由贸易政策，不但享受不到贸易利益，还会令经济遭受巨大冲击。

根据李斯特的观察，英国已经实现工业化并处于世界垄断地位，处于农工商业阶段，主张自由贸易理所当然。而德国正处于农工业阶段，工业尚处于初步建立时期，还不具备自由竞争的能力，必须实行保护贸易政策。

第三，自由贸易理论是基于个人主义的理论框架，不能由此推导出国家利益最大化的政策措施。李斯特认为，古典学派建立在个人利益最大化的基础上，在这个框架下，追求个人利益最大化的做法未必对于整个国家利益是最优的。很多时候，个人利益应当服从国家利益。尤其在落后国家实施保护贸易政策，短期而言，个人利益可能受损，但从另一个角度看，也在保护个人投资者的长远利益，而且从国家长久发展来看，也有利于国家利益和个人利益最大化，二者并不相悖。

第四，保护贸易是手段而非最终目标。李斯特坚持认为，通过保护关税制度为本国起步工业提供保护，使其迅速成长，最终实现工业化。保护并不是全面保护，而是有选择、有重点的保护。国家应该选择那些目前尚处于幼稚阶段，但具有发展潜力，且能成为国家支柱产业的领域进行重点保护。一般情况下，如果某种产业不能在比原来高40%—60%的关税下长期存活下去，这种产业就缺乏保护的必要性。保护期限以30年为最高界限，在此期间如没有显著成长，则应放弃保护。

三、对幼稚产业保护论的评价

李斯特发展了重商主义和汉密尔顿的保护贸易理论体系，以生产力理论为基础，充分论证了落后国家实行贸易保护的必要性、阶段性和动态性，形成了完整的保护贸易理论。这一理论体系对于德国工业化起到了巨大的推动作用，并在很长一段时间内对主导发展中国家发展民族产业、实行经济自卫等起了积极作用。但该理论体系也存在一定的缺陷。第一，对于幼稚产业的界定和选择存在极大的随意性。后期，约翰·穆勒和巴斯塔布尔分别提出了各自的选择准则。第二，对于有效保护的情景设定已经不适合当今世界形势。随着全球经济一体化程度的加深和范围的扩大，一国已经不太可能独立自主地确定自我保护的对象、保护水平及保护周期，否则，贸易伙伴或国际经济组织会对其进行约束性限制。

---

① 〔德〕弗里德里希·李斯特著，陈万煦译：《政治经济学的国民体系》，商务印书馆1961年版，第155页。

相关案例 6-2

中国汽车业不能再做政策庇佑下的"幼稚产业"

国家工信部在中国工业经济运行夏季报告新闻发布会上表示,2011 年 1—7 月中国装备制造业同比增幅为 15.9%,但汽车行业产销增长缓慢,中国汽车产销量分别为 1 046 万辆和 1 060 万辆,同比仅分别增长 2.3%和 3.2%,创 10 年来新低。工信部运行监测协调局经济运行处处长何亚琼表示,"2011 年内工信部不会专门出台汽车行业鼓励政策,预计 2011 年汽车产销增速在 5%左右"。

业内对于出台自主品牌保护措施的呼声一直很高。有人认为,政府官员应该带头乘坐自主品牌汽车,公务用车应向自主品牌倾斜;也有人认为,应对自主品牌车企进行减税;还有政府官员认为,随着合资品牌规模的扩大、生产流程的优化,自主品牌的相对成本优势被削弱,在这种情况下想让自主品牌发展起来,没有保护措施是根本不行的。

但是中国的汽车产业已不再是幼稚产业。在加入 WTO 的十年里,中国的汽车产业规模迅速扩大,已成长为国民经济的重要支柱产业。中国连续两年成为全球第一大汽车生产国和新车消费国。中国的汽车工业总产值也由 2001 年的 4 433 亿元增至 2010 年的 43 357 亿元,十年间,增长了近十倍。其间还诞生了一大批大型的汽车生产企业,生产集成度明显提升,汽车工业在中国国民经济中发挥着越来越重要的作用。

另外,行业发展环境也不再一样。20 世纪 90 年代,国家从各个方面对汽车产业给予了强有力的支持,对汽车实行了高关税保护,当时轿车整车的进口关税税率一度曾高达 300%。2001 年"入世"后,中国严格履行"入世"承诺,采取阶梯式的方式,逐年降低汽车进口关税。自 2001 年到 2006 年,中国汽车及其零部件的平均进口关税税率由 31.7%降到 13.4%。2011 年,共有 29 项汽车产品实行了进口暂定税率,平均关税税率为 7.2%,这一措施促进了引进、消化、吸收、再创造的良性循环局面的形成,对增强国产汽车的品质、性能,尽快提高竞争力起到了积极的推动作用。中国已加入 WTO 十年整,这十年,就是不断取消各种保护措施的十年,就是让自主品牌壮大力量参与国际竞争的十年。

现在之所以不能采纳所谓的"幼稚产业保护理论",是因为"暂时性"的保护政策很难取消。今天要求配额,明天要求减税,后天要求保护价,这样的政策其实是在为产业的无效率发展提供便利,一旦保护不复存在,它们便会在国外同类产业的竞争中走向灭亡。

一个正面的例子是中国的电视机产业。"入世"前,中国的电视机行业由于高度的市场化竞争,企业间屡屡发生价格大战,虽然战役惨烈,但是产业健康、高效。"入世"后,中国的电视机产业非但没有被国外的电视机厂家吞并,反而进一步增强了竞争力。据市场研究公司 Display Search 发表的研究报告显示,三星电子 2011 年第二季度在中国 3D 电视机市场的份额从第一季度的 18.3%下降至 9.3%。而 2010 年第四季度三星电子的市场份额曾高达 33%。与此相反的是,创维、海信和康佳等中国电视机厂家的市场份额在 2011 年第二季度显著增长。

资料来源:汪志强,"中国汽车业不能再做政策庇佑下的'幼稚产业'",中国经济网,2011 年 9 月 16 日。

[问题思考] 你认为中国是否应继续对汽车产业实行幼稚产业政策?

[案例点评] 不应该。世界汽车产业发展的实践表明,保护要适度,政策扶持对汽车产业的发展固然十分重要,但仅限于起步阶段。要让产业在一定的竞争压力下强身健体,尽

快成长,以寻求生存之路,而不能在政策的庇佑下长期处于低效状态,以致缺乏竞争能力。中国的汽车产业如欲参与国际竞争,必须遵守市场规则,化压力为动力,全面提高自身竞争力,这样才能成为国民经济的支柱而不是包袱。

第三节 超保护贸易理论

一、超保护贸易政策

20世纪初至第二次世界大战以前,资本主义经济发生了重大变化,其对外贸易政策也由此而发生了新的改变,旧有的保护贸易主义被抛弃,产生了以进一步夺取国外市场、进行对外经济扩张、保护垄断企业或组织获取超额利润为目的的超保护贸易主义。这一时期,超保护贸易主义在美、英两国得到集中体现。

美国自19世纪实施的强有力的保护贸易政策,使其工业迅速发展,到第一次世界大战期间,成为世界上最大的工业国家,逐渐取代了老牌资本主义强国英国在世界经济中的地位。但是,美国在第一次世界大战结束以后,未放松其传统的保护贸易政策,反而强化其保护措施。英国由于战争和经济地位的下降,也逐渐背离原来实施的自由贸易政策。1921年,英国实行了《保护工业法》。1931年,由于严重经济危机的影响,英国对外贸易产生了大量入超,黄金储备锐减,英国被迫宣布停止金本位货币制度。1931年11月,英国制定了《非常关税法》,并于1932年4月制定了《一般关税法》。至此,英国最终放弃了自由贸易,转而实行超保护贸易主义。①

超保护贸易政策与以前的保护贸易政策有明显的不同:它不是保护国内的幼稚工业,而是保护国内高度发展起来或正出现衰落的垄断工业;它不是为了培养自由竞争的能力,而是巩固和加强对国内外市场的垄断;它不是防御性地限制进口,而是在垄断国内市场的基础上向国外市场进攻;它的保护措施不只限于关税和贸易条约,还广泛采用各种非关税壁垒和奖出限入的措施。简而言之,保护政策成为争夺世界市场的手段,成为攻击而不是防卫的武器。因此,这种侵略性的贸易保护政策又称为超保护贸易政策。②

二、超保护贸易政策的理论依据③

以约翰·梅纳德·凯恩斯(John Maynard Keynes)为代表的一些经济学家对放任自流的古典经济学理论进行了重新审视,建立起了以就业、国民收入、总供给、总需求等为研究对象,以总量分析为特征的宏观经济理论,即凯恩斯主义,为国家干预经济的合理性提供了一整套经济学的证明,在西方经济学理论界掀起了一场"凯恩斯革命"。

凯恩斯的经济理论集中反映在其1936年出版的《就业、利息和货币通论》一书中。该书并没有提出系统的国际贸易理论,而是批判了传统的经济贸易理

延伸阅读
凯恩斯主义的超保护贸易理论

---
① 唐海燕、毕玉江主编:《国际贸易学》,立信会计出版社2011年版,第98—99页。
② 张二震、马野青:《国际贸易学》,人民出版社、南京大学出版社2007年版,第179页。
③ 唐海燕、毕玉江:《国际贸易学》,立信会计出版社2011年版,第98—99页。

论,以有效需求不足为基础,以国家对经济生活的干预为政策目标,把对外贸易和国内就业结合起来,开创性地提出了保护国内就业的思想,创立了当代宏观经济的新学说。以后凯恩斯的追随者们对此加以充实并扩展,形成了凯恩斯主义的超保护贸易理论。

超保护贸易理论认为,一国的国民收入水平决定于需求水平。政府不仅要利用宏观经济政策干预国内的经济,实现内部平衡,还要干预对外贸易,以便使进出口有利于国民收入水平的稳步提高。

三、对超保护贸易理论的评价①

凯恩斯实际上主张的是超保护贸易理论与政策,是为发达国家保持其在国际贸易中的优势地位而采取贸易保护政策寻找理论依据的。具体来看:

(1) 凯恩斯的对外贸易理论要求国家对外贸干预,在一定程度上可以使国内经济危机得到缓解,从而起到保护国内市场的作用。

(2) 凯恩斯的理论主要是从政策入手,通过超保护贸易政策可以保护国内先进的和发达的工业以增强其在国际市场上的垄断地位。

(3) 这一理论会使各个国家无法扩大出口,使世界贸易量减少或停滞不前,从总体和长远来看对各个国家都有害。由于它产生于20世纪30年代资本主义经济大危机和大萧条的特定环境中,只注重有效需求而忽视供给方面的重要性,所以只强调刺激需求以缓和资本主义生产过剩的经济危机。然而,各个国家都从本国利益出发实行贸易保护政策,一国的限制进口必然会遭到其他国家的报复,引发各国之间的相互限制进口及互相报复的贸易战。

(4) 这一理论是为发达国家转嫁经济危机服务的,因而会使发展中国家的贸易条件恶化,致使南北矛盾更加尖锐。

第四节 战略性贸易保护理论

20世纪70年代以来,随着不完全竞争和规模经济被引入国际贸易分析框架,战略性贸易政策逐渐成为主流。现实中,越是非完全竞争的行业,其非关税壁垒越明显,如汽车、钢铁以及半导体行业。② 20世纪80年代兴起的战略性贸易理论逐渐成为新贸易保护的理论基石。战略性贸易理论是建立在不完全竞争和规模报酬递增的假设基础上的,即规模经济贸易学说。与传统贸易理论相比,规模经济贸易学说有两点新的认识。第一,工业产品的世界市场不是完全竞争的,产品的差异性使得各国企业都有可能在某些工业产品上有一定的垄断或垄断性竞争力量,占领部分市场,获得利润;第二,许多工业产品的生产具有规模经济,生产越多,产品的单位成本越低。与这两点新认识相对应,贸易保护政策也有了新的依据,即怎样利用关税或其他非关税措施来分享外国企业的垄断利润,进而提高国民整体福利,以及如何通过贸易保护措施来帮助本国企业取得一定的市场份额,从而达到一定的生产规模,降低企业的生产成本,在国际竞争中获胜。战略性贸易保护理论主张政府在战略产业进行贸易干预,给予本国企业生产补贴、对外国竞争产品征收进口税或者实行配额、对本国消费者购买本国产品进行补贴等,进而谋取规模经济之外的战略收益,同时占领他国市场份额,

---

① 王光艳、龚晓莺:《国际贸易理论与政策(第2版)》,经济管理出版社2013年版,第124—125页。
② 诺贝尔特·冯克:"新贸易保护主义的一种形式:贸易性投资措施",《国际商务》,1995年第1期,第24页。

并分享更多的工业利润。

实践中,日本和欧洲一些国家的政府通过补贴或保护等手段对高科技产业实行扶持政策,并由此引发了以美国为首的其他国家的模仿。在20世纪80年代初由巴巴拉·斯宾塞(Babara Spencer)和詹姆斯·布兰德(James Brander)等人首次提出,后来经过贾格迪什·巴格瓦蒂(Jagdish Bhagwati)和保罗·克鲁格曼(Paul Krugman)的进一步发展,逐渐形成较为完整的理论体系。战略性贸易保护理论包括利润转移理论和本地市场效应理论两大核心体系。

一、利润转移理论

与自由贸易理论的基础不同,战略性贸易保护理论建立在规模经济和不完全经济的框架下,垄断企业或寡头企业的商品价格不是市场外生给定的,而是企业根据市场需求量确定的。垄断企业能够利用它们在市场上的特殊地位将价格确定在高于边际成本的水平上。当然,这些垄断利润都是通过价格从消费者手中获取的。战略性贸易保护理论认为,政府可以通过征收关税来分享外国垄断企业的利润,弥补本国消费者的损失,如图6-1所示。

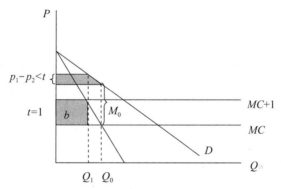

图6-1　通过关税转移国外企业利润

假设外国垄断企业A在进口国B的市场上具有明显的市场力量。根据垄断竞争厂商利润最大化的原则,A会根据$MR=MC$确定其在B国市场上的供给量,即图6-1中的点Q_0,而价格则根据B国需求函数确定在高于MC的水平P_0上。此时,A企业的垄断利润为$M_0 \times (P_0 - MC)$。如果B国政府征收从价关税($t=100\%$),A的边际成本变为$MC+1$。在新的边际成本与边际收益相等的均衡条件下,A的供给量会下降至Q_1,价格上升至P_1。但由于进口国B的需求曲线并非完全缺乏弹性,商品价格上升的幅度($P_1 - P_0$)小于边际成本提高的幅度t。也就是说,A企业通过提高销售价格从B国消费者手中得到的额外收益会小于对关税的支付。从国家角度来看,关税收益(b)很有可能会大于消费者福利损失的部分,即b上方灰色梯形的面积。

从表面上看,通过征收关税可以将出口国垄断企业的利润转移至进口国。但从一国内部看,征收关税使得原本已经很高的垄断价格雪上加霜,最终仍是由本国消费者承担,除非政府将所征收的关税用于补偿本国消费者。

同时,战略性贸易保护理论还谈及通过补贴来加强国内厂商在国际市场上与外国竞争对手的战略地位。在具有规模经济的条件下,拥有较高市场份额的国家从国际市场上获得的超额利润就越多。因此,要对国内规模企业实施补贴,占领更多国际市场份额,阻止国外竞争者进入该产业,确保本国企业获得更多的垄断利润。

二、本地市场效应理论

克鲁格曼在1984年提出,如果只允许某些厂商进入某一特定市场或该市场的一部分,则有助于这些厂商在其他市场上改善业绩。例如,阻止外国厂商进入国内市场,不仅可以帮助本国厂商占领被保护的国内市场,也会使本国厂商在出口市场上获利。如果本国厂商可以从这些出口市场上获得额外利润,这种保护就可能是符合国家利益的。①

克鲁格曼设定了一个最简单的规模经济的情形。假定只有一个本国厂商和一个外国厂商。在没有保护的情形下,即使生产完全一样的产品,我们也可以想象到,两个厂商都会在所有市场上进行销售,如果本国市场对外国厂商是关闭的,本国厂商通常会增加其在国内市场上的产出。由于随着产出的上升,边际成本下降,国内厂商会发现自己可以毫不费力地扩大国外的市场份额并从中获利。

维纳布尔斯(Vernables)考察了另一种比较复杂的情况。假设本国厂商和外国厂商在各自的市场上竞争,也可能在别的市场上竞争。但此时不是仅有一个外国厂商和一个本国厂商的国际双寡头,而是假设市场足够大、能容纳相当多的厂商。自由进入时每个厂商只能获得"正常"水平的利润。边际成本也不是递减而是不变的,但固定成本相当大。这种成本结构使得平均成本随产量的增加而下降。这种情况下,进口关税和出口补贴都能改善国家福利。关税可以增加收入,同时使本国市场上外国厂商的处境更加不利,进而降低其在本国市场乃至全球市场上的份额。而本国厂商则可以扩大产出,平均成本曲线下移。其净效应是国内价格下跌和消费者福利提高。补贴的推理与关税类似。补贴使本国厂商出口增加,并使其成本曲线下降,这使得国内价格下跌,消费者福利增加。

上述两种理论体系的相似之处在于,二者都遵循这样的逻辑:对本国厂商而言,生产得越多越好,因为规模经济使其具有更低的平均成本或边际成本。二者主要差异在于,克鲁格曼的模型不允许新厂商进入,利益主要来自寡头所获得的超额利润,而维纳布尔斯的模型中,规模经济不太明显,进入自由,利润维持在自由竞争水平,利益主要来自国内消费者所享受的低价格。

三、对战略性贸易保护理论的评价

战略性贸易保护理论是新国际贸易理论在贸易政策领域的应用和体现。战略性贸易保护理论论证了一国在规模经济和不完全竞争条件下,通过保护性干预,可以战略性地提高本国企业的国际竞争力和贸易福利。因其与幼稚产业保护理论具有类似的战略意义,因此也被称为"新幼稚产业保护论"②。这一理论体系考虑了更加复杂的市场条件下,如何确保一国企业更加有效地参与国际竞争的政府策略,是产业内贸易大背景下的新型保护模式,为众多发达经济体和发展中经济体参与国际贸易并最大化获取贸易利益提供了有益的指导。但其理论本身也存在一定缺陷。

第一,其对规模经济和不完全竞争的讨论是建立在国家利益与个人利益等价的基础上的,忽略了国家贸易政策对于个人利益最大化可能存在的负面影响。而且,往往因为信息不

---

① 〔美〕保罗·克鲁格曼著,海闻等译:《战略性贸易政策与新国际经济学》,中信出版社2010年版,第29页。
② 〔美〕保罗·克鲁格曼,海闻等译:《战略性贸易政策与新国际经济学》,中信出版社2010年版,第32页。

对称,被保护的企业与政府的策略并不一致。因此,其结论具有片面性。

第二,战略性贸易保护理论是建立在企业同质性的假设下,并没有涉及异质性企业的市场策略,其理论假设与现实仍存在一定的脱节。更为重要的是,这种所谓"战略性"在很大程度上容易引起贸易伙伴"以牙还牙"的报复性反应。

相关案例 6-3

航空工业的战略性贸易政策

无论怎样看,商用航空工业都是地地道道的战略性产业。它具备构成战略性产业的基本特点:不完全竞争(即垄断)、规模经济、外部经济和学习曲线等。20世纪70年代中期,商用航空工业相当成熟和高度集中,全世界只有四家重要的商用飞机制造商——美国的波音、麦道、洛克希德-马丁公司(后来退出商用航空器市场)及欧洲的"空中客车"。大型商用飞机的生产需要巨额资本投入,制定全球战略和大批出口订单,而沉没成本又极为高昂,市场上实际上只能容纳两家大型商用飞机制造公司竞争,因此,大型商用航空器市场的典型特征是不完全竞争。

20世纪70年代,美国航空业一直无条件地支持自由贸易。波音公司在国会听证会上强调它反对进口限制或者"任何对自由贸易的束缚"。波音关注"空中客车"的竞争,但它并不寻求贸易救济,而仅仅维持其要求研发援助、税收信托、进出口银行更大力度的出口信贷等传统政策。70年代末到80年代中期,出现了两大变化:首先,在80年代,推出一架新型的大型民用飞机需要耗资50亿美元,这比麦道公司的总值还要多,最少需要售出400架飞机才能收回成本。其次,飞机制造的经济学发生了变化,市场上需要宽体支线飞机。由于所有公司都争相生产同型飞机,使竞争结构发生了戏剧性的变化,所有公司都互相侵入了对方的领地。在这个阶段,特别是"空中客车"变成了一个入侵者,从而引起美国与欧洲之间长期的贸易摩擦。"空中客车"由法国和联邦德国政府在1970年建立,后来发展成为欧洲九国合伙经营。九国政府大量补贴"空中客车"的研发经费,提供出口信贷,并在制造过程的其他方面提供帮助。

这些战略性政策帮助"空中客车"在市场中竞争,并取得巨大成功。受政府补贴的"空中客车"制造商将它在世界市场中的份额从70年代初的3%提高到1979年的30%,到80年代中期,"空中客车"已能直接挑战波音和麦道公司。在这种情况下,美国商用航空业就从无条件的自由贸易立场转向战略性贸易政策。从70年代末开始,美国公司应对"空中客车"颇多抱怨,矛头所向自然是欧洲的出口补贴政策。波音和麦道都呼吁停止"掠夺性的出口信贷战争"。1985年秋,里根总统将欧洲支持"空中客车"列入不公平贸易名单。麦道公司起初想与"空中客车"建立合资企业,以避免在MD-11和A340之间竞争,计划流产后,麦道公司加快了对"空中客车"的起诉申请,宣称"空中客车"接受补贴而偷走了买主。1987年,美国谈判官员威胁要动用美国贸易法"301条款"阻止欧洲飞机出口。自此,欧洲和美国经常为波音和空客补贴的事情闹出贸易纠纷来。

资料来源:张晓鹏,《国际贸易》,暨南大学出版社2009年版,第106—107页。

[问题思考]试分析美国航空业自由贸易策略为何会改变。

[案例点评]在竞争初期,波音飞机竞争力强,所占市场份额大,美国为了便于本国出口

波音飞机,便大力倡导自由贸易策略;当战略性贸易政策帮助"空中客车"崛起后,波音公司的地位受到了严重威胁,因此美国也开始采用战略性贸易政策扶持波音飞机。总体来看,无论是倡导自由贸易政策,还是采用战略性贸易政策,美国的目的都是促进本国航空业的发展。

第五节 贸易保护的政治经济学

前文讨论的各种不同类型的保护贸易理论,更多的是从产业或企业的角度所做的经济分析。然而,作为国家贸易政策的制定者,一国政府在制定贸易政策时,究竟是基于何种考虑而做决策,这背后还涉及复杂的政治和社会决策过程,即贸易保护的政治经济学。贸易的政治经济学起源于对纯贸易理论无力解释现实中贸易干预政策存在性的困惑,从收入分配的角度出发,引入公共选择理论的范式,从政策决策的过程探究贸易干预的内在原因以及水平、结构、形式和变化。作为收入分配的次优手段,贸易政策可能是"慈善"的政府实现社会福利函数和提供社会保险的途径,也可能是"自利"的政府为了寻求政治支持或竞选获胜向少数利益集团出售的政治商品,也可能是在"民主"的政府目标函数下兼而有之。①

一、决定贸易政策的基本框架

经济学家丹尼·罗德里克(Dani Rodrik)用图6-2刻画贸易政策制定的逻辑框架。图中包含贸易政策制定过程中的四个主要部分,它们相互之间利益及政策偏好的博弈构成了贸易政策的供给方和需求方。

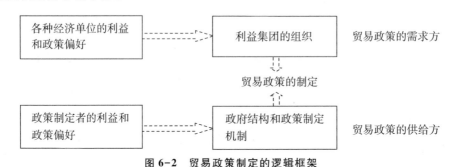

图6-2 贸易政策制定的逻辑框架

该逻辑框架认为,一项具体的贸易政策如同市场中的商品一样,是由供给和需求双方共同决定的。从需求方来看,既有相关的各类市场主体的利益,又有为这些主体代言的各类组织。不同市场主体的利益诉求存在明显差异。例如,通过征收关税保护本国进口替代行业,作为生产者其意愿显然很强烈,但作为消费者则可能由于担心面临过高价格而反对。市场主体会将其相关利益向其代理人表达,代理人会在贸易政策制定中体现其支持者的利益诉求。

而作为供给方,政策决策者首先有其自身目标函数最大化决定的政策偏好(基于政党利益或者宏观贸易平衡),在代理人游说下,其政策偏好会发生调整,进而最终形成贸易政策的

---

① 盛斌:"贸易保护的政治经济学:文献综述",《世界经济》,2001年第1期,第46页。

有效供给。将经济学的均衡分析与政治经济学结合起来,任何贸易政策的实施都是社会总福利水平最大化条件下贸易政策供给和需求平衡的结果。

经济理论普遍将政府作为全民利益的代表,其经济政策的目标应该是资源最有效利用和社会整体福利最大化。但在现实中,政府的目标往往是多重的,既有经济层面的考虑,也有政治和社会层面的考虑。利益集团是影响政府政策的重要力量。以美国为例,利益集团名目繁多,政治活动的各个方面都要受到利益集团的影响。其中,既有正式的,也有非正式的,既有静态的交叉重叠,又有动态的分化组合,而且还处在不断的发展变化之中。按照不同的标准,美国的利益集团可以作不同的分类,最广泛使用的分类标准是利益集团的活动目标。按照利益集团活动目标的性质,美国的利益集团可以分为两大类:以维护成员经济福利为主要目标的利益集团和以维护成员非经济利益为主要目标的利益集团,各不同领域的利益集团内部往往又包括众多数目不等、规模较小、共同利益更加密切的利益群体。在各领域的利益集团中,工商业利益集团一直是一支影响巨大的力量,它对美国政治,尤其是立法活动,具有相当的影响力,是白宫和国会的主要游说者;由于代表了广大公众的共同利益,一些公共利益集团近年来也有明显的发展,力量正在逐步壮大。

二、利益集团模型

利益集团模型是贸易保护政治经济学中的主要理论,大部分学者从利益集团的角度对贸易保护政策进行了分析。该模型主张资本家通过影响政治家来获取对自己有利的政策,认为利益集团可通过游说,并投入相应的支出,达到影响政府贸易政策的目的。利益集团模型理论在其不同的发展时期呈现不同的特点。早期研究始于20世纪60—80年代,这一时期是利益集团模型的形成时期。大部分学者就某一个问题进行了深入研究并提出了相应的观点,这些研究对贸易保护水平的决定因素,以及利益集团参与政治决策的过程进行了分析,但是这一阶段的理论是分散和片面的,没有形成成熟的理论模型和体系。到20世纪80—90年代,利益集团模型得到了长足发展,形成了相对成熟的理论模型,代表理论有关税形成模型、政治支持模型、保护代售模型和信息传递模型。特别是保护代售模型的提出成为利益集团模型发展的一个里程碑,该模型较为完备和成熟,为后来学者的进一步研究奠定了基础。

早期经济学家认为,企业数目少、地理集中度高、买方集中度高的行业能有效调整集团内部利益并形成游说,因此行业获得的保护水平以及行业反对贸易自由化的能力与上述因素成正比。曼苏尔·奥尔森(Mansur Olson)认为不利于收入、就业水平提高的经济环境更有利于利益集团的形成。所以行业保护水平和行业产出、就业增长率呈负相关关系,与进口渗透率呈正相关关系。之前的研究学者认为,国外利益集团对政府贸易政策的游说对国内经济是有损失的,但基肖尔·贾万德(Kishore Gawande)等却认为国外利益集团的游说很可能会减少贸易壁垒,提高消费者剩余,进而提高该国的福利。玛蒂尔德·邦巴迪尼(Matilde Bombardini)将企业异质性引入利益集团模型当中,认为贸易政策的决策过程会受到企业游说能力的影响,而企业的游说能力很大程度上受到企业规模的影响,因为在企业游说的过程中需要支付政治捐献,规模较大的企业会拥有较强的支付能力。所以,对于一个产业而言,如果该产业内大型企业较多即产业集中度较高,则该产业的游说能力就较强,贸易保护水平也较高。

罗纳德·芬得雷(Ronald Findlay)等构造了关税形成模型,从博弈论的角度研究了利益集团影响关税的具体过程,认为关税水平取决于对峙的两个游说集团游说竞争的结果。利益集团双方进行非合作博弈,提供游说支出,使各自净收益最大化,最终的最优关税便是该博弈的纳什均衡解。该模型认为关税是利益集团相互斗争的政治结果,而政府在关税的决定过程中退居其次。麦吉(Magee)等构造了两个政党、两个利益集团的两阶段博弈模型。该模型认为利益集团为候选政党或候选人提供政治捐献,目的是提高所支持政党或候选人当选执政的概率。假设各党在得到利益集团政治捐献之前,便已申明了各自所倡导的贸易政策,并且该贸易政策不受政治捐献的影响与干扰。利益集团只是根据自身的贸易政策偏好,选择自己支持的政党。那么利益集团并不能以政治捐献的方式直接影响贸易政策,只能通过政治捐献提高自己所支持的政党的获胜概率,从而间接获得自己所期望的贸易政策。

格罗斯曼(Grossman)等提出了影响当权政府的政治捐献模型——保护待售(Protection for Sale)模型,认为利益集团的政治捐献应集中于已胜出的当权政府,其目的是直接影响当权政府的贸易政策,而非提高竞选政党的当选概率或是当权政府的连任概率。当权政府则为了再次当选,除了借助政治捐献,也需努力提高普通选民的效用水平。因此,在该情形下,利益集团应向政府提供适当的政治捐献使自身利益最大化,当权政府则制定合理的贸易政策使总政治捐献与社会总福利的加权值最大。格罗斯曼等假设,小国中存在 n 个利益集团,分别代表各自产业利益游说当权政府。在劳动报酬为 1 的前提下,构建了利益集团的福利函数和社会总福利函数,政府的目标是使游说集团的政府捐资和社会总福利达到最大化。为了达到目标,利益集团和政府间形成两阶段非合作博弈,即利益集团之间首先提出纳什均衡下的政治捐献安排,然后政府在给定的捐献安排上再决定最优税率。

三、中点选民模型

中点选民模型将立足点放在选民个体上。政府或政治家为了获得选民的支持,在选择贸易政策时,必须要考虑如何得到多数选民的支持。中点选民的意见将会代表多数选民的想法,因而政府要尽可能地选择中点选民偏好的政策,越接近中点选民偏好的政策越能得到大多数选民的支持。

20世纪70年代,从选民的角度考虑其对贸易政策影响的观点就形成了,比如凯夫斯(Caves)的选举最大化模型就将行业的就业人数与选民人数联系起来,并考虑选民人数对政府贸易保护政策的影响。该理论认为,行业就业人数是利益集团和政府谈判的筹码,有更多选民的行业更容易得到候选人的偏好,即行业就业人数与行业保护率之间呈正相关关系。该理论虽然没有提出一个完备的理论框架,但是却给出了与利益集团模型截然不同的思考立场,即从选民的角度来考虑其对贸易政策的影响。经过近十年的发展,梅耶(Mayer)正式提出了中点选民模型,这一模型假定政策是通过多数人投票决定的。

梅耶在赫克歇尔模型框架下对此进行了分析,认为如果中点选民的资本劳动比率比经济体的总比率低,那么进口劳动密集型产品时,这个国家就会征收正的进口关税。如果该国是资本密集型国家,它的贸易政策就是对劳动密集型产品征收正的关税,对资本密集型产品进行进口补贴。如果该国是劳动密集型国家,那么它的贸易政策应该是对资本密集型产品征收正的关税,对劳动密集型产品进行进口补贴。但这与各国实际情况很不吻合。事实上,很多国家采取的政策只是代表一国少数要素拥有者的利益。

20世纪80年代以来,中点选民模型进入了一个相对成熟的时期,形成了比较丰富的理论。这些研究不仅丰富了贸易政策的决策过程,而且将中点选民模型作为一种理论工具对实际问题进行了解释。

四、对贸易保护政治经济学的评价

贸易保护政治经济学理论将贸易政策作为政治市场上政府的公共政策决策过程,从国家目标和社会利益分配的角度来解释贸易保护产生和变化的政治过程,主张贸易保护是内生的。在贸易政策决定的政治市场上,各个参与者,包括政府、官僚、选民或公众以及利益集团,将根据自身的既定目标或既得利益产生对贸易政策的需求和供给,贸易政策的收入分配效应将直接影响他们的目标和利益,进而影响他们的行为,而关税、非关税壁垒和补贴等政策手段作为贸易政策的"价格"也是在政治市场的供给和需求达到平衡时才得以决定的。

因此,贸易政策的决定受到一国政治和经济体制等各方面因素的影响,可以说,贸易保护的政治经济学理论比此前的纯贸易理论更好地解释了现实贸易保护的存在与变化。

但是,贸易保护的政治经济学在解释现实的同时,也为利益集团实施选择性贸易政策提供了理论依据。利益集团代表各自组织的局部利益,其对政策的偏好是以其局部利益最大化为目标的理性选择。因此,政策最终的形成是各个利益集团角力的结果。这一结果往往因占优利益集团的偏向性而具有较大的选择性,甚至歧视性。

延伸阅读
对 PNTR 法案持不同主张的部分美国利益集团

相关案例 6-4

美国工会敦促奥巴马取缔中国汽车部件进口

据英国路透社华盛顿报道,美国工会组织 2012 年年初曾发起了说服奥巴马总统下令取缔从中国进口汽车零部件的运动,他们表示,从中国进口的零部件存在不公平的补贴,这会威胁到全美 50 个州的 160 万个工作岗位。现在,随着 2012 年 11 月 6 日总统大选的临近和美国工业中心地带投票的进行,该组织希望奥巴马尽快做出决定。

"基本上已经七个月了,总统是时候做出决定了。"美国制造业联盟执行理事会高管斯科特·保罗表示,他与美国钢铁工人联合会共事,"这是一件对俄亥俄和宾夕法尼亚,甚至对像弗吉尼亚和威斯康星这样的州都很关键的事件,这些州有许多汽车零部件的工作。"

俄亥俄州是奥巴马赢得 2008 年总统大选争夺最激烈的州,被认为是奥巴马在 2012 年 11 月 6 号击败共和党挑战者米特·罗姆尼特别重要的州。罗姆尼从竞选第一天起通过承诺打击中国的贸易和汇率政策已经吸引了工人选民,但最新民意调查显示,他落后于奥巴马。

美国众议院几乎所有的 190 名民主党代表在 2012 年 3 月就写信给奥巴马要求对中国制造的汽车零部件采取行动,白宫顾问基恩·斯珀林对路透社表示,政府对这一问题的态度是"非常严重,我们要非常仔细地研究"。美国贸易代表办公室女发言人哈蒙拒绝透露该决定是否迫在眉睫。

一个由劳工组织支持的经营政策研究所估计中国的汽车零部件行业自 2001 年已获得了约 275 亿美元的出口退税补贴。全美汽车工人联合会主席鲍勃·金表示,那些慷慨的补贴是继外包给墨西哥外,造成美国汽车零部件行业工人失业的第二大原因。

钢铁工人在 2009 年成功地游说奥巴马限制从中国进口轮胎,工会表示这一行动帮助创造了数百个工作机会。然而，罗姆尼称这一举动是保护主义，尽管他曾对北京采取强硬措施。

中国愤怒地回应了这一举动，针锋相对地反击美国家禽出口。中国认为美国此举违反了 WTO 规定，但国际贸易法官认为奥巴马符合规定。劳工组织敦促奥巴马政府对中国汽车零部件的补贴在 WTO 框架内提起诉讼，或采取对中国更加不同寻常的美国反倾销和反补贴关税的诉讼措施。第二个过程可能更加困难，因为美国从中国进口了许多汽车零部件并且政府将不得不提出一系列的案件去诉讼所有的案件。

资料来源："美工会敦促奥巴马取缔中国汽车部件进口"，环球网，2012 年 9 月 12 日。

[问题思考] 为什么美国工会要敦促奥巴马取缔中国汽车部件进口？

[案例点评] 因为美国工会认为中国汽车部件的进口造成了美国汽车零部件行业工人失业，如果取缔中国汽车部件进口，将创造数百个工作机会。2012 年 11 月 6 日总统大选临近，如果奥巴马取缔中国汽车部件进口，将极有可能为奥巴马赢得工人选民。

本章小结

1. 重商主义分为早期的重商主义和晚期的重商主义。早期的重商主义主张政府应该采用行政或法律手段禁止货币流出，以确保货币收支的绝对顺差；晚期的重商主义主张将货币投入到有利可图的对外贸易中，通过货币流动产生贸易，只要保持贸易顺差，就可以使本国财富增加。两种形式的重商主义殊途同归，其最终目的都是增加本国的出口，限制或者至少不鼓励本国的进口。

2. 幼稚产业保护理论认为国家还处于初创时期的新兴产业，可能还经不起外国的竞争，如果通过对该产业采取适当的保护政策，提高其竞争能力，将来可以具有比较优势，能够出口并对国民经济发展做出贡献的，就应采取过渡性的保护、扶植政策。李斯特在此基础上将幼稚产业保护理论系统化，发展成为最早、最重要的贸易保护理论。

3. 20 世纪 80 年代兴起的战略性贸易保护理论逐渐成为新贸易保护的理论基石。战略性贸易保护理论主张政府在战略产业进行贸易干预，给予本国企业生产补贴、对外国竞争产品征收进口税或者实行配额、对本国消费者购买本国产品进行补贴等，进而谋取规模经济之外的战略收益，同时占领他国市场份额，并分享更多的工业利润。

4. 超保护贸易理论认为，一国的国民收入水平取决于需求水平。政府不仅要利用宏观经济政策干预国内的经济，实现内部平衡，还要干预对外贸易，以便使进出口有利于国民收入水平的稳步提高。

推荐阅读

1. 魏浩、张二震："对中国现行外贸政策的反思与重新定位"，《国际贸易问题》，2004 年第 11 期，第 5—9 页。

2. 胡昭玲："战略性贸易政策应用于中国轿车行业的经验分析"，《世界经济》，2000 年第 9 期，第 31—38 页。

3. 盛斌:"贸易保护的新政治经济学:文献综述",《世界经济》,2001年第1期,第46—56页。

4. 〔美〕保罗·克鲁格曼著,海闻等译:《战略性贸易政策与新国际经济学》,中信出版社2010年版。

5. 李新宽:"浅析重商主义与英国市场经济体制的形成",《东北师范大学学报》,2006年第3期,第62—68页。

6. 姜太平:"加入世界贸易组织与我国幼稚工业的保护",《国际经贸探索》,2000年第5期,第16—19页。

复习思考题

1. 如何全面地理解早期重商主义与晚期重商主义的政策主张?
2. 李斯特幼稚产业保护理论的核心内容是什么?
3. 超贸易保护理论的主要观点是什么?
4. 战略性贸易保护理论诞生的理论依据是什么?
5. 回顾贸易保护的政治经济学的代表性理论模型,并客观评价这些理论模型。

21世纪经济与管理规划教材
经济学系列

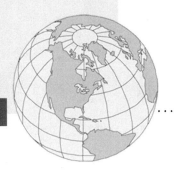

第七章

国际贸易与经济增长

【关键词】

经济增长　　　　　　技术进步
进口替代型增长　　　　贫困化增长
出口扩张型增长　　　　进口替代战略
生产要素增长　　　　　出口导向战略

第七章 国际贸易与经济增长

> **导入案例**

贸易决定国家的兴衰

WTO 于 4 月 12 日宣布,美国商品贸易额 2016 年超越中国,位居世界首位。2016 年美国商品贸易总额达到 37 060 亿美元,而中国商品贸易总额为 36 850 亿美元。美国的进出口额均同比减少 3%。中国的出口额同比减少 8%,进口额同比减少 5%,进出口额的减幅都大于美国。中国未能保住 2013 年赶超美国而夺得的全球贸易额首位宝座。历史的经验告诉我们,贸易决定一个国家的兴衰,没有一个国家可以不开展对外贸易而变得富有。古希腊靠贸易崛起,并且因此产生了城邦和民主政治。而相比之下,古罗马靠征战来获取财富,贸易占 GDP 的比重连 7% 都不到,最后在战争中走向灭亡。

从历史上看,中国有两个时期的经济增长是很好的,但也有一个时期的经济增长是很糟糕的。两个经济增长较好的时期分别是汉唐和南宋,原因就在于汉唐与南宋都有非常活跃的对外贸易。汉唐有北方丝绸之路,而南宋则有南方海上丝绸之路。经济增长非常糟糕的时期就是明朝,1443 年的禁海造成之后中国长达将近 500 年的经济停滞,从而导致中国这个世界上人口最多的国家在进入 19 世纪以后失去了经济总量世界第一的位置。

阿拉伯人曾经垄断过欧亚大陆的贸易,但最终在海洋贸易的冲击下走向没落,因为海洋贸易具有比陆路贸易更为低廉的成本优势。以葡萄牙和西班牙为代表的南部欧洲不能崛起,原因就在于只有远洋(征服和掠夺),而没有贸易。荷兰能够崛起,关键在于其长期垄断了世界香料贸易。英国会成为日不落帝国,其中最为重要的原因就在于出口本土制造的工业品。

日本自从明治维新以后,在长达将近 100 年的时间里,试图通过对外战争来获取其实现工业化所需要的资源,结果在 1945 年完败。但是,自 1945 年以后,日本依靠对外贸易与和平发展,几乎获得了经济增长所需要的所有资源。

1985 年广场协议之后,德国马克走上了持续升值的道路,从而给德国的对外贸易带来了巨大的负面冲击。面对这样的冲击,德国政府首先采取了减税的方法来对冲马克升值所带来的负面影响,到了 1994 年,德国政府又通过劳动力市场的改革,降低了小时工资率,成功实现了实际汇率的贬值。1997 年以后,德国又与法国等欧洲十四国共同创建了欧元区,从而在实际汇率贬值的基础上又成功地实现了名义汇率的贬值,以上这些政策措施确保了德国贸易可持续的增长和德国制造的经久不衰。

总结以上这些历史经验,大致可以得到以下结论:贸易不仅可以带来经济增长和财富,并且还决定国家的兴衰;战争对贸易有破坏作用,战争虽然能够带来财富(不义之财)和技术进步,但其成本奇高无比,并且基本上是以民众的生命为代价的;远洋大征是帝国行为,而不是贸易行为,故而对经济增长并无太大的贡献;海洋贸易替代陆路贸易的关键原因在于其可以降低贸易的冰川成本。

资料来源:华民,"美国贸易额重返世界第一警醒中国",《南方窗》,2017 年 6 月 7 日。

经济增长、经济发展一直是经济学的核心问题,也是每个经济学学者都在关注的问题,甚至可以说它是经济学的核心目的,一切经济学研究活动都围绕它展开。1938 年,罗伯特逊发表了《国际贸易的未来》一文。在文中提出著名的论断:国际贸易是经济增长的发动机。到了 20 世纪 50 年代,纳克斯认为,贸易可以带动一国经济的增长。通过进出口贸易,贸易中心国家对边缘国家,或发达国家对发展中国家经济有带动作用。① 国际贸易所带来的知识外溢、国际技术转移、专业化水平提升、消费者多样化需求的满足都对经济增长起到促进作用。同样,经济增长对国际贸易的结构、方向和贸易条件等都产生重要的影响。本章主要介绍经济增长的内涵和类型、经济增长对贸易规模和贸易条件的影响、国际贸易对经济增长的影响。通过本章的学习,让学生对国际贸易和经济增长的相关理论与实践有一个比较全面的了解。

第一节 经济增长的概述

一、经济增长的内涵

1957 年,新古典增长理论的代表人物、著名经济学家罗伯特·索洛发表了《技术改变与总生产函数》一文。在这篇文章中,他通过一个简单的数学计算模型将产出增长分解为资本、劳动和技术进步的增长之和。

先假定一个典型的柯布-道格拉斯生产函数如下:

$$Y = BK^{\alpha}L^{\beta}$$

式中:B 为希克斯中性技术②的生产率。取对数可得:

$$\ln Y = \ln B + \alpha \ln K + \beta \ln L$$

然后对上式两端求关于时间 t 的导数,可得经济增长核算的核心公式:

$$\dot{Y}/Y = \dot{B}/B + \alpha \dot{K}/K + \beta \dot{L}/L$$

式中 $\dot{Y}$、$\dot{B}$、$\dot{K}$、$\dot{L}$ 分别代表产出变化量、技术进步、资本变化量以及劳动变化量。$\dot{B}/B$ 为技术进步增长率,通常被称为全要素生产率。$\dot{Y}/Y$、$\dot{K}/K$、$\dot{L}/L$ 分别代表产出变化率、资本变化率和劳动变化率。

据此,索洛认为,造成人均收入差异的主要原因是各国不同的投资率、人口增长率以及外生的技术差异。上述增长核算公式告诉我们,经济增长有三个重要的决定因素:劳动(可以参与工作的人们)、资本(机器、厂房、设备等)以及技术进步。不过,索洛把技术进步归结为外生的,模型无法说明技术进步的来源。

自 20 世纪 80 年代以来,以斯坦福大学的保罗·罗默为代表的经济学家提出内生增长理论,该理论随之成为宏观经济研究的一个重要领域。内生增长理论不再认为技术进步是外生的,而是集中于解释技术进步变化的决定因素。

二、经济增长的类型

(一) 按照经济增长的来源划分

根据经济增长的来源,可以划分为要素增加带来的增长和技术进步带来的增长。

1. 要素增加带来的增长

(1) 生产要素等比例增长。生产要素等比例增长是指一国资本、劳动等生产要素绝对

---

① 佟家栋、周申:《国际贸易学——理论与政策》,高等教育出版社 2003 年版,第 156 页。
② 详细解释参看后文"中性技术进步"一节。

量增加,但相对比例不变的情形。这种增长方式最大的特点就是没有改变该国的要素禀赋结构。在商品的生产技术条件不变的情形下,生产商品所投入的资本劳动比例也不发生改变。

我们以图 7-1 进行说明。为简化起见,我们假设一国只生产两种产品:劳动密集型的服装产品和资本密集型的汽车产品。初始条件下,该国的生产可能性边界为 TT 线。如果该国发生资本和劳动等比例增长,则该国可以有更多的资源用于服装和汽车生产,生产可能性边界线平行外移,如图 7-1 中的 $T'T'$ 线所示。不难看出,从原点 O 任意引出一条射线,经过生产可能性边界 TT 和 $T'T'$ 线,在其交点处的斜率必然相等。

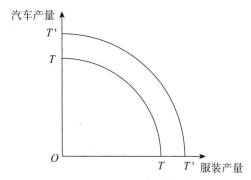

图 7-1 生产要素等比例增长

(2) 生产要素不成比例的增长。实际上,在现实生产活动中,资本和劳动要素增长经常不是成比例的。这种生产要素不成比例的增长有两种形式:劳动要素超比例的增长和资本要素超比例的增长。我们首先看劳动要素增长比例超过资本要素增长的情况。如图 7-2 所示,该国劳动增加的比例超过资本增加的比例,意味着劳动要素更容易获取(在完全竞争的要素市场中,此时劳动要素价格下降的幅度将超过资本要素价格下降的幅度)。由于服装是劳动密集型产品,因此生产可能性边界 $T'T'$ 的扩展更偏向于服装产品,因此 $T'T'$ 与横轴交点外移的程度大于其与纵轴交点的幅度。此时,将增加的要素和原有要素全部用于生产服装或汽车产品,服装部门产能增长比例将大于汽车部门。

延伸阅读
资本要素增长比例超过劳动要素增长的情形

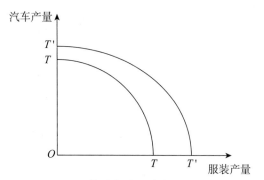

图 7-2 劳动生产要素超比例增长

2. 技术进步带来的增长

在各种内生增长模型中,技术进步是经济增长的主要动力,其重要性超过资本和劳动要素的增长。希克斯按照技术进步发生后最优的资本劳动投入变化情况,将其划分为中性技术进步、劳动节约型技术进步和资本节约型技术进步。①

（1）中性技术进步。这种类型的技术进步是指劳动和资本的要素边际生产率增长幅度相同。在相同的资本劳动投入比例下，原有的要素投入可以生产的产品同比例增加。或者说，生产同样的产品所需的资本和劳动投入同比例减少。如果某个部门发生了中性技术进步，在商品相对价格不变的情况下，该部门的产出会增加，另一个部门的产出会减少。

（2）劳动节约型技术进步。在这种技术进步下，资本的边际生产率增长幅度高于劳动的边际生产率增长。在要素相对价格不变的情况下，理性厂商将更多采用资本要素，少用劳动要素，即生产中一部分劳动将被资本所替代，每单位劳动使用的资本增加，资本劳动比例提升，意味着节约了劳动。如果发生劳动节约型技术进步的部门刚好是劳动密集型部门，则这个部门的产出增加，并且多于中性技术进步情况下的产出增加量。但如果发生劳动节约型技术进步的部门刚好是资本密集型部门，这时生产扩张效果并不确定，需要视要素密集度和要素节约程度而定。

（3）资本节约型技术进步。在这种技术进步下，劳动的边际生产率增长幅度高于资本的边际生产率增长。在要素相对价格不变的情况下，理性厂商将更多采用劳动要素，少用资本要素，即生产中一部分资本将被劳动所替代，每单位资本使用的劳动增加，资本劳动比例下降，意味着节约了资本。如果发生资本节约型技术进步的部门刚好是资本密集型部门，则这个部门的产出增加，并且多于中性技术进步情况下的产出增加量。但如果发生资本节约型技术进步的部门刚好是劳动密集型部门，这时生产扩张效果也不确定。

（二）按照增长偏向的部门划分

经济增长的主要源泉是技术发展、资本积累和劳动增加。一般来说，各部门生产技术的发展不会是同步的。有的行业技术发展快，生产率提高得快；有些行业则发展比较缓慢，很长时间内技术没有什么新突破。一国的各种生产要素的增长也不会同步。资本的增长有时可以达到很快的速度；劳动的增长在一些国家很快，但在另一些国家可能很缓慢；可利用的土地和其他自然资源虽然也可能增长但最终有极限。因此，生产技术革新和要素增长的不平衡，必然导致一国生产能力发展的不平衡。如果一国某种生产要素增长速度太快，超过其他要素的增长，该国密集使用这种要素部门的生产能力就会比其他部门提高得快。这种增长，我们称为不平衡增长。

根据增长偏向的部门可以划分为进口替代型增长和出口扩张型增长。

1. 进口替代型增长

进口替代型增长是指进口行业的生产能力增长得比较快，从而使得国内生产增加，一部分原来进口的商品被国内的产品替代了。进口替代型增长的重要原因之一是进口产品生产所需要的主要资源（生产要素）的增加。20世纪五六十年代出现了进口替代的高潮，例如拉丁美洲的墨西哥、智利、阿根廷等国，但其经济绩效远未达到预期。

2. 出口扩张型增长

出口扩张型增长则是指出口行业生产能力的增长超过其他行业，使得生产和出口都得到了进一步扩张。20世纪60年代中期以来，东亚部分国家和地区——韩国、新加坡、中国香港和中国台湾——通过向发达国家出口产品来发展经济，取得了生产总值的快速增长。在

---

① 张二震、马野青：《国际贸易》，南京大学出版社2009年版，第147—149页。

20世纪70年代和80年代,这样的快速增长又发生在马来西亚、泰国、印度尼西亚以及中国。

相关案例 7-1

是否存在亚洲经济增长模式

东亚经济奇迹引发了大量研究,这些研究试图解释高业绩的亚洲经济体和中国的快速增长。自由主义经济学家的支持者以东亚经济体的相对开放、对私有市场的运用以及强大的宏观经济基础为依据,要求政府实施消极干预的政策。干预主义支持者则提出政府要进行有选择的干预,如出口刺激、产业政策等,支持政府在经济中发挥更大的作用。

是否存在亚洲经济模式?换句话说,亚洲国家实现不凡的增长率,所借助的政策是否在根本上与华盛顿共识的支持者所提出的政策建议有所不同?自然地,这样有争议的问题当然存在不同的答案和观点。亚洲增长的动力又来自何方?这需要借助于经济增长核算。

劳动生产率的任一既定增长率都能分解为两个部分:由更多资本所引起的增长部分以及由更多技术与教育所引起的增长部分。在经济学文献中,这种做法被称为"增长核算"。为一国或地区进行增长核算时,劳动生产率增长中总有一定份额不能为增加的资本或教育所解释,这一份额是对可用投入品更高效率地使用效果的测度。换句话说,如果增长超过了资本和教育增长能解释的部分,那么超出部分就必然归功于对可用投入品更有效的使用。比如,生产组织可能发生了变化,由此导致员工生产效率更高;或者技术质量发生了变化,由此导致单位资本和劳动投入生产出更多单位的产出。

劳动生产率中不能用资本和教育来解释的部分有另外一个名字——全要素生产率(TFP)。全要素生产率的增长反映了与资本或劳动投入改变无关,而与新技术、创新及组织改进有关的产量变动。根据大多数评估,从长期看,高收入国家大部分人均收入的增长来自全要素生产率的增长。

从表 7-1 可以看出,在 6 个高业绩的亚洲经济体样本中,全要素生产率的增长率占整体增长的 24%—36%。增长较慢的美国全要素生产率占 27%,而在其他工业化国家,这个数字是 37%。高业绩的亚洲经济体增长的总体份额中,全要素生产率增长所占部分几乎相同,这对许多观察家来说很奇怪,原因有两个:第一,高业绩的亚洲经济体并非像美国和其他工业化国家一样处于新技术的前沿。因此,它们更容易引入技术以提高全要素生产率。第二,新亚洲经济增长模式的支持者认为,有选择的政府干预,如产业政策和出口促进,已经提高了生产能力。实际上,如果说这些政策起了什么作用的话,那就是增加了每个工人的资本数量。

表 7-1 1960—1994 年的增长来源   单位:%

国家和地区	人均产出增长率	贡献程度		
		人均资本	人均教育	全要素生产率
印度尼西亚	3.4	2.1	0.5	0.8
韩国	5.7	3.3	0.8	1.5
马来西亚	3.8	2.3	0.5	0.9
新加坡	5.4	3.4	0.4	1.5

(续表)

国家和地区	人均产出增长率	贡献程度		
		人均资本	人均教育	全要素生产率
泰国	5.0	2.7	0.4	1.8
中国台湾	5.8	3.1	0.6	2.0
拉丁美洲	1.5	0.9	0.4	0.2
美国	1.1	0.4	0.4	0.3
工业化国家*	2.9	1.5	0.4	1.1

注:*包含日本,但不包含美国。

最后一点是理解争论的关键。当增长被分解为不同的原因时,能解释高业绩增长的亚洲经济体主要增长的似乎是资本积累而不是全要素生产率的提高。这些结果看来很有说服力,因为其他几个研究者也做了类似的增长核算的研究,并得到了相同的结论。对东亚的增长核算是重要的,因为它描绘出一副令人感到惊讶的东亚奇迹长卷。然而这些画面告诉我们根本不存在什么奇迹,有的只是努力的工作以及放弃当前消费来提高储蓄与投资率的牺牲。例如,从1966年到1985年,新加坡的投资使其国民生产总值从11%上升到40%。现在看来,资本积累占其增长大部分是不足为奇的。

如果这些方法是准确的,那么存在特有亚洲模式的论点就站不住脚了。关键是高储蓄和高投资,而不是其他的因素,才成就了所谓的亚洲经济增长的奇迹。

资料来源:〔美〕詹姆斯·吉尔伯著,王希玲、强永昌译:《国际经济学》,格致出版社2012年版,第345—346页。

[问题思考] 如果亚洲的经济增长真的是来自劳动和资本的积累,而不是技术进步,这样的增长能够持续吗? 为什么?

[案例点评] 不管是新古典增长理论还是内生增长理论,都是在探讨经济增长的来源。它们都认为资本累积、有效劳动增加以及技术进步是经济增长的来源。劳动增加、资本积累对于发展中国家而言似乎更为容易,而技术进步则显得比较困难,但这是内生增长理论认为的唯一能够刺激经济长期增长的因素。所以,亚洲经济体要获得长期稳定的发展,还需要不断实现技术进步(全要素生产率提高)。

第二节 经济增长对贸易规模的影响

我们前面对于贸易原因与结果的分析都是静态的。在分析中,我们假定贸易双方的生产要素、生产技术和需求偏好都是给定不变的。但事实上,世界各国经济每天都在发生变化,技术在不断进步,资本在不断积累,劳动在不断增加,由此导致各国的生产可能性边界在不断向外扩展。技术的发展、生产要素存量的变动、收入的增加、偏好的转移等都可能对原来的贸易基础和模式产生影响。另外,由于世界交通的发展,各国经济联系的增强,各国之间的要素流动也不断扩大。这种经济增长和国际间生产要素的流动必然会对各国的贸易模式和数量产生影响。

经济增长对贸易的影响并不是单一的。一方面,经济增长通过生产的变动对贸易产生影响;另一方面,经济增长使人们的收入提高从而引起需求变动,需求反过来也会影响贸易。由于各部门增长速度的不平衡,也由于各部门在国际贸易中的地位不一样,经济增长对贸易的影响会不同。在将要进行的分析中,我们没有考虑增长带来的消费效应,只是集中讨论经济增长在生产方面对贸易的影响。[①]

由于经济规模、生产能力以及发展水平的不同,各国在国际市场上的地位是不同的。简单地说,由于在国际商品贸易中所占的份额不同,各国对各种商品国际价格的影响也不同。在国际经济学中,我们通常根据对商品国际市场价格的影响程度将参与贸易的国家分成小国和大国。所谓小国,是指那些在国际市场上份额很小,其进出口变动不会影响国际商品市场价格的国家。对于小国来说,国际市场价格是给定不变的。所谓大国,是指那些会影响国际商品市场价格的国家,由于这些国家在国际市场上所占的份额很大,其进出口的变动会引起国际市场价格的升跌。这里的大国和小国并非完全由领土面积、人口多少来决定,也不完全取决于整体经济实力,而主要看该国在国际贸易中的地位。例如,印度是一个大国,但在国际贸易中可能只是一个小国;而新加坡、韩国等的土地面积并不大,但在国际贸易中举足轻重,进出口总值在世界上名列前茅,因此,它们可能被称为大国。另外,大国和小国的区别还表现在具体商品上。例如,古巴是一个地理上的小国,在国际贸易方面也谈不上举足轻重,但在国际食糖市场上,古巴却是一个出口大国。即使是像美国那样的经济强国也并不是在所有产品上都举足轻重,在很多具体商品上也可能是一个对国际价格没有影响的小国。

一、进口替代型增长

(一)对小国的影响

我们以 A 国为例进行说明。假设 A 国是国际市场中的小国,一个资本稀缺、劳动充裕的国家,根据 H-O 定理,A 国应该进口资本密集型的汽车产品,出口劳动密集型的服装产品。如果 A 国资本增长,对该国来说,是一种进口替代型增长。如图 7-3 所示,初始情况下,A 国出口 D_1S_1 数量的服装,进口 C_1D_1 数量的汽车,其贸易三角形为 $\Delta C_1D_1S_1$。资本增长的结果,提高了资本密集型产品(汽车)的生产能力,表现在生产可能性曲线更多地向汽车方面外移。由于假设 A 国是国际市场上的小国,那么 A 国汽车和服装产能的变化对国际市场价格不会有任何影响,汽车和服装的相对价格都不会改变,A 国的贸易条件也不会变化。表现在图 7-3 中的就是相对价格线平行地向外移动。此时,A 国出口的是 D_2S_2 数量的服装,进口 C_2D_2 数量的汽车,其贸易三角形为 $\Delta C_2D_2S_2$。

下面,我们来看产能的变化。在短期内,资本的增加使得资本的使用成本降低。由于汽车生产是资本密集型,使用资本较多;服装是劳动密集型,使用资本较少。因此,汽车生产成本降低的幅度会大于服装生产成本的下降幅度,即汽车生产的机会成本下降。在价格不变的情况下,降低成本就是增加利润。只要存在利润,生产自然会扩大。从长期来看,不仅新增的要素会投入汽车工业,服装业中的一部分资源也会转移出来去从事汽车生产,从而造成服装生产量绝对下降。只要汽车生产的机会成本低于服装的相对价格,汽车生产的扩张就不会停止,直到生产汽车的机会成本重新上升到与服装相对价格相同。在图 7-3 中,这一点

---

① 甘道尔夫(2005)将生产效应和消费效应放在一起进行考察。详细内容请参见:〔意〕贾恩卡洛·甘道尔夫著,王根蓓译:《国际贸易理论与政策》,上海财经大学出版社 2005 年版,第 147—152 页。

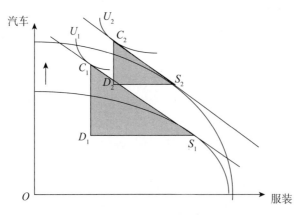

图 7-3　小国进口替代型增长

便是国际价格与新的生产可能性曲线相切的点 S_2。

雷布津斯基论证了这一现象,提出了雷布津斯基定理(Rybczyski Theorem):在商品相对价格不变的情况下,某种生产要素的增长会使密集使用该要素的商品生产扩大,使密集使用其他要素的商品生产缩小。具体来说,一国资本的增加会使资本密集型产品(如汽车、钢铁、高技术产品)的生产增加,使劳动密集型产品(如工艺品、服装、鞋类等)的生产减少。在这里,商品价格不变是一个重要条件,因此,这一理论只适用于国际贸易中的小国。

进口替代型增长所造成的生产方面的变化会进一步影响贸易。一方面,对国外汽车的需求会由于国内汽车生产的增加而下降,造成进口的削减;另一方面,服装生产的下降造成出口能力的降低,整个贸易量会因此而减少,在图 7-3 中,新的贸易三角形 $\triangle C_2 D_2 S_2$ 比原来的贸易三角形 $\triangle C_1 D_1 S_1$ 缩小了。

在小国经济中,经济增长的结果仍使整个社会的收益增加。在新的消费均衡点(C_2)上所代表的社会经济福利水平(U_2)高于增长前的福利水平(U_1)。这种福利的增长既来自要素增长而产生的生产能力的提高,也归功于自由贸易下生产要素的有效利用。贸易量虽然减少了,但这种减少是市场调节而不是人为扭曲的结果。生产要素的使用在商品自由贸易下及时得到了调整,从而使整个社会的效用水平提高。

(二) 对大国的影响

假设 A 国是国际上的汽车进口大国,那么同样的资本增长对国内国际经济所产生的影响会大大不同。

如图 7-4 所示,首先,国际商品市场价格会受 A 国生产和贸易变动的影响,由于 A 国在国际汽车市场上占有重要地位,A 国资本增长的结果使国内汽车生产能力加强而减少进口,国际汽车市场的价格会由于 A 国需求的减少而下跌。汽车价格的下降,会影响 A 国的贸易条件。汽车是 A 国的进口产品,进口产品价格的降低使得 A 国出口产品(服装)的相对价格上升。用同样数量的服装出口,现在可以比以前交换到更多数量的汽车,A 国的贸易条件得到改善。

其次,进口替代型增长对大国生产和贸易的影响也会与小国不同。一方面,由于资本增加,汽车生产成本相对降低而会扩大汽车生产。另一方面,由于汽车价格下降,服装相对价格上升而增加服装生产。整个社会生产的最终选择取决于国际市场汽车与服装新的价格比率的变化程度。如果服装的相对价格涨幅不大,雷布津斯基定理仍有可能成立,与增长前相

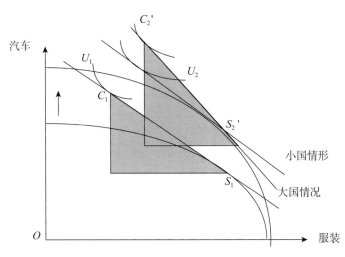

图 7-4 大国进口替代型增长

比,汽车生产增加但服装生产仍然减少。但如果服装相对价格上升很多,有可能两种商品的生产都会扩大,雷布津斯基定理就不再有效。因此,资本增长对大国各种商品生产的影响不会像小国那样确定。资本增长对于生产影响的不确定也造成对贸易量影响的不确定;在需求不变的情况下,如果两种商品的生产都增加,既会减少进口又有可能增加出口。

最后,大国进口替代型增长所带来的经济福利水平也会比小国更大。从图 7-4 可以看到,由于贸易条件没有改变,小国的新的经济福利水平只在 U_2 上,而大国的新的经济福利水平则可达到 $U_2{}'$,$U_2{}'$ 高于 U_2,产生这种情况的主要原因是,大国不仅得到了本国经济增长的好处,而且还得到国际贸易条件改善的好处。从整个社会收益来看,大国发生的进口替代型经济增长显然比小国的同类增长有更大的好处。

二、出口扩张型增长

如果 A 国增长的要素是劳动而不是资本,或者说,A 国的劳动增长速度高于资本增长的速度,那么 A 国生产服装(劳动密集型产品)的能力会提高更快。服装是 A 国的出口产品,由此出现的经济增长称为出口扩张型增长。出口扩张型增长对 A 国的影响也会因其在国际服装市场的地位而不同。

(一) 对小国的影响

A 国劳动的增长会使 A 国的生产可能性曲线的外移偏向于服装。如果 A 国是小国,那么这种要素的增长和由此产生的生产和贸易的变化不会影响商品国际市场的价格,A 国的贸易条件也不会出现变化。如图 7-5 所示,初始情况下,A 国出口的是 E_1S_1 数量的服装,进口 C_1E_1 数量的汽车,其贸易三角形为 $\triangle C_1E_1S_1$。资本增长的结果,提高了资本密集型产品(汽车)的生产能力,表现在生产可能性曲线更多地向汽车方面外移。由于假设 A 国是国际市场上的小国,那么 A 国汽车和服装产能的变化对国际市场价格不会有任何影响,汽车和服装的相对价格都不会改变,A 国的贸易条件也不会变化。表现在图 7-5 中的就是相对价格线平行地向外移动。此时,A 国出口的是 E_2S_2 数量的服装,进口 C_2E_2 数量的汽车,其贸易三角形为 $\triangle C_2E_2S_2$。

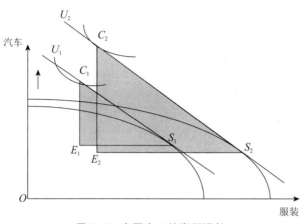

图 7-5 小国出口扩张型增长

在图 7-6 中,新的贸易条件或相对价格曲线与原来的具有同样的斜率,只是向外平移。出口扩张型增长对小国生产的影响可以用雷布津斯基定理来说明。由于商品相对价格不变,A 国劳动的增长使劳动密集型产品(服装)生产扩大,资本密集型产品(汽车)生产缩减。新的生产点会在 S_2。A 国本来就具有生产服装的比较优势,出口扩张型增长则使这种优势得到加强。出口部门比较优势的增强更加提高了 A 国的出口能力,进口替代部门生产的下降则增加了对国外产品进口的需求。无论出口量还是进口量都比以前增加,A 国的"贸易三角"比增长前扩大了。同时,A 国的经济福利水平也会增强,在新的消费均衡点 C_2 上,经济福利高于增长前的水平。这种福利的增加虽然主要来自经济增长进一步提高了 A 国出口工业比较优势这一因素,但自由贸易使增加的比较优势及时得到发挥也是重要原因。

(二) 对大国的影响

同进口替代型增长类似,出口扩张型增长对大国生产与贸易的影响同小国情况不一样。如果 A 国是国际服装市场上的出口大国,其出口能力的提高和出口量的增加会造成国际服装市场供给的增加。在需求不变的情况下,A 国服装出口的增加会造成服装国际市场价格的下跌。在图 7-6 中,新的服装国际相对价格线(P_2)比原来的相对价格线(P_1)斜率要小。由于服装是 A 国的出口产品,服装价格下跌标志着 A 国贸易条件的恶化。为了换回同样数量的汽车,现在必须出口更多的服装,这一点显然对 A 国不利。

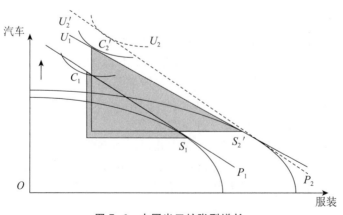

图 7-6 大国出口扩张型增长

大国劳动增长对服装生产的影响会有两重性。一方面,由于劳动成本降低使服装生产的机会成本下降而促进服装生产和出口的扩大,但另一方面,大国出口增加造成服装相对价格的下跌,又对生产造成负面影响,从而降低了服装生产的增长幅度。同样,汽车的生产一方面由于其机会成本的提高而减少,另一方面会因为汽车相对价格的提高而增加。一般情况下,服装生产会增加,而汽车生产会减少。但也可能两种产品的生产都会增加。

出口扩张型增长对大国贸易量的影响也是不确定的。一方面,服装生产的增加会增加出口;另一方面,贸易条件变差和可能出现的国内生产的增加会减少对汽车的进口。由于贸易条件的恶化,出口扩张型增长给大国带来的经济福利的增加会小于小国情况下的增加,一部分经济增长的成果会被贸易条件变差所抵消。在图7-6中,大国的消费只能沿着新的国际相对价格曲线(P_2)选择,在均衡点C_2'上,社会经济福利水平(U_2')虽然高于增长前的U_1,但比贸易条件不变下的U_2要低。

将经济增长如何影响国际贸易的观点进行汇总,得到表7-2。

表7-2 经济增长如何影响国际贸易

增长类型 \ 国家类型	小国	大国
进口替代型增长	国际价格不变 进口行业生产扩张 出口行业生产萎缩 进出口量下降 福利水平提高	进口品的国际相对价格下降,贸易条件改善 进口行业生产增加 出口行业生产变化不确定 进出口量变化不确定 福利改善大于小国情形
出口扩张型增长	国际价格不变 出口行业生产扩张 进口行业生产萎缩 进出口量增加 福利水平提高	出口品的国际相对价格下降,贸易条件恶化 出口行业生产增加 进口行业生产变化不确定 进出口量变化不确定 福利改善小于小国情形

资料来源:曾卫锋,《国际经济学(微观部分)》,厦门大学出版社2010年版,第82页。

第三节 经济增长对贸易条件的影响

在国际经济交往中,贸易条件关系着国际贸易利益的分割。贸易条件是一个国家以出口交换进口的条件,及两国进行贸易时的交换比例。[①] 贸易条件的概念可以理解为一揽子商品和另一揽子商品之间的价值交换比率。当一国出口一定商品能换回更多的进口商品时,我们说该国贸易条件改善,反之则是贸易条件恶化。

一、生产要素增长对贸易条件的影响

(一)对小国的影响

国际贸易中的小国是国际价格的接受者,它们对于国际价格不产生任何影响。因此,不

[①] 张二震、马野青:《国际贸易学》,南京大学出版社2009年版,第132页。

管是资本增长,还是劳动增加,其国内的资本密集型产品和劳动密集型产品的产能会发生变化,但其国际价格不变。因此,对于小国而言,生产要素增长对贸易条件不产生任何影响。

(二)对大国的影响

当生产要素增长后,国际贸易中的大国将对国际价格产生影响。我们以 A 国为例进行说明。如果 A 国劳动要素增加,生产劳动密集型产品(服装)的机会成本降低,A 国会扩大服装产品的生产。由于 A 国是服装市场中的大国,服装产能的扩大将降低服装的价格。如果 A 国出口服装产品,则贸易条件恶化;如果 A 国在国际市场上是服装的进口国,则该国的贸易条件改善。

同样,当资本要素增加时,生产资本密集型产品(汽车)的机会成本降低,A 国会扩大汽车产品的生产。由于 A 国是汽车市场中的大国,汽车产能的扩大能降低汽车价格。如果 A 国出口汽车,则贸易条件恶化;如果 A 国是汽车的进口国,则贸易条件改善。

可见,生产要素增长对小国贸易条件没有产生影响;对于大国,要看其经济增长是发生在出口部门还是进口竞争部门而定。

二、技术进步对贸易条件的影响

通过技术进步和技术创新,在要素供给不发生改变的情况下,生产比技术进步前更多的产品,就像技术进步不变的情形下,增加了资本和劳动要素供给一样。如果技术进步发生在小国,同样,对贸易条件不会产生任何影响。下面我们主要探讨不同的技术进步模式对大国贸易条件的影响。

(一)中性技术进步影响

大国在发生中性技术进步的情况下,资本和劳动的边际生产率同步增长。如果一国出口资本密集型产品,进口劳动密集型产品,中性技术进步发生在前者,则资本密集型产品供给增加,产品相对价格下降,故贸易条件将恶化。如果一国进口资本密集型产品,该部门发生中性技术进步,则贸易条件相对改善。

(二)资本节约型技术进步影响

大国在发生资本节约型技术进步的情况下,劳动的边际生产率增长幅度高于资本的边际生产率。此时,如果发生技术进步的部门是劳动密集型部门,且刚好是该国的出口部门,则会导致该国出口价格下跌,使其贸易条件恶化。如果发生技术进步的部门是该国的进口部门,则会导致进口价格下跌,该国贸易条件得到改善。

(三)劳动节约型技术进步影响

大国在发生劳动节约型技术进步的情况下,资本的边际生产率增长幅度高于劳动的边际生产率。此时,如果发生技术进步的部门是资本密集型部门,且刚好是该国的出口部门,则会导致该国出口价格下跌,使其贸易条件恶化。如果发生技术进步的部门是该国的进口部门,则会导致进口价格下跌,该国贸易条件得到改善。

大体来说,一国实现了节约出口产品中密集使用的生产要素的技术进步,有助于该国贸易量扩张,会使其贸易条件恶化;反之,一国实现了节约进口竞争产品中密集使用的生产要素的技术进步,则会减少该国贸易量,会使其贸易条件改善。

三、贫困化增长

1958年,著名国际经济学家巴格瓦蒂(Bhagwati)①提出,国际贸易有可能对经济增长带来不利影响。他将这种情形命名为"贫困化增长"(Immiserizing Growth),有些文献也翻译为"福利恶化型增长"。他指出,不管一国经济处于什么样的状态,不管其贸易政策如何,只要本国的贸易条件恶化,并且恶化到一定程度,就有可能使贸易方面的损失超过经济增长的收益,从而引发贫困化增长。贫困化增长的主要原因是贸易条件的恶化,一旦增长后贸易条件恶化所造成的利益损失超过增长本身带来的利益,就会出现贫困化增长。

当然,贫困化增长的这种情况在现实经济中较少出现。造成贫困化增长至少要具备这些条件:第一,这种增长必须发生在出口部门;第二,增长国在世界上是一个大国,因为只有大国才会出现出口增加导致价格下跌的情况;第三,国际市场对此种商品的需求价格弹性必须较低,需求量不会因价格的下跌而增加较多,因此,当出口供给增加导致价格下跌时,商品供给的过度增加使价格继续猛跌到很低的水平。此外,如果进口国的边际进口倾向较大,则可能会使得贫困化增长更容易产生。②

在国际贸易现实中,虽然不少国家出现过由于出口工业增长造成贸易条件恶化的情况,但真正使整个社会经济利益受损失的例子还很少。贫困化增长的分析主要从理论上指出了这种情况出现的可能性,但却为实践中各国制定贸易保护政策提供了理论基础。

相关案例 7-2

"重感冒"的中国稀土

2015年以来,中国稀土产业发展环境发生了较大变化。"稀土案"败诉后,财政、商务、海关等有关部门相继取消了出口税和出口配额,意味着采用传统贸易政策工具对稀土出口实施数量控制的"中国实践"宣告终止。受行业发展环境变化特别是出口政策调整以及市场需求的共同影响,稀土产品价格几乎全线回落,行业发展再度遇冷。与几年前"高热不退"形成反差,这一轮急跌行情中,不少稀土企业像是患上"重感冒",萎靡乏力,寒战不止。

2015年以来,国内市场上稀土价格经历了先涨后跌、大幅探底,再到逐步低位回稳的变化过程。2015年第一季度,关税取消、税收计征改革、国家收储等政策信号的释放一度使稀土价格出现短暂上涨。第二季度之后,由于收储未到位,资源性产品价格遭遇全球性普跌,加之国内经济增速下滑,稀土价格放出一波大跌势,大部分品种价格全年跌幅在5%—25%,部分稀土产品价格跌幅甚至超过60%。随着市场行情不断探底,稀土价格几近跌回10年前的水平。

现在看来,国际市场对持续走低的价格以及中国取消"关税+配额"的政策调整做出了快速、直接的反应,导致出口急剧放量。来自中国稀土协会的数据显示,2015年中国稀土产品出口量约3.48万吨,同比增长25.2%,出口金额约为3.73亿美元,出口均价10.71美元/千克,同比下降20.2%。值得注意的是,由于价格处于低位,2015年稀土出口普遍"量增值减",这种情况在中重稀土出口中尤其值得关注。据海关统计,除了氯化镝出口量下降35.2%,

---

① Bhagwati, J. N., "Immiserizing Growth: A Geometric Note", *Review of Economic Study*, 1958, 25: 201—205.
② 曾卫锋:《国际经济学(微观部分)》,厦门大学出版社2010年版,第81页。

2015年金属镝、铽、氧化钇、氧化铕(中稀土)、氧化镝、氧化铽等主要中重稀土产品出口价格同比降幅分别达 36.4%、12.6%、52.2%、71.2%、57.5%、27.0%。在人民币持续贬值条件下,中重稀土出口"量增值减"问题实际上更为突出。

资料来源:"'重感冒'的中国稀土",中国稀土在线,2016年7月12日。

[问题思考] 结合贫困化增长理论分析中国的稀土贸易。

[案例点评] 稀土贸易具备"贫困化增长"的一些条件:第一,中国稀土以出口为主,且2015年以来,出口量不断增长,因此增长主要发生在出口部门;第二,中国在世界上是一个"大国",如案例中所说,中国取消"关税+配额"的政策后,国际市场价格大幅下跌;第三,稀土出口供给增加导致价格下跌,需求量虽然增加,但是整体呈现出来的结果是"量增值减"。但是由于中国对外贸易额大,稀土并非中国的支柱产业,因此,稀土出口增长虽然造成贸易条件恶化,但是未使整个社会经济利益受损失。

第四节 国际贸易对经济增长的影响

国际贸易对经济增长的作用主要表现在两个方面:一是对经济资源的有效配置而带来的效率提高,二是对经济增长的动态作用。

一、国际贸易对经济增长作用的传统理论

(一) 马克思主义关于国际贸易与经济增长关系的论述

按照马克思主义的观点,对外贸易与经济发展的关系,归根到底是交换与生产的关系。马克思主义认为,从本质上看,生产决定交换,但在一定条件下,交换又会对生产产生巨大的反作用。此外,交换活动及其发展还有着自身的特点和规律性。马克思指出,生产归根到底是决定性的东西,但是,产品贸易一旦离开生产本身而独立起来,就会循着本身的运动方向进行。生产与交换的关系,也就是经济增长与对外贸易之间的辩证关系,马克思、列宁等人都认识到了对外贸易在资本主义发展中的重要作用,并对此十分重视。

(二) 亚当·斯密的剩余出口论

西方经济学家中最早涉及国际贸易与经济增长关系问题的是英国古典经济学家亚当·斯密。他提出的剩余出口论(Vent for Surplus Theory)着眼于国际贸易对经济增长的带动作用,对以后的理论发展有着重要的影响。斯密认为,通过对外贸易可以扩大本国市场、刺激需求,促进国际分工的深化和劳动生产率的提高,从而加速本国的经济增长。他假定一国在开展对外贸易以前处于非均衡状态,存在闲置的土地和劳动力,能够生产出剩余产品。但该国开展对外贸易后,这些剩余产品便可以出口到国外市场。显然,对外贸易为本国的剩余产品提供了出路。由于出口的是剩余物或由闲置资源生产的产品,因而不需要从其他部门转移资源,也不必减少其他国内经济活动,出口所带来的收益或由此增加的进口也就没有机会成本,因而必然促进本国的经济增长。

(三) 约翰·穆勒和杰罗德·迈耶等人对贸易间接动态效应的阐述

较为系统地论述国际贸易对经济增长作用的是英国的经济学家约翰·穆勒,他最早注

意到了国际贸易对经济增长的间接动态效应。他指出,国际贸易还有间接的作用,应该看作更高一级的利益。市场的每一次扩大都具有改进生产过程的趋向。为国内市场扩大进行生产的国家,可以采用更广泛的分工,可以更多地使用机械,而且更有可能对生产过程有所发明改进。还有一种考虑主要用于产业发展的早期阶段。某一民族会因为其全部爱好或者已经得到充分满足,或者没有完全得到发展,而处于沉寂、怠惰、未开化的状态。开展对外贸易可以使他们开始知道各种新的物品,或者使他们较易获得从前没有想到可以得到的各种物品,这种引诱有时会在由于人民缺乏干劲和抱负,而其资源尚未开发的国家引起一种产业革命;引诱过去满足于少数舒适品和少量工作的人们,为了满足他们新的爱好而更加勤奋地工作,甚至为了将来能够更加充分地满足这些爱好而积累金钱和积累资本。

迈耶将穆勒所论述的这些贸易对经济发展的间接作用归纳为三类:①扩大市场范围,引致创新和提高生产率;②增加储蓄和资本积累;③通过灌输新需求和新的嗜好,通过转移技术、工艺和企业家精神所带来的教育效应。

（四）增长引擎论

受古典经济学家上述观点和理论的启发,后来的经济学家进一步探讨了贸易对经济增长的带动和促进作用。其中最著名的是对外贸易是"经济增长的发动机"学说,即增长引擎论。该命题是罗伯特逊在20世纪30年代首次提出来的,50年代诺克斯对这一命题作了进一步的充实和发展。他根据自己对19世纪英国和新移民地区经济发展原因的研究,指出19世纪国际贸易的发展是许多国家经济增长的主要原因。他们认为,对外贸易,尤其是出口的高速增长是通过以下途径带动经济增长的:①一国的出口扩大意味着进口能力的增强,而进口中的资本货物对经济增长具有特别重要的意义;②出口增长使一国更趋向于按比较优势原则来配置资源,提高生产专业化程度,从而提高劳动生产率;③出口增加使一国的市场扩大,从而能够进行大规模生产以获得规模经济的利益;④出口发展使国内竞争加剧,这将迫使企业加强技术改造,降低成本,提高产品质量和经营管理水平;⑤出口发展会鼓励国内外的投资,刺激国民经济各部门的发展。

（五）科登的"供给启动"论

澳大利亚经济学家马克斯·科登(Max Corden)从供给的角度进行剖析,提出了贸易对经济增长率影响的理论。具体内容请扫二维码查阅。

延伸阅读
科登的"供给启动"论

二、国际贸易对经济增长作用理论的新发展

（一）新增长理论

随着国际分工、国际贸易的发展和经济生活的国际化,人们对国际贸易作用的认识也在不断地扩展,对国际贸易带动经济增长与发展的动态利益的认识也在进一步深化。20世纪80年代中期以来,以罗默、卢卡斯和斯文森等人为代表的新增长理论,把技术变动作为推动生产率增长的核心因素。这一理论通过对增长因素的计量分析指出,发达国家经济增长的大部分应该归功于生产率的提高。基于这一事实,新增长理论构造了一系列模型,通过技术变动内生化来研究国际贸易与技术进步及国际增长的关系。该理论认为,技术变动有两种源泉:一种是被动的,即不是经过专门研究开发出来的,而是从干中学会的,是通过经济行为学来的,被称为"干中学"(Learning by Doing);另一种是主动的,是自己创造出来的,被称为技术革新,它是研究与开发的结果。国际贸易可以通过"技术外溢"和外部刺激来促进一国

的技术变动与经济增长:一方面,不管什么技术都有一个外溢的过程,即先进技术的拥有者通过国际贸易有意无意地将技术传播到别的国家;另一方面,国际贸易提供了更为广阔的市场、更加频繁的信息交流和更加激烈的竞争,这些都迫使各国大力增加研究开发费用的投入,努力开发新技术新产品。国际贸易与技术变动的这种相互促进关系将保证一国经济的长期增长。

(二)发展经济学的经济增长理论

在对传统理论发展和完善的同时,另外一些经济学家则根据部分发展中国家出口的增长并没有带来经济发展的这一客观事实,对传统理论关于对外贸易促进经济增长的基本结论提出了质疑和挑战。较早的是 R. 普雷维什(R. Prebisch)、H. 辛格(H. Singer)和 G. 缪尔达尔(G. Myrdal)等人,他们认为对外贸易已成为发展中国家经济进步的阻力。普雷维什和辛格认为,由于初级产品贸易条件不断恶化的趋势,出口初级产品的国家不可能由于对外贸易而提高其长期经济增长率,而缪尔达尔则认为对外贸易将会使发展中国家的经济落后领域持久化甚至创造更多的落后领域。1970 年,I. B. 克拉维斯(I. B. Kravis)明确地把对外贸易形容为"增长的侍女"。他认为,一国的经济增长主要是由国内因素决定的,外部需求只构成了对增长的额外刺激。这种刺激在不同国家的不同时期有着不同的重要性;对外贸易既不是增长的充分条件,也不是必要条件,而且还不一定对经济增长有益。①

第五节 对外贸易的发展战略②

一、进口替代战略

(一)进口替代战略的产生与发展

进口替代战略(Import Substitution)是指有意识地推动国内制造业的建立和发展、大量生产原来需要进口的工业制成品以替代这些产品进口的工业化战略。

由于进口替代战略通常是利用保护性关税和进口配额等保护政策的扶持来实现的,因此选择了进口替代战略就意味着要以减少该国出口为代价。这是因为对进口替代工业实行保护,就会使原本存在于实际或潜在的出口部门的国内资源转移到现在的进口替代工业部门中来,从而使得这些出口部门生产的产品数量相应减少,出口产品自然也就会减少。

一般而言,进口替代战略是实现工业化道路的必经之路,因为工业制成品总是要先经过进口替代,使其在国内市场上达到饱和后才会转向出口。更何况发展中国家之所以选择这样的战略是有其政治和经济原因的。20 世纪 30 年代经济大萧条和 40 年代前半期的战争,使得许多拉美国家在缺乏进口产品的情况下被迫选择了发展本国替代进口工业战略。而后来,在这些产业建立起来后,在这种保护性政策的庇护下形成了强有力的并具有政治地位的利益集团,阻碍了出口鼓励政策的形成。同时,在 20 世纪 70 年代以前,许多发展中国家的出口产品在国际市场上并不具有竞争力,使得这些国家对出口工业制成品的战略持有一种怀疑态度。这样的双重因素为发展中国家进口替代战略的形成和发展奠定了政治和经济方面的基础。

---

① 陈霜华:《国际贸易》,复旦大学出版社 2006 年版,第 286—292 页。
② 王光艳、龚晓莺:《国际贸易理论与政策》,经济管理出版社 2013 年版,第 341—344 页。

进口替代战略率先由拉美国家发起,之后,亚洲的一些国家和地区也纷纷开始仿效。到了 20 世纪 60 年代,进口替代战略已经成为发展中国家促进经济发展的一种最主要的外贸战略。在这些发展中国家实行进口替代战略的过程中,一般是先保护工业化的最终产品,尤其是最终消费品。等到这些产业在保护政策的扶持下成长起来,并基本上完成了消费品的进口替代以后,再开始对中间产品和资本品实行保护和替代,如石油化工工业。但根据不同国家或地区的经济发展状况,实行进口替代战略的起点和重点有所不同:工业基础比较薄弱的,往往遵循一般的顺序,由低级向高级发展;而工业基础比较好的,则会从更高的起点开始进口替代,这样就可以加快实现全面工业化的进程。

发展中国家实行进口替代的主要保护政策是:一方面,为了限制最终消费品的进口,对此类产品征收高额的关税,以降低其在本国市场上的竞争力,从而达到减少进口的目的;另一方面,为了降低生产成本,则对那些国内生产所必需的中间产品和资本品实行免税或征收较低的关税。此外,还对进口替代工业采取了各种各样的保护措施,如实行配额以减少对奢侈品的进口,实行外汇管制以减少必需品进口所造成的外汇短缺压力;同时为了增加这些产业产品的竞争力,国家还辅以对本国的资本、技术、劳动等方面给予各种优惠政策。

作为一种促进产业特别是制造业发展的战略,进口替代的确对一些发展中国家的经济增长起到了很大的作用,例如,在 1945—1980 年,巴西、委内瑞拉等六国的 GDP 年均增长率高达 6%。然而,进口替代战略在更多的发展中国家取得的成功是有限的,在有些国家甚至遭遇了失败,如阿根廷、墨西哥等国家,几十年以来,其经济增长与发达国家之间的差距不仅没有缩小,反而拉大了。

(二)进口替代战略所带来的问题

实际上,绝大多数发展中国家并没有取得进口替代战略在理论上可以达到的效果,主要有以下几个原因。

1. 实行进口替代战略导致了竞争机制的缺乏

进口替代战略的高保护政策使得发展中国家在其原本就不具比较优势的制造业内部缺乏竞争机制,导致了国内制造业生产的低效率和国内消费品的极高价格。由于没有竞争压力,国内企业就没有动力去改进技术、培训技术工人、提高企业家和管理人员的能力等去降低成本,加之生产的产品主要在国内市场销售,缺乏国际竞争、交流的机会,以至于发展中国家的进口替代产品在质量和性能上都大大落后于发达国家的同类产品。

2. 实行进口替代战略的成本过高

一方面,由于实行进口替代战略,发展中国家所制定的保护政策和优惠措施主要向制造业倾斜,从而使这些进口替代工业具有较高的利润,使得本应投入农业部门和初级产品部门的资源转移到进口替代产业中,于是便造成了发展中国家这些传统部门的发展处于十分缓慢甚至是停滞的状态,最终引起其收入下降。另一方面,进口替代工业需要进口更多的机器设备和原材料,这会使替代工业生产的成本过高,导致进口替代品的价格居高不下,最终损害消费者利益。同时对进口替代工业投入品的进口使得进口替代工业的产业关联效应减弱,反而延缓了工业化进程。

3. 实行进口替代战略影响了规模经济所带来的效率

与国际市场相比,发展中国家由于受到国内市场容量的限制,远远不能通过专业化的生产和产业内贸易来达到规模经济的效果,造成了进口替代产品的生产成本提高,使这些受到政策保护的产业的生产维持在一个低效的水平上。

4. 实行进口替代战略导致其资本密集度不断提高

经济学家的进一步研究表明,进口替代战略对工业的高度保护会造成资本密集度的提高。例如,在资本相对匮乏的印度,钢铁行业的资本密集度几乎与美国一样。这种状态不利于发展中国家扩大就业,缓解就业压力。此外,进口替代工业的发展使得国内收入分配集中于城市和少数工业部门,这会导致城乡、工农劳动者之间的收入分配不均,导致大量人口涌入城市,进一步加剧城市的失业和二元经济问题。

进口替代战略所暴露出来的种种问题遭到了许多经济学家的质疑,因此许多发展中国家在 20 世纪 60 年代中期以后将经济发展战略从进口替代转向出口导向。

二、出口导向战略

(一)出口导向战略的产生与发展

所谓出口导向战略(Export Orientation),也称出口替代战略,是指发展中国家政府制定一系列措施,通过鼓励本国生产新的工业制成品来代替初级产品的出口,以改变原来以初级产品出口为主的贸易结构,增加外汇收入,从而全面带动工业化发展的战略。实施出口导向战略,要求发展中国家根据国际比较利益的原则,使本国的工业生产面向世界市场,并以本国具有比较优势的工业制成品的出口来代替过去初级产品的出口,通过扩大出口使本国资源的配置得到改善,从中获得贸易利益和推动本国经济的发展。当然,为了鼓励出口,国家对出口导向战略在政策上应给予一定的保护和扶持。但与进口替代战略相比,二者在政策措施和政策工具的选择上截然不同,对出口导向产业所采取的政策包括出口补贴、出口退税、低息的出口信贷和出口信用保险等。同时,国家还设置了较低的关税率,这样有利于出口工业低价购进所需的进口投入品,从而降低成本,使出口产品在国际市场上更具竞争力,最终扩大出口。

历史上,美国依靠棉花和小麦的出口带动了其初期的经济发展。日本通过出口蚕丝,加拿大、澳大利亚、阿根廷通过出口肉类和小麦,南非通过出口黄金,瑞典通过出口木材,巴西通过出口香蕉等,都在一定程度上促进了本国初期的经济发展。20 世纪 60 年代中期以后,一些发展中国家和地区也相继采取了初级产品导向战略,结果带来了这些国家和地区经济的迅速发展。具有典型意义的国家和地区是韩国、新加坡、中国香港、中国台湾。由于它们在过去的几十年里,经济持续高速发展,被誉为亚洲"四小龙"。现在许多发展中国家也开始仿效出口导向战略,以求得本国经济的迅速发展。①

从亚洲"四小龙"的成功经验来看,这种以鼓励出口作为经济发展动力的战略模式,将本国的产品置于激烈的国际竞争环境中,其优点是比较显著的:第一,一国能够根据自己的生产要素优势分配本国的生产要素,这将带来资源有效配置的经济效果,这种效果能够将本国的资源优势充分发挥出来,最大限度地利用资源,有助于经济的迅速发展。第二,有助于一国加快实现工业化的步伐,因为在经济发展的初期,发展劳动密集型产业将节约资金,避免在国内工业化的初期就投入大量资金发展重化工业所可能带来的资源配置的扭曲。第三,外向型战略可以通过技术交流提高自身的科技水平和管理水平,促进产品的更新和新产品

---

① 佟家栋、周申:《国际贸易学——理论与政策》,高等教育出版社 2014 年版,第 221 页。

的开发。第四,利用出口可以获得更多的外汇收入,改善国际收支。第五,通过外部市场的开拓,带动国内相关产业和部门的发展,不仅为国内的剩余产品和闲置生产资源找到了出路,还缓解了就业压力。

(二)出口导向战略所带来的问题

第一,出口导向战略可能带来初级产品贸易条件恶化。第二,经济发达国家对进口产品的需求波动可能给发展中国家制成品和原材料的出口造成冲击,从而影响到这些国家经济正常、持续地发展。第三,发达国家贸易保护政策的实施,可能切断发展中国家借助国外市场或需求带动本国经济发展的渠道。第四,如果所有的发展中国家同时选择相同的商品出口,势必造成激烈的市场竞争;在市场规模有限的情况下,这种竞争必然有失败者,甚至两败俱伤。①

相关案例 7-3

新常态下中国出口导向型经济的困境及对策

改革开放以来特别是加入 WTO 以来,中国经济迅猛发展,取得了举世瞩目的成就。数据统计表明,中国贸易出口总额从 2000 年的 2 492 亿美元飙升到 2014 年的 23 427 亿美元,中国贸易出口在世界出口总额中所占比重由 2000 年的 3.9% 上升到 2014 的 12.2%,继续保持第一大出口国地位。中国凭借出口导向型的经济增长模式,依托不断扩张的国际市场空间,一方面使国际收支长期保持"双顺差",经济得到了飞速的发展,对外贸易对 GDP 的贡献越来越大;另一方面,也使得中国对国际市场需求的依赖程度不断加深,数据统计显示,中国经济增长对出口的依存度出现爆发式上升,最高 2007 年达到 43%,而当时世界平均水平为 27%。

但是在中国经济发展进入新常态的大背景下,特别是在国际金融危机爆发之后,国外需求的变化使中国的大规模出口难以被消化,进而导致出口导向型经济的可持续发展面临巨大挑战。那么,如何在新的外部环境下继续发挥出口和国际收支对经济发展的支撑作用是我们亟须解决的问题。

首先,当前中国对外贸易规模虽然位居世界前列,但是依然面临诸多困难和问题。例如,中国出口贸易市场过于集中没有得到缓解;外资企业出口占总出口份额的比例偏高。其次,中国对外贸易的低成本比较优势已经逐渐削弱,而成本比较优势削弱源于劳动和资源等生产要素成本的提高。最后,经济新常态要求中国的对外经济寻找新的比较优势。在经济发展新常态的大背景下,中国依靠廉价要素成本获得的低成本比较优势已经逐渐消失,房地产行业和制造业的大规模投资将难以维系经济的健康增长,因此,中国需要培育新的经济增长点。

资料来源:"新常态下中国出口导向型经济的困境及对策",和讯网,2015 年 8 月 31 日。

[问题思考] 请查阅相关资料,思考如何解决中国出口导向型经济面临的困境。

[案例点评] 第一,中国应加快推进和完善"高水平引进来"和"大规模走出去"的同步发展;第二,中国应加快金融政策与贸易政策的融合,培育外需新的增长极;第三,中国应推进新比较优势的塑造与培育。

---

① 佟家栋、周申:《国际贸易学——理论与政策》,高等教育出版社 2014 年版,第 221 页。

本章小结

1. 根据经济增长的来源划分,可以将其划分为要素增加带来的增长和技术进步带来的增长,而技术进步又可以划分为中性技术进步、劳动节约型技术进步和资本节约型技术进步;按照增长偏向的部门可以划分为进口替代型增长和出口扩张型增长。上述每一种情况对经济增长的影响都不相同。

2. 经济增长对国际贸易的影响,取决于国家的类型和经济增长的类型。小国进口替代型增长、大国进口替代型增长、小国出口扩张型增长、大国出口扩张型增长是四种主要的经济增长影响国际贸易的方式。

3. 贫困化增长是指国际贸易可能对经济增长带来不利影响,不管一国经济处于什么样的状态,不管其贸易政策如何,只要本国的贸易条件恶化,并且恶化到一定程度,就有可能使贸易方面损失超过经济增长的收益。

4. 国际贸易对经济增长的作用主要表现在两个方面:一是对经济资源的有效配置而带来的效率提高,二是对经济增长的动态作用。

5. 进口替代战略是指有意识地推动国内制造业的建立和发展、大量生产原来需要进口的工业制成品以替代这些产品进口的工业化战略。

6. 出口导向战略,也称出口替代战略,是指发展中国家政府制定一系列措施,通过鼓励本国生产新的工业制成品来代替初级产品的出口,以改变原来以初级产品出口为主的贸易结构,增加外汇收入,从而全面带动工业化发展的战略。

推荐阅读

1. 〔美〕戴维·N. 韦尔著,王劲峰等译:《经济增长》,中国人民大学出版社 2011 年版。
2. 裴长洪:"进口贸易结构与经济增长:规律与启示",《经济研究》,2013 年第 7 期,第 4—19 页。
3. 殷德生:"贸易与内生经济增长:一个理论综述",《南开经济研究》,2004 年第 6 期,第 753—786 页。
4. 林毅夫、李永军:"必要的修正——对外贸易与经济增长关系的再考察",《国际贸易》,2001 年第 1 期,第 22—26 页。
5. 文东伟:"贸易、制度变迁与中国的经济增长",《数量经济技术经济研究》,2013 年第 7 期,第 51—65 页。
6. 吴浜源、王亮:"发展中国家贸易条件对经济增长影响的实证研究",《国际贸易问题》,2014 年第 3 期,第 63—71 页。
7. 黄满盈、邓晓虹:"我国贸易条件变动对经济增长影响的实证分析",《国际商务》,2009 年第 6 期,第 47—53 页。
8. 林桂军、张玉芹:"我国贸易条件恶化与贫困化增长",《国际贸易问题》,2007 年第 1 期,第 3—9 页。

复习思考题

1. "中国加入世贸组织会造成工人工资下降,失业增加。"你同意这种观点吗?请说明理由。
2. 生产要素增长对价格贸易条件的影响?
3. 技术进步的类型及其对贸易条件的影响?
4. 什么是贫困化增长?出现这一现象的原因是什么?
5. 进口替代战略的利弊是什么?
6. 新增长理论的主要观点是什么?

第八章

国际资本流动与跨国公司

【关键词】

国际资本流动　　　　　替代效应
长期性资本流动　　　　互补效应
投机性资本流动　　　　跨国公司

导入案例

外资占越南出口总量七成

截至 2015 年 11 月,2015 年外商独资企业的出口量占越南总出口量的 70%,比 5 年前上升了 44%。如果这些外企退出越南,越南经济面临的风险更大。越南海关部门的数据显示外国公司第三季度的出口同比上涨 21%,而国内公司的出口同比下滑了 10%。

越南外国和国内公司之间的收益差距表明,如果越南经济表面数据的腾飞,仅仅是因为外企为了寻找廉价劳动力将工厂迁移至该国所致,那么越南经济两极化的情况将使该国面对经济衰退更加脆弱。这种两极分化的状况,正类似于越南的最重要邻国中国在工业化早期的经历。

越南的出口是由计算机、电子产品、服装和鞋类带领的。外国公司,包括三星电子支配着计算机和电子部门。今年 1—9 月三星的计算机和电子出口占该行业出口的 99%,约 343 亿美元。在同一时期,越南服装、纺织品、鞋类出口外企占据了 67%,约为 257 亿美元。越南本地公司在农业和海鲜出口行业占据更大份额,但这些行业一直受阻于大宗商品价格暴跌。8 月份彭博商品指数统计的 22 种原料创下了 1999 年以来的最低。

越南政府办事处主席阮范嫩表示,随着商品、农业及海鲜产品的国际价格有所下降,越南公司看到出口方面的困难。他表示,国际市场竞争加剧也伤害了越南的出口。不过,如中国、马来西亚等比越南更早发展制造业的国家显示,本地公司随着时间推移最终能迎头赶上。世界银行首席经济学家桑迪普·马哈詹(Sandeep Mahajan)指出,中国很长一段时间里依赖外国直接投资公司。之后,在 20 世纪 90 年代后期至 2000 年早期,其国有企业开始发展,并且随着时间的推移,对中国经济和出口发挥越来越重要的作用。

资料来源:"越南光鲜增长数据实则全靠外资拉动,经济前景存隐忧",网易财经,2015 年 11 月 9 日。

传统贸易理论对国际贸易的分析基本上都是静态的,其前提是生产要素不能在国际间流动,由此产生了不同国家比较成本的差异,并构成国际贸易分工的基础。但在国际贸易实践中,生产要素的流动却一直客观存在。不仅几百年前就存在洲际间的劳动力流动,而且近现代以来,随着经济的发展、科技的进步,资本、技术等生产要素的流动更是日益普遍,这对国际贸易和世界经济产生了重大的影响。因此,本章将对资本流动与国际贸易进行分析。

第一节 国际资本流动的概述

一、国际资本流动的内涵

国际资本流动是指资本从一个国家或地区,转移到另一个国家或地区的一种国际经济活动,其目的是获得比国内更高的经济效益。[①]

应当注意区分国际资本流动和国际资金流动。就经济学意义而言,资本流动和资金流动是互有区分的。资金流动是指一次性的,不可逆转性的资金款项的流动和转移,相当于国际收支中的经常项目的收支,如进出口贸易到期货款的支付是一次性的转换,属于经常项目

---

① 张二震、马野青:《国际贸易学(第四版)》,南京大学出版社 2009 年版,第 326 页。

的支付。资本流动即资本转移,是可逆转性的流动或转移,如投资或借贷资本的流出伴随利润、利息的回流以及投资资本或贷款本金的归还。但要特别注意的是,进出口贸易项目下的资金融通(如延期付款),应属资本流动的范畴;而投资利润和贷款利息的支付,并非投资资本或贷款本金自身的回流,应归属于资金移动或经常项目支付。

一般而言,国际资本流动的顺利进行,必须具备以下两个条件:

第一,取消外汇管制或外汇管制宽松。国际资本能否在各国间顺利实现流动,流动的范围、方式、规模等都要受各国外汇管制条例的制约。只有在外汇管制宽松或无外汇管制的国家,才可能发生资本的流出与流入。

第二,必须有健全、完善、发达的国际金融市场。因为国际资本流动一般是通过国际金融市场进行的,因此,建立、健全和完善国际金融市场主要是长期资本市场和短期资本市场,是国际资本流动得以顺利的前提条件。

二、国际资本流动的分类

(一)按资本的流动方向分类

按资本的流动方向,国际资本流动可分为国际资本流出和国际资本流入。国际资本流出是指本国资本流向外国,即本国对外输出资本,它包括外国在本国的资产减少、外国对本国的债务增加、本国对外国的债务减少、本国在外国的资产增加等四种方式。国际资本流入是外国资本流入本国,包括外国对本国的债务减少、本国对外国的债务增加、外国在本国的资产增加和本国在外国的资产减少。

(二)按资本流动的原因分类

按资本流动的原因及其流向,国际资本流动可分为垂直式资本流动、水平式资本流动和逆向式资本流动。

垂直式资本流动,是资本相对过剩的帝国主义国家向极端缺乏资本的殖民地或发展中国家的资本流动,是第二次世界大战前的资本输出的主要形式。第二次世界大战后,资本主要在发达资本主义国家之间流动,这些国家都有大量过剩资本,又有可互相投资的场所,于是形成水平式资本流动。水平式资本流动都是由于帝国主义国家资本相对过剩而形成的资本流动,主要表现为资本输出。

逆向式资本流动是发达资本主义国家从发展中国家抽回投资或从发展中国家向发达资本主义国家的资本流动。其主要原因不是由于资本的相对过剩而产生,而是由于国际经济旧秩序和帝国主义的资本输出和不平等交换的剥削造成国内投资条件恶化,使民族资本不得不转移到国外。

(三)按投资方式分类

按投资方式,国际资本流动可分为间接投资和直接投资两大类。

国际间接投资包括国际证券投资和国际借贷资本输出,其特点是投资者不直接参与使用这些资本的企业的经营管理。

国际直接投资,又称对外直接投资,是指投资者投资于国外的工商企业,直接参与或控制企业的经营管理而获取利润的一种投资方式。相对于间接投资,它具有两个主要特征:第一,它以谋取企业的经营管理权为核心。投资者通过投资拥有股份,不单为了资产的经营,还为了掌握企业的经营管理权,通过经营获得利润。第二,它不仅是资本的投入,还包括专门技术、生产设备、管理方法以及销售经验等的国际转移,是经营资源的综合投入。[1]

（四）按资本流动的时间长短分类

按资本流动的时间长短,可分为长期资本流动和短期资本流动。

1. 长期资本流动

期限在一年以上的资本流动是长期资本流动,它包括直接投资、证券投资和国际贷款。

（1）直接投资。直接投资指投资者直接在境外经营企业、开办工厂或收买当地原有企业,或为当地企业合作取得各种直接经营企业的权利的投资。其形式主要包括:参与资本,不参与经营,必要时也可派员担任顾问和指导；开办独资企业、合资企业,可派遣人员进行管理和参与经营；买入现有企业股票,通过股权获得全部或部分经营权。

（2）证券投资。证券投资也称为间接投资,指投资者以其资本购买外国的公债、公司债、金融债券或公司的股票,以收取利息和红利或获取买卖差价的一种投资方式。间接投资与直接投资之间最大的差别在于,间接投资除了投资股票,投资者无权干预被投资对象对这部分投资资金的具体运用,资金运用也较为灵活,同时为获取更大的收益还可随时更换其他资产,也可以减少国际形势或本国政局变化而承担投资损失的风险。

（3）国际贷款。国际贷款主要是指一年以上的政府贷款、国际金融机构贷款、国际银行贷款和出口信贷。政府贷款指一国的政府利用国家财政预算收入的资金向另一国政府提供的优惠性贷款,一般由各国的中央政府经过完备的立法手续批准后予以实施,通常应建立在两国政府政治关系良好的基础之上,故往往带有强烈的政治色彩。国际金融机构贷款指联合国下设的国际货币基金组织、世界银行、国际开发协会和国际金融公司等机构对会员国提供的贷款。国际金融机构贷款不以盈利为直接目的,具有援助的性质。贷款利率视其资金来源以及贷款接受国的国民收入水平而定,通常要比私人金融机构的贷款利率低,期限也相对较长。国际银行贷款指一国独家银行或国际贷款银团在国际金融市场上向另一国借款人或国际机构提供的贷款,是一种非限制性贷款,采用货币资本形态,一般不指定用途,借款人可自主地运用。出口信贷属于中长期贸易信贷,是一国为支持和扩大本国大型设备的出口和加强国际竞争能力,鼓励本国的银行对本国的出口商、外国进口商或进口商银行所提供的利率较低的贷款。出口信贷是用以解决本国出口商资金周转的困难或满足国外进口商对本国出口商支付货款需要的一种融资方式。

2. 短期资本流动

期限为一年或一年以内的资本流动是短期资本流动。一国对外短期资本流动,大多借助于各种票据等信用工具,以及电话、电报、电传和传真等现代通信手段。按照资本流动的不同动机,短期资本流动的方式可分为贸易性资本流动、金融性资本流动、保值性资本流动和投机性资本流动。

贸易性资本流动是最传统的短期国际资本流动方式。在国际贸易中,出口商通常不要求进口商立即支付全部货款,而允许进口商有一段时期延期支付。当出口商或其开户银行向进口商提供短期延期支付信贷时,进口商的对外债务增加或债权减少,这就形成了贸易融资通性的短期资本流动。

金融性资本流动也称银行资本流动,是指各国经营外汇的银行和其他金融机构之间的

---

[1] 张二震、马野青:《国际贸易学（第四版）》,南京大学出版社2009年版,第326—327页。

资金融通而引起的国际间资本转移。这种资本流动主要是为银行和金融机构调剂资金余缺服务的,其形式包括套汇、套利、掉期、头寸调拨以及同业拆借等。因为它金额大、流动频繁,而且涉及外汇业务,银行资本流动对利率、汇率的短期变动有一定的影响。

保值性资本流动是金融资产的持有者为了资金的安全或保持其价值不下降而进行资金调拨转移而形成的短期资本流动。某国家或地区政治局势不稳,可能引起其国内资本或国内的外国资本外逃。一国经济情况不好,国际收支状况恶化,那么其货币必定趋于贬值,于是国内资金会向币值稳定的国家流动。另外,国家如果宣布实行外汇管制、限制资金外逃或增加某些征税时,也可能引起大量资本外逃,形成突发性的大规模短期资本流动。

投机性资本流动是投资者在不采取抛补性交易的情况下,利用汇率、金融资产或商品价格的变动,伺机买卖,谋求高利而引起的短期资本流动。这种资本流动完全以获取差价收益为目的,而能否盈利全凭投资者对形势的预期或判断是否正确。若预期错误,必遭损失。

相关案例 8-1

中国已成为最大的外国直接投资接受国

2015 年 6 月 24 日,UNCTAD 组织发布了《2015 年世界投资报告》。报告称,2014 年全球外国直接投资下降了 16%,但流入东亚和东南亚的外国直接投资总量增长了 10%,达到 3 810 亿美元的历史高位,其中中国已成为最大的外国直接投资接受国。

报告指出,2014 年发达经济体的外国直接投资流入量为 4 990 亿美元,下跌 28%,主要原因可能是全球经济脆弱,投资者对政策不确定,地缘政治风险提高等。流入发展中经济体的外国直接投资创下历史最高纪录,总量高达 6 810 亿美元,同比增长 2%,在全球投资流入的份额占到 55%。在接受外国直接投资总量排名全球前十名的国家和地区中,有一半是发展中经济体,如巴西和印度,中国(内地)是最大的外国直接投资接受国,其次为中国香港地区。同时,二十个最大的投资国中有九个是发展中国家或转型期经济体。在全球对外直接投资中,发展中经济体创纪录地占到 35%,而 2007 年只占 13%。

资料来源:"《2015 年世界投资报告》显示中国已成为最大的外国直接投资接受国",商务部网站,2015 年 7 月 1 日。

[问题思考] 为什么中国成了最大的外国直接投资接受国?

[案例点评] 大量的国外企业对中国直接投资,可能有两个原因:第一,中国劳动力成本较低,且供应比较丰富。发达国家工资水平节节上升,带来了生产成本的增加,这些国家在中国进行直接投资,能够利用中国较低的劳动力成本。第二,为了扩大市场销售额。在中国进行生产销售,不仅能及时了解市场需求,还能绕开关税壁垒和非关税壁垒。

第二节 国际资本流动的经济效应

国际资本流动的经济效应,分析的是国际资本流动对资本输出国、输入国及整个世界生产和国民收入分配的影响。其代表性理论是麦克杜格尔在其 1960 年的一篇论文中提出的麦克杜格尔模型。后经 M. C. 肯普(M. C. Kemp)的发展,成为分析国际资本流动的一般理论模型。

麦克杜格尔和肯普认为，在国际间不存在限制资本流动的因素，资本可以自由地从资本要素丰裕的国家流向资本要素短缺的国家。资本流动的原因在于前者的资本边际生产力进而资本的价格低于后者，资本国际流动的结果将通过资本存量的调整使各国的资本边际生产力趋于均等，从而提高世界资源的利用率，增加世界的总产量和各国的福利。

现在假设世界由资本输出国（A国）和资本输入国（B国）组成。在封闭的经济条件下，两国存在充分的竞争，资本的价格由资本的边际生产力决定。由于资本边际生产力存在递减的现象，资本供应丰裕的输出国的资本边际生产力低于资本输入国。

在图8-1中，横轴代表资本的数量，纵轴代表资本边际生产力。O_A为资本输出国A国的原点，O_AQ为A国拥有的资本量，AA'为A国的资本边际生产力曲线；O_B为资本输入国B国的原点，O_BQ为B国拥有的资本量，BB'为B国的资本边际生产力曲线。O_AO_B是世界资本总量。

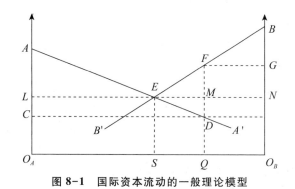

图8-1　国际资本流动的一般理论模型

在资本流动前，A国使用O_AQ量的资本，生产总量为O_AADQ，资本的价格（即资本的边际生产力）为O_AC；此时B国使用O_BQ量的资本，生产出的产量为O_BBFQ，资本的价格为O_BG。很明显，A国的资本价格低于B国的资本价格。由于资本可以在国际间自由流动，于是资本价格较低的A国的资本便会流向资本价格较高的B国，直到两国的资本边际生产力相等，即$O_AL=O_BN$时才会停止。这一过程中，有SQ量的资本从A国流入B国，最后导致两国的资本边际生产力趋于相等，即它们的资本边际生产力最后都等于ES。

资本流动的结果，A国的生产量变为O_AAES，B国的生产量变为O_BBES。与资本流动前的总产量（O_AADQ+O_BBFQ）相比，世界的总产量增加了三角形DEF部分。这表明，资本国际流动有利于增进全世界的产量和福利水平，它是生产资源在世界范围内得到优化配置的结果。

麦克杜格尔模型在一定程度上揭示了国际资本流动的一般规律，说明了资本流动能增加总产量，并使有关国家分享其利益，同时还产生了国内收入的再分配。但需要指出的是，首先资本流动缩减资本输出国的国内生产规模进而降低劳动者的收入并不是一种必然现象。实际上，输出的资本往往是过剩的资本，或者是资本输出国削减了某个部门的生产，但却发展起更具效率的其他部门。另外，资本输出还结合管理技术人员的输出等形式让国内劳动者分享了其收入的一部分。其次，资本输入后一国的资本总收入减少和劳动者收益增加也是有条件的。在现实经济生活中，由于市场的不完全

延伸阅读
国际资本流动对流入国和流出国的经济效应分析

及社会制度等多方面的因素,资本流入并不一定就会发生有利于劳动者的收入再分配。①

相关案例 8-2

三星电子带来的意外财运？越南农民收入直逼证券经纪人！

几年前,生活在越南最贫穷地区之一的阮氏蓉(Nguyen Thi Dung,音译)依靠养鸡和种植水稻维持生计。2016年,她预计自己挣到的钱将超过一般的越南股票经纪人。是什么促成了如此大的改变？答案是三星电子有限公司(Samsung)。

2009年,这家韩国电子巨头在越南北部北宁省的稻田里建厂,开始生产智能手机。三星电子在越南的最新出口产品包括全新智能手机 Galaxy Note 7 以及配套电池。不过,这款手机的电池问题已将这一国际品牌卷入一场大规模的产品召回事件。但无论如何,三星电子的产品让阮氏蓉所在的曾经沉睡的村庄变成越南第二大出口中心,出口规模仅次于胡志明市。"自从三星电子来到这里,我们的生活水平发生了显著改善。"这位57岁的前农民说,"我想买辆车,让孩子们开车带着我到处看看。"通过向装配线工人出租房间和卖杂货,阮氏蓉预计2016年的收入换算成美元有6.8万之多。

三星电子及其附属公司在这里建了一个工业城,雇用了4.5万名年轻工人,还有数百家外资零部件供应商为它们供货。三星电子在越南的存在与在韩国商界占主导地位的家族财阀企业集团极为相似,只不过规模较小。三星电子落户北宁给当地企业带来了意外的财运。根据北宁省统计局的数据,从2011年至2015年,当地新开了近2 000家酒店和餐馆。受三星电子的投资推动,北宁省人均GDP攀升至越南全国平均水平的3倍。

"三星电子的投资带来了突破,刺激了北宁省乃至整个越南的经济增长。"北宁一家社会经济研究所的所长阮芳北(Nguyen Phuong Bac,音译)说,"它加快了越南的工业化进程。"

在越南试图继承中国制造业衣钵的计划中,三星电子代表的是第一阶段。如今,由于工资和成本飙升,服装、电子产品和消费品制造商正不断撤出中国大陆。中国在20世纪80年代和90年代成功招商引资助其打造了许多本土供应商,并最终拥有了自己的跨国公司。1992年,三星电子在中国开设了第一家工厂。

截至2016年6月,共有856家外资企业在北宁省进行了合计119亿美元的投资,而其中一半以上的外资企业都与三星电子有关联。北宁工业区管理委员会副主任阮德高(Nguyen Duc Cao,音译)称,目前外商投资占全省经济总值的60%。他使用的是一只金色三星S6手机。

三星电子在越南的150亿美元投资使其成为越南的最大单一出口商,2015年出口的电子产品价值达到330亿美元左右。在三星电子入驻越南的前一年,越南的手机以及其他电信产品出口总额是5.93亿美元。

"若要维持长期经济增长,越南应欢迎外商投资,"斯坦福大学发展经济学家斯科特·罗泽尔(Scott Rozelle)说,"这会产生广泛的溢出效应——让所有人都忙活起来。"

越南、孟加拉国、泰国和印度尼西亚等国都在试图吸引从中国撤离的制造商,以创造当地就业,而三星电子最为重视的是越南。但促成中国工业繁荣的不仅是廉价劳动力,还有廉

---

① 张二震、马野青:《国际贸易学》,南京大学出版社2009年版,第338—340页。

价资本、广阔的国内市场、基础设施、教育和政治意愿,缺一不可,而这些国家不是缺这个就是缺那个。

资料来源:"三星电子带来的意外财运?越南农民收入直逼证券经纪人!",搜狐财经,2016年10月14日。

[问题思考] 案例中叙述了三星电子投资带来的正效应,你认为可能存在什么负效应?

[案例点评] 三星电子的投资推动了当地经济的发展,但是如果不注重发展本国工业,以高价值产品供应商的身份加入供应链中,越南经济将严重依赖于海外公司;三星电子的当地投资,可能导致越南出口量大幅增加,容易与国外产生贸易摩擦。

第三节 对外直接投资与贸易的关系[①]

一、替代效应

罗伯特·A. 蒙代尔(Robert A. Mundell)在1957年发表了《国际贸易与要素流动》一文,提出了著名的投资替代贸易的模型。蒙代尔的分析是在赫克歇尔-俄林要素禀赋理论的基本框架内进行的。

最基本的 H-O 理论模型是建立在两个国家、两种生产要素和两种产品($2 \times 2 \times 2$ 模型)的分析框架之上的,蒙代尔通过对 H-O 理论模型的部分条件进行修改来分析投资与贸易的关系,做出了如下假定:

(1) A 国是资本要素相对丰裕的国家,B 国是劳动要素相对丰裕的国家。

(2) 国际贸易中,两国以各自的比较优势生产相应的产品。X 产品是劳动密集型,Y 产品是资本密集型,因此,A 国将集中生产 Y 产品,B 国将集中生产 X 产品。

(3) A、B 两国具有相同的生产函数,且都是一次齐次函数,即当投入的生产要素同时增加 n 倍时,产出也增长 n 倍。

(4) 存在刺激要素流动的因素,如关税贸易壁垒等。

蒙代尔分两种情况讨论了国际资本流动与国际贸易的关系:

情况1:在自由贸易条件下。由于 X、Y 两种产品在两国间可以自由流动,A 国将出口 Y 产品,从 B 国进口 X 产品;B 国则出口 X 产品,并从 A 国进口 Y 产品。在贸易平衡状态下,A、B 两国的资本和劳动的要素报酬率是相等的,不存在要素流动的必要,从而不存在资本跨国流动的必要。

情况2:存在贸易壁垒的条件下。假定 B 国对来自 A 国的 Y 产品进口征收高关税,这必然会提高 Y 产品在 B 国的价格,并刺激 B 国 Y 产品的生产部门生产规模的扩大。由于生产 Y 产品需要资本要素,且 B 国的资本要素相对稀缺,因此对资本要素的需求量上升,进而推动 B 国资本要素价格的上升,最终提高 B 国资本要素的报酬率。在 B 国资本要素高报酬率的吸引下,A 国的资本要素势必通过直接投资或其他方式进入 B 国。这种要素的跨国流动进一步扩大了 B 国在 Y 产品生产上的规模,而 A 国由于资本要素的减少会使其减少 Y 产品的产量。

---

① 李兵:《对外直接投资贸易效应研究》,经济科学出版社2009年版,第17—20页。

蒙代尔的结论是，在存在国际贸易壁垒的情况下，如果直接投资厂商沿着特定的轨迹，即雷布津斯基线，实施对外直接投资，那么这种对外直接投资就能在相对最佳的效率或最低的生产要素转换成本基础上，实现对商品出口贸易的完全替代。

二、互补效应

小岛清(Kiyoshi Kojima)在其代表作《对外贸易论》中提出了国际直接投资与国际贸易之间互补关系的理论。他假定：

(1) 国际直接投资并非单纯的资金流动，而是包括资本、技术、经营管理的总体转移。

(2) 与蒙代尔的理论不同，小岛清认为直接投资并非生产要素的一般流动，而是由投资国的特定产业中的特定企业向接受投资国同一产业中的特定企业的要素转移。

(3) 投资国 A 的资本比较丰裕，而接受投资国 B 的劳动较丰裕。只有当 A、B 两个国家的技术差距较小时，A 国的先进生产函数才能比较容易地转移到 B 国。这是因为先进的生产函数不仅包括技术设备等硬件设施，还包括员工素质、管理理念、竞争环境等软件内容。

(4) X、Y 分别是劳动密集型产品和资本密集型产品。A 国在生产 X、Y 两类产品时，均采用先进的生产函数。A 国与 B 国在 Y 商品上的技术差距很大。所以，A 国选择对 B 国的商品 X 进行直接投资。

由于小岛清假定直接投资的核心是先进生产技术的移植，而不考虑为数甚微的货币资本的流动，因此，A 国的生产可能性边界在对 B 国 X 产品投资后并没有发生变化，仍旧维持原来的水平。而 B 国在接受先进生产函数之后，其生产可能性边界向外扩展。

由于假设是两个国家组成的整体，A 国与 B 国的两个贸易三角形必然是全等的。A 国所增加的 Y 产品的出口量与 X 产品的进口量，等于 B 国所增加的 X 产品的出口量与 Y 产品的进口量，所以，A、B 两国通过在 X、Y 两种产品生产、贸易和消费上的互补，同时达到了均衡。这表明对外直接投资创造了贸易机会，即对外直接投资与对外贸易之间是互补的关系。

第四节 跨国公司与国际直接投资

延伸阅读
跨国公司的国际
直接投资理论

随着跨国公司在全球经济中发挥着越来越重要的作用，其本身也受到越来越多的关注。跨国公司已成为国际经济活动的主要载体，是国际投资活动的主体。同时，跨国公司也是国际贸易和国际研发的主导力量。

一、跨国公司的总体情况

根据 UNCTAD《世界投资报告 2002》的定义，跨国公司是由母公司及其海外分支机构组成的联合与非联合的企业。其中，母公司被定义为通常以拥有股本金的方式来控制其本国以外地区的其他实体企业。海外分支机构可以是联合企业，也可以是非联合企业。跨国公司最典型的特征就是企业内部组织的相对封闭与经营管理模式的相对开放二者的有机结合。跨国经营便是其资源配置方式相对开放的有力体现。

根据 UNCTAD 的统计显示，2014 年，全球跨国直接投资流量为 1.26 万亿美元，同比下降 8%。欧盟、美国和日本等发达经济体跨国公司的对外投资与上年持平，为 7 920 亿美元。发达国家中，跨国直接投资趋势出现一定分化。欧洲和美国公司的对外投资温和增长，但是日本公司的对外投资在 2014 年则下降了 16%。数据凸显了全球经济的重大发展趋势之一——曾经是跨国公司大量投资和希望收获快速增长利润的新兴经济体,转而成为一个投资资金的来源地,在对外投资方面成为美国和欧洲的竞争对手。①

跨国公司在全球范围内组织生产和销售,其国际化程度深刻影响着全球经济的运行。UNCTAD 一直采用跨国指数②(Transnationality Index,TNI)作为衡量跨国公司国际化程度的指标。发达经济体一直是跨国投资的主体。来自发展中经济体和转型经济体的跨国公司近几年也积极实施全球战略,开始在全球范围内配置资源。

二、发达国家的跨国公司

跨国公司最早诞生于发达国家,这不仅由于西方国家较早实现了工业化生产,急于在全球范围内扩张其生产和经营,更是早期世界经济格局严重不平衡的必然结果。早期发达国家成立的跨国公司很多都是为殖民地贸易服务的经营性企业,像 18 世纪前,英国、荷兰、丹麦、葡萄牙、法国、瑞典各自成立的东印度公司都是服务于宗主国与殖民地之间的殖民地贸易。19 世纪 60 年代,逐渐出现了以跨国直接投资为主要目的的跨国公司。第一次世界大战后,跨国公司的投资在较多国家和地区展开,投资方式以间接投资为主。第二次世界大战后,由于国际政治环境的相对稳定以及各国努力改善本国国内的经济政策,跨国公司获得了空前的发展。发达国家跨国公司历史悠久、变革频繁,并对全球跨国经营模式的演变产生了根深蒂固的影响,其在漫长的演化过程中形成了各具特色的经营、管理、生产模式。

延伸阅读
发达国家跨国公司国际投资特点的变化

三、发展中国家的跨国公司

20 世纪 60 年代之前,大部分发展中经济体都是作为发达经济体跨国投资的东道国存在的,较少谈及其作为投资母国的情形。根据《世界投资报告 2003》,发展中经济体 FDI 流出存量 1980 年为 602 亿美元,占全球 FDI 流出的 10.7%;1990 年为 1 286 亿美元,占全球 FDI 流出的 7.3%;2000 年为 7 933 亿美元,占全球 FDI 流出的 13.3%;2009 年为 2.7 万亿美元,占全球 FDI 流出的 14.2%。③ 可以看出,发展中经济体在全球 FDI 的地位是在缓慢上升的。根据《世界投资报告 2016》的统计结果,2015 年世界 FDI 流出存量 25 万亿美元,其中发达国家输出 19 万亿美元,发展中国家输出 5 万亿美元,可见发达国家输出 FDI 占比逐渐下降,发展中国家更多地进入 FDI 输出国的行列。

从表 8-1 中可以看出,从 20 世纪 70 年代以来,发展中经济体对外直接投资呈现快速增长的态势,1970 年来自发展中经济体的 FDI 仅为 1 亿美元,20 年后增长了 100 多倍,2000 年,这一数字已经增至 1 300 多亿美元。2014 年,发展中经济体对外直接投资已经接近 4 455 亿美元的历史最高水平。在所有发展中经济体的跨国投资中,亚洲的总量和增速明显高于非洲和拉丁美洲,其中中

延伸阅读
发展中国家的对外直接投资理论

---

① "贸发会议:新兴经济体对外直投猛增",《经济参考报》,2015 年 5 月 19 日。
② 跨国指数是将海外分支机构资产占跨国公司总资产的比值、海外分支机构销售额占跨国公司总销售额的比值、海外分支结构雇员数占跨国公司总雇员数的比值三种比率求平均值。详见 UNCTAD: *World Investment Report*, 2010, 18。
③ 根据 UNCTAD 的 *World Investment Report* 2003 附表 B4,2009 附表 2 计算而得。

国占了很大比例,而发达经济体近年来 FDI 输出极其不稳定,尤其是欧盟 FDI 输出下降幅度极大,英国甚至出现了负增长。

表 8-1　1970—2015 年世界 FDI 输出流量　　　　　　　　　　单位:亿美元

资本输出地	1970	2000	2001	2002	2003	2004	2005	2006	2007	2013	2014	2015
世界	2 415	12 329	7 531	5 371	5 657	9 203	8 931	14 106	22 675	13 106	13 184	14 742
发达经济体	2 296	10 947	6 674	4 828	5 096	7 857	7516	11 581	19 239	8 259	8 007	10 651
欧盟	1 306	8 131	4 354	2 656	2 853	3 675	6 129	6 949	12 873	2 729	2 963	4 871
法国	362	1 774	868	504	531	567	1 150	1107	1 643	249	428	350
德国	242	566	397	189	58	205	759	1 187	1 625	403	1 062	943
英国	179	2 334	589	503	622	910	808	863	3184	-187	-818	-614
美国	310	1 426	1 249	1 349	1 294	2 949	154	2 242	3 935	3 079	3 165	2 999
日本	508	316	383	323	288	309	458	503	735	1 357	1 135	1 286
发展中经济体	119	1 350	829	497	455	1 204	1 271	2 287	2 921	4 088	4 455	3 779
非洲	6	15	-30	3	13	21	22	70	106	155	151	113
拉丁美洲和加勒比地区	3	497	365	121	212	280	339	677	560	322	314	329
亚洲	109	837	495	373	230	904	909	1 540	2 255	3 588	3 975	3 318
中国	8	9	69	25	29	55	123	212	225	1078	1231	1 275
东南欧及独联体国家	22	32	25	41	106	138	141	234	515	757	721	311

资料来源:UNCTAD Stat Database, *World Investment Report*。作者从 2003—2016 年各期整理所得。

以中国为代表的新兴经济体的跨国公司正日渐活跃在国际投资领域,未来一段时间其地位和作用也将进一步提高。但发展的道路从来不是一片坦途,其间充满了各种机遇和挑战,如何更好地把握机遇并控制风险已成为发展中经济体必须面对的问题。

本章小结

1. 国际资本流动是指资本从一个国家或地区转移到另一个国家或地区的一种国际经济活动,其目的是获得比国内更高的经济效益。

2. 国际资本流动的主要分类方法包括:①按资本的流动方向,可以分为国际资本流出与国际资本流入;②按资本流动的原因及其流向,可以分为垂直式资本流动、水平式资本流动和逆向式资本流动;③按投资方式,国际资本流动可以分为间接投资和直接投资;④按资本流动的时间长短,可以分为长期资本流动和短期资本流动。

3. 麦克杜格尔模型在一定程度上揭示了国际资本流动的一般规律,说明了资本流动能增加总产量,并使有关国家分享其利益,同时还产生了国内收入的再分配。但需要指出的是,资本流动缩减资本输出国的国内生产规模,进而降低劳动者的收入,并不是一种必然现象;资本输入后使一国的资本总收入较少和劳动者收益增加也是有条件的,资本流入并不一定会发生有利于劳动者的收入再分配。

推荐阅读

1. 〔美〕罗恩·彻诺著,金立群校译:《摩根财团——美国一代银行王朝和现代金融业的崛起(1838~1990)》,中国财政经济出版社 2003 年版。
2. 李荣林:"国际贸易与直接投资的关系:文献综述",《世界经济》,2002 年第 4 期,第 44—46 页。
3. 张明、肖立晟:"国际资本流动的驱动因素:新兴市场与发达经济体的比较",《世界经济》,2014 年第 8 期,第 151—172 页。
4. 江小涓、杜玲:"国外跨国投资理论研究的最新进展",《世界经济》,2001 年第 6 期,第 71—77 页。
5. 林季红:"国际生产折衷理论的局限及进一步发展的新视角",《国际贸易问题》,2007 年第 9 期,第 93—101、107 页。
6. 葛顺奇、罗伟:"跨国公司进入与中国制造业产业结构",《经济研究》,2015 年第 11 期,第 34—48 页。

复习思考题

1. 阐述中国企业的对外投资情况,以某一家跨国公司为例,结合本章理论,分析其对外投资的动因。
2. 分析中国利用外资的情况,以某一家跨国公司为例,结合本章理论,分析其投资中国的动因。
3. 阐述国际资本流动的经济效应。
4. 请查找世界 500 强中的中国跨国公司,试从行业、企业性质等方面总结它们的特点。
5. 阐述国际资本流动的最新发展趋势。
6. 阐述对外直接投资与贸易的关系。

21世纪经济与管理规划教材
经济学系列

第九章

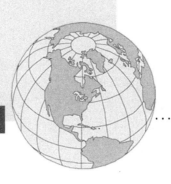

劳动力国际流动与国际贸易

【关键词】

劳动力国际流动　　移民偏好效应
国际移民　　　　　移民信息效应

> **导入案例**

中国新近加入的国际移民组织已成为联合国旗下机构

国际移民组织(International Organization for Migration, IOM)成立于1951年,总部位于瑞士日内瓦,是世界上最大的处理国际移民事务的政府间组织,主要任务是协助确保有序和人道地管理移民流动,促进国际移民合作,协助寻求移民问题的可行性解决方案,并为有需要的移民提供人道主义援助。

2016年6月13日,外交部正式向该组织提交了中国申请加入国际移民组织的申请函。2016年6月30日,国际移民组织通过了中国的申请,中国正式成为国际移民组织的一员。仅在中国加入的第二天,国际移民组织宣布,165个成员已同意该组织加入联合国系统,从而成为联合国旗下一个专门的国际机构。

2016年7月25日,联合国大会通过决议,批准了《联合国同国际移民组织间关系协定》的决议草案,同意国际移民组织成为联合国系统的相关机构。这一协定旨在加强双方合作,增强各自履行任务的能力,对今后的合作与协调方式等作出一系列具体安排。根据联合国大会决议,联合国秘书长潘基文与国际移民组织总干事斯温将于2016年9月19日,在联合国总部召开的难民和移民问题高级别会议上正式签署这一协定。

潘基文当天通过发言人发表声明,欢迎联大批准国际移民组织加入联合国系统。潘基文指出,移民问题处于国际政治新图景及社会经济发展的核心,当前比以往更需要联合国和国际移民组织达成更密切的法律与工作关系。他表示,相信这一关系协定将有助于全球更有效应对突发大规模人口流动带来的挑战。

资料来源:赵晓娜,"我们要接受难民了吗?——解密中最近加入的国际移民组织",《南方日报》,2016年7月11日;"国际移民组织获准加入联合国系统",《人民日报》,2016年9月20日。

经济全球化,不仅表现在贸易自由化程度提高,更重要的是生产要素国际流动性增强。① 古典贸易理论是建立在对比较优势理论分析的基础上,新古典贸易理论更强调要素禀赋的重要性。但是,无论是古典贸易理论还是新古典贸易理论,均是基于生产要素不能跨国流动的理论假设之上。经济全球化促使国家间劳动力流动日益频繁,劳动力国际流动可以改变劳动要素在全球的资源配置,会对国家间的对外贸易产生诸多影响。此外,随着知识经济的发展,国家间的"人才争夺战"日益激烈,进一步促使"人才"这种高端生产要素成为国际劳动力流动的重要组成部分,并深刻影响着人才输出国、人才接收国甚至是全球经济和贸易格局。因此,本章将探讨由移民出境和入境所形成的劳动力国际流动及其对国家间对外贸易的影响。

第一节 劳动力国际流动的概述

一、世界范围内劳动力国际流动的基本情况

当今世界已经进入了全球化时代,各国经济文化交流日益增多,国际劳动力流动日益频

---

① 张幼文:"全球化经济的要素分布与收入分配",《世界经济与政治》,2002年第10期,第40—45页。

繁,世界移民总量已经达到了前所未有的规模。所谓国际移民,是指离开本人国籍国或者此前常住国,跨越国家边界,迁徙到另一国家的人。① 在分析劳动力国际流动与国际贸易这一问题前,本节首先从劳动力国际流动的历史变迁、动因、现状特点以及基本路径四个方面,对世界范围内劳动力国际流动的基本情况进行简单介绍。

(一) 劳动力国际流动的历史变迁②

从哥伦布发现美洲新大陆到第一次世界大战前的几百年间,是国际劳动力流动的第一阶段。这一时期正是欧美资本主义生产方式产生和发展的时期。由于工业化需要从国外输入大批劳动力,而广大的亚非地区尚处于封建时代,自给自足的农业占统治地位,这就决定了这一时期国际劳动力流动的主要流向是从亚非国家流向欧美新兴资本主义工业国家或新开发的国家,因而这种流动也不免带有强烈的殖民主义色彩。第一阶段的国际劳动力流动并不是现代意义上的劳务,因为这一阶段的劳动力流动不仅带有殖民色彩,而且从部门和行业分布上都有局限性,并几乎全部定居为移民。

第一次世界大战开始到第二次世界大战结束,是国际劳动力流动的第二阶段。在这个阶段,国际上正常的移民大大减少,战争劳务开始出现并大为发展。第一次世界大战期间,欧洲各交战国从殖民地掠夺了大量人力资源充当前线士兵和后方劳动力。第二次世界大战期间,英美及广大的亚非拉欧各国人民为了对付共同的敌人德、意、日法西斯,不仅在政治和军事领域内协同作战,而且在经济领域内开展广泛的合作,各国的劳务合作大为发展。第二阶段的国际劳动力流动,因其有组织地用劳工从事军需生产、运输及多项建设事业,使得劳务成为有组织的临时的劳动力流动,所以它更接近于现代意义上的劳务输出,是劳务从移民向现代劳务发展的过渡形式。

从第二次世界大战后到现在,是国际劳动力流动的第三阶段。战后经济恢复时期,西欧各国为弥补劳动力不足,吸收了大量移民。20世纪50年代,移民人数就已达20万。到了六七十年代,欧洲各国经济处于高速发展的繁荣阶段,需要大批劳动力,各国政府对外来的移民也不加限制,这就使得流向西欧的移民运动达到高潮。目前西欧已成为国际劳动力流动的主要场所之一,逐渐形成了一个世界性的劳动力市场,它所吸收的劳动力占世界劳务输出总数的25%。70年代以后,中东承包劳务市场逐渐形成和发展。80年代初,中东地区有60多万外籍工人,成为引人瞩目的劳动力吸引场所。随着世界经济的发展,商品、资本、劳动力和技术交流不断扩大,尤其是人员的交流,比以往任何时候都频繁,规模空前。那些劳动力资源丰富的国家纷纷派出劳务人员,参与国际分工,力争变资源优势为国际市场上的竞争优势,赚取外汇,为本国的经济和社会发展服务;那些劳动力资源短缺的国家则通过输入劳务来解决劳动力不足的问题。第三阶段的劳动力流动,伴随现代劳务市场的形成和发展,是真正意义上的现代劳务,而移民定居则成为一种特殊现象。

(二) 劳动力国际流动的动因及对输出国和接收国的影响③

劳动力国际流动的根本原因在于国际分工和世界经济一体化的发展,是经济发展客观

---

① 王辉耀、刘国福:《中国国际移民报告(2012)NO.1》,社会科学文献出版社2012年版,第2页。
② 张二震:"略论国际劳动力流动及其原因",《世界经济文汇》,1991年第6期,第28—30页。
③ 魏浩、赵春明、申广祝:"全球人才跨国流动的动因、效应与中国的政策选择",《世界经济与政治论坛》,2009年第6期,第19—26页。

规律的作用。具体来说,劳动力国际流动的动因可以分为内部动因和外部动因两方面。内部动因强调个体层面的因素对劳动力国际流动的影响,主要从个体利益最大化角度解释劳动力国际流动的原因,包括追求经济收益最大化、追求自我价值实现以及追求最佳工作环境三方面。外部动因强调移民个体以外的其他因素对劳动力国际流动的影响,主要包括劳动力市场需求与供给差异、国家间经济政治环境的差异、跨国公司的全球扩展、地区性经济组织的建立使劳动力流动壁垒降低等四个方面。

延伸阅读
劳动力国际流动的内外部动因

长期以来,人们一直认为劳动力国际流动尤其是人才流动有利于接收国,不利于输出国,强调"人才流失"对输出国经济发展的负面影响。然而,20世纪90年代全球经济增长的实践证明,不少经历"人才流失"的国家却呈现出较快的经济增长,如东南亚、东欧等地区。这一悖论促使人们重新审视劳动力国际流动对输出国所产生的影响,探索劳动力国际流动对输出国的潜在收益。同样,劳动力国际流动对接收国也有正面效应和负面效应。

延伸阅读
劳动力国际流动对输出国和接收国的影响

(三)劳动力国际流动的现状及特点

由表9-1可知,2015年全球有2.44亿人移民海外,而在1990年、2000年、2010年和2013年该数据分别为1.52亿人、1.73亿人、2.22亿人和2.32亿人,国际移民规模呈现迅速扩大的趋势;预计到2050年,世界移民人口将超过4亿人①。

表9-1 1990—2015年世界各地区国际移民流入存量   单位:亿人

	1990	1995	2000	2005	2010	2013	2015
世界	1.52	1.61	1.73	1.91	2.22	2.32	2.44
发达国家	0.82	0.92	1.03	1.17	1.33	1.36	1.40
发展中国家	0.70	0.68	0.69	0.74	0.89	0.96	1.03
非洲	0.16	0.16	0.15	0.15	0.17	0.19	0.21
亚洲	0.48	0.47	0.49	0.53	0.66	0.71	0.75
欧洲	0.49	0.53	0.56	0.64	0.72	0.72	0.76
拉丁美洲和加勒比地区	0.07	0.07	0.07	0.07	0.08	0.09	0.09
北美洲	0.28	0.33	0.40	0.45	0.51	0.53	0.54
大洋洲	0.05	0.05	0.05	0.06	0.07	0.08	0.08

资料来源:联合国经济和社会事务部。

当前国际移民流动呈现如下特点②:

第一,发展中国家之间的移民流动与发展中国家和发达国家之间的移民流动一样普遍。2013年,出生在发展中国家而在其他发展中国家生活的国际移民有8 230万人,出生在发展中国家而生活在发达国家的国际移民为8 190万人。亚洲人成为国际移民的最大群体,共有3 800万亚洲人生活在其他洲。其中,有1 900万人生活在欧洲,1 600万人生活在北美洲,300万人生活在大洋洲。而出生于拉丁美洲和加勒比地区的海外移民构成了国际移民的第

---

① The Global Challenge of Managing Migration, http://www.prb.org/pdf13/global-migration.pdf。
② 王耀辉、刘国福、苗绿:《中国国际移民报告(2015)》,社会科学文献出版社2015年版,第3—4页。

二大群体,这部分国际移民大部分生活在北美洲,有 2 600 万人。

第二,欧洲和亚洲是最主要的国际移民目的地。如表 9-1 所示,亚洲和欧洲的国际移民占世界移民的 2/3。2015 年,欧洲成为全球移民首选的移民地区,大约有 7 614 万国际移民生活在欧洲,而生活在亚洲的国际移民约有 7 508 万人。2000—2015 年,亚洲的国际移民数量增长了 2 500 多万人,这主要是由于亚洲西部的石油生产国和东南亚新兴经济体(马来西亚、新加坡和泰国)对外劳工需求大量增加。

第三,国际移民仍然呈现相对集中的特征。2013 年,1.19 亿国际移民(约占总数的 51.3%)主要居住在以下 10 个国家,依次是美国(4 578.5 万人)、俄罗斯(1 104.8 万人)、德国(984.5 万人)、沙特阿拉伯(906.0 万人)、阿拉伯联合酋长国(782.7 万人)、英国(782.4 万人)、法国(743.9 万人)、加拿大(728.4 万人)、澳大利亚(646.9 万人)和西班牙(646.7 万人)。从移民人口净增长来看,1990—2013 年,美国净增移民人口最多,达 2 300 万人,平均每年净增 100 万人;其次是阿拉伯联合酋长国,净增移民人口为 700 万人;第三位是西班牙,净增移民人口为 600 万人。

第四,经济危机刺激了国际移民流动。2008 年的经济危机对移民流动影响深远,2010 年以后国际移民年均增量为 600 万人,较 2000—2010 年的年平均增长量多了 240 万人,从一个侧面反映了经济危机下移民流动加速。从欧洲国家来讲,遭受经济重创的国家如希腊和西班牙,遭受了大规模的移民迁出。而经济状况较好的国家,如德国、英国则吸引了更多的外来移民。

(四) 劳动力国际流动的基本路径①

1. "北方国家"与"南方国家"的概念

自 20 世纪 60 年代初期以来,对富裕的发达国家与贫穷的发展中国家的南-北划分已出现在公共讨论中,但是,直到 1989 年德国统一后,"南方国家"与"北方国家"这两个术语才得到较为广泛的应用。事实上,"南方国家"和"北方国家"并不存在,国际社会对南-北二分法也尚未达成共识。但是,由于南-北划分能够简要清晰地勾勒出国际劳动力流动的基本趋势,并且有助于显示出发达国家和发展中国家移民模式的区别,因此,以国际移民组织为代表的国际组织在分析对国际移民流动的基本路径时,仍采用"南方国家"与"北方国家"两个概念。国际社会对"南方国家"和"北方国家"的界定主要包括以下三种划分方法:

(1) 联合国经济和社会事务部的分类。联合国经济和社会事务部的分类方法将国家划分为发展中国家和发达国家。其中,北方国家包括北美②、欧洲国家、日本、澳大利亚和新西兰(共 56 个国家)。南方国家包括非洲、美洲(不包括美国和加拿大)、加勒比海国家、亚洲(不包括日本)和大洋洲(不包括澳大利亚和新西兰)的国家。根据这一定义,"北方国家"不包括经合组织成员国智利、以色列、墨西哥、韩国和土耳其,以及高收入的非经合组织国家区如巴林、波多黎各和阿联酋。而一些东欧国家(如白俄罗斯、萨尔多瓦共和国、俄罗斯联邦和乌克兰)则被认为属于"北方国家"。

(2) 世界银行的分类。世界银行每年都会根据国家收入水平即人均国民收入,将国家

---

① 国际移民组织:《世界移民报告 2013:移民福祉与发展》,第 41—73 页。
② 在联合国经济和社会事务部的划分中,北美包括百慕大、加拿大、格陵兰岛、圣皮埃尔和密克隆、美利坚合众国。伯利兹、哥斯达黎加、萨尔瓦多、危地马拉、洪都拉斯、墨西哥、尼加拉瓜和巴拿马则划归中美洲。

划分为低收入、中等偏下收入、中等偏上收入、高收入四类。① "北方国家"由高收入国家和地区组成。与联合国经济和社会事务部的定义相比,这一定义包含的国家和地区数量更多(2010 年共 70 个),但是,世界银行也强调,高收入一词并不旨在表示这一组中所有经济体的发展程度相近,也不表示其他经济体达到了更好的或最终的发展阶段。根据收入所进行的分类不一定能反映出发展状况。

(3) 联合国开发技术署的分类。此分类方法以更广的发展视角,使用了人类发展指数(HDI)②作为区分国家的标准,主要基于健康(出生时预期寿命)、教育(预期和平均受教育年限)和收入。2010 年,有 42 个国家的 HDI 达到较高水平,因此被认为是发达国家或"北方国家"。基于人类发展指数的分类结果与世界银行的分类结果较为符合,即"北方国家"包括拉丁美洲中收入较高的国家、中东及亚洲国家。但是,与世界银行的分类相比,此分类中"北方国家"总数明显减少,主要是因为不包括小(岛)国家。

2. 四大移民路径

在对"南方国家"和"北方国家"进行划分后,国际移民路径可以分为四类:①有南方国家移民到南方国家,简称为"南—南",例如加拿大的危地马拉季节工与沙特阿拉伯的菲律宾家庭佣人;②由南方国家移民到北方国家,简称为"南—北",例如美国的中国留学生和英国的马来西亚清洁工;③由北方国家移民到北方国家,简称为"北—北",例如在海外留学的欧盟国家学生和在芬兰找工作的爱沙尼亚人;④由北方国家移民到南方国家,简称为"北—南",例如去巴西的失业葡萄牙年轻人与在印度投资和工作的欧洲人。

3. 世界主要移民走廊

所谓移民走廊,是指两国间人口迁移的通道。表 9-2 列出了依据世界银行分类标准,2010 年四大移民路径中排名前五位的移民走廊。由此可以看出,欧盟成员国例如德国、意大利、波兰和英国是北—北移民路径的主要移民输出国;美国吸引了来自世界许多国家的移民,如加拿大、中国、墨西哥、波多黎各、菲律宾以及韩国,是南—北、北—北移民的主要目的国,接受的移民分别占这两大移民路径总移民人口的 35% 和 27%;同时,美国也是北—南移民路径的主要移民输出国,尤其是迁往墨西哥和南非。对于南—南移民路径来说,俄罗斯联邦、乌克兰与印度既是主要的移民输出国,同时也是主要的移民接收国。

表 9-2　2010 年四大移民路径中排名前五位的移民走廊

南—北	来源国	目的国	移民人数(单位:百万人)	占南—北移民总数的比例(%)
1	墨西哥	美国	121.892	12.8
2	土耳其	德国	28.193	3.0
3	中国	美国	19.565	2.1
4	菲律宾	美国	18.501	1.9
5	印度	美国	15.566	0.7

---

① 根据 2010 年人均国民收入,四类收入划分如下:低收入:1 005 美元及以下;中等偏下收入:1 006—3 975 美元;中等偏上收入:3 976—12 275 美元;高收入:12 276 美元及以上。

② 联合国开发计划署的人类发展指数是通过将预期寿命、教育程度和收入指标纳入一个综合统计数据,以此作为社会和经济发展的参考坐标系来衡量发展的一种方法。人类发展指数在每个方面设定一个最小值和最大值,称作"门柱",然后标注出每个国家在这些门柱上所处的位置,从 0 和 1 之间取值。

(续表)

北—北	来源国	目的国	移民人数（单位：百万人）	占北—北移民总数的比例（%）
1	德国	美国	12.831	4.0
2	英国	澳大利亚	10.979	3.5
3	加拿大	美国	10.372	3.0
4	韩国	美国	10.306	2.8
5	英国	美国	9.019	2.5
南—南	来源国	目的国	移民人数（单位：百万人）	占南—南移民总数的比例（%）
1	乌克兰	俄罗斯联邦	36.627	4.9
2	俄罗斯联邦	乌克兰	35.247	4.7
3	孟加拉国	不丹	31.908	4.2
4	哈萨克斯坦	俄罗斯联邦	26.483	3.5
5	阿富汗	巴基斯坦	24.134	3.2
北—南	来源国	目的国	移民人数（单位：百万人）	占北—南移民总数的比例（%）
1	美国	墨西哥	5.633	7.8
2	德国	土耳其	3.065	4.3
3	美国	南非	2.523	3.5
4	葡萄牙	巴西	2.221	3.1
5	意大利	阿根廷	1.983	2.8

资料来源：国际移民组织，《世界移民报告 2013：移民福祉与发展》，第 62 页。

二、中国劳动力国际流动概况

延伸阅读
中国海外移民四次高潮

（一）中国劳动力国际流动的历史变迁①

中国海外移民历史悠久，可谓有海外贸易，就有因贸易而留居海外的商人水手。大规模的持续性海外移民始于 16 世纪末。至 21 世纪初，大致可分为四个阶段或四次高潮，基本奠定了华侨华人分布于世界各地的现状。

（二）中国劳动力国际流动的现状②

1. 中国国际移民流入现状

如表 9-3 所示，根据联合国公布的统计数据，自 1990 年以来，中国国际移民流入量实现较快增长。2000—2015 年，中国内地国际移民流入量由 50.8 万人增长到 97.8 万人，15 年间增长了将近 1 倍；较 2010 年，2015 年中国移民流入的增长率为 2.81%，高于世界平均增长率 1.80%，移民人口占中国内地总居住人口的 0.07%。香港地区吸收的国际移民流入量远高于内地和澳门地区，吸收的移民数量占到三地移民流入总量的 2/3 以上。

---

① 庄国土："世界华侨华人数量和分布的历史变化"，《世界历史》，2011 年第 5 期，第 3—14 页。
② 王辉耀、刘国福、苗绿：《中国国际移民报告（2015）》，社会科学文献出版社 2015 年版，第 13—30 页。

表 9-3　1990—2015 年中国国际移民流入存量　　　　　　　　　　单位：万人

	1990	1995	2000	2005	2010	2013	2015
中国内地	37.636	44.220	50.803	67.895	84.986	84.851	97.805
中国香港特别行政区	221.847	244.380	266.912	272.124	277.995	280.475	283.867
中国澳门特别行政区	20.505	22.493	24.079	27.931	31.851	33.327	34.270

资料来源：联合国经济和社会事务部，http://www.un.org/en/development/desa/population/migration/data/estimates2/estimates15.shtml。

从移民来源地来看，根据国际移民组织的统计数据，截至 2015 年，中国内地移民来源于中国香港地区（27.52 万人）、韩国（18.67 万人）、巴西（7.42 万人）、菲律宾（7.30 万人）、印度尼西亚（3.97 万人）、越南（2.81 万人）、美国（2.68 万人）、中国澳门地区（2.44 万人）、秘鲁（1.34 万人）、泰国（1.52 万人）、英国（0.91 万人）、印度（0.90 万人）等国家和地区，从来源国（地区）分布可以看出，来华移民主要来自周边发展中国家和地区，而来自美国、英国等地的移民规模很小。

2. 中国国际移民流出现状

目前，世界各地华侨、华人总数约为 6 000 万人，中国国际移民群体成为世界上最大的海外移民群体。中国国际移民的主要目的地为美国、加拿大、澳大利亚、韩国、日本和新加坡等国家。2013 年，获得美国、加拿大、澳大利亚三国永久居留权的中国人分别为 71 798 人、34 000 人、27 334 人，总数约为 13.3 万人。

第二节　劳动力国际流动的经济效应

一、劳动力国际流动原因及影响的经济学分析[①]

（一）不存在劳动力国际流动的单一商品模型

在引进要素流动前，我们首先分析各国产出水平的决定因素。为了简化分析，我们做如下假定：①两个国家：国家Ⅰ和国家Ⅱ；②两种生产要素：资本 K 和劳动 L；③两种生产要素在国家Ⅰ和国家Ⅱ之间无法自由流动。因此，在其他条件相同时，各国的产量取决于可获取的要素数量。这种要素供给与一国产出水平之间的关系可以由该国生产函数 $Q(K,L)$ 表示。

假定在资本要素 K 给定的条件下，产量多少由劳动要素 L 决定，此时，生产函数可以表示为 $Q(\bar{K},L)$。生产函数的斜率用多使用一单位劳动所引起的产出增加量即边际劳动产出来衡量。如图 9-1 所示，假定劳动的边际产出随劳动-资本比率的上升而下降。在一般情况下，当一国希望在资本量一定的条件下投入更多劳动时，就必须更多地采用劳动密集型生产技术，而这种做法会随劳动对资本的进一步替代而变得越来越困难。

---

① 〔美〕保罗·克鲁格曼、茅瑞斯·奥伯斯法尔德著，黄卫平等译：《国际经济学：理论与政策（第八版）》，中国人民大学出版社 2011 年版，第 146—148 页。

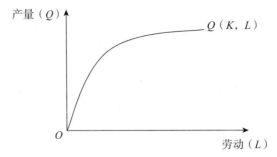

图 9-1　某一经济的生产函数

在完全竞争经济条件下,图 9-2 表明了劳动边际产出如何取决于雇用的劳动数量。随着劳动投入量 L 增加,劳动的边际产出会相应下降。边际产出曲线下方的面积等于总产出。

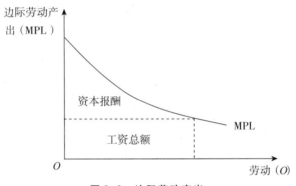

图 9-2　边际劳动产出

在完全竞争经济条件下,劳动的边际产量决定实际工资。因此,对劳动的全部支付(实际工资乘以雇用人数)由图中长方形部分表示。其余的产出部分为资本的报酬。

(二) 劳动力国际流动的原因及影响

图 9-1 和图 9-2 说明了一国劳动力要素工资收入的决定条件。假定国家 I 和国家 II 拥有相同的生产技术,但是资本-劳动比率不同;国家间资本流动受到限制,劳动力是唯一的流动要素。如果国家 I 是劳动充裕的国家,那么该国劳动力的收入会低于国家 II,这样就会产生劳动力国际流动的动因:本国劳动力想到国外去获得更高的工资收入,此时劳动要素 L 将由国家 I 流向国家 II。这一流动会减少国家 I 的劳动力,并因此提高该国的实际工资;相反,外国的劳动力会增多,实际工资相应下降。如果没有其他障碍阻止劳动力国际流动的话,这一进程将一直持续到两国边际劳动产出相等为止。

图 9-3 说明了劳动力国际流动的原因及其影响。横轴代表世界劳动力总量,从左自右是国家 I 雇用的劳动力,从右自左则是国家 II 雇用的劳动力;左边的纵轴表示国家 I 的边际劳动产出,右边的纵轴表示国家 II 的边际劳动产出。假定起初国家 I 的劳动力数量为 OL_2,国家 II 的为 L_2O^*,在这种分布下,国家 I 的实际工资(点 C)低于国家 II 的实际工资(点 B)。在劳动力能够自由流动的条件下,劳动力会从国家 I 流向国家 II,直到两国的实际工资水平相等。这样,世界劳动力的最终分配会在 A 点进行,本国劳动力为 OL_1,外国劳动力为 L_1O^*。

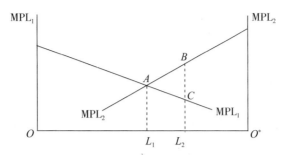

图 9-3 劳动力国际流动的原因及影响

二、劳动力国际流动的经济效应①

在上述分析的基础上,可以进一步分析劳动力国际流动的经济效应。为了简化分析,做出如下假定:①两个国家:国家Ⅰ和国家Ⅱ;②两种生产要素:资本 K 和劳动 L;③劳动是同质的,可以在国家间自由流动且不存在流动成本;④两个国家生产同质商品且不存在商品贸易。而且,在劳动力充分就业和非充分就业条件下,劳动力国际流动的经济效应也会有所差异。

(一)充分就业条件下劳动力国际流动的经济效应

在充分就业条件下,如果市场处于完全竞争市场状态,如图 9-4 所示,国家Ⅰ的劳动力总量为 OA,工资水平为 GA;国家Ⅱ的劳动力总量为 AO^*,工资水平为 MA,国家Ⅰ的工资水平低于国家Ⅱ,工资水平差异会促使劳动力由国家Ⅰ流向国家Ⅱ,这一过程会一直持续到两国的实际工资水平相等,即为图 9-4 中的点 E,此时,均衡工资水平可以由 EB 的长度表示。

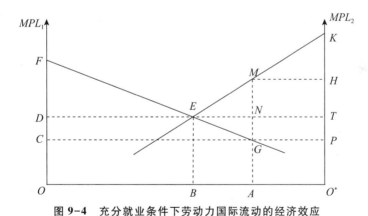

图 9-4 充分就业条件下劳动力国际流动的经济效应

在劳动力流动之前,国家Ⅰ的总产出水平为 $OFGA$,其中,$OCGA$ 的面积代表国家Ⅰ中劳动所有者的收益,CFG 代表资本所有者的收益。国家Ⅱ的总产出水平为 $KMAO^*$,其中,O^*HMA 为劳动所有者的收益,KMH 为资本所有者的收益。

但是,劳动力国际流动使得国家Ⅰ的边际劳动产出提高,该国总产出水平为 $OFEB$,其中,$ODEB$ 代表此时国内劳动所有者的收益,$ANEB$ 为移民到国家Ⅱ的劳动所有者的收益,DFE 为国家Ⅰ资本所有者的收益。而对于国家Ⅱ而言,由于国家Ⅰ的劳动力不断流入该国,

---

① 赵春明、魏浩、蔡宏波:《国际贸易(第三版)》,高等教育出版社 2014 年版,第 295—297 页。

使得国家Ⅱ的劳动边际产出不断下降，国内总产出水平为 O^*KEB，其中，劳动所有者的收益为 O^*TEB，资本所有者的收益为 KET。

通过对比劳动力国际流动前后世界总产出水平可知，劳动力国际流动会带来世界总产出水平的净增长，即图9-4中 EMG 的面积。对于劳动力接收国（国家Ⅱ）而言，总产出水平由 O^*KMA 增加为 O^*KEB，总产出增加了 $AMEB$ 的面积，并且，其中的 $ANEB$ 部分是国际劳动力流入带来的总产出增加量，NME 部分是该国总产出的净增长。而本土劳动力所有者的总收益由 O^*HMA 下降为 O^*TNA，资本所有者的收益由 KMH 上升为 KET。同理，对于劳动力输出国（国家Ⅰ）而言，该国的总产出由 $OFGA$ 下降为 $OFEB$，国内劳动所有者的收益从 $OCGA$ 上升为 $ODNA$，资本所有者的收益由 FCG 下降为 FDE。

（二）非充分就业条件下劳动力国际流动的经济效应

非充分就业条件下的分析请扫二维码参阅。

延伸阅读
非充分就业条件下劳动力国际流动的经济效应

第三节　劳动力国际流动与国际贸易

一、劳动力国际流动影响国际贸易的理论机制

关于劳动力国际流动对一国（地区）对外贸易影响的研究始于20世纪90年代。Gould（1994）最先证明了国际移民流入具有贸易创造效应，并将影响机制归纳为移民偏好效应和移民信息效应两个方面。[①] 在劳动力国际流动日益频繁、国际贸易规模不断扩大的背景下，劳动力国际流动与对外贸易之间关系的研究引起了国内外学者的广泛关注。劳动力国际流动促进对外贸易的影响机制可以归纳为交易成本降低效应、信息获取效应、契约履行效应和偏好扩散效应四个方面。

（一）劳动力跨国流动有助于对外贸易中的交易成本降低

贸易成本仍是阻碍国家间进行商品交换和国际经济一体化的重要因素。流出劳动力对母国市场知识的掌握和交流语言的通晓有利于降低贸易交流壁垒，促进对外贸易发展。更重要的是，劳动力跨国流动还会在流入国和流出国之间形成社会网络。这种社会网络能够克服国际贸易中的各种非正式壁垒，提高资源配置效率，建立商业道德信任机制，降低对外贸易成本，提高出口贸易额和改变商品结构。以最受关注的海外华人网络为例，国内外学者根据中国的移民和贸易数据验证了对海外华人网络在促进中国对外贸易中发挥的重要作用。

（二）劳动力跨国流动有助于对外贸易中的交易信息获取

交易信息获取的非对称性，使得消费者和生产者很难实现恰当的匹配。相比于国内贸易，信息缺乏会在更大程度上影响国际贸易的机会。劳动力跨国流动可以接近接收国深层社会知识，熟悉接收国居民消费需求和销售网络，为本国出口商提供商业信息，便于对外贸易的开展。跨国流动所形成的社会网络，通过正式和非正式的契约，增强了网络内信息的共

---

① Gould, David M., "Immigrant Links to the Home Country: Empirical Implications for U.S. Bilateral Trade Flows", *The Review of Economics and Statistics*, 1994, 76(2), 302—316.

享和传播扩散,有助于在国际市场上卖者和买者之间的匹配,并提高了交易信息搜寻的质量。

(三)劳动力跨国流动有助于对外贸易中的交易契约履行

在一个弱的国际法律体系中,社会网络能够通过提高契约执行的社会强制力而促进贸易发展。劳动力国际流动所形成的社会网络增强了国际贸易双方的共同信任,加强了契约执行的力度;通过强化社会制裁,有助于防止机会主义和违约行为的发生,从而加强贸易关系的维持。

(四)劳动力跨国流动有助于对外贸易中消费偏好的扩散

由于移民消费者的爱国情结和对于以往消费习惯的坚持及依赖,国际移民的消费倾向存在本土偏好(Home Bias),其对移民来源国产品更具消费偏好,在对母国商品消费的过程中可以获得更大的效用,从而产生了中国对其来源国额外的进口需求,即国际移民具有移民偏好效应。同时,流出移民的消费偏好还会向当地居民中扩散,并进一步促进移民输出国和接收国之间的双边对外贸易,但是这种作用会随着流出人才在东道国居住时间的延长而逐渐递减。

但是,对于不同国家而言,移民贸易创造效应的大小并非完全相同,而是会受到移民技术水平、移民社会地位、移民职业类型、移民地理分布状况、贸易商品差异化程度以及国家间文化差异等诸多因素的影响。根据已有研究结论,差异化商品对贸易信息的依赖性较强,高技术移民流入能够带来更多、更具价值的国际市场信息,因而高技术移民流入对差异化商品的贸易创造效应更为明显。并且,国家间历史文化、社会制度的差异性越大,移民流入所能带来的有关市场和社会制度等方面的新信息越多,移民流入所能产生的贸易创造效应通常会越大。此外,由于移民对贸易的促进作用具有较强的地理局限性,因而从国家层面而言,移民网络对贸易促进作用的有效性取决于移民在国家内部各地区的分布情况。

相关案例 9—1

东南亚华商:中国与东盟交往合作的桥梁

自中国-东盟自由贸易区建设以来,中国企业界与东南亚华商的来往加强,东南亚华商已经成为中国与东盟交往合作的桥梁。据权威专家统计,2008年,世界华侨华人总数是4 543万人,其中东南亚有3 348万,约占全球华侨华人总数的73.5%。其中,印尼有1 000万,泰国有700万,马来西亚有645万,新加坡有360万(占全国人口的77%),最少是文莱,为5.6万。

华商在东南亚具有较强的经济实力。《2009年世界华商发展态势》统计表明,2009年,世界华商企业的总资产约达到3.9万亿美元,较2008年的2.5万亿美元增长了56%,较之2007年的3.7万亿美元微涨5%。这其中,东南亚华商经济总量为1.1万亿—1.2万亿美元。《亚洲周刊》发布的资料显示,在2000年全球最大的500家华人企业中,除港台两地的华商企业外,绝大多数依然是新、马、泰、菲、印尼五国的华人企业。这五国也被公认为华人经济发展较好、实力最强的区域。香港2007年《亚洲周刊》报道,从华商企业集团首脑拥有的个人和家族财富来看,2007年全球华商富豪500强财富总量达3.95万亿元人民币,约折合

5 076亿美元,其中拥有12亿元人民币资产以上的东盟华商富豪46人,总资产为5.4万亿元人民币,占71.32%。这些分析虽然只是一种推断的结果,但也在一定程度上显示了东南亚华商具有相当可观的经济实力。

自20世纪80年代以来,随着中国开放政策的实施,东南亚华商在世界经济中发挥着日益重要的作用。如东南亚华商将海外资金引入中国市场,促进CAFTA(中国-东盟自由贸易区)的发展等。1978年中国开始实行对外开放以来,东南亚华商就是中国投资方之一。21世纪初以来,随着中国-东盟自由贸易区的构建,东南亚华商对中国的投资量逐年上升。据中国商务部统计,截至2005年年底,以华商为主的东盟来华投资项目近3万项,实际投资金额385亿美元。2006—2009年,中国内地实际使用外资3 352.7亿美元。而且,在对华直接投资的同时,他们还通过合作的方式为发达国家资本到中国投资牵线搭桥,将设在东南亚国家的外国公司、跨国公司和合资公司的资金引向中国。

东盟华商具有两地投资的成功经验,他们不仅在当地投资创业获得成功,而且熟悉中国的政治、经济制度、文化和风土人情。许多华商在投资东盟与中国的进程中,积累了大量成功经验,拥有丰富的人脉资源,在区域贸易投资一体化等方面发展了许多合作新模式。特别是20世纪90年代末以后,东盟华商一方面凭借其在居住国形成的资源配置优势,另一方面凭借其自身与大陆同文同种的血缘、亲缘优势,带动了双边经贸合作的快速发展。

资料来源:"东南亚华商:中国与东盟交往合作的桥梁",《广西日报》,2010年12月3日。

[问题思考]你了解哪些著名的华商及华商企业,他们在促进中国与东南亚国家关系发展的过程中发挥了怎样的作用?

[案例点评]华商通常接受过良好的教育,具有较高的现代技能水平,多从事房地产业、金融业、贸易与制造业,逐渐形成规模庞大、实力雄厚的华商群体。共同的民族文化认同,密切的地缘、亲缘关系以及某种程度的利益相关,使东南亚华商一直保持着促进当地与中国友好关系的意愿,中国-东盟自由贸易区的建成更为双方的交往合作提供了广阔空间。

二、劳动力国际流动影响国际贸易的现实检验

随着国际移民流动规模不断扩大,国内外诸多学者选择典型国家,运用相关移民和贸易数据,从多个角度对移民贸易创造效应进行了检验。本节选取其中的典型国家,对相关研究结果进行简要介绍。

(一)移民贸易创造效应在美国的检验

最先对移民贸易创造效应进行检验的国家是美国。戴维·M.古尔德(David M. Gould)[①]于1994年在 The Review of Economics and Statistics 杂志上发表了一篇题目为 Immigrant Links to the Home Country: Empirical Implications for U.S. Bilateral Trade Flows 的文章,对国际移民流入所具有的贸易创造效应进行了开创性研究。Gould认为,移民流入会通过移民偏好效应和移民信息效应影响东道国进出口贸易,并根据1970—1986年美国与47个贸

---

① Gould, David M., "Immigrant Links to the Home Country: Empirical Implications for U.S. Bilateral Trade Flows", *The Review of Economics and Statistics*, 1994, 76(2): 302—316.

易伙伴国的双边贸易数据进行了检验。根据 Gould 的研究结果,移民流入对美国出口贸易的影响大于进口贸易,而且移民流入对消费品出口贸易影响最大,对原材料进口贸易影响最小。

(二) 移民贸易创造效应在英国的检验

近年来,人才跨国流动逐渐成为国际间劳动力流动的重要组成部分,关于"人才"这类移民对国家间对外贸易影响的研究引起了越来越多学者的关注。从 1999 年到 2010 年,英国每年约有 30 万国际留学生在英国的大学注册入学。英国成为继美国之外世界第二大留学目的国。在此背景下,意大利学者玛丽娜·穆拉特(Marina Murat)[①]于 2014 年在 *World Development* 杂志上发表的题目为 Out of Sight, Not Out of Mind. Education Networks and International Trade 的文章,以英国为例检验了留学生这类"国际人才"流入对英国对外贸易的影响。作者根据 1999—2009 年英国与 167 个国家的留学生和贸易数据,研究发现,国际留学生流入会促进英国与留学生来源国之间的双边进出口贸易,国际留学生每增长 1% 会促进英国进口贸易增长 0.409%,促进出口贸易增长 0.430%。针对英国留学生的研究证明了国际人才流入具有十分明显的贸易创造效应。

(三) 移民贸易创造效应在中国的检验[②]

中国正在从货物流动大国、资本流动大国向人才流动大国迈进。1978—2011 年,中国各类出国留学人员总计达到 224.51 万人,各类外国来华留学生人数从不到 1 万人增加至 29.26 万人。特别是加入 WTO 后,中国人才国际流动进入加速发展时期,每年出国留学人数达到 20 万人以上,来华留学人数年均增速高达 16.8%。

国内针对来华留学生的研究也进一步证明了国际人才流入对中国出口贸易产生显著的影响。但是,来华留学生对不同地区不同贸易方式出口的影响存在一定的差异,对不同地区不同类型商品出口的促进作用也存在一定的差异性。具体来说,在东部和中部地区,来华留学生对一般贸易出口、加工贸易出口的影响都是正效应,在西部地区,来华留学生对一般贸易出口的影响是正效应,对加工贸易出口的影响是负效应;来华留学生对各个地区高技术商品出口贸易的促进作用明显大于对全部商品出口贸易的促进作用,其中,在东部和中部地区的促进效应较大且显著。

本章小结

1. 劳动力国际流动的动因可以分为内部动因和外部动因两方面。具体来说,追求经济收益最大化、追求自我价值实现以及追求最佳工作环境是劳动力国际流动的内部动因;而国家间劳动市场需求与供给差异、世界经济政治环境的差异、跨国公司的全球扩展、地区性经济组织的建立使劳动力流动壁垒降低是劳动力国际流动的主要外部动因。

2. 劳动力国际流动的路径包括以下四个方面:"南—南"移民、"南—北"移民、"北—北"

[①] Marina, M., "Out of Sight, Not Out of Mind. Education Networks and International Trade", *World Development*, 2014, 58(6): 53—66.

[②] 魏浩,陈开军:"国际人才流入对中国出口贸易影响的实证分析",《中国人口科学》,2015 年第 4 期,第 72—82 页。

移民以及"北—南"移民。其中,"南—北"和"南—南"是两大主要移民路径,并且"南—北"移民数量增幅最大。

3. 劳动力国际流动影响对外贸易的机制可以归纳为以下四个方面:第一,劳动力跨国流动有助于对外贸易中的交易成本降低;第二,劳动力跨国流动有助于对外贸易中的交易信息获取;第三,劳动力跨国流动有助于对外贸易中的交易契约履行;第四,劳动力跨国流动有助于对外贸易中消费偏好的扩散。

推荐阅读

1. 魏浩、陈开军:"国际人才流入对中国出口贸易影响的实证分析",《中国人口科学》,2015年第4期,第72—82、127—128页。
2. 魏浩、王宸,毛日昇:"国际间人才流动及其影响因素的实证分析",《管理世界》,2012年第1期,第33—45页。
3. 姜鸿:"日本华人的贸易创造效应测定",《管理世界》,2008年第08期,第170—171页。
4. 刘庆林、张诚:"国际贸易与国际移民关系研究述评",《经济学动态》,2009年第2期,第126—130页。
5. 国际移民组织:《世界移民报告2013:移民福祉与发展》。
6. 国际移民组织:《世界移民报告2015:移民和城市——管理人口流动的新合作》。
7. 王耀辉、刘国福、苗绿:《中国国际移民报告(2015)》,社会科学出版社2015年版。

复习思考题

1. 简述劳动力国际流动的动因。
2. 分析充分就业和非充分就业条件下,劳动力国际流动的经济效应。
3. 分析劳动力国际流动影响对外贸易的机制。

21世纪经济与管理规划教材

经济学系列

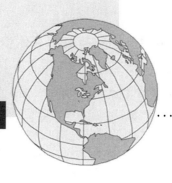

第十章

国际贸易政策措施

【关键词】

从量税　　　　　　非关税壁垒
从价税　　　　　　进口配额
最惠国关税　　　　自愿出口限制
局部均衡分析　　　蓝色贸易壁垒
一般均衡分析　　　出口鼓励
最优关税　　　　　出口管制
名义保护率　　　　出口倾销
有效保护率　　　　反倾销

导入案例

2016年中国遭遇贸易摩擦总体情况

当前全球经济复苏乏力,贸易保护主义盛行。根据WTO统计,我国已连续21年成为遭遇反倾销调查最多的国家,连续10年成为遭遇反补贴调查最多的国家。近期,全球有1/3的调查针对中国。2016年,我国共遭遇来自27个国家(地区)发起的119起贸易救济调查案件,其中,反倾销91起,反补贴19起,保障措施9起,涉案金额143.4亿美元。其中,立案数量最多的国家为印度、美国,案件数量分别为21起、20起。2015年,我国共遭遇来自22个国家和地区的87起案件,金额81.5亿美元。2016年与2015年全年相比,数量上升了36.8%,金额上升了76%。

增加的贸易摩擦主要集中在钢铁领域。2016年我国共遭遇21个国家和地区发起的钢铁贸易救济调查案件49起,其中反倾销案件32起,反补贴案件10起,保障措施案件7起,涉案金额78.95亿美元,占2016年全部贸易救济案件数量和金额的41.2%和55.1%。2015年,我国钢铁领域共遭遇来自15个国家和地区的37起案件,金额48.4亿美元。2016年与2015年全年相比,数量上升了32.4%,金额上升了63.1%。其他贸易摩擦较多的领域主要是化工产品和轻工产品。

此外,2016年以来美国企业还对我国提起24起337调查申请,其中已发起调查22起,同比上升120%。

资料来源:中国商务部贸易救济调查局,http://gpj.mofcom.gov.cn/article/cx/ajtj/201703/20170302536150.shtml。

第一节 关税措施

一、关税的概述

(一) 关税的基本概念

关税是海关代表国家,依据国家制定的关税政策和公布实施的税法及进出口税则,对进出关境的货物和物品征收的一种流转税。关税概念有广义和狭义之分。广义的关税,不仅包括进出口环节的关税,还包括海关在进出口环节代征的其他国内税费,诸如增值税、消费税;狭义的关税仅仅指进出口环节的关税。①

关税定义中的关境,不一定就是国境。关境是一个国家的海关法使用的空间,而海关行政管理是国家主权的一种体现。作为调整、规范海关行政管理关系的海关法,其使用的范围通常应与国家主权行使的范围——国家领土相一致,即关境等于国境。但由于国际经济贸易关系的错综复杂,以及一些国家存在特殊的原因,国家政治国境和海关关境两者不可能存在绝对的吻合,关境与国境不一致的情况有关境大于国境和关境小于国境两类。

1. 关境大于国境

在几个国家结成关税同盟后,各成员国组成一个共同的关境,实施统一的关税法令和统一的对外税则。成员国彼此之间的货物进出国境不征收关税,只对来自或运往非成员国的

---

① 黄天华:《中国关税制度》,中国财政经济出版社2009年版,第1页。

货物在其进出共同关境时征收关税。这样,共同关境大于其成员国的各自国境。但是应当指出,关税同盟缔结后,成员国各自的关境并不必然因关税同盟而取消。导致一国关境大于国境的,还有某些国家由于地理、历史或海关管理方面的原因,相互签订条约,将其中一国领土的全部或部分划入另一国关境。

2. 关境小于国境

关于一个国家的关境小于其国境的情况,通行的观点认为,保税区、保税仓库、自由区等区域(以下统称为"自由区"),即所谓"境内关外"地区。因此,设立了这些自由区的国家或地区,其关境会小于其国境。一国某些地区还可以由于下列一些原因被规定为关境外地区,导致其关境小于国境:①该国设立自由区,并在其海关法或关税法中明确规定该区域属于关境外地区。例如,美国在《联邦法规汇编》中关于对外贸易区的规定。②历史的原因。例如,中国的香港地区、澳门地区和台湾地区目前都有其自己的海关法或相应的法律,《中华人民共和国海关法》在这三个地区不适用。③地理位置的原因。例如,美国远在太平洋中的关岛,在美国海关法中未列入其关境。④国家间条约。例如,根据德国与奥地利两国海关条约,奥地利的容古尔兹和米特尔堡划入德国关境,奥地利关境就小于其国境。[①]

(二) 关税种类

1. 按征收对象分类

按照征收的对象分类,关税包括正税和特别关税。

(1) 正税。关税的正税包括进口税、出口税和过境税三种。进口税是海关对进口货物和物品所征收的关税。进口税分为普通税与附加税。普通税即按税则法定税率征收的关税,此外征收的即为附加税。出口税是海关对出口货物和物品所征收的关税。目前,世界上大多数国家都不征收出口税。过境税是对外国经过本国国境运往另一国的货物所征收的关税。目前,世界上大多数国家都不征收过境税,中国也不征收过境税。

(2) 特别关税。特别关税是因某种特定的目的而对进口的货物和物品征收的关税。常见的特别关税有:①反倾销税是针对实行倾销的进口商品而征收的一种进口附加税。②反补贴税是对于直接或间接接受奖金或补贴的进口货物和物品所征收的一种进口附加税。

2. 按征收关税的标准分类

按照征收税的标准,关税可分为从价税、从量税、复合税、滑准税。

(1) 从价税。从价税是一种最常用的关税。它是以货物的价格或者价值为征税标准,以应征税额占货物价格或者价值的百分比为税率,价格越高,税额越高。货物进口时,以此税率和海关审定的实际进口货物完税价格相乘计算应征税额。从价税的特点是,相对进口商品价格的高低,其税额也相应有高低。优点是,税负公平明确、易于实施。但是,从价税也存在一些不足,如不同品种、规格、质量的同一货物价格有很大差异,海关估价有一定的难度,因此计征关税的手续也较繁杂。目前,中国海关计征关税标准主要是从价税。

(2) 从量税。从量税以货物的数量、重量、体积、容量等计量单位为计税标准,以每计量单位货物的应征税额为税率。从量税的特点是,每一种货物的单位应税额固定,不受该货物价格的影响。计税时以货物的计量单位乘以每单位应纳税金额即可得出该货物的关税税额。从量税的优点是计算简便,通关手续快捷,并能起到抑制价格低廉商品或故意低瞒价格

[①] 国务院关税税则委员会办公室、中华人民共和国财政部关税司:《中国关税——制度、政策与实践》,中国财政经济出版社 2011 年版,第 2—3 页。

货物的进口的作用。但是,由于应税额固定,物价涨落时税额不能相应变化,因此,在物价上涨时,关税的调控作用相对减弱。中国目前对原油、啤酒和胶卷等进口商品征收从量税。

(3) 复合税。复合税又称混合税,即订立从价、从量两种税率,随着完税价格和进口数量而变化,征收时两种税率合并计征。它是对某种进口货物混合使用从价税和从量税的一种关税计征标准。混合使用从价税和从量税的方法有多种,比如:对某种货物同时征收一定数额的从价税和从量税;对低于某一价格进口的货物只按从价税计征关税,高于这一价格,则混合使用从价税和从量税;等等。复合税既可发挥从量税抑制低价进口货物的特点,又可发挥从价税税负合理、稳定的特点。中国目前仅对录像机、放像机、摄像机、数字照相机和摄录一体机等进口商品征收复合税。

(4) 滑准税。滑准税是根据货物的不同价格适用不同税率的一类特殊的从价关税。它是一种关税税率随进口货物价格由高至低而由低至高设置计征关税的方法。通俗地讲,就是进口货物的价格越高,其进口关税税率越低,进口商品的价格越低,其进口关税税率越高。滑准税的特点是,可保持实行滑准税商品的国内市场价格的相对稳定,而不受国际市场价格波动的影响。中国目前仅对进口新闻纸实行滑准税。

3. 按货物国别来源而区别对待的原则分类

按货物国别来源而区别对待的原则分类,关税可以分成最惠国关税、协定关税、特惠关税和普通关税。

(1) 最惠国关税。最惠国关税适用原产于与中国共同适用最惠国待遇条款的WTO成员方或地区的进口货物,或原产于与中国签订有相互给予最惠国待遇条款的双边贸易协定的国家或地区的进口货物。

(2) 协定关税。协定关税适用原产于中国参加的含有关税优惠条款的区域性贸易协定的有关缔约方的进口货物。

(3) 特惠关税。特惠关税适用原产于与中国签订有特殊优惠关税协定的国家或地区的进口货物。

(4) 普通关税。普通关税适用原产于上述国家或地区以外的国家或地区的进口货物。

相关案例 10-1

中国进出口税率

从中国进口税率来看,中国于1961年首次公布实施了进境物品进口税税率表,共21个税号,13级税率,并于1978年和1985年对税率表进行了两次修改简化。为了适应改革开放以来中国关税制度的较大变化,1994年5月,国务院关税税则委员会审议通过了《中华人民共和国海关总署关于入境旅客行李物品和个人邮寄物品征收进口税办法》。此后,为配合国内消费税改革,适应部分进境物品性能价格变化以及居民消费升级等需要,中国在2007年、2011年又先后两次对进境物品进口税税率做了调整。① 2016年4月8日,国务院关税税则委员会对现行《中华人民共和国进境物品进口税率表》进行调整,调整后的税目税率如表10-1所示。

---

① 国务院关税税则委员会办公室、中华人民共和国财政部关税司:《中国关税——制度、政策与实践》,中国财政经济出版社 2011 年版,第 40 页。

表 10-1 中华人民共和国进境物品进口税率表(2016 年 4 月 8 日修订)　　　单位:%

税号	物品名称	税率
1	书报、刊物、教育用影视资料;计算机、视频摄录一体机、数字照相机等信息技术产品;食品、饮料;金银;家具;玩具、游戏品、节日或其他娱乐用品	15
2	运动用品(不含高尔夫球及球具)、钓鱼用品;纺织品及其制成品;电视摄像机及其他电器用具;自行车;税目 1、3 中未包含的其他商品	30
3	烟、酒;贵重首饰及珠宝玉石;高尔夫球及球具;高档手表;化妆品	60

资料来源:中华人民共和国财政部网站。

从中国出口税率来看,中国在 2002 年出口税则中仅对一小部分关系到国计民生的重要出口商品征收出口税,一共有 36 个税目,其中对 23 个税目实行出口暂定税率,其余的不征税。表 10-2 列举了部分征收出口税的产品,主要以金属为主。

表 10-2 中国征收出口税的部分产品　　　单位:%

税则号列	货品名称	出口税率	税则号列	货品名称	出口税率
75089010	电镀用镍阳极	40	72042100	不锈钢废碎料	40
75022000	镍合金	40	72041000	铸铁废碎料	40
75021090	其他	40	72024900	其他	40
75021010	按重量计镍、钴总量在 99.99% 及以上的,但钴含量不超过 0.005%	40	72024100	按重量计含碳量在 4% 以上	40
72045000	供再熔的碎料钢铁锭	40	29022000	苯	40
72044900	其他	40	26090000	锡矿砂及其精矿	50
72044100	车、刨、铣、磨、锯、锉、剪、冲加工过程中产生的废料,不论是否成捆	40	5069090	其他	40
72043000	镀锡钢铁废碎料	40	5069011	含牛羊成分的	40
72042900	其他	40	5061000	经酸处理的骨胶原及骨	40

资料来源:中华人民共和国海关总署《进出口税则查询》,http://www.customs.gov.cn/publish/portal0/tab67735。

[问题思考] 以上的进出口税率情况体现了中国关税政策的哪些原则?

[案例点评] 以上的进出口税率体现了以下原则:

(1) 对国内已能生产的非国计民生所必需的物品,应制定较高的税率;

(2) 对国内需要进行保护的产品和国内外价差大的产品,应制定更高的税率;

(3) 为了鼓励出口,对绝大多数出口商品不征出口关税,但对在国际市场上容量有限而又竞争性强的商品,以及需要限制出口的极少数原料、材料和半制成品,必要时可征收适当的出口关税。

(三) 关税税则

延伸阅读
关税税则分类

税则是根据国家关税政策和经济政策,通过一定的立法程序制定和公布实施的进出口货物应税与免税的关税税率表。它是海关凭以征收关税的法律依据,也是一个国家关税政策的具体体现。税则的分类方法很多,根据税率的设置情况有不同分类。按税率的栏目,税则可分为单式税则和复式税则;按税率制定的权限,税则又可分为自主税则和协定税则。欲了解详细介绍请扫二维码。

(四) 关税的职能

关税作为国民收入再分配范畴,其职能作用大体上可分为三种:一是财政收入职能,二是调节经济职能,三是政治外交手段。

1. 关税的财政收入职能

关税的财政收入职能是指关税具有组织财政收入的功能作用,是其最原始、最基本的职能,是关税其他职能作用赖以发挥的基础。在国家以税收组织财政收入的历史上,关税是最早的税收之一,它产生之初的目的就在于取得财政收入。作为流转税的关税,属于间接税的范畴。消费者不直接缴纳,纳税义务人可以将关税负担转嫁给进出口商品的消费者,纳税人容易接受,征税者征税也方便,阻力小。所以,在经济发展早期,关税是很多国家财政收入的重要来源之一。在关贸总协定和WTO精神的倡导下,当前的国际经济合作和全球贸易自由化已是不可逆转潮流,关税被认为是世界经济一体化和贸易自由化的主要障碍,因此,关税的财政性功能下降是历史的必然趋势。①

2. 关税的调节经济职能

关税的调节职能来源于关税是进出口贸易的特殊成本。征收关税会在一定程度上影响纳税人及其相关方面的利益,改变纳税人及其相关方面经济行为的方向和数量,或为纳税人及其相关方面经济行为方向和数量的既定目标创造条件,这就是关税调节职能,也可以说,关税具有微观的调节机制。从各国运用关税的实践来看,各国往往通过关税的征收与减免,人为地调节进出口货物的市场价格,并因此调节进出口商品的数量。这样国家可以利用低税等关税措施鼓励某些产品的进出口、用高税限制某些商品的进出口,从而达到调节市场上商品供求情况,调节国内生产要素和资源流动方向,调节产业结构、国际收支和国际资源配置等目的。所以,关税调节经济职能作用是多方面的,它包括保护和促进国内产业发展、调节国内产业结构、调节国际经贸关系、调节国际资源配置、调节外汇收支状况等多个方面的内容。

3. 关税作为政治外交手段的职能

关税是对进出境货物和物品征收的一种税,关税的涉外性特征使得关税的征收不仅对本国经济和生产产生影响,而且涉及贸易方国家的利益。在国际市场的激烈竞争中,关税成为国际间经济斗争或经济合作的一种手段。从世界范围看,一方面,关税问题常引起国际的摩擦与纠纷,历史上曾发生过多起关税战、贸易战,甚至国家之间的战争;另一方面,20世纪中叶以来,国际经济一体化等组织大量出现,其中关税减让通常成为这些组织或区域贸易协定中的主要内容。而且,关税经常作为调整国家之间政治、经济关系的重要手段,同时,国际

---

① 黄天华:《中国关税制度》,中国财政经济出版社2009年版,第45页。

间的政治关系也是影响关税职能作用的重要因素。①

二、关税的经济效应

1. 关税经济效应的局部均衡分析结果

（1）关税对价格的影响。本国价格的增幅小于关税，其原因在于部分关税体现在外国出口价格的下跌上，因此，这一部分关税并没有转嫁给本国的消费者。

（2）关税的成本和收益。征收关税后消费者受损，本国生产者和政府通过征收关税可以从贸易中获益，但是有社会净福利损失。

2. 征收关税的一般均衡分析结果

小国征收关税后社会福利比自由贸易时减少，且社会福利的减少来源于两个方面：一方面，该社会不能在以国际价格计算的收入最大化的点上进行生产；另一方面，消费者也不会在预算约束线上选择福利最大化的点来消费。

大国征收关税对本国社会福利的影响是不确定的：一方面，如果本国贸易条件没有得到改善，则类似于小国分析的结果，关税减少社会福利；另一方面，如果本国贸易条件得到改善，社会福利就会有所增加。

延伸阅读
关税经济效应的
具体分析

相关案例 10-2

美国提高中国冷轧钢关税至 522%

美国商务部 2016 年 5 月 17 日发布声明，认定从中国进口的冷轧钢板产品在美国以低于成本价格销售，并获得不公平补贴。根据声明，美方最终认定相关产品的倾销和补贴幅度分别为 265.79% 和 256.44%。

据悉，美国对于中国冷轧扁钢的调查始于 2015 年 7 月，美国钢铁公司、AK 钢铁公司等一众钢铁企业均提出了该申请。2015 年 12 月，美国商务部曾初裁，决定对从中国进口的冷轧扁钢征收最高 227.29% 的反补贴税，而 2016 年 5 月的终裁则将反补贴税从 227.29% 提高至 256.44%。此外，美国商务部此次还增加 265.79% 的反倾销税，最终两类税种之和已高达 522%。

兰格钢铁研究中心分析认为，在进口税率被提高至 522% 后，中国向美国出口此类钢材的售价将不得不大幅提高，也很难再拥有市场空间，国内相关钢企将再遭重创。

不过按照美方程序，除商务部外，此案还需美国国际贸易委员会做出终裁。如果该机构也认定此类产品给美国相关产业造成实质性损害或威胁的话，那么美国商务部就将要求美国海关和边境保护局对相关产品征收反倾销与反补贴关税。据悉，美国国际贸易委员会将于 2016 年 6 月 30 日前后对此案做出终裁。

对此，中国商务部贸易救济调查局负责人回应称，美方在对中国产品的反倾销、反补贴调查中采取了很多不公正做法，尤其是拒绝给予中国国有企业分别税率。"美方的做法严重损害了中国企业的抗辩权，中国企业被迫放弃应诉，美方借机人为裁定畸高税率。"该负责人表示。

---

① 岑维廉、钟昌元、王华：《关税理论与中国关税制度》，上海人民出版社 2010 年版，第 11 页。

时至今日,中国钢铁业仍然没有突破美欧的贸易壁垒包围圈。就在 2016 年 4 月底,美国商务部、欧委会以及德国联邦议院在两天内先后发布或通过了有关限制中国钢铁行业出口的文件或提案。

美国更是对中国出口的钢铁产品发起"双反"调查最多的国家之一。有数据显示,自 2009 年起,美国已对中国钢铁产品及制品发起了近 20 次"双反"调查,一系列调查也直接导致中国向美输出钢材数量大幅下降。以 2015 年为例,美方从中国进口了 242 万吨钢材,仅占中国出口总份额的 2.1%。

资料来源:"美国提高中国冷轧钢关税至 522%",《北京商报》,2016 年 5 月 19 日。

[问题思考] 请结合本节所学的理论分析美国提高关税的影响。

[案例点评] 从进口国征收关税的成本与收益来看,美国的钢铁价格可能有所提高,但是提高的幅度有限,因为案例中仅提及美国针对中国征收高关税。中国的出口价格降低,甚至部分厂商退出出口市场。美国国内生产扩张,消费下降。由于钢铁价格更高,生产者剩余增加,而且生产扩张后,工人就业率提高,这也是促使美国对中国钢铁征收高关税的主要原因。国内消费者因更高的价格而蒙受损失,消费者剩余减少。政府提高关税后,关税收入是否增加,取决于出口商的价格弹性。

三、最优关税①

(一) 最优关税的含义

最优关税又称最佳关税,是指使一国贸易条件改善相对于其贸易量减少的负面影响的净所得最大化的税率。确定最优关税的条件是进口国由征收关税所引起的额外损失(边际损失)与额外收益(边际收益)相等。最优关税的确定可由图 10-1 说明。

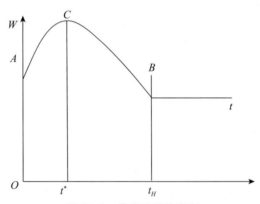

图 10-1 最优关税的确定

图 10-1 中,横坐标表示关税税率,纵坐标表示征收国的福利水平,曲线 AB 表示关税水平对福利的影响。A 点对应的关税为零,即 OA 代表自由贸易状况下的社会福利水平。t_H 表示禁止性关税,对应于该关税水平国内经济又回到了封闭状态下。所以,当关税水平等于 t_H 时,社会福利水平要低于自由贸易下的福利水平。如图所示,曲线 AB 在 C 点的切线斜率为

---

① 湛柏明:《国际经济学》,复旦大学出版社 2010 年版,第 107—108 页。

零,即在这一点,进口国的福利达到最高。对应于这一点的关税税率为 t^*,该税率即为最优关税率。

从以上分析可知,最优关税不会是禁止性关税,因为,在禁止性关税下,进口国不能得到任何因贸易而带来的经济利益;最优关税也不会是零关税,因为零关税也不能使进口国获得因贸易条件改善而带来的经济利益,因此,最优关税应该处在禁止性关税和零关税之间。

(二) 最优关税利益的来源

至于最优关税利益的来源问题,詹姆斯·布兰德(James Brander)和巴巴拉·斯潘塞(Barbara Spencer)认为,如果出口商在进口国市场上具有垄断力量,那么进口国对进口商品征收关税可迫使垄断厂商放弃一部分垄断利润,而这部分利润转移到了进口国,也就是说,进口国政府从出口厂商那里抽取了一部分垄断租金。因此,最优关税的利益实际上来自垄断厂商的一部分垄断利润。

(三) 最优关税的有效性分析

最优关税虽然指出,贸易保护可能使一国获得比自由贸易更多的利益,但这种利益的获得是以他国利益的牺牲为代价的。因为征收关税在改善进口国贸易条件的同时,它的贸易伙伴国的贸易条件恶化了,所以贸易伙伴国的利益会遭受损失。这种"以邻为壑"的做法自然容易遭到受害一方的报复。如果贸易伙伴国进行报复,反过来对来自原征税国的进口产品征收报复性关税,那么就会使得最初征收关税国家的目的落空,甚至可能引发关税战。

延伸阅读
最优关税与垄断租金图形分析

四、名义保护率与有效保护率

(一) 名义保护率

一国对进口商品征收保护关税可以产生保护国内市场和国内生产的作用。总体来讲,关税保护作用的大小取决于进口税率的高低。在其他条件相同的情况下,进口税的税率越高,对于本国生产同类产品部门的保护程度也就越高;反之,其保护程度就越低。名义保护率(Nominal Rate of Protection, NRP)的计算公式如下:

$$\text{NRP} = \frac{P - P^*}{P^*}$$

式中:P^* 代表自由贸易价格,P 代表进口商品的国内价格,包括国内关税,即 $P = P^* + T$,由于实际生活中看不到自由贸易价格,大多数经验研究便将产品的国际价格作为 P^* 的值。因此,名义保护率(名义税率、名义关税)是与自由贸易状况下相比较,征收关税后使货物产品价格的增长比例。

在现实经济中,影响进口商品国内外价格差的因素很多,除关税外,还有进口许可证、配额等非关税壁垒,外汇汇率和外汇管制,进出口价格补贴、生产补贴,国内外消费者的消费结构、消费习惯,文化差异等。因此,名义保护率是这些保护措施或影响因素共同作用形成的对国内生产的保护率。但考虑到关税是国际贸易中传统的、主要的保护手段,因此,在进行关税理论研究时,通常假定关税是唯一的保护措施。[①]

[①] 国务院关税税则委员会办公室、中华人民共和国财政部关税司:《中国关税——制度、政策与实践》,中国财政经济出版社 2011 年版,第 216 页。

（二）有效保护率

相对于名义保护率的有效保护率（有效关税率、实际保护率），将用于成品生产的原料和中间投入上的关税壁垒因素考虑在内，吸收了生产结构方面的信息，使其成为比名义保护率更为准确的测定保护程度的方法。

有效保护率(Effective Rate of Proction, ERP)是相对于自由贸易的增值而言，征收关税导致的该产业每个单位产品附加值增加的百分比。有效保护率的数值不仅取决于有关成品的名义关税，还受到所使用的原材料的进口关税，以及这些原材料在产品中所占比重的影响。

有效保护率通常定义为：

$$\text{ERP} = \frac{V_T - V_W}{V_W}$$

式中：V_W 是该部门在世界价格下的附加值，V_T 是实施贸易政策后的附加值。

第二节 非关税壁垒

一、非关税壁垒概述

（一）非关税壁垒的概念

关税并不是保护国内企业避免外国企业冲击的唯一手段。在各国之间的贸易活动中存在各式各样的非关税措施，被国际贸易学者称为非关税壁垒(Non-tariff Barriers)。非关税壁垒的概念可以概括为：一国政府为了调节、管理和控制本国的对外贸易活动，从而影响贸易格局和利益分配而采取的除关税以外的各种行政性、法规性措施和手段的总和。

延伸阅读
非关税壁垒的发展背景

（二）非关税壁垒的变化

在经济全球化进程不断推进的背景下，特别是20世纪90年代以来，非关税壁垒的形式呈现出更加隐蔽、技巧更高的特点，使其更加难以被区分出来。具体来看，大概有四个方面的变化：

第一，传统制度化的非关税壁垒不断升级。如反倾销的国际公共规则建立后，在制度上削弱了贸易壁垒的作用，但频繁使用反倾销手段又使其演化为新的贸易壁垒。

第二，技术性贸易壁垒成为主要形式。由于各国的科学技术发展水平不一致，所以技术标准在国家之间难以统一，这也就使得技术性贸易壁垒成为最复杂的非关税壁垒形式，并且其合理性也难有一致标准。

第三，绿色壁垒成为行之有效的新非关税壁垒形式。某些发达国家往往借环境保护之名，行贸易保护之实。

第四，政治色彩越来越浓。某些发达国家不断利用人权、劳工标准等带有政治色彩的非关税壁垒，借着贸易政策的外衣，肆意干涉别国内政。

（三）非关税壁垒的特征

无论非关税壁垒的形式如何变化，与关税措施相比，它都具有四个明显的特征：

第一，有效性。关税措施主要是通过影响商品价格来达到限制进口的目的，而非关税壁垒主要是依靠价格之外的因素，特别是具有强制性的行政机制来限制进口，因而能够更直接、更有效地保护本国市场与企业。

第二,隐蔽性。与关税措施不同,非关税措施既能以常规的海关检验要求的名义出现,又能巧妙地隐蔽在具体执行过程中,而并不需要做出公开规定,因此,往往难以明确地辨识出这类政策措施,所以增加了反对此类贸易壁垒的复杂性和艰巨性。

第三,歧视性。某些别有用心的国家通常会针对特定国家采取相应的限制性非关税措施,这样的举措也会更加强化非关税壁垒的歧视性。

第四,灵活性。关税措施是通常由立法程序制定,并且具有延续性的保护贸易政策,在现实情况下关税措施的灵活性十分有限。但是,非关税措施通常可以根据需要,运用行政手段做出及时且必要的调整,具有较强的灵活性。

二、非关税壁垒的主要表现形式

(一)动植物卫生检疫措施

1. 动植物卫生检疫措施的概念①

动植物卫生检疫措施(Sanitary and Phyto-Sanitary,SPS),是指用于保护人类或动物免受食物中的添加剂、污染物、毒素或致病生物体产生的危害;保护人类免于患上植物或动物携带的疾病;保护动物或植物免遭虫害、病害或致病生物体侵害;预防或限制虫害入境、流行或扩散对一国造成的其他伤害,以及保护生物多样性的相关检疫措施。需要指出的是,环境保护措施、消费者权益保护措施或动物福利保护措施不属于动植物卫生检疫措施。

动植物卫生检疫措施正在成为当今贸易保护的主要手段之一。多边贸易体制对动植物卫生检疫措施的认可,使原本为了维护人们健康和环境的动植物卫生检疫措施被一些国家利用,而成为贸易保护主义的主要手段。可以说,动植物卫生检疫措施将与关税和一般非关税壁垒措施一样,成为影响21世纪国际贸易发展的重要因素。伴随动植物卫生检疫措施被频繁使用,有关动植物卫生检疫措施的贸易纠纷越来越多。动植物卫生检疫措施对于农产品、畜产品、林业产品贸易有着巨大的影响。特别要指出的是,这些产品对于发展中国家的对外贸易是非常重要的,而且发展中国家的这些产品很难达到发达国家所设定的标准。

2. 动植物卫生检疫措施分类

具体来说,动植物卫生检疫措施可以分为六个大类,分别是:第一,出于动植物卫生检疫原因的进口禁令;第二,有关物质的残留许可限量和使用限制;第三,标签、标识和包装要求;第四,卫生要求;第五,杀灭最终产品中动植物虫害和致病生物体的处理手段;第六,生产或生产后流程的其他要求。

3. 动植物卫生检疫措施的特点

动植物卫生检疫措施具有的特点,决定了多边贸易协定不仅不可能将实施动植物卫生检疫措施的负面影响全部涵盖并予以解决,而且在法规制度层面的相关规定保证了动植物卫生检疫措施在实际运用中可以成为一种贸易壁垒手段。

首先,动植物卫生检疫措施具有多样性和易变性,并且动植物卫生检疫措施协议允许各国使用自己的检疫标准,从而导致标准的过分使用、滥用和故意歧视的产生。例如,在美国与加拿大交界的五大湖区中产的鱼类,美国以湖水中有污染物为由制定标准,拒绝进口在加

---

① 《非关税措施的国际分类(2012版)》,http://unctad.org/en/Pages/Home.aspx。

拿大一方水域中捕捞的鱼类,而对本国在同一湖里打捞的鱼类却不闻不问。

其次,虽然动植物卫生检疫措施鼓励进口国接受出口国的检疫标准,以便加强协调,减少贸易纠纷,但标准、检验方法的难以协调性使动植物卫生检疫措施的这一原则很难落实。例如,不少国家对出口国的检验证明不予信任,从制度上规定要在产品进入本国海关时再检验一次。这种重复检疫的做法常造成出口产品在时间上的延误,从而使出口商蒙受损失。

最后,动植物卫生检疫措施鼓励各国使用国际标准,并鼓励参考其他国际组织的标准。这一原则中的许多漏洞会为动植物卫生检疫措施成为贸易保护主义的工具打开方便之门。

由此可见,动植物卫生检疫措施不仅存在许多漏洞,而且在制度上留有充分的余地,从而使原本以防止动植物卫生检疫措施成为贸易保护主义工具的协议,为贸易保护主义打开了方便之门,使原本为人类健康、保护环境、保护动植物而制定的动植物卫生检疫措施有可能成为一种有效的、更为隐蔽的、披着科学外衣的贸易壁垒措施。

相关案例 10-3

中国苹果首次出口美国背后:17 年谈判与技术攻坚

历经 17 年、多轮技术磋商,中国苹果终于打入美国市场。须知,即便是当年中国加入 WTO,也仅仅耗费 15 年。

2015 年 6 月 2 日,华荣果业有限公司(以下简称"华荣果业")董事长黄新建从山西省出入境检验检疫局局长于洋手中接过中国苹果出口美国的第一份检疫合格证书。一辆满载山西运城苹果的集装箱运输车也从公司出发前往港口,运往美国。据国家质检总局的机关报《中国国门时报》报道,2015 年 1 月 21—25 日,在第 22 届中美双边植物检疫会谈上,中美双方终于就中国苹果输美植物检疫要求达成一致,形成了《中国苹果输往美国植物检疫工作计划》。

据《中国国门时报》报道,国家质检总局通过两方面进行突破:

一方面,借助在世贸组织《实施动植物卫生检疫措施的协议》例会上,提出贸易关注、组织双方专家开展技术研讨、邀请美方专家来华实地考察等多边或双边的接触机会,开展对美合作。

在国家质检总局的安排下,美国动植物检疫局分别于 2009 年 9 月和 2014 年 10 月,两次派代表团来山西对果园和包装厂进行了考察。尤其是后一次,考察团认为,山西的苹果出口注册果园、出口注册包装厂达到了出口美国的相关标准,口头承诺山西苹果可以出口美国市场。

另一方面,也是最重要的是破解技术难题。就美方提出的苹果可能携带的 800 多种有害生物,国家质检总局一一进行科学分析,按不同专业领域分别成立病害、昆虫、安全风险管理等专家组,查询、收集千余篇科技文献,分析并提出我方反驳意见,迫使美方将关注的有害生物名单压缩至 21 种。根据《中国鲜苹果输往美国植物检验检疫要求》,其中有 19 种为昆虫害,2 种为病害。

经历过 2011 年对澳谈判的黄新建说,中国的产品出口澳大利亚也遭遇了严苛的要求,中方需要证明出口的苹果不会对澳大利亚造成危害,比如,这些苹果在生长中是套袋的,农残无法进入;另外,即便发生病害,也不会随果实传播。

黄新建说,与美国主要就是谈风险评估,要说服对方,中国的苹果没有发生过美方提到的病虫害,或者不会对美国造成危害,所以,谈判一直曲折艰难。"谈判需要有技术支撑,不是谁的嗓门高谁就有理。"他说,谈判都是为了各自国家的利益,但要尽量说服对方。无理要求的确可能存在,但还是要看技术上的较量、国家综合实力是否强大,否则,谈判技巧再高,整个农业不发达,也是不行的。

质检总局连续多年在全国范围内针对实蝇等外来有害生物进行监测,取得了大量翔实的数据,使得美国最终认可中国北纬33°以北地区属实蝇非适生区,取消了果实低温冷处理的苛刻要求。苹果实蝇是实蝇的一种,多分布在加拿大、美国、墨西哥,在加拿大东南部和美国东北部为重要害虫;其幼虫钻入苹果,使之变色且质如海绵;主要以幼虫随被害果传播,有时蛹也可随被害果的包装物或寄主植物根部所带土壤,成虫也可随交通工具远距离传播。

针对水果表面的微小昆虫,质检总局组织专家研发并提出了高压气枪吹扫与水洗、毛刷、打蜡等易操作的措施。这些成果不但成功破解了美方的技术壁垒,在符合全球最严条件的同时,还大大节省了中国水果出口企业经营成本,在生产实践中得到广泛应用。

黄新建说,每个国家都保护本国农业,主要理由之一就是"防止病虫害侵入"。在过去的谈判中,中国一是技术不成熟,确实有些地方不达标;二是国力不强,无法跟美国取得平等的谈判地位。

资料来源:邵海鹏,"中国苹果首次出口美国背后:17年谈判与技术攻坚",《第一财经日报》,2015年6月23日。

[问题思考] 本案例对中国应对动植物卫生检疫措施有何启示?

[案例点评] 一方面,破解技术难题。如案例中所叙述的,针对美方的技术壁垒,从技术上进行突破,满足出口国的技术要求。另一方面,增强国力,提升谈判地位。动植物卫生检疫措施仍然是非关税壁垒的一种,被一些国家利用而成为贸易保护主义的主要手段,中国只有从贸易大国成为贸易强国,才能与欧美发达国家取得平等的谈判地位。

(二) 技术贸易壁垒

1. 技术性贸易壁垒概念

技术性贸易壁垒(Technical Barriers to Trade,TBT),是国际贸易中商品进出口国在实施贸易进口管制时通过颁布法律、法令、条例、规定,建立技术标准、认证制度、检验制度等方式,对外国进出口产品制定过分严格的技术标准、卫生检疫标准、商品包装和标签标准,从而提高进口产品的技术要求,增加进口难度,最终达到限制进口的目的的一种非关税壁垒措施。技术性贸易壁垒是目前世界各国,尤其是发达国家人为设置贸易壁垒、推行贸易保护主义的最有效手段,涉及贸易的各个领域和环节:农产品、食品、机电产品、纺织服装、信息产业、家电、化工医药等领域,包括它们的初级产品、中间产品和制成品,涉及加工、包装、运输和储存等环节。

2. 技术性壁垒的主要表现

(1) 技术法规与技术标准。技术法规就是由进口国政府制定与颁布的有关技术方面的法律、法令、条例、规则和章程,具有法律上的约束力。技术法规所涉及的范围包括环境保护、卫生与健康、劳动安全、节约能源、交通规则、计量、知识产权等方面,对商品的生产、质量、技术、检验、包装、标志以及工艺流程进行严格的规定和控制,使本国商品具有与外国同类商品所不同的特性和适用性。对于出口国厂商来说,向国外出口商品时就必须考虑并严格遵守进口国制定的技术法规,否则,进口国就有权对违反技术法规的商品限制进口,甚至扣留、销毁,直至提起申诉。

技术标准是指由公认的规则指南或机构所核准,供各国出口商和本国企业共同和反复使用的、不强制要求与其一致的一种文件。传统的标准和标准化活动,被认为是企业组织生产的技术依据,是企业生产技术诀窍的载体。而如今,标准化作为加速复杂产品贸易的一种不可缺少的语言和工具,已被公众广泛承认。出口商品只有符合进口国规定的标准,才准予进口,从而达到其限制或阻止商品进口的目的。美国、欧盟国家、日本等发达国家利用其在科学技术方面的优势,直接制定了有关技术的贸易保护法规和标准,以达到保护本国企业的目的。

在技术法规和技术标准的基础上推行合格认证制度,即借助合格证书或合格标志证明某项产品或服务是符合规定的标准或技术条件的活动。按照技术法规和标准的规定,对企业生产、产品、质量、安全、环境保护及其整个保证体系进行全面的监督、审查、检验,合格后授予国家或国外权威机构统一颁发的认证标志。一般来说,许多产品没有取得认证就无法进入这些国家的市场。认证工作涉及生产、流通、消费领域,是一项复杂的系统工程,对大多数发展中国家的企业来说,要获得国际著名机构的认证是相当困难的。目前,国际上著名的合格认证制度有 ISO9000 系列认证、IEC 电气设备安全标准认证、英国劳氏船舶等级社 LR 认证、欧盟 CE 认证及美国 UL 认证等。

(2)包装和标签要求。包装和标签要求是指包装设计、生产、制造和检验包装产品质量的技术依据,其目的是保障物品在贮存、运输和销售中的安全,实现科学管理的需要。世界各国对包装和标签都有细致入微的规定,有一部分规范的确是必需的,但某些规范标准也大大增加了出口商的成本,甚至有些特殊标准难以达到。世界各国颁布的有关包装的法律和法令,主要包括以下七个部分:①建立某些危险材料禁止使用制度;②建立存储返还制度;③强制执行再循环或再利用法律;④向生产包装材料的企业征收原材料税;⑤向产品生产企业征收产品包装税;⑥采取征收废物处置费的方法来鼓励再循环包装;⑦建立绿色标志制度。

世界各国在包装和标签上有着不一致的要求,相比于发展中国家,发达国家的要求普遍较高。美国是世界上食品标签法规最为完备、严谨的国家,新法规的研究制定处于领先地位,美国包装协会所制定的相关标准被广泛接受。欧盟理事会对容器、包装等做出了严格的规定,并一直通过产品包装、标签的立法来设置外国产品的进口障碍。中国政府同样重视包装和标签要求,于 2004 年 9 月 2 日成立中国包装联合会,其前身为成立于 1980 年的中国包装技术协会,该联合会的创立有利于制定统一的包装和标签要求,并积极与国际标准接轨。

3. 商品检疫和检验规定

商品检疫和检验规定是指国家出入境检验检疫部门根据国家法律法规规定,对规定的进出口商品或有关的检验检疫事项实施强制性的检验检疫,未经检验检疫或经检验检疫不符合法律法规规定要求的,不准输入输出。世界各国在检验和检疫标准上不尽相同,国与国之间存在一定的差别。美国利用其安全、卫生检疫标准对进口商品进行严格检查,不合要求的将被扣留,然后以改进、退回或销毁等方式处理。欧盟对其进口的食品,不但要求检验农药的残留量,还要求检验出口国生产厂家的卫生条件。日本对其进口的农畜产品实行严格的检疫、防疫制度,相关法律有《食品卫生法》《植物防疫法》《家畜传染病预防法》。目前,中国也成立了中国检疫服务网,是向进出口商品生产经营企业和社会各界提供综合性一体化服务的平台,目的是帮助企业培养人才、提高业务水平、保障商品质量、树立海外形象、促进国际贸易,在国际上树立中国制造与中国品牌形象,服务于国家经济建设和对外贸易。

4. 信息技术壁垒

信息技术壁垒是指在当今世界各国信息技术发展极不平衡、极不对称的背景之下,发达国家利用其占据信息资源的优势和信息技术的垄断地位,对发展中国家在经济贸易领域进行制约,最终达到保障本国企业并保持科技领先和促进经济发展等目的。信息壁垒具有两方面特征:第一,非均衡性,在信息资源的使用方面存在"马太效应",目前的信息优势差异将进一步扩大发达国家与发展中国家的信息支配差距,这种非均衡性不是短期内能改变的,发展中国家必须制定长期的发展规划、信息政策和法律法规等,以求把握战略机遇期的主动权。第二,整体性,信息资源作为整体是对一个国家、一个地区或一个组织的政治、经济、文化、技术等方面的全面反映,国家在信息资源的开发和管理上,应有系统和整体的观念,联合社会有形与无形资源,实现短期与长期目标的结合,发挥信息资源的功效性。

相关案例 10-4

世界各国食品标签"标新""立异"对中国食品出口产生重大影响

近年,全球食品行业同质化趋势渐显、非关税贸易壁垒加强。食品标识作为技术贸易壁垒的重要方法之一,世界各国食品标识新规频出现象亟待关注。

食品标识是保护性措施,也是食品内在信息最直观的体现,无论是自愿性的还是强制性的,均可区别产品特性,提高消费信任感。为了保护消费者健康、规范进出口食品贸易以及加强食品安全的风险控制,世界各国在食品标识管理中都制定了严格的法规标准,且日益完善和提高。

中国因食品标识不合格通报占国外通报的比例持续偏高,2014年为7.3%,2015年为4.7%,2016年上半年已达到8.5%。各国对于进口食品的市场准入门槛提高与法规更新速度提升,应引起中国食品行业的重视。

其一,多国不断制定和更新食品标签的强制性法规,食品标识关注面扩增,标注细节要求更严格。例如,2016年9月12日,洪都拉斯对"有机农产品"标签的描述进行规定,只有从事生产、加工、标识、贮存、认证的有机农产品的运输和销售的自然人或法人可以对其产品使用"有机(organic)""天然(biological)"或"生态(ecological)"以及类似的国际认可词汇标签及其简写形式。该标识对从事注册、生产及认证此类产品的公共和私营机构具有约束力。2016年9月3日,韩国对酒类销售容器强制要求标示"孕期饮酒对胎儿健康有害"的警示文字,并将饮酒引起疾病危险等警示文字加入警示语。

其二,法规更新跟进明显提速。美国作为食品进口大国,食品进口量呈逐年上升趋势,其食品消费中进口食品占15%,它是中国出口食品的重要目的地,而中国输美产品却屡遭通报。2016年1月至6月,中国共有365起输美食品化妆品被通报,其中标签不合格占到了13.7%以上。主要是营养成分标注不全、厂商名址内容不全、过敏原标注不符合要求、食品添加剂标注不规范、语言文字不规范、符合性检验不合格等原因。例如,出口美国的营养强化食品被通报未标注生产商、包装商、经销商的名称地址;糯米片因标签英文为红色字体,与美国标签法规中"品名必须为黑色字体"不符,遂以货物没有英文品名而被通报。

早在2016年5月,美国食药局就发布对原有的预包装营养标签规范进行了更新,适用于除由美国农业部监管的特定肉类、禽类和蛋制品外的所有包装食品。全新的食品营养标签将从2018年7月开始正式实施,年销量在1 000万美元以下的食品商将拥有更长的过渡期,最晚可在2019年开始使用新标签。美国食品标签规范已实行20多年,除2006年要求添加反式脂肪含量的小改动外,一直没有进行过大的修改。此次是美国实行食品营养标签规定以来的第一次重大改革,更新的主要内容包括每次食用分量;增加标注"添加糖"、维生素D和钾;删除强制标注维生素A、维生素C和"来自脂肪的热量"等标识。

资料来源:"世界各国食品标签'标新''立异'对中国食品出口产生重大影响",中国日报网,2016年9月21日。

[问题思考] 新规的实施对企业有哪些影响?

[案例点评] 首先,增加企业管理成本。为加强标签全过程管理,企业在内部管理流程和制度上增加标签审核、制作、保管、领用和粘贴的管理环节。其次,增加企业人力资源成本。每年WTO成员方发布食品标签通报近40条,因而企业需配备专业人员,关注研究出口国标签要求新变化。最后,增加企业检测费用。出口食品被通报,不仅会导致退运销毁等损失,而且将使产品在其他国家或地区的进销渠道受潜在风险影响。

三、其他非关税壁垒

1. 绿色贸易壁垒

根据目前国内外学界比较认可的观点,绿色贸易壁垒(Green Barriers to Trade,GBT)就是以保护自然资源、生态环境和人类健康为名,通过制定一系列复杂苛刻的环保制度和标准,对来自其他国家和地区的产品与服务设置障碍限制其进入国内,并达到保护本国市场目的的一种新型非关税壁垒。绿色贸易壁垒可以说是新贸易保护主义与环境保护运动相结合的产物。它的运用在一定程度上可以加强对世界环境的保护,但是在贸易领域的泛滥又会使得新贸易保护主义再次盛行,所以,绿色贸易壁垒有着深刻的历史背景。世界各国特别是发达国家将环境保护与国际贸易相关联以后,必然会制定并实施大量的绿色贸易壁垒措施,表现形式多种多样,大致可归纳为六种类型,分别是:第一,绿色关税制度;第二,环境许可证制度;第三,绿色补贴制度;第四,环保技术标准;第五,绿色检验检疫措施;第六,绿色环境标志。

2. 进口配额

进口配额(Import Quotas)又被称为进口限额,是一国政府在一定时期内,对某些商品的进口数量或金额加以直接限制。在规定的期限内,配额以内的货物被允许进口,超过配额不被允许进口,或者征收较高的关税或罚款。进口配额制度是进口国实施数量限制的主要手段之一。根据控制的力度和调节手段的不同,进口配额可分为绝对配额和关税配额两种类型。

(1) 绝对配额(Absolute Quotas)即在一定时期内,一国政府对某些商品的进口数量或金额规定一个明确的最高限额,当进口数量或金额达到规定数额后,对于该类商品的进口就不再被允许。在具体实施过程中,绝对配额存在以下三种方式:

一是全球配额(Global Quotas),它属于世界范围的绝对配额,对来自任何国家或地区的商品一律适用。在具体的实施过程中,一国的主管部门通常按本国进口商的申请情况,划定某一时期的进口实际额度,该额度适用于本国的所有进口商以及出口于本国的所有国家和地区,当进口数量或金额超过总配额时,进口就不再被允许。

二是国别配额(Country Quotas),它属于针对特定国家的绝对配额形式,即在总配额内按国别和地区再进行相应的划分,若进口来源于某一国的数量超过该配额,那么来自该国的进口就不再被允许。实行国别配额措施,可以使进口国根据其国际政治经济关系情况,分别给予不同国家不同的配额,以示区别。国别配额又可以细分为单方面配额和协议配额。单方面配额又称自主配额,是由进口国单方面规定在一定时期内从某个国家或地区进口某些商品的配额;协议配额是由进口国与出口国双方通过谈判达成协议,规定某种商品的进口配额。

三是进口商配额(Importer Quotes),它属于针对国内特定进口商的绝对配额形式,即进口国政府将某些商品的配额直接分配到进口商,此额度意味着该进口商的进口数量。在实际应用的过程中,政府通常将配额分配给大型垄断企业,中小进口商难以分到配额或者所分配的数量较少。

(2) 关税配额(Tariff Quotas)即对商品的进口绝对数额或金额不加以限制,而是对在一定时期内,对配额以内的进口商品给予低税、减税或免税待遇,对超过配额的进口商品则征收较高的关税或附加税甚至罚款。可以说,这种进口配额制度与关税措施直接结合,在实际应用中具有一定的灵活性。

3. 自愿出口限制

自愿出口限制(Voluntary Export Restraints, VERs)是指商品出口国在进口国的要求或压力之下,自愿地限制某种商品在一定时期内的出口数量或出口金额。事实上,自愿出口限制并非出自"自愿",它是在进口国的压力下实施的限量出口的措施,因而它与配额有相似之处。不过,前者是一种主动配额。

自愿出口限制主要有两种形式:第一种是协定的自愿出口限制,即出口国与进口国通过谈判来规定出口限额,也有通过国际协定达成的;第二种是非协定的自愿出口限制,是由出口国单方面限制出口,即在进口国的压力下,出口国在一定时期内"自动限制"某些商品出口的金额或数量,它没有国际协定的约束。

4. 蓝色贸易壁垒

蓝色贸易壁垒(Blue Barriers)是指以劳动者劳动环境和生存权利为借口采取的贸易保护措施。蓝色贸易壁垒由社会条款而来,是对国际公约中有关社会保障、劳动者待遇、劳工权利、劳动标准等方面规定的总称,它与公民权利和政治权利相辅相成。蓝色贸易壁垒的核心是SA8000标准,包括核心劳工标准(涉及童工、强迫性劳动、自由权、歧视、惩戒性措施等内容)、工时与工资、健康与安全、管理系统等方面。SA8000标准强调企业在赚取利润的同时,要承担保护劳工人权的社会责任。蓝色贸易壁垒产生是发展中国家和发达国家在国际市场上竞争关系失衡后的一种调整。

随着关税和一般非关税贸易壁垒不断削弱,蓝色贸易壁垒越来越多地被贸易保护主义者所利用,成为限制发展中国家劳动力密集型产品出口的有利工具,其在运用中有以下五个特点:第一,名义上合法;第二,形式上隐蔽;第三,实质上的歧视性;第四,波及范围更广泛;第五,影响更为深远。从理论上来说,以SA8000条款为代表的蓝色贸易壁垒反映了人类社会对企业发展的社会期待,它超越了"企业以获取利润作为唯一目标"的传统观念,强调生产过程中对人的价值的关注,强调企业的社会责任与人文关怀,具有积极的意义。但是,从当前国际贸易的实践来看,发达国家极力推广"蓝色条款"通常是从其自身利益出发,达到贸易保护主义者限制发展中国家劳动密集型产业的出口以保护其国内市场的目的。

5. 进口许可证制

进口许可证制是指商品的进口,事先要由进口商向国家有关机构提出申请,经过审查批准并发给进口许可证后,方可进口,否则一律不许进口。从与进口配额的关系上看,进口许可证可分为两种:第一,存在定额的许可证,即政府有关机构预先规定有关商品的进口配额,然后在配额的限度内,根据进口商的申请对于每一笔进口货发给进口商进口许可证,一般只允许一定数量进口而非全部申请数量;第二,无定额的进口许可证,即进口许可证不与进口配额相结合。

按照进口许可的程度来分,进口许可证一般可分为两种:第一,公开一般许可证,又称公开许可证或一般许可证,凡是列明属于公开一般许可证的商品,进口商只要填写公开一般许可证后,即可获准进口;第二,特种进口许可证,进口商必须向政府有关当局提出申请,经政府有关当局逐笔审查批准后才能进口。

6. 最低限价

最低限价又称保护价,是指一国政府对某种进口商品规定的最低价格界限,即当进口货物的价格低于规定的最低价格时,则对其征收进口附加税或禁止进口。这是一种非关税保护措施。按照1981年正式生效的新估价法规的要求,最低限价的估价方法在关贸总协定成员中被禁止使用。这是因为,最低限价是对以成交价格为估价基础的估价制度的否定,违背了新法规确立的估价原则。但是,在新估价法规议定书中,发达成员国对发展中成员国就这一问题作了让步,同意发展中成员在过渡时期内保留最低限价的做法,以缓和因实施新法规而引起的财政收入减少的矛盾。政府制定最低限价政策,可能出于以下三个原因:①保护生产者收入;②避免产品短缺;③保护并扶植某些行业的发展。

7. 外汇管制

外汇管制是一国政府通过法令对国际结算和外汇买卖实行限制来平衡国际收支和维持本国货币汇价的一种制度。在实行外汇管制的国家,出口商必须把出口所得到的外汇按官定汇率卖给外汇管制机关,进口商也必须在外汇管制机关按官定汇价申请购买外汇。一些国家往往与许可证制度结合使用来控制进口商品品种、数量和进口国以及用汇数额,从而达到平衡国际收支、保护国内市场的目的。这种方式一般被称为数量性外汇管制。另外,有些发展中国家还实行复汇率制度,利用外汇买卖成本的差异,间接影响不同商品的进出口,一般被称为成本性外汇管制。

第三节 出口鼓励措施与出口管制

一、出口鼓励措施

出口鼓励政策无论是对于实施保护主义的国家,还是实施自由贸易的国家,都是其贸易政策的重要组成部分。由于它会通过推动出口贸易的发展带动国内经济增长的良性循环,扩大进口能力,所以一直受到各国政府的重视。出口鼓励措施主要包括信贷政策、资本政策以及组织政策等。

（一）信贷政策

1. 出口信贷

出口信贷(Export Credit)是指一个国家的银行为了鼓励本国商品的出口，加强本国出口商品的竞争力，对本国的出口厂商、外国的进口厂商或进口方银行提供的贷款。出口信贷通常是在出口成套设备、船舶、飞机等商品时由出口方银行提供的，因这类商品价格高昂，进口方难以马上支付，而若得不到货款，出口商又无法正常进行资金周转，这就需要有关银行对进口方或出口方提供资金融通，促成生意，扩大本国商品出口。

出口信贷分为卖方信贷和买方信贷两类。

卖方信贷(Supplier's Credit)是指由出口方的官方金融机构或商业银行向本国出口商（即卖方）提供的贷款。这种贷款合同由出口厂商和银行签订。在国际贸易中，出口厂商与进口厂商的谈判如果涉及金额较大的商品贸易，进口厂商一般要求采用延期付款或长期分期付款的办法来支付货款，并且往往把其作为成交的一个条件。但这类付款方式等于在一定时间里占用了出口厂商的资金，从而会影响到出口厂商的资金周转乃至正常经营。在这种情况下，就需要出口国银行对出口商提供信贷资金，卖方信贷便应运而生。

买方信贷(Buyer's Credit)是出口方银行直接向进口厂商（买方）或进口方银行提供的贷款，用以支持进口商进口贷款国商品。买方信贷是约束性贷款，贷款合同以贷款必须用以进口贷款国的商品为条件，并常常以签订的商品贸易合同为准。

2. 出口信贷国家担保制

出口信贷国家担保制(Export Credit Guarantee System)是指国家为了鼓励商品出口，对于本国出口厂商或商业银行向外国进口厂商或银行提供的贷款，由国家设立的专门机构出面担保，当外国债务人拒绝付款时，这个国家机构即按照承保的数额予以补偿的一种制度。

出口信贷保险由国家承担原因有二：其一，出口信贷涉及的金额一般都比较大，往往是私人保险公司无力承担的，为了促进出口，发达国家纷纷拨出资金，设立专门机构出面为出口信贷保险，如美国的出口信贷保险协会、海外私人投资保险公司、美国商品信贷公司，英国的出口信贷担保局，法国的法兰西对外贸易保险公司，日本通产省的出口担保局等。其二，为了最大限度地减少出口信贷保险的风险，保险人必须全面准确地了解和把握进口国国内政治经济状况和变化以及进口商的资信程度与经营情况。这项工作也是一般的保险公司所难以做到的，所以通常在国家承担经济责任的前提下，政府把信贷保险业务交给专门的出口信贷保险机构经营。也有极少数国家是委托本国私人保险公司代理出口信贷保险业务，但其经济责任也是由国家承担的。

（二）资本政策

资本政策是指出口国政府通过资本输出来带动本国出口贸易的发展。资本输出包括生产资本输出（即对外直接投资）和借贷资本输出（即对外间接投资）。资本输出之所以能推动输出国出口贸易的发展，主要表现在以下几个方面：

（1）资本输出国在输出资本时往往要求资本输入国接受一些附加条件，这些条件通常都是承诺从资本输出国购买一定数额的商品，而这些商品一般是资本输出国的过剩产品。

（2）生产资本的输出是在国外进行直接投资，目前大部分采取了跨国公司的形式，而这些跨国公司海外子公司和分公司的建立往往要求配套输出本国生产的设备、材料和零配件等,这也就意味着资本输出国一定规模的出口,这种出口甚至在进入受资国时可享受免税或优惠关税的待遇。

(3) 对外直接投资在他国生产的产品总有一部分会在投资所在国获取销售市场,也就是说这部分产品已经跨过了该国对进口产品设置的各种关税和非关税壁垒;如果这些产品用于对外出口,那么它们还将享受投资所在国所给予的有关鼓励本国产品出口的优惠。

(4) 借贷资本输出也能促进出口。借贷资本输出有很多是对外国进口商或进口国银行的约束性贷款,即前面所提到的出口的买方信贷,而贷款接受国通常对买方信贷持欢迎态度,并提供一些优惠或便利。这种情况下资本输出和出口增长的相关率达到 1∶1,资本输出完全表现为出口增长。

20 世纪 90 年代以来,资本输出已被广大发达国家所利用,作为推动本国出口的重要手段。资本输出的重点转为直接对外投资,流向已由原来的发展中国家转为发达国家及亚太新兴工业化国家和地区,且呈现出大规模流入高技术产业和服务行业的趋势,这些都表现出强烈的以资本输出替代出口的倾向。资本输出作为一种较为隐蔽的出口鼓励政策越来越受到出口国和进口国的重视。许多国家已采取以"国产化要求"为代表的措施来阻碍别国借资本输出为名的大规模出口。

(三) 组织政策

1. 设立专门的促进出口的组织机构

一些国家和地区为促进出口,成立了专门的组织机构,研究与制定出口战略。如美国在 1960 年成立了扩大出口全国委员会,向美国总统和商务部长提供有关改进鼓励出口的各项措施的建议和资料;1979 年 5 月,美国又成立了直接由总统领导的出口委员会。日本政府于 1954 年专门设立了高级的综合协调机构——最高出口会议,负责制定出口政策,以及为实现出口目标而在各省之间进行综合协调。韩国从 1965 年起建立了出口扩大振兴会议制度,该会议每月召开一次,专门研究扩大出口的问题。

2. 设立专门的市场调研机构①

发展出口贸易,国际市场动向的信息尤为重要。为此,许多国家都设立了官方或官方与民间混合的商业情报机构,在海外设立商业情报网,专门负责向国内出口企业提供国际市场的商务信息。这类活动一般由国家出资进行,收费很少甚至免费,而且信息较准确,传递速度较快。如英国的海外贸易委员会设有出口信息服务部,向有关出口商提供信息,以促进商品出口。日本贸易振兴会其前身就是 1951 年设立的海外市场调查部,因而也是一个从事海外市场调查并向企业提供信息服务的机构。瑞士和中国香港规定,从关税收入中提取相当于出口额 5% 的资金用于调研市场和获取商业情报。

3. 设立贸易中心、组织贸易展览会和贸易代表团

设立贸易中心、组织贸易展览会是对外宣传本国产品、扩大出口的一个重要途径。贸易中心是永久性设施,可以提供陈列展览场所、办公地点和咨询服务等。贸易展览会是流动性展出,有的是集中在国内展出,吸引外商参加,有的则派代表团到国外宣传展览本国产品。政府通常对这类展出提供多方面援助,如德国企业出国展览,政府一般负担展品运费、场地费和水电费等。中国近年来也比较重视这方面的促销措施,国内以"广交会"为龙头的各类

---

① 赵春明:《国际贸易》,高等教育出版社 2013 年版,第 175 页。

交易展览洽谈会为促进中国出口贸易作出了巨大的贡献。有些国家为了发展外贸或平衡外贸,常由政府出面组织贸易代表团出访。这类代表团在国外既采购商品也推销商品。

4. 对出口厂商施以精神鼓励①

第二次世界大战结束后,各国对出口商给予精神奖励的做法日益盛行,经常组织出口商的评奖活动,对出口成绩显著的出口商,由国家授予奖章和奖状,并通过授奖活动宣传它们扩大出口的经验。美国、日本、法国等国家对出口业绩卓著的企业授予各种奖章、证书,奖励它们对于本国经济特别是国际收支平衡作出的贡献。如日本政府把每年的6月28日定为贸易纪念日,每年的这一天,由通产大臣向出口成绩卓著的厂商颁发奖状,另外还采取由首相亲自写感谢信的办法表彰出口成绩卓越的厂商。

延伸阅读
出口鼓励的其他政策

二、出口管制

(一)出口管制的定义

出口管制(Export Control)是指一国政府通过建立一系列审查、限制和控制机制,以直接或间接的方式防止本国限定的商品或技术通过各种途径流通或扩散至目标国家,从而实现本国的安全、外交和经济利益的行为。

出口管制的主要目的如下:

①保护国内制造业的原料供应,防止因出口过多而影响本国经济发展;②保护国内市场价格平稳,避免国外的过度需求而引发国内通货膨胀;③保护技术和高技术产业,避免国外竞争对手利用本国技术壮大经济实力,在很大程度上是针对技术水平比较低的国家;④保护和推动国内市场的制成品出口,限制出口会相应增加管制商品的国内供给,并能使其价格下降,原料价格下降可以降低生产成本并推动制成品出口;⑤保护国内资源,防止一些自然资源的枯竭;⑥保护具有经济价值和文化价值双重性的珍贵工艺品、古董以及文化遗产不外流,用"出口管制"的办法来达到弘扬民族文化的目的;⑦对某些国家实行歧视,控制某些商品或全部商品不对敌对国或不友好国家出口,遏制这些国家的生存和发展,发达国家用"出口管制"这种经济手段迫使他国改变对内对外的政策,干涉他国内政;⑧在战争时期,以封锁和禁止商品出运作为在政治、经济上打击对手的一种手段。

(二)出口管制的原因②

1. 政治原因

政治原因往往是实行出口管制的主要原因。"冷战"时期结束以后,世界政治格局出现新的变化,为了稳定国家新秩序、促进国际政治环境的稳定,破坏世界安定的战争行为自然要受到世界各国人民的谴责。联合国在国际事务中发挥着日益重要的作用,对实行战争侵略的国家实行制裁,其中禁运就是迫使发动战争的国家停止侵略行为的主要措施。如伊拉克发动了对科威特的战争后,联合国安理会便通过了对伊拉克全面禁运的决议。世界各国都必须根据联合国的禁运决议实行对该国的出口管制。西方国家对实行恐怖主义的国家也实行了不同形式的禁运。如对利比亚造成的洛克比空难事件,美、英、法三国于1992年4月

---

① 张玮:《国际贸易》,高等教育出版社2011年版,第281页。
② 李俊江:《国际贸易》,高等教育出版社2008年版,第198页。

促使联合国通过决议,对利比亚实行空中封锁和武器禁运。

2. 军事原因

核战争是全世界人民面临的最大威胁,为了彻底制止核战争的爆发,禁止无核国家发展核武器,国际社会通过了《核不扩散条约》,各国都有义务对可能用于核武器制造的技术与装置、原料的出口实行出口管制。同样,国际社会也禁止生化武器的研究与使用,有关生化武器及其原材料的出口也应受到限制。西方国家为了在军事上遏制社会主义国家,对武器及相关技术设备和战略物资向社会主义国家的输出也予以限制。

3. 经济原因

发达国家为了保持技术上对其他国家的领先地位,对高技术及相关产品的出口加以限制。为了缓和与进口国在贸易上的摩擦,在进口国的压力下,出口国实行"自动"限制出口。为了保护国内的生产秩序和资源,需要对某些物资的出口也加以限制。

4. 其他原因

如为了人权目的,禁止劳改产品出口;为了保护地球生态环境和濒危动植物,对一些物资进行全球性的贸易禁运;为了国家文化发展、保护历史文物,对一些特殊商品的出口实行管制。

(三) 出口管制商品的类别

需要实行出口管制的商品一般有以下几类:

(1) 战略物资和先进技术资料,包括军事设备、武器、军舰、飞机、先进的电子计算机和通信设备、先进的机器设备及其技术资料等。对这类商品实行出口管制,主要是从国家安全和军事防务的需要出发,以及从保持科技领先地位和经济优势的需要考虑。

(2) 国内生产和生活紧缺的物资。对这类商品实行出口管制,目的是保证国内生产和生活需要,抑制国内该商品价格上涨,稳定国内市场。如西方各国往往对石油、煤炭等能源商品实行出口管制。

(3) 需要"自动"限制出口的商品。这是为了缓和与进口国的贸易摩擦,在进口国的要求下或迫于对方的压力,不得不对某些具有很强国际竞争力的商品实行出口管制。

(4) 历史文物和艺术珍品。这是出于保护本国文化艺术遗产和弘扬民族精神的需要而采取的出口管制措施。

(5) 本国在国际市场上占主导地位的重要商品和出口额大的商品。对于一些出口商品单一、出口市场集中,且该商品的市场价格容易出现波动的发展中国家来讲,对这类商品的出口管制,目的是稳定国际市场价格、保证正常的经济收入。比如,欧佩克(OPEC)对成员国的石油产量和出口量进行控制,以稳定石油价格。

(四) 出口管制的手段

一国控制出口的方式有很多种,例如可以采用出口商品的国家专营、征收高额的出口关税、实行出口配额等,但是出口管制最常见和最有效的手段是运用出口许可证制度。出口许可证分为一般许可证和特殊许可证。

1. 一般许可证

一般许可证又称普通许可证,这种许可证相对较易取得,出口商无须向有关机构专门申请,只要在出口报关单上填写这类商品的普通许可证编号,在经过海关核实后就办妥了出口许可证手续。

2. 特殊许可证

出口属于特种许可范围的商品,必须向有关机构申请特殊许可证。出口商要在许可证上填写清楚商品的名称、数量、管制编号以及输出用途,再附上有关交易的证明书和说明书报批,获得批准后方能出口,如不予批准就禁止出口。

3. 多边出口管制

所谓多边出口管制,是指一些国家为协调彼此的出口管制政策和措施,通过达成共同管制出口的协议,建立国际性的多边出口管制机构,共同制定多边出口管制的具体措施,以期达到共同的政治和经济目的。"冷战"时期存在的巴黎统筹委员会就是一个典型的国际性多边出口管制机构。

巴黎统筹委员会本名为输出管制统筹委员会,正式成立于1950年1月,其总部设在巴黎。该组织由美国、英国、法国等17个国家组成。1950年年初,该小组下设调查小组,主管对苏联、东欧等的国家"禁运"。1952年又增设了所谓"中国委员会",以加强对中国的"经济封锁"和"禁运"。在整个"冷战"期间,巴黎统筹委员会对封锁和禁止高技术及战略性物资向社会主义国家的输出发挥了重要的作用。随着"冷战"的结束,巴黎统筹委员会已于1994年宣告解散。虽然这种多边出口管制的组织机构已不复存在,但是其后续影响仍是不可低估的。

总之,出口管制仅是国家管理对外贸易的一种经济手段,也是对外实行差别待遇和歧视政策的政治工具。20世纪70年代以来,各国的出口管制有所放松,特别是出口管制政治倾向有所减弱,但它仍作为一种重要的经济手段和政治工具而存在。

三、出口倾销与反倾销

(一) 出口倾销

1994年关贸总协定乌拉圭回合谈判达成的《关于实施1994年关税与贸易总协定第六条的协议》(以下简称《反倾销协定》)是目前最具权威的国际反倾销法。该协定第2条第1款对倾销的定义作了明确的规定:"如果在正常贸易过程中,某项产品从一国出口到另一国,该产品的出口价格低于在其本国内消费的相同产品的可比价格,亦即以低于其正常的价值进入另一国的商业渠道,则该产品将被认为是倾销。"具体来看,倾销分为商品倾销和外汇倾销。

1. 商品倾销[①]

商品倾销是指一些国家的出口企业以低于国内市场的价格,甚至低于商品生产成本的价格,在国外市场抛售商品,打击竞争者以占领市场。商品倾销通常由私人企业进行,但是随着国家对经济生活介入的程度不断加深,一些国家也设立了专门机构直接对外进行商品倾销。例如,美国政府设立的农产品信贷公司,实施价格支持政策,以高价在国内收购过剩的农产品,而按照比国内低一半的价格在国外倾销农产品。

按照倾销的具体目的和时间长短的不同,商品倾销可以分为以下几种形式:

(1) 偶然性倾销。偶然性倾销(Sporadic Dumping)通常是因为销售旺季已过,或因公司改营其他业务,在国内市场上不能出售"剩余货物",而以倾销方式在国外市场抛售。这种倾

---

① 张玮:《国际贸易》,高等教育出版社2006年版,第265页。

销对进口国同类商品的生产当然会造成不利的影响,但由于时间短暂,进口国通常较少采用反倾销措施。

(2) 掠夺性倾销。掠夺性倾销(Predatory Dumping),也叫间歇性倾销(Intermittent Dumping),是以低于国内价格甚至低于成本的价格,在某一国外市场上销售商品,在打垮或摧毁所有或大部分竞争对手、垄断市场之后,再提高价格。这种倾销的目的是占领、垄断和掠夺国外市场,获取高额利润。具体来说,有的是为了击垮竞争对手,以扩大和垄断产品的销路;有的是为阻碍当地同类产品或类似产品的生产和发展,以继续在当地市场维持其垄断地位;有的是为了在国外建立和垄断新产品的销售市场;等等。这种倾销严重地损害了进口国家的利益,因而许多国家都采取征收反倾销税等措施进行抵制。

(3) 长期性倾销。长期性倾销(Long-run Dumping)是企业长期以低于国内市场的价格,在国外市场出售商品。这种倾销具有长期性,其出口价格至少应高于边际成本,否则商品出口企业将长期亏损。因此,倾销者往往利用规模经济优势,扩大生产以降低成本。有的出口厂商还可以通过获取本国政府的出口补贴来进行这种倾销。

2. 外汇倾销[1]

(1) 外汇倾销的含义。外汇倾销(Exchange Dumping)是出口企业利用本国货币对外贬值的机会,争夺国外市场的特殊手段。当一国货币贬值后,出口商品以外国货币表示的价格降低,从而该商品的价格竞争能力提高,扩大出口。外汇倾销会产生两种有利于本国贸易的效应:①外汇倾销的本币贬值会降低本国出口产品的价格水平,从而提高出口产品的国际竞争力,扩大出口;②外汇倾销使外国货币升值,提高了外国商品的价格水平,从而降低进口产品的国内市场竞争力,有利于控制进口规模。

(2) 外汇倾销的条件。外汇倾销不能无限制和无条件地进行,只有具备以下两个条件才能起到扩大出口的作用:

第一,货币贬值的程度大于国内物价上涨的程度。货币贬值必然引起一国国内物价上涨。当国内物价上涨程度赶上或超过货币贬值的程度时,对外贬值对国内贬值差距也随之消失,外汇倾销的条件也不复存在了。但是,国内价格与出口价格的上涨总要有一个过程,并不是本国货币一贬值,国内物价立即相应上涨。在一定时期内它总是落后于货币对外贬值的程度,因此出口企业就可以获得外汇倾销的利益。

第二,其他国家不实行同等程度的货币贬值和采取其他报复性措施。如果其他国家也实行同等幅度的贬值,那么两国货币贬值幅度就相互抵消,汇价仍处于贬值前的水平,而得不到货币对外贬值的利益。如果外国采取提高关税等其他限制进口的报复性措施,也会起到抵消出口国货币贬值的作用。

(二) 反倾销[2]

1. 反倾销的概念

反倾销的初衷是消除不公平竞争,维护市场公平秩序。可以将反倾销概括为:当出口商的价格歧视给进口国相关行业造成损害时,其产品在进口国将会受到法律的制裁。

2. 反倾销的认定条件

早在 1947 年的《关贸总协定》中,就有关于反倾销的相关规定,但其内容非常模糊,难以

---

[1] 张玮:《国际贸易》,高等教育出版社 2006 年版,第 266 页。
[2] 赵春明、魏浩、蔡宏波:《国际贸易》,高等教育出版社 2013 年版,第 230 页。

对各成员国的倾销行为形成有效的约束,反而给反倾销措施的滥用提供了可乘之机。东京回合多边贸易谈判对《关贸总协定》中关于反倾销的规定加以具体化,将部分模糊性内容明确化,制定了较为细致的针对反倾销的规则,但在实际贸易中的应用仍很难令成员国满意,未能有效地遏制倾销行为和反倾销行为的滥用。在20世纪90年代的乌拉圭回合多边贸易谈判中,终于制定出了较为完善的反倾销协议,该反倾销协议也成为各成员国遵守的国际规则。

根据《反倾销协议》,只有具备以下三个条件,成员方才可以采取反倾销措施:

第一,存在倾销行为。倾销是指一个产品的出口价格低于出口方本国市场中同类产品的价格。因此,在确定出口某种产品是否存在倾销行为时,必须比较该产品的出口价格与该产品在出口方国内的销售价格。如果前者低于后者,即被认为存在倾销行为。但是,如果出口方国内市场销售行为不正常或者销售量小于规定值时,倾销行为的确定不能根据出口价格和出口方国内销售价格的比较,而应该将出口价格同以下两者之一进行比较:①同类产品出口到第三国的可比价格;②在进口产品生产成本加上一般费用、销售与管理费用和利润的基础上计算出来的推定价值。

第二,存在实质损害。实质损害的认定是进口国采取反倾销措施的必要条件。根据《反倾销协议》,实质损害有三种表现形式:①倾销行为对进口国国内行业的实质损害;②倾销行为对进口国国内行业产生实质威胁;③倾销行为对进口国新建产业产生实质阻碍。实质损害被定义为以下两点:①由于倾销使得进口国的进口大量增加,并且相对于进口国的生产或消费水平而言,出现绝对增加或者相对增加的现象;②进口产品的价格促使国内生产的同类产品价格下降,或者说是阻碍其价格的提高。

延伸阅读
反倾销的程序

第三,倾销行为与实质损害之间存在因果关系。进口国如果要采取反倾销行动,除了证明倾销行为确实存在,以及国内相关行业确实受到损害,还必须证明倾销行为和实质损害之间存在因果关系,即证明进口国国内相关行业的损害是由于进口倾销产品所造成的。

本章小结

1. 关税是指一国政府对流入或流出该国国境的商品课征的一种税。按照不同的标准,关税有多种分类方法。按征收对象分类,关税可分为进口关税、出口关税和过境关税;按征税计征标准分类,可分为从价税、从量税、复合税、滑准税;按货物国别来源而区别对待的原则,可分为最惠国关税、协定关税、特惠关税和普通关税等。

2. 最优关税又称最佳关税,是指使一国贸易条件改善相对于其贸易量减少的负面影响的净所得最大化的税率。确定最优关税的条件是进口国由征收关税所引起的额外损失(边际损失)与额外收益(边际收益)相等,最优关税应该处在禁止性关税和零关税之间。

3. 有效保护率是将用于产品生产的原料和中间投入上的关税壁垒因素考虑在内,吸收了生产结构方面的信息,使其成为比名义保护率更为准确的测定保护程度的方法。有效保护率的数值不仅取决于有关成品的名义关税,还受到所使用的原材料的进口关税,以及这些原材料在产品中所占比重的影响。

4. 非关税壁垒是指一国政府为了调节、管理和控制本国的对外贸易活动,从而影响贸易格局和利益分配而采取的除关税以外的各种行政性、法规性措施和手段的总和。与关税措施相比,非关税壁垒具有有效性、隐蔽性、歧视性以及灵活性四个特征。

5. 出口倾销主要可以分为商品倾销和外汇倾销。其中商品倾销为主要表现形式,商品倾销又可以分为偶然性倾销、间歇性或掠夺性倾销以及长期性倾销。反倾销指对外国商品在本国市场上的倾销所采取的抵制措施,反倾销税为主要表现形式。

推荐阅读

1. Diakantoni, Antonia, Escaith, Hubert., "Trade in Tasks, Tariff Policy and Effective Protection Rates", WTO Staff Working Paper, 2014.

2. 林伯强、李爱军:"碳关税的合理性何在?",《经济研究》,2012 年第 11 期,第 118—127 页。

3. 郑春芳、赵亚平:"'碳关税'对我国出口贸易的影响及对策",《经济纵横》,2011 年第 3 期,第 48—52 页。

4. 鲍晓华、朱达明:"技术性贸易壁垒的差异化效应:国际经验及对中国的启示",《世界经济》,2015 年第 11 期,第 71—89 页。

5. 李硕:"国际技术性贸易壁垒的新态势及对我国的影响",《经济纵横》,2015 年第 12 期,第 111—115 页。

复习思考题

1. 关税如何影响世界价格?

2. 关税的成本和收益是什么?

3. 在自由贸易下,一辆汽车的价格为人民币 30 万元,其中投入品(零部件等)的价格为 15 万元,占其成品(汽车)价格的 50%,余下的 15 万元是国外加工增值额。如果中国自行进口零部件在国内组装汽车,投入系数仍然为 50%。如果对汽车进口征税 10%,零部件进口免税,试计算其有效保护率。

4. 最优关税是如何确定的?

5. 简要说明非关税壁垒出现的历史背景与现实意义。

6. 请简述出口管制的原因和形式。

21世纪经济与管理规划教材
经济学系列

第十一章

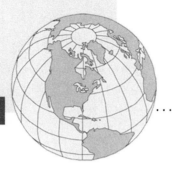

区域经济一体化

【关键词】

区域经济一体化　　　东南亚国家联盟
关税同盟理论　　　　亚太经济合作组织
欧洲联盟　　　　　　跨太平洋伙伴关系协定
北美自由贸易区　　　跨大西洋贸易与投资伙伴协议

导入案例

欧盟对英国食品意味着什么？

欧盟是当今世界上一体化程度最高的区域政治、经济集团组织，从区域化合作开始到一体化进程，开启和引领了世界区域经济一体化的浪潮。英国加入欧盟后，对其政治、经济、文化等多方面产生了影响，这些影响从英国食品中可窥一二。

加入欧共体为英国带来香蕉

比威尔在《纽约书评》里写道："在我人生过去的42年时间里，已经习惯了在英国每天吃香蕉。我出生在1974年，1年后，我们加入了欧洲经济共同体。从那个时候起，我习惯了香蕉的形状和大小（在曾经所有的欧盟成员国中，比利时和英国是最大的香蕉进口国）：有些香蕉是弯曲的，如同新月，而另一些香蕉则笔直得像个警棍；一些黄色的香蕉如同我的小手指，而另一些香蕉却非常巨大，我们可以把它们切片，做成美味的香蕉煎饼。"

确保成员国食品供应充足

一直以来，和平和生存都被放在首位。自建立欧盟以来，最主要的原因正是要确保所有成员国都拥有充足的食品供应。1958年，出生于荷兰的希克·曼斯霍尔特出任欧盟委员会首任农业专员。曼斯霍尔特认为，工会的主要作用是防止再度出现饥荒，比如荷兰在1944年至1945年间遭受的可怕的"饥饿冬天"。对于曼斯霍尔特来说，他最大的梦想就是欧洲可以在食品方面实现自给自足。

橄榄油曾经只用来治疗耳垢

而在伦敦城市大学食品政策教授提姆·郎看来，"欧盟不仅养活了英国，而且改变了英国人。当英国还是欧盟成员国时，大量的阳光新作物从南欧涌入：比如杏、桃、西红柿，还有大蒜等。在我们作为成员国的几十年里，英国普通家庭的餐桌食品几乎大变样：比如我们出现了一种用法国葡萄酒搭配软干酪的嗜好。1973年，英国还只是一个独立的国家，我们从杂货店里购买装在小瓶子里的橄榄油，用以治疗耳垢。而现如今，你可能会迷失在英国超市的橄榄油区域，从希腊卡拉马塔的到西班牙阿尔贝吉纳的，简直让你眼花缭乱"。

食品从业者多为欧盟内部移民

一个不得不面对的现实是，英国人已经习惯了莎莎佛得角酱。英国并不是一个独立的食品岛，我们吃的是法国和意大利厨师使用各式欧洲配料烹制的食物。超过1/4的英国食品制造业从业者来自欧盟内部移民，没有他们，英国人甚至无法满足自己的吃饭需求。同时，英国的食品还得益于欧盟的指定原产地保护系统，比如科西嘉的羊奶酪。英国本地特色食品同样受到保护，比如深受当地人喜欢的康沃尔浓缩奶油、惠斯泰布尔牡蛎，还有具有特殊作用的约克郡大黄。总而言之，欧盟对英国饮食带来了深远的影响，正如郎所言："得益于大规模的文化交流。"

资料来源："'脱欧'对英国食品意味着什么"，《北京晨报》，2016年7月2日；"欧盟——区域经济一体化的典型"，《华南新闻》，2005年10月27日。

第一节 区域经济一体化的概述

一、区域经济一体化的含义

广义的经济一体化，即经济全球化，是指世界各国经济之间彼此相互开放，形成一个相互联系、相互依赖的有机体。狭义的经济一体化,即地区经济一体化,指的是区域内两个或者两个以上的国家或地区,在一个由政府授权组成的并具有超国家性的共同机构下,通过制定统一的对内、对外经济政策,财政与金融政策等,消除国别之间阻碍经济贸易发展的障碍,实现域内互利互惠、协调发展和资源优化配置,最终形成一个政治、经济高度协调统一的有机体的过程。[①]

二、区域经济一体化的类型

(一) 按照经济一体化程度分类

区域经济一体化有很多分类标准,按照贸易壁垒和商品以及服务自由化程度,可以分为以下几种类型:

1. 优惠贸易安排

优惠贸易安排(Preferential Trade Arrangements,PTA)是区域一体化中级别最低、最松散的一种形式,其特点是在实行优惠贸易安排的成员方之间对全部或部分商品实行特别的关税优惠。

2. 自由贸易区

自由贸易区(Free Trade Area,FTA)是一种签订有自由贸易协定的国家间组成的贸易区,其特点是在成员方之间废除关税壁垒和非关税壁垒,使区域内的商品完全自由流动,但每个成员仍保持自己对非成员方的贸易壁垒,即对外不实行统一的关税政策。

3. 关税同盟

关税同盟(Customs Union,CU)比自由贸易区更进一步,其特点是在成员方之间取消关税或其他壁垒,并对非同盟方实行共同的对外贸易政策,统一对外关税税率,即共同对外关税(Common External Tariff,CET)。

4. 共同市场

简单地讲,共同市场(Common Market,CM)就是关税同盟加生产要素自由流动,即成员方之间完全取消关税和数量限制,建立对非成员方的统一关税,在实现商品自由流动的同时,还实现了生产要素的自由流动。

5. 经济同盟

经济同盟(Economic Union,EU)是在共同市场的基础上,成员方之间还存在逐步废除政策方面的差异,如制定和执行统一对外的某些共同的经济政策与社会政策,以便形成一个有机的经济实体。

6. 完全经济一体化

完全经济一体化(Complete Economic Integration)是指在经济联盟的基础上,成员方之间实行完全的贸易、金融和财政政策,并且这些政策由超国家的经济组织制定和实施,其特点就是在成员方之间完全取消商品、资本、劳动力和服务等自由流动的人为障碍,并且区域内各国在经济、金融和财政等方面均完全统一。经济一体化的基本特征如表11-1所示。

[①] 李左东:《国际贸易理论、政策与实务》,高等教育出版社2012年版,第137页。

表 11-1 经济一体化的基本特征

特征	优惠贸易安排	自由贸易区	关税同盟	共同市场	经济同盟	完全经济一体化
商品自由流动	否	是	是	是	是	是
共同对外关税	否	否	是	是	是	是
要素自由流动	否	否	否	是	是	是
协调经济政策	否	否	否	否	是	是
统一经济政策	否	否	否	否	否	是
现实中的例子	英联邦特惠制	中国-东盟	欧洲共同体	欧洲统一市场	欧盟	欧盟

（二）按经济一体化的范围分类

1. 部门一体化

部门一体化是指区域内各成员国的一种或几种产业实行一体化，如"欧洲煤钢联营"就是欧洲的法、德、意、荷、比、卢六国政府间的煤钢经济一体化组织。①

2. 全盘一体化

全盘一体化是将区域内所有成员国经济部门一体化，目前的欧盟便是这种形式。

（三）按参加过的经济发展水平分类②

1. 水平一体化

水平一体化又称横向一体化，是由经济发展水平相同或接近的国家所形成的经济一体化组织。目前世界上存在的经济一体化，多数属于此种形式的一体化。

2. 垂直一体化

垂直一体化又称纵向一体化，是由经济发展水平不同的国家和地区形成的一体化组织。

第二节 区域经济一体化的理论分析③

区域经济一体化的产生和发展，引起了许多经济学家对这一现象进行研究和探讨，形成了一系列理论。经济一体化一般是从商品贸易开始的，因而经济一体化理论中首先出现的是有关贸易的一体化理论。由于关税同盟是一体化中最基本的也是最重要的特征，因此许多学者把关税同盟作为基本的研究对象。雅各布·维纳（Jacob Viner）在 1950 年出版的《关税同盟问题》被公认为关税同盟理论的代表作。而在此之后出现的很多理论，有的是对关税同盟理论的完善和拓展，有的是随着一体化实践的发展，从贸易转向投资、货币、财政等方面的研究，继而出现了有关投资、货币、财政等一体化的理论。

关税同盟不仅是在同盟内各成员国之间取消关税，而且各成员国还对非成员国实行统一关税，这种区域经济一体化的形式具有以下贸易效应。

一、贸易创造效应

贸易创造效应（Trade Creation Effect）是指关税同盟内部取消关税、实行自由贸易后，关

---

① 李俊江：《国际贸易》，高等教育出版社 2008 年版，第 297 页。
② 张玮：《国际贸易》，高等教育出版社 2011 年版，第 323 页。
③ 金泽虎：《国际贸易学》，中国人民大学出版社 2015 年版，第 238—243 页。

税同盟内某成员国国内成本高的产品被同盟内其他成员国成本低的产品所替代,从成员进口产品,创造了过去不发生的新贸易。运用图11-1进行说明,设 A、B、C 分别代表三个国家。纵轴 P 表示价格,横轴 Q 表示数量,S_A 和 D_A 分别表示 A 国国内的供给曲线和需求曲线。P_T 表示 A 国的价格,P_C 表示 A 国进口 C 国产品的价格,P_B 表示 A 国进口 B 国产品的价格。A 国与 B 国组成关税同盟前,A 国从 C 国进口商品,进口价格是 P_C,加上关税 $P_C P_T$,因而 A 国的国内价格是 P_T。A 国在 P_T 价格条件下,国内生产供应量 S_0,国内需求量为 D_0,供需缺口为 $S_0 D_0$。A 国通过向 C 国进口 $S_0 D_0$ 数量的商品来达到国内的供求平衡。现在,我们来看 A 国与 B 国组成关税同盟所带来的贸易创造效应。A 国与 B 国组成关税同盟,意味着两国间取消关税、实行自由贸易,并实施共同的对外关税。虽然 C 国的成本和价格比 B 国低,但如果共同对外关税能达到这样一种效果,即从 C 国进口的加上共同对外关税后的实际价格比从 B 国进口的价格高,显然,A 国的贸易商就会从 B 国进口商品,而不会从 C 国进口。A、B 两国组成关税同盟后,由于 A 国从 B 国进口的价格 P_B 比同盟前的进口价格 P_T 要低,导致国内价格下降至 P_B 水平。在 P_B 价格水平上,A 国国内生产供应量缩减至 S_1,国内需求增加至 D_1,A 国进口 $S_1 D_1$ 的商品来满足国内需求。将 A 国参加关税同盟前的进口量与参加同盟后的进口量相比,我们可以看到 A 国增加了进口量 $S_1 S_0$ 和 $D_0 D_1$。这部分增加的进口量就是贸易创造效应。

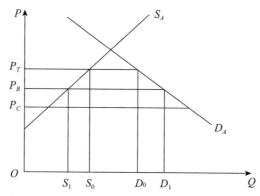

图 11-1　关税同盟的贸易创造效应和贸易转移效应分析

贸易创造效应通常被视为一种正效应,因为 A 国国内商品生产成本高于 A 国从同盟国进口的商品生产成本。关税同盟使 A 国放弃了一部分商品的国内生产,改为由 B 国进行生产,从世界范围来看,提高了资源配置效率。

二、贸易转移效应

贸易转移效应(Trade Diversion Effect)是指由于关税同盟对内取消关税、对外实行统一的保护关税,成员国把原来从同盟外非成员国低成本生产的产品进口转化为从同盟内成员国高成本生产的产品进口,从而使贸易方向发生了转变。

如图 11-1 所示,A 国与 B 国组成关税同盟后,由于 P_B 低于 P_C 与关税之和,因此 A 国就不再从 C 国进口,转而从 B 国进口。$S_0 D_0$ 的商品数量原由 A 国从 C 国进口,关税同盟后改为由 A 国从 B 国进口,这就是贸易转移效应。

贸易转移效应通常被视为一种负效应,因为 A 国从 C 国进口的商品生产成本低于 A 国从 B 国进口的商品生产成本,贸易转移导致低成本的商品生产被放弃,而高成本的商品生产得以扩大。从世界范围来看,这种生产转换降低了资源配置效率。

三、社会福利效应

社会福利效应(Social Welfare Effect)是指关税同盟的建立对成员国的社会福利将带来的影响。本文用图 11-2 来分析说明。组成关税同盟后,A 国的价格从 P_T 下降至 P_B,消费需求增加了 D_0D_1,获得消费者剩余 P_TCFP_B。但 A 国的价格下降导致国内生产供应缩减 S_1S_0,生产者剩余减少 P_TGHP_B。建立同盟后,A 国不能对从 B 国进口的商品征收关税,因而关税收入减少 $GCXW$。A 国社会福利净增加或净减少并不确定,因为福利所得的消费者剩余 P_TCFP_B 与福利所损失的生产者剩余 P_TGHP_B 及关税收入中的一部分 $GCVU$ 相抵后,还剩下消费者剩余 GUH 和 CFV 两个三角形。然后,我们把这两个三角之和的福利所得与关税收入中 $UVXW$ 福利所失的大小进行比较。如果 $GUH + CFV > UVXW$,则 A 国的社会福利净增加;反之,则 A 国的社会福利净减少。

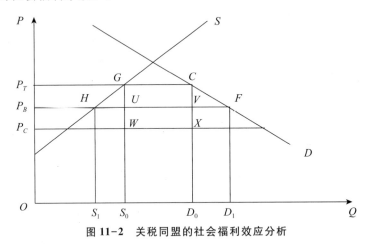

图 11-2 关税同盟的社会福利效应分析

一国社会福利的变化主要受几种因素的影响:①加入同盟后国内价格下降的幅度。如果价格下降的幅度足够大,加入同盟后的社会福利就能获得净增加。②国内价格的供给和需求弹性。一国国内价格的供给和需求弹性越大,该国加入关税同盟后获得的消费者剩余就越多,失去的生产者剩余越少,从而越有可能获得社会福利的净增加。③加入关税同盟前的关税水平。一国加入关税同盟前的关税水平越高,加入关税同盟后国内价格下降的幅度越大,因而越有可能获得社会福利的净增加。

四、贸易条件效应

贸易条件效应(Trade Term Effect)是指建立关税同盟后,同盟内国家向同盟外国家进出口商品的贸易条件发生的变化。一般来说,关税同盟的贸易转移会具有大国效应,即同盟内国家减少从同盟外国家的进口导致世界市场的供应价格下降。这样,同盟成员国的贸易条件就可能得到改善。由于贸易条件改善,同盟成员国的社会福利也得以增加。结合图 11-3 分析说明。D 是关税同盟内部的需求曲线,S 是关税同盟内部的供应曲线。外部世界市场的供应价格为 P_W。如果共同对外关税为零,P_W 决定了同盟内的供应为 Q_1,需求为 Q_2。如果关税同盟的共同对外关税为 T,则同盟内的价格为 P_T,同盟内的供应为 Q_3,需求为 Q_4。同盟外部的供应者为了阻止出口量的下降,会把出口价格降低至 P_W'。这意味着同盟外部供应者的

出口量可维持 Q_3Q_4 水平。因此,关税同盟进口的价格比以前低了。假定关税同盟的出口商品价格不变,则关税同盟的贸易条件得到了改善。由于贸易条件的变化,关税同盟的社会福利也会相应发生变化。关税同盟的得益部分为 EHIF,福利损失部分为 ACE+BFG,如果 EHIF>ACE+BFG,意味着有净得益;反之,则有净损失。

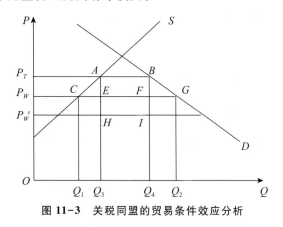

图 11-3 关税同盟的贸易条件效应分析

相关案例 11-1

英国脱欧后将转向非洲进口果蔬

目前,欧盟是英国食品进口的主要来源地,欧盟成员国占最大出口国的 90%。但约 1/3 的英国零售商表示正在从其他国家进货,预计 38% 的零售商将从非洲进口农产品。

巴克莱银行发布的一份调查显示,欧盟或将对英国征收关税、英镑贬值、从欧洲以外国家进口以减少成本,这些因素都是促成英国进口结构改变的原因。过去 20 年里,英国对果蔬进口的依赖越来越严重,蔬菜的自给率只有 58%,而水果则只有 11%。部分原因是英国对菠萝、甜瓜和牛油果等非当地水果进口的大幅增加。

早在脱欧公投前,英国对非洲的贸易逆差和英国的消费趋势就给非洲出口创造了商机。南非是仅次于西班牙的英国第二大新鲜水果进口国,当地橘农表示英国脱欧后,希望能免除进口关税。未来,肯尼亚也将从中获益,因为该国黄豆、豌豆和鲜切花等新鲜农产品出口的 1/4、一半以上的茶叶出口都被英国消化。

2015 年可获得的最新数据显示,西班牙和荷兰占英国新鲜蔬菜进口的近 70%。从肯尼亚进口稍微增加一点将极大促进该国经济发展,因为农业占其出口总量的 65%。

英国零售商公会的欧盟和国际事务负责人雷·西蒙斯(Ray Symons)说:"对进口成本的担心或许是许多受访零售商预测减少从欧盟进口的原因。"但是,西蒙斯还表示,如果零售商真的计划增加从非洲和其他地区的进口,供应商和农产品仍需要满足零售商的采购标准。西蒙斯说:"我们的采购标准涵盖的产品领域非常广泛,如大豆、棕榈油、纺织服装、海鲜和冲突矿物。在包括这些产品在内的进口领域,我们应当减少贸易壁垒,即降低关税,但同时我们也应支持强有力的监管环境,确保我们采购的商品安全、可靠。"

资料来源:"英国脱欧后将转向非洲进口果蔬",中国日报网,2016 年 9 月 22 日。

[问题思考] 结合社会福利效应分析"脱欧"对英国可能产生的影响。

[案例点评] 英国社会福利可能会减少,原因如下:①退出欧盟后国内价格上升。由于

英镑贬值,即便从其他国家进口,进口价格都可能会上升。②国内果蔬价格的供给少,需求弹性需求小。英国蔬菜的自给率只有58%,而水果则只有11%,而且蔬果为人民生活日常必需品,因此需求弹性较小。③退出欧盟后关税水平可能提高。欧盟或将对英国征收关税,加上英镑贬值,进口价格上升幅度大。总体来看,在英国寻找到进口成本低、满足采购标准的蔬果前,仅就蔬果产品而言,"脱欧"极有可能导致英国社会福利的净减少。

第三节 区域经济一体化的实践

最早的区域经济一体化组织要追溯到1241年成立的普鲁士各城邦之间的"汉萨同盟"。现代的区域经济一体化组织在第二次世界大战以后逐步兴起,并已成为现代经济发展中的重要国际经济现象。

区域经济一体化的实践起源于1958年成立的欧洲经济共同体,到20世纪80年代后,越来越多的国家参与到区域经济一体化的浪潮之中,参与一体化的国家之间经济边界日益模糊,经济集团之间的经济关系逐渐取代国家之间的经济关系,成为当前国际经济关系的主题。20世纪90年代以来,欧洲联盟、北美自由贸易区及东南亚联盟等不断将区域经济一体化的实践向前推进。

一、欧洲联盟

(一) 基本概况及构成

当今世界现存数十个区域经济一体化组织,其中规模最大、影响最大也是最具有代表性的区域经济一体化组织非欧洲联盟莫属,它建立最早、运作最规范,同时处于经济一体化的最高阶段。

欧洲联盟(European Union),简称欧盟(EU),总部设在比利时首都布鲁塞尔,是由欧洲共同体发展而来的,创始成员国有6个,分别为法国、德国、意大利、荷兰、比利时和卢森堡。该联盟现拥有28个会员国,正式官方语言有24种。法国、联邦德国、意大利、荷兰、比利时和卢森堡六国领导人于1957年3月25日在罗马签署了《欧洲经济共同体条约》和《欧洲原子能共同体条约》,后统称为《罗马条约》。条约的签署标志着欧洲经济共同体的诞生。1991年12月,欧洲共同体马斯特里赫特首脑会议通过《欧洲联盟条约》,通称《马斯特里赫特条约》(以下简称《马约》)。1993年11月1日,《马约》正式生效,欧盟正式诞生。2012年,欧盟获得诺贝尔和平奖。

截至2016年5月,欧盟共有28个成员国(2016年6月23日,英国举行脱欧公投,24日根据公投计票结果表示,英国已表决选择退出欧盟),法国、德国、意大利、荷兰、比利时、卢森堡为创始成员国,于1951年结盟。此后,丹麦、爱尔兰、英国(1973年),希腊(1981年),西班牙和葡萄牙(1986年),奥地利、芬兰、瑞典(1995年)先后成为欧盟成员国。2004年5月1日,欧盟实现了有史以来规模最大的扩盟,波兰、捷克、匈牙利、斯洛伐克、斯洛文尼亚、塞浦路斯、马耳他、拉脱维亚、立陶宛和爱沙尼亚十个国家同时加入欧盟。2007年1月1日,保加利亚和罗马尼亚加入欧盟。2013年7月1日,克罗地亚入盟。此外,正在协商加入欧盟的国家有阿尔巴尼亚、黑山、塞尔维亚、马其顿和土耳其,潜在国家有波黑和科索沃。[1]

《罗马条约》明确规定了欧洲理事会在欧盟的中心地位。理事会主席由各成员国轮流担任,称为欧盟轮值主席国,任期半年。顺序基本按本国文字书写的国名字母排列。爱沙尼亚政府确认于2017年下半年起接任欧盟轮值主席国,为期半年。[2]

（二）经济概况

欧盟是世界上经济最发达的地区之一,经济一体化的逐步深化又促进了该地区经济的进一步繁荣。2015年,欧盟28个成员国GDP达到16万亿美元,人均GDP为34 434美元。欧盟为世界货物贸易和服务贸易最大进出口方。欧盟对外贸易中,美国、中国、俄罗斯、瑞士为主要贸易伙伴。欧盟也是全球最不发达国家最大出口市场和最大援助者,多边贸易体系的倡导者和主要领导力量。

欧盟的经济实力已经超过美国居世界第一。随着欧盟的扩大,其经济实力将进一步加强,尤其重要的是,欧盟不仅因为新加入国家正处于经济起飞阶段而拥有更大的市场规模与市场容量,而且欧盟作为世界上最大的资本输出的国家集团和商品与服务出口的国家集团,再加上欧盟相对宽容的对外技术交流与发展合作政策,对世界其他地区特别是包括中国在内的发展中国家的经济发展至关重要。欧盟可以称得上是个经济"巨人"。

二、北美自由贸易区

（一）发展历程

关于建立北美自由贸易区的设想,最早出现在1979年美国国会关于贸易协定的法案提议中,1980年美国前总统里根在其总统竞选的有关纲领中再次提出。但由于种种原因,该设想一直未受到很大重视,直到1985年才开始起步。

1985年3月,加拿大总理马尔罗尼在与美国总统里根会晤时,首次正式提出美、加两国加强经济合作、实行自由贸易的主张。由于两国经济发展水平及文化、生活习俗相近,交通运输便利,经济上的互相依赖程度很高,所以自1986年5月开始经过一年多的协商与谈判于1987年10月达成了协议,次年1月2日,双方正式签署了《美加自由贸易协定》。经美国国会和加拿大联邦议会批准,该协定于1989年1月生效。

《美加自由贸易协定》规定在10年内逐步取消商品进口(包括农产品)关税和非关税壁垒,取消对服务业的关税限制和汽车进出口的管制,开展公平、自由的能源贸易。在投资方面两国将提供国民待遇,并建立一套共同监督的有效程序和解决相互间贸易纠纷的机制。另外,为防止转口逃税,还确定了原产地原则。美加自由贸易区是一种类似于共同市场的区域经济一体化组织,标志着北美自由贸易区的萌芽。

由于区域经济一体化的蓬勃发展和《美加自由贸易协定》的签署,墨西哥开始把与美国开展自由贸易区的问题列上了议事日程。1986年8月,两国领导人提出双边的框架协定计划,并于1987年11月签订了一项有关磋商两国间贸易、投资的框架原则和程序的协议。在此基础上,两国进行多次谈判,于1990年7月正式达成了《美墨贸易与投资协定》(也称"谅解"协议)。同年9月,加拿大宣布将参与谈判,三国于1991年6月12日在加拿大的多伦多

---

[1] 欧盟官方网站,https://europa.eu/european-union/about-eu/countries_en#joining。
[2] 中华人民共和国商务部网站,http://www.mofcom.gov.cn/article/i/jyjl/m/201701/20170102505473.shtml。

举行首轮谈判,经过14个月的磋商,于1992年8月12日达成了《北美自由贸易协定》。该协定于1994年1月1日正式生效,北美自由贸易区宣告成立。

(二)北美自由贸易区的特点

北美自由贸易区是一个以美国为核心的南北区域性经济组织,美国在北美自由贸易区内有着绝对的主导作用。美国不仅是北美自由贸易区的倡导者,而且是该自由贸易区的主导国,在贸易区的运行中占据绝对的主导和支配地位。从贸易区内部的实力来看,美国占有2/3的人口和90%的经济实力,加拿大则仅有7%的人口和8%的经济实力,墨西哥虽拥有近26%的人口,但经济实力则不到2%。美、加、墨三国按工业化程度还是发展水平分属三个不同的层次:美国属于第一个层次,加拿大属于第二个层次,二者均是发达的工业化国家;墨西哥则是第三个层次,为新兴的工业化国家。因此,无论从经济实力、工业化程度还是发展水平等方面相比较,美国都处于绝对的优势地位,自然对加拿大和墨西哥具有很强的制约力。

北美自由贸易区给美国在双边贸易、直接投资、技术转让及第三产业诸领域内提供控制与渗透加拿大和墨西哥的机会,从而在贸易区对内外事务上拥有了绝对的发言权。因此,从根本上说,北美自由贸易区的建立更多地体现了美国的战略意图。但是,北美自由贸易区又给加拿大和墨西哥提供了难得的进入美国市场的机会,对于促进这两个国家的经济发展具有非常重要的作用,三国联合起来在国际贸易中的地位也随之大为增强。因此,北美自由贸易区在很大程度上是双赢的选择和结果。

三、东南亚国家联盟

(一)东盟简介

东南亚国家联盟(Association of Southeast Asian Nations),简称东盟(ASEAN)。其前身是马来亚(现马来西亚)、菲律宾和泰国于1961年7月31日在曼谷成立的东南亚联盟。1967年8月8日,东南亚联盟3国加上新加坡、印度尼西亚共5国在泰国曼谷举行会议,发表了《东南亚国家联盟宣言》(也称《曼谷宣言》),成立了东南亚国家联盟。1984年,文莱加入了东盟。1995年,越南成为东盟的第7个成员国。1997年7月,缅甸、老挝入盟。1999年4月30日,柬埔寨加入东盟。截至2010年,东盟成员国共有10个。① 这一组织涵盖整个东南亚地区,形成一个人口超过5亿、面积达450万平方千米的10国集团。巴布亚新几内亚为其观察员国。东盟10个对话伙伴国是澳大利亚、加拿大、中国、欧盟、印度、日本、新西兰、俄罗斯、韩国和美国。

(二)东盟的发展

在1992年的第四届高峰会上,泰国提出成立东盟自由贸易区(东盟自由贸易区于2002年1月1日正式启动),同时当时的6国(马来西亚、泰国、菲律宾、新加坡、印尼、文莱)首长签署《1992年新加坡宣言》《东盟自由贸易区共同有效优惠关税协议》及《促进东盟经济合作》等文件,预定自1993年1月1日起15年内,逐步削减关税至0—5%,以达成设立自由贸易区的目标。文莱、印度尼西亚、马来西亚、菲律宾、新加坡和泰国6国已于2002年将绝大多数产品的关税降至0—5%。越南、老挝、缅甸和柬埔寨4国于2015年实现了这一目标。

除了免除关税,东盟的经济一体化未来将深化到成立共同体。在2003年10月第九届

---

① 金泽虎:《国际贸易学》,中国人民大学出版社2015年版,第230页。

东盟高峰会中,东盟国家计划于 2020 年前实现东盟共同体,该共同体包含东盟安全共同体、东盟经济共同体及东盟社会与文化共同体三部分,其中东盟经济共同体是东盟经济一体化的最终目标,其将使东盟各国货物、服务、投资及资本更自由流通,以改善私有企业的经营环境、提升竞争力,强化东盟国家在世界供应链中的角色。

除加强本身内部化的经济一体化以外,东盟也以前瞻性的眼光和出于对战略性的考虑,积极推动区域性政治、经济和安全合作,近来更成为周边大国争相合作的伙伴,其中东盟与中国自由贸易区的进展最快、最引人注目,但日本则积极鼓吹"10 + 3"自由贸易区,此外,印度与美国也积极地在此寻求经济合作机会。[①]

2015 年 12 月 31 日,东盟轮值主席国马来西亚外长阿尼法发布声明说,东盟共同体当天正式成立。在同年 11 月举行的第二十七届东盟峰会上,东盟领导人宣布将在 2015 年 12 月 31 日建成以政治安全共同体、经济共同体和社会文化共同体三大支柱为基础的东盟共同体,同时通过了愿景文件《东盟 2025:携手前行》,为东盟未来 10 年的发展指明方向。

(三)组织机构

东盟主要机构有首脑会议、外长会议、常务委员会、经济部长会议、其他部长会议、秘书处、专门委员会以及民间和半官方机构。东盟最高决策机关为由成员组成的东盟高峰会,前期为不定期召开,在 1992 年的第四届峰会上有六个创始国。首脑会议是东盟最高决策机构,自 1995 年召开首次会议以来每年举行一次,已成为东盟国家商讨区域合作大计的最主要机制,主席由成员国轮流担任。第三十届东盟峰会于 2017 年 4 月 29 日在菲律宾首都马尼拉闭幕,本届峰会的主题是"拥抱变革,融入世界"。除地区和平与稳定、海上安全与合作等传统议题外,峰会还着重讨论了包容性创新和增长等意在实现地区平衡发展等议题。会后发表的《主席声明》称,东盟将大力加强一体化建设,按照《东盟共同体 2025 年远景计划》及《东盟一体化倡议》,推动东盟国家在政治安全、经济和社会文化领域的一体化水平不断提升。外长会议是制定东盟基本政策的机构,每年轮流在成员国举行。常务委员会每两个月举行一次会议,主要讨论东盟外交政策,并落实具体合作项目。东盟总部为东盟秘书处,设在印度尼西亚首都雅加达。

四、亚太经济合作组织

(一)亚太经济合作组织简介

1989 年 11 月 5 日至 7 日,澳大利亚、美国、加拿大、日本、韩国、新西兰和东盟六国在澳大利亚首都堪培拉举行了亚太经济合作会议首届部长级会议,这标志着亚太经济合作会议的成立,1993 年 6 月改名为亚太经济合作组织(Asia-Pacific Economic Cooperation,APEC)。1991 年 11 月,中国内地与中国台湾地区和中国香港地区一起正式加入 APEC。[②]

APEC 位于环太平洋地区,分布在美洲、亚洲和大洋洲,共有 21 个成员:澳大利亚、文莱、加拿大、智利、中国、中国香港、印度尼西亚、日本、韩国、墨西哥、马来西亚、新西兰、巴布亚新几内亚、秘鲁、菲律宾、新加坡、中国台湾、泰国、美国、俄罗斯和越南。此外,东南亚国家联盟、太平洋经济合作理事会和南太平洋论坛均是 APEC 的观察员。亚太地区是世界上最具

[①] 蔡春林、姜新海、李忱、马风华:《国际贸易》,对外经济贸易大学出版社 2012 年版,第 364 页。

[②] 陈伟、梅萍:《国际贸易》,清华大学出版社 2014 年版,第 210 页。

活力的地区，APEC 的 21 个经济体共有 27 亿人口，占世界总人口的 40%，全球贸易的 44%，国内生产总值（GDP）按购买力平价计算占世界 GDP 的 53%，是当今世界最大的区域国际经济合作组织。①

（二）APEC 的特点

APEC 的成员具有丰富的多样性。从经济发展水平看，有发达经济体，也有发展中经济体；从人均收入看，有高收入经济体，也有低收入经济体，还有陷入中等收入陷阱的经济体；从社会制度看，有资本主义制度，也有社会主义制度；从文化传统看，有东方文化，也有西方文化，东西方两大文化之下还可以细分为众多的文化，如在东亚地区有华人文化、日本文化、朝鲜半岛文化、东南亚文化等，西方文化至少还有盎格鲁-撒克逊文化和拉丁文化等。各个经济体的历史背景也是纷繁复杂的，有老牌帝国主义国家，有新兴经济体，也有 20 世纪 70 年代才独立的前殖民地国家。

延伸阅读
APEC 一体化进程

（三）APEC 的宗旨

APEC 的宗旨是支持亚太地区的经济可持续增长与繁荣，自成立以来，致力于推动各成员实行自由和开放的贸易与投资政策，促进地区经济一体化和多边贸易进程，鼓励成员间进行经济和技术合作，加强人类安全，创建更有利的商业环境，以此推动建设和谐的、富有活力的亚太大家庭。②

五、跨太平洋伙伴关系协定

（一）基本情况

跨太平洋伙伴关系协定（Trans-Pacific Partnership Agreement，TPP），也被称作"经济北约"，是目前重要的国际多边经济谈判组织，前身是跨太平洋战略经济伙伴关系协定（Trans-Pacific Strategic Economic Partnership Agreement），是由亚太经济合作组织成员国中的新西兰、新加坡、智利和文莱 4 国发起、美国主导、共 12 个国家参与谈判的一项多边自由贸易协定。从 2002 年开始酝酿的一组多边关系的自由贸易协定，原名亚太自由贸易区，旨在促进亚太地区的贸易自由化。2017 年 1 月 20 日，美国新任总统唐纳德·特朗普就职当天宣布从 TPP 中退出。截至 2017 年，TPP 成员有日本、澳大利亚、加拿大、新加坡、文莱、马来西亚、越南、新西兰、智利、墨西哥和秘鲁。

根据 TPP 的协议，TPP 成员国家的政治体制必须是尊重自由、民主、法制、人权、普世价值观。而且 TPP 统一监管标准包括贸易和服务自由、货币自由兑换、税制公平、国企私有化、保护劳工权益、保护知识产权、保护环境资源、信息自由（包括新闻自由、互联网自由等）。TPP 与 WTO 不尽相同，它追求的是自由贸易。它从传统、单一、狭义的贸易协定拓展成为现代、广义、综合的贸易协定。除了经济元素，TPP 还包含许多非经济元素。TPP 成员不仅要受到贸易机制的制约，还要受到法律法规、社会团体、生态环境、商业模式和公众评判等制约。这可以说是西方国家对于"自由贸易"的全新注解，是整体、多层次发展的自由贸易新模式。

延伸阅读
TPP 的发展进程

---

① 石泽：《中国周边国家与合作组织》，人民出版社 2014 年版，第 350 页。
② 石泽：《中国周边国家与合作组织》，人民出版社 2014 年版，第 350 页。

(二) 主要特点

1. 标准高

TPP 在贸易自由化方面的要求要比一般的自由贸易协议严格,要求各成员 100%地实现贸易自由化。其中,新加坡在协定生效的 2006 年就 100%地实现了贸易自由化,新西兰、文莱、智利当年的贸易自由化率也分别达到了 96.5%、92%和 89.53%,最终实现贸易自由化的时间,新西兰和文莱是 2015 年,智利是 2017 年。另外,在原产地规则方面,TPP 实行 45%的附加价值标准,即享受零关税优惠的出口产品的附加价值必须超过其总价格的 45%,比东亚各国间 FTA(区域自由贸易协定)规定的 40%的附加价值标准更为严厉。因此,TPP 堪称一个高水平的 FTA,被誉为 FTA 中的"优等生"。

2. 范围广

TPP 协议条款超过以往任何自由贸易协定,既包括货物贸易、服务贸易、投资、原产地规则等传统的 FTA 条款,也包含知识产权、劳工、环境、临时入境、国有企业、政府采购、金融、发展、能力建设、监管一致性、透明度和反腐败等亚太地区绝大多数 FTA 尚未涉及或较少涉及的条款,并且涵盖关税(相互取消关税,涉万种商品)、投资、竞争政策、技术贸易壁垒、食品安全、知识产权、政府采购以及绿色增长和劳工保护等多领域。TPP 倡导包容性贸易,加强成员国的合作和能力建设,帮助中小企业了解并利用好相关条款,以确保规模不同的经济体和企业均能从中获益;同时,注重解决数字经济和国有企业带来的新的贸易挑战,促进创新能力、生产力和竞争力的提升。

3. 开放性强

在设立条款中,就明确指出为了提高协定的利益,在成员国的同意之下,协定可以扩展到其他国家或地区。TPP 的主要目标就是吸引亚太地区国家的加入,特别是 APEC 的成员国,并支持 APEC 框架下的广泛自由化进程,与其贸易投资自由和开放的宗旨一致。

相关案例 11-2

全球价值链下 TPP 原产地规则对中国的影响

原产地规则(Rules of Origins)是指为确定货物原产地所实施的法律法规以及行政规定,它明确了给予产品原产地位的标准,是货物的"经济国籍"。

作为美国主导的 FTA,TPP 继承了 NAFTA 的优惠性原产地规则性质。TPP 在原产货物、区域价值成分(Regional Value Content,RVC)、累积原则以及微量等核心条款的制定上与 NAFTA 一脉相承。尽管在一些规则的严格程度上与 NAFTA 有所差异,但 TPP 在理念上依然继承了由 NAFTA 创建的"美国模式"。确保 FTA 关税优惠收益被成员国获得,推动区域内价值链的整合,促进区域内的贸易投资和就业是 TPP 原产地规则的宗旨。

TPP 作为亚太地区大型的自由贸易协定,原产地规则对中国经济的影响不言而喻。第一,从贸易方面来说,原产地规则的严格程度对中国的贸易量的影响重大。在 TPP 成员国中,与中国贸易量占其贸易总额比率普遍都在 10%以上,与中国贸易关系最密切的澳大利亚,对中国贸易量占到其贸易总额的 29%。据统计,就中国出口来说,2014 年中国对 TPP12 国的总出口额达到 8 355 亿美元,就中国进口来说,2014 年中国对 TPP12 国的总进口额达到

5 998.9 亿美元,是中国对外贸易的重要组成部分。而 TPP 严苛的原产地规则,最大限度地保护生产要素在各成员国之间的流动,并以内部优惠关税刺激成员国之间的贸易联系,而中国作为亚太地区非成员国难免受到"贸易转移"的冲击。以纺织产品出口为例,目前越南从中国进口纱线和织物用来生产对美国、日本出口的服装产品。但是,TPP"纱后规则"要求一切原材料都必须来源于成员国,这就导致越南为了获得 TPP 内部优惠,不得不放弃进口中国纱线和织物,转而采用成员国的纱线和织物,挤占中国出口份额,从而造成中国出口的降低,也就是我们所熟知的贸易转移效应。

第二,从投资方面来说,TPP 原产地规则不仅影响了成员国投资的转移,同时也对中国对外投资产生了影响。一方面,产品原产地与关税优惠幅度直接联系,这促使美国、日本等发达成员国跨国公司将生产环节从中国等非成员国转移到越南、马来西亚等成员国甚至是本国,引致 TPP 成员国之间的投资创造效应,以及成员国和非成员国之间的投资转移效应。另一方面,TPP 原产地规则的设置主要是配合货物贸易的优惠关税的实施,并保障仅成员国享用 TPP 带来的福利,这就促使中国更多的直接投资流向成员国,促进中国的对外投资。

第三,从价值链重构方面来说,TPP 原产地规则的宗旨是确保 FTA 的收益完全由成员国获得,并通过整合区域内的价值链,将贸易、经济增长和就业留在成员国内部。TPP 的原产地规则通过设定不同形式的原产地标准,旨在鼓励成员国将更多的生产环节、更完整的生产链条以及更多的价值增值选择在成员国内部实现。目前,中国处于全球价值链微笑曲线的底端部分,即从别国进口中间产品,承担加工和组装这一生产环节,最后以最终产品形式出口。然而,这种价值链地位导致中国成为 TPP 成员国诸多产品的原产地,从而使得该类产品无法享受 TPP 规定的相关优惠关税,由此造成 TPP 成员国福利的损失。因此,TPP 成员国可能调整生产环节布局,选择合适成员国代替中国发挥加工装配环节的作用,在 TPP 范围内形成完整的生产链条,这就导致了中国无法参与重构后的区域价值链。这不仅影响到中国参与区域价值链的分工,同时也可能导致中国失去通过价值链曲线上端生产商的外溢效应实现价值链攀升的机会。

资料来源:鞠建东、王岚、谢锐,"全球价值链下 TPP 原产地规则对中国的影响与对策",http://mp.weixin.qq.com/s?__biz = MzAxMDk2ODg3OA = = &mid = 2247483822&idx = 2&sn = 3c2d33c77a77 aad-bc44e1ec5531f7560&mpshare = 1&scene = 23&srcid = 1117jD3vJ3I30Q01lpnC2EqA#rd。

[问题思考] 你认为中国应如何应对 TPP 原产地规则?

[案例点评] 第一,积极完善中国原产地规则的相关制度,提高其完整性和适用度;第二,不断加强与 TPP 成员国的合作,减小 TPP 原产地规则对中国的冲击;第三,加快推进区域全面经济伙伴协定(RECP)的谈判进程。

延伸阅读
TTIP 的产生和发展

六、跨大西洋贸易与投资伙伴协议[①]

跨大西洋贸易与投资伙伴协议(Transatlantic Trade and Investment Partnership, TTIP),又称作美欧双边自由贸易协定,议题涉及服务贸易、政府采购、原产地规则、技术性贸易壁垒、农业、海关和贸易便利化等。

美欧推动建立 TTIP 的战略意图如下:

---

① 上海发展研究院:《中国(上海)自由贸易试验区与国际经济合作》,上海财经大学出版社 2013 年版,第 87 页。

（1）通过更深程度的经济合作为双方带来直接的经济和社会收益。全球金融危机和"欧债危机"的双重打击，让美国和欧盟经济走入低迷，在轮番的财政政策与货币政策刺激后，美欧各国国内政策的空间已经相当有限，贸易别无选择地成为美欧进一步提振经济的"救命稻草"。危机时期的"抱团过冬"是推动美欧这两个存在相互竞争的发达经济体走向合作、构建区域一体化的推动力。一旦TTIP谈判成功并得以全面实施，能为双方带来经济和社会收益，诸如刺激GDP增长、促进外贸增长、增加就业机会、稳定劳动力市场、增加部门收益等。

（2）重塑国际贸易新标准和新规则。美欧区域一体化协定的最大亮点不是消除关税，而是美国标准和欧盟标准的统一，进而力争其成为国际标准。欧盟和美国将一起制定标准，在投资、政府采购、非关税贸易壁垒、知识产权、环境与就业、竞争性政策、国有企业的发展等方面提出更严格的贸易标准。从TTIP的谈判目标来看，在市场准入框架下"消除、降低或防止贸易和投资障碍""提高规则和标准的协调性""消除、降低或防止非关税的'境内壁垒'"以及"建立全球规则和原则"，是未来美欧的长远和主要战略目标。

（3）建立全球战略布局的主导权。近十年来，全球贸易格局发生了令发达国家意想不到却又无法控制的质变与逆转，金砖国家、新兴市场经济体异军突起，在世界贸易中发挥着越来越重要的作用。面对风云逆转的局面，发达国家不甘心于主导地位的消逝。主导国际贸易规则和秩序的共同目标促使美欧这两个全球最大的经济体走到了一起，希望通过自贸区在战略和政治上树立主导地位。

大西洋两岸是世界上经济最发达的地区，大西洋贸易曾经是国际贸易的主要部分。欧美双方约占世界国内生产总值的1/2、世界贸易额的1/3。因此，如果TTIP生效，无论对大西洋两岸经济还是全球贸易格局，都将产生深远影响。欧美自贸区协议不仅是贸易协议，同时也是在创造一个具有深远政治影响的内部市场，谈判将致力于消除两大市场在行政领域的贸易障碍，促进欧美共同发展，其战略意义早已超越经济本身。TTIP谈判将创建世界上最大的自由贸易协定，并可能重振自冷战结束以来的跨大西洋关系。如果达成，TTIP将会成为新的国际贸易、投资规则的基础，进而影响到整个全球化规则的制定。TTIP对当前国际经贸格局具有积极与消极因素并存的多重影响。

延伸阅读
TTIP对全球及亚太经贸格局的影响

本章小结

1. 区域经济一体化，指的是区域内两个或两个以上的国家或地区，在一个由政府授权组成的并具有超国家性的共同机构下，通过制定统一的对内对外经济政策、财政与金融政策等，消除国别之间阻碍经济贸易发展的障碍，实现域内互利互惠、协调发展和资源优化配置，最终形成一个政治、经济高度协调统一的有机体的过程。

2. 关税同盟理论的静态贸易效应主要包括贸易创造效应、贸易转移效应。其中，贸易创造效应是指关税同盟内部取消关税、实行自由贸易后，关税同盟内某成员国国内成本高的产品被同盟内其他成员国成本低的产品所替代，创造了过去不发生的新贸易；贸易转移效应是指由于关税同盟对内取消关税，对外实行统一的保护关税，成员国把原来从同盟外非成员国低成本生产的产品进口转化为从同盟内成员国高成本生产的产品进口，从而使贸易方向发生了转变。

3. 跨太平洋伙伴关系协定(TPP),也被称作"经济北约",是目前重要的国际多边经济谈判组织,前身是跨太平洋战略经济伙伴关系协定(Trans-Pacific Strategic Economic Partnership Agreement)。由亚太经济合作组织成员国中的新西兰、新加坡、智利和文莱4国发起,美国主导,共12个国家参与谈判的一项多边自由贸易协定。

4. 跨大西洋贸易与投资伙伴协议(TTIP),又称美欧双边自由贸易协定,议题涉及服务贸易、政府采购、原产地规则、技术性贸易壁垒、农业、海关和贸易便利化等。美欧推动建立TTIP企图通过更深程度的经济合作为双方带来直接的经济和社会收益,重塑国际贸易新标准和新规则,建立全球战略布局的主导权。TTIP的生效将会对全球和亚太经贸格局产生重要的影响。

推荐阅读

1. 杨海峰、忻华:"欧盟利益集团对TTIP谈判的影响机制研究",《欧洲研究》,2016年第2期,第5、21—35页。

2. 杨毅:"TTIP对中国对外经贸关系的影响",《国际经济合作》,2016年第1期,第68—73页。

3. 魏浩:"经济全球化条件下关税同盟政策对我国制定经济政策的启示",《当代财经》,2003年第1期,第78—79页。

4. 韩龙:"世贸组织的区域经济一体化制度刍议",《国际贸易问题》,2003年第3期,第9—14页。

5. 全毅:"全球区域经济一体化发展趋势及中国的对策",《经济学家》,2015年第1期,第94—104页。

6. 盛斌、果婷:"亚太区域经济一体化博弈与中国的战略选择",《世界经济与政治》,2014年第10期,第4—21、154页。

复习思考题

1. 区域经济一体化的含义及其类型?
2. 请举出一个关税同盟理论中贸易创造效应的例子。
3. 从欧洲的经济一体化进程中可以获得什么启示?
4. 你认为哪些原因导致了英国"脱欧"?
5. TTP和TTIP分别是什么?它们对中国经济有什么影响?

第十二章

国际收支

【关键词】

国际收支
国际收支平衡表
国际收支的平衡
国际收支的局部差额

国际收支的市场调节机制
国际收支的政策调节机制
弹性分析理论
乘数分析理论

> **导入案例**
>
> **平衡国际收支的"酸碱度"**
>
> 我国产品带着"Made in China"标签流通于世界,低廉价优使得持续性的巨额贸易顺差长期存在。这在过去是构成了"经济三驾马车"的一个支撑点,不过就好像钱币始终存在两面一样,巨额贸易顺差也为中国经济带来了"成长的烦恼"。
>
> 首先不可避免的是,巨额贸易顺差造成了大量外汇的储备。适当的外汇对国家经济大有裨益,但池子里的水储备得太多,会大大增加我国通货膨胀的压力。此外,贸易顺差经常成为某些国家打压中国经济的借口,以此带来的人民币对外升值压力巨大,这个让靠贸易顺差争取利润的外贸企业有被双刃剑划伤的可能性。
>
> 国际贸易以及下游的国际收支,就像土地的酸碱平衡一样,需要的是"张弛有序",从而打造双赢的生存空间。更具有实际意义的是,加强进口,将间接促进国民内需的打开,外贸反哺国民经济大动力成为可能。另外,增加进口对于人民币的国际地位提升有显著推力作用。目前,人民币已在伦敦、新加坡等境外进行结算业务。加强进口,无疑让人民币走出去的内容更加生动。
>
> 资料来源:"加强进口,平衡国际收支的'酸碱度'",中国政府网,2018 年 1 月 6 日 http://www.gov.cn/xinwen/2014-09/30/content_2758989.htm。

在宏观经济学中,GDP 可用一国在一定时期内消费、投资、政府购买和净出口的支出总和核算。其中,净出口是指该国商品和劳务出口与进口之间的差额。然而,一国的国际经济交易除商品和劳务的进出口外,还包括对外捐赠与接受援助、资本的流入与流出、投资收益的获得与支付等其他行为。因此,为了全面考察一国的国际经济往来,我们有必要在国民收入账户的基础上,进一步提出国际收支账户的概念。本章首先介绍国际收支的基本含义和国际收支平衡表,之后介绍国际收支不平衡的原因、类型、差额口径和影响,最后介绍国际收支调节的机制和理论。

第一节 国际收支的概述

一、国际收支概念的历史演变[①]

随着国际经济往来的规模不断扩大,国际商品市场、资本市场和要素市场的联系越来越紧密,人们对于国际收支的认识也在逐渐丰富和完善。

国际收支概念最初起源于重商主义盛行的 17 世纪初期,有形商品的贸易是当时国际经济往来的基本形式。因此,当时的重商学派将国际收支解释为贸易收支,即一国在一定时期内商品进出口的贸易差额。这反映了在资本主义形成时期,货物贸易在国际经济往来中占主导地位。

第一次世界大战后,国际经济往来的内容和范围不断扩大,形式也明显增多,其中包括移民形成的侨汇、战争赔款构成的单边转移、国际投资导致的资本流动等。国际金本位制度

---

① 陈燕:《国际金融》,北京大学出版社 2015 年版,第 181 页。

解体以后,黄金逐步退出了流通领域,外汇逐渐成为国际经济往来的主要支付手段。因此,国际收支概念从贸易收支扩展为外汇收支。这种强调现金基础和当期结清的外汇收支被称为狭义的国际收支。

第二次世界大战后,随着世界各国政治、经济、文化往来的日益密切,对外贸易的方式也更加灵活。由于对销贸易、实物形式的无偿援助等并不涉及外汇收支,因此,以外汇支付为基础的国际收支概念已无法全面反映国际经济往来。于是,国际收支的概念从外汇支付进一步扩展为国际经济交易,从而可以完整地考察一国的全部对外经济活动。这种以交易为基础的国际收支概念也被称为广义的国际收支。

二、国际收支的内涵

国际货币基金组织在2008年审议通过的《国际收支和国际投资头寸手册(第六版)》中,对国际收支定义如下:"国际收支是一定时期内一个经济实体的居民与非居民之间经济交易的系统记录。"[1]这一定义可以从以下三个方面加以理解:

首先,国际收支的主体是一个经济实体的居民与非居民。在这里,经济实体是指作为单独财政结算单位的国家或地区;居民和非居民的界定依据是经济概念,与法律上的公民概念不同。具体而言,居民是指在一个经济实体内具有经济利益的经济单位,通常是指在该经济实体境内从事经济活动或交易的时间达到一年以上的政府机构、个人、企业和事业单位,除此之外都是该经济实体的非居民。

其次,国际收支的内容是国际经济交易,与支付无关。无论是否涉及货币收支,所有交易都要折算为本国货币进行记录。交易行为主要分为以下四类:①交换,即一个交易者向另一个交易者提供经济价值(实际资源或金融资产),并从对方得到价值相等的回报;②转移,即一个交易者向另一个交易者提供经济价值,但未得到任何补偿;③移居,即居民将场所从一个经济实体搬迁到另一个经济实体,由此带来的资产负债关系转移;④其他根据推论而存在的交易。[2]

最后,国际收支是流量的概念。这表明,国际收支是对过去的一个会计年度内所有交易的事后汇总。因此,国际收支反映的是一段时期内经济发生的情况,而非某一时点经济发生的情况。

第二节 国际收支平衡表

一、国际收支平衡表的含义

国际收支平衡表是反映一个经济实体在一定时期内以货币单位表示的全部对外经济往来的统计报表,是对国际收支行为具体、系统的统计和记录。根据交易的特性和经济分析的需要,国际收支平衡表分类设置科目和账户,并按现代会计学的复式簿记原理进行编制。[3]

按照国际货币基金组织章程的规定,各会员国必须定期向其报送本国的国际收支平衡表。为了便于编制,并使各国的国际收支平衡表具有可比性,国际货币基金组织颁布了《国

---

[1] International Monetary Fund: *Balance of Payments and International Investment Position Manual*, 6th edition, 2009, 7.
[2] 沈国兵:《国际金融》,北京大学出版社2008年版,第90页。
[3] International Monetary Fund: *Balance of Payments and International Investment Position Manual*, 6th edition, 2009, 9.

际收支手册》,对编制国际收支平衡表所采用的概念、准则、惯例、分类方法和标准构成等方面都作了统一的规定说明。《国际收支手册(第一版)》于1948年首次发布,后经1950年、1961年、1977年、1993年和2008年五次修订补充。目前最新版本由国际货币基金组织于2008年11月审议通过,并于2009年发布,手册名称修改为《国际收支和国际投资头寸手册(第六版)》。

在我国,国际收支统计数据(包括国际收支平衡表和国际投资头寸表)由国家外汇管理局采集、加工和发布。自2015年起,中国国际收支统计数据根据《国际收支和国际投资头寸手册(第六版)》编制。①

二、国际收支平衡表的构成②

《国际收支和国际投资头寸手册(第六版)》对国际收支平衡表的账户及其构成作了修改。新版的国际收支平衡表分为三大账户:①经常账户;②资本和金融账户;③净误差和遗漏账户。

(一) 经常账户

经常账户是对实际资源在国际间的流动行为进行记录的账户,包括三个子账户:货物和服务、初次收入、二次收入。

1. 货物和服务

货物项下记录经济所有权在一个经济实体的居民与非居民之间发生转移的货物交易。货物账户数据主要来源于海关统计,但与海关统计主要有两点区别:一是国际收支中的货物只记录所有权发生了转移的货物(如一般贸易、进料加工贸易等贸易方式的货物),所有权未发生转移的货物(如来料加工、出料加工贸易)则纳入服务贸易统计;二是国际收支统计要求进出口货值均按离岸价格记录,但海关统计中出口货值为离岸价格,进口货值为到岸价格,因此,国际收支统计从海关进口货值中调出国际运保费支出,并将这一支出纳入服务贸易统计。

服务项主要包括加工服务,维护和维修服务,运输、旅行、建设、保险和养老金服务,金融服务,知识产权使用费,电信、计算机和信息服务,其他商业服务,个人、文化和娱乐服务以及别处未提及的政府服务。

2. 初次收入

初次收入指由于提供劳务、金融资产和出租自然资源而获得的回报,包括雇员报酬、投资收益和其他初次收入三部分。其中,雇员报酬是指根据企业与雇员的雇佣关系,因雇员在生产过程中的劳务投入而获得的酬金回报。投资收益指因金融资产投资而获得的利润、股息(红利)、再投资收益和利息。但是,金融资产投资的资本利得或损失不是投资收益,而属于金融账户统计范畴。其他初次收入是指将自然资源让渡给另一主体使用而获得的租金收入,以及跨境产品和生产的征税与补贴。

3. 二次收入

二次收入指居民与非居民之间的经常转移,包括现金和实物。经常转移是指不发生偿还或收益报酬的单边支付,也被称为单边转移。根据转移实施主体的不同,经常转移又可以

---

① 国家外汇管理局:"中国国际收支平衡表数据诠释文件",http://www.safe.gov.cn/wps/portal/!ut/p/c5。
② 国家外汇管理局:"国际收支平衡表编制原则与指标说明",http://www.safe.gov.cn/wps/portal/!ut/p/c5。

分为政府单方面转移和其他部门单方面转移。前者主要包括政府间的经济军事援助、战争赔款、没收走私商品等;后者主要包括民间的侨汇、奖学金、财团法人捐赠的钱款物资等。

(二) 资本和金融账户

资本和金融账户是对所有资产在国际间的流动行为加以记录的账户,包括两个子账户:资本账户和金融账户。

1. 资本账户

资本账户指发生在居民与非居民之间的资本转移,以及非生产、非金融资产的取得和处置。其中,资本转移包括涉及固定资产所有权的转移、同固定资产收买或放弃相联系的或以其为条件的资产转移。非生产、非金融资产的取得和处置是指各种无形资产的交易,包括专利、版权、商标、经销权、租赁合同或其他可转让的合同或者商誉等。

2. 金融账户

金融账户指发生在居民与非居民之间,涉及金融资产与负债的各类交易。金融账户可进一步细分为非储备性质的金融账户和国际储备资产。

非储备性质的金融账户包括直接投资、证券投资、金融衍生工具、其他投资。直接投资是指投资者以寻求在所处经济实体之外的运行企业中获取有效发言权为目的的投资。证券投资也称为间接投资,是指为了取得预期的货币收入而进行的投资。金融衍生工具也称为金融衍生工具和雇员认购权资产,用于记录一个经济实体的居民与非居民金融工具和雇员认股权交易情况。其他投资是一个剩余项目,指除直接投资、证券投资、金融衍生工具和储备资产外,居民与非居民之间的其他金融交易,包括其他股权、货币和存款、贷款、保险和养老金、贸易信贷和其他。

国际储备资产也称为官方储备,是指一个经济实体的货币当局持有的、可用于对外支付的资产及其对外债权。储备资产主要包括四个组成部分:外汇、货币黄金、特别提款权、在基金组织的储备头寸。当一个经济实体的国际收支出现顺差时,对外收入大于对外支出的部分就会转化为货币当局的储备资产;而当一个经济实体的国际收支出现逆差时,对外收入小于对外支出的部分就必须由货币当局动用相应数量的储备资产来支付。

(三) 净误差和遗漏账户

国际收支平衡表虽然是按复式簿记原理编制的,但借贷双方的总额却经常出现差额。为此,基于会计上的需要,国际收支平衡表被人为设置了平衡项目以抵消上述统计偏差,即净误差和遗漏账户。造成统计偏差的原因主要有:①不同账户的统计资料来源于国家统计局、海关、人民银行、商务部、证监会、旅游局等部门,各部门的统计口径不一致;②资料不全,有些国际经济活动未经过对应部门办理;③资料本身错漏,有关部门提供的一些统计数字来源于估算,不能保证绝对正确无误。如果借方总额大于贷方总额,净误差和遗漏账户记入贷方;反之,记入借方。

相关案例 12—1

全面采用支付渠道数据　改进国际旅行统计方法

旅行是国际收支平衡表十二大类服务项目之一,在我国国际收支统计中一直占有重要地位。随着统计数据源的不断改善,国家外汇管理局自 2016 年开始,全面采用支付渠道数据,协调编制国际旅行收入和旅行支出,并追溯调整 2014 年、2015 年的数据。调整后,2016 年旅行收入和支出分别从初步统计的 1 182 亿美元和 3 412 亿美元降至 444 亿美元和 2 611 亿美元,旅行逆差从 2 231 亿美元降至 2 167 亿美元。

按照国际货币基金组织《国际收支与国际投资头寸手册(第六版)》的定义,旅行包括非居民旅行者在旅行地购买自用或馈赠的货物和消费的服务。这里有两个要点:第一,非居民旅行者包括因商务和私人目的在外停留一年以下的个人,也包括在境外停留时长不限的学生和就医人员,还包括边境工人、季节性工人和其他短期工人,他们在旅行地的花费全部计入旅行;第二,旅行虽在服务项下,但却包含旅行者消费的各类货物和服务,因为旅行项目非常特殊,它以旅行者为统计对象,而无论其消费的是哪类货物或服务(如运输、保险等其他各类服务),都涵盖在旅行项下。基本上,一国居民在境外旅行或就医留学期间的吃穿用度、娱乐消费等,均属于旅行的统计范畴。

历史上,我国的旅行收支统计曾使用过企业和个人调查数据、伙伴国数据、支付渠道数据及统计估算方法。随着国家外汇管理局于 2014 年新增跨境银行卡统计和 2016 年新增国际旅行现钞花费比例调查,目前,我国国际旅行支付渠道数据已经完备。自编制 2016 年全年国际收支平衡表开始,国家外汇管理局全面采用旅行支付渠道数据来编制旅行收入和支出数据。旅行支付渠道涵盖信用卡和借记卡、汇款和现钞,其中,银行卡和汇款数据均为全数统计;现钞数据通过年度个人调查获得的现钞花费比例进行估算。此外,对于"以旅行之名,行投资之实"的交易,也尽可能在可获得的数据范围内进行了还原处理,如境外购房和购买境外投资性保险产品。统计方法调整后,旅行收入和支出数据统计方法协调一致,覆盖完整,从而增强了旅行收支数据的可比性,并且可支持进行双边国家(地区)旅行收支数据测算,丰富了数据维度。

资料来源:中国国家外汇管理局,"2016 年中国国际收支报告"专栏 3, http://www.safe.gov.cn/wps/portal。

[问题思考] 我国旅行服务收支差额自 2009 年以来转为逆差且规模不断扩大,并于 2012 年开始成为经常账户服务项下第一大逆差项目,请问导致这一现象的原因可能有哪些?

[案例点评] 从数据分析,这主要是由旅行支出增长过快、收入基本平稳造成的。2009—2016 年,旅行收入从 397 亿美元增长至 444 亿美元,增长 11.8%,且总体趋势逐年上下波动;而旅行支出则由 437 亿美元增长至 2 611 亿美元,增长了 497.5%,且总体趋势逐年持续上升。导致这一现象的主要原因有:①我国居民实际购买力的快速增长促进了出境旅行发展;②全球经济相对低迷且人民币持续升值导致入境旅游基本稳定;③各项海关、外汇便利化措施切实满足了居民出境旅行的需求。

三、国际收支平衡表的编制原则

(一) 复式簿记原则

国际收支的各笔经济交易,都可以运用复式簿记的"有借必有贷,借贷必相等"的原则,以相同的金额分别计入国际收支平衡表的借方和贷方。对于单边转移,需要使用特种项目进行抵消。具体而言,可以根据以下原则判断每笔交易究竟应该记入借方还是贷方分录:

(1) 凡是本国从外国获得(实际或未来)货币的交易,或是引起外汇供给的交易,都应记入贷方分录,用正号来表示。由于一国拥有的外国资产减少(或本国对外负债增加)涉及外国居民(即本国非居民)向本国居民的货币支付,故应记入贷方。例如,商品和服务的出口带来了外汇供给,应记入贷方;获得外国贷款(负债增加)产生外汇供给,因此也应记入贷方。

(2)凡是引起本国向外国支出(实际或未来)货币的交易,或是引起外汇需求的交易都应记入借方分录,用负号来表示。由于一国拥有的外国资产增加(或本国对外负债减少)涉及本国居民向外国居民(即本国非居民)的货币支付,故应记入借方。例如,商品和服务的进口带来了外汇需求,应记入借方;偿付对外债务(负债减少)产生外汇需求,因此也应记入借方。

此外需要说明的是,金融账户的各个科目按借贷方净额(借贷发生额的差额)来记录,不分别列示借方和贷方。这是由于金融交易十分频繁,规模非常大,分析资产和负债的净变化比总流量更有意义,且总流量通常很难统计。

(二)权责发生制原则

权责发生制原则是指国际收支统计以所有权变更的时间作为交易各方簿记该笔交易的时间。例如,延期付款方式进口的商品在所有权转移时记入经常账户的借方,同时由于进口商债务的增加,应记入资本账户的贷方。当进口商结算债务时,在资本账户上将有两个相互抵消的分录:一个是记录对外负债减少的借方分录,另一个是记录对外资产减少或因支付债务而引起的对外负债增加的贷方分录。[①]

第三节 国际收支分析

一、国际收支的平衡与均衡

国际收支平衡表是按照复式簿记原理所编制的,每一笔国际经济交易都会以相同的金额计入分录的借方和贷方。同时,为抵消人为统计偏差,国际收支平衡表还设置了净误差和遗漏账户这一平衡项目。因此,从总体上来看,国际收支平衡表的借方和贷方总额总是相等的,即账面的总差额为零。但是,这种平衡仅是会计意义上的账面平衡,并非经济学意义上的国际收支平衡。

要科学地判断国际收支平衡与否,可以按照交易动机,将国际收支平衡表上的各种交易项目划分为自主性交易和调节性交易两大类。[②] 其中,自主性交易是指出于一定的经济动机,一国居民与非居民自主或自发进行的交易,如商品贸易、旅行服务、证券投资等。调节性交易是指一国的政府为弥补自主性交易的不平衡而直接进行的,或通过各种政策措施致使居民与非居民进行的交易,如货币当局为稳定汇率而动用储备资产等。一国的自主性交易如果达到主动平衡,不需要做事后调节,那么可以认为该国的国际收支平衡。如果一国的自主性交易不平衡,只是在采取调节性交易后才实现了被动平衡,则说明该国的国际收支不平衡,也称为国际收支失衡。可见,一国的国际收支是否平衡,实际上指的是该国的自主性交

---

① 沈国兵:《国际金融》,北京大学出版社 2008 年版,第 97 页。
② 〔英〕詹姆斯·米德著,李翀译:《国际经济政策理论(第 1 卷 国际收支)》,首都经济贸易大学出版社 2001 年版,第 51—60 页。

易是否达到平衡。

一国的对外经济活动往往与国内经济活动密切相关。因此,政府在制定国际收支调节政策时,不仅要关注能否实现国际收支平衡,还应进一步关注国际收支平衡与国内宏观经济的其他变量是否协调,即是否达到国际收支均衡。所谓国际收支均衡,是指国内经济处于充分就业和物价稳定条件下的国际收支平衡,是一国达到福利最大化的综合政策目标。这意味着,一国要达到国际收支均衡,除满足国际收支平衡外,还包括国内充分就业、物价水平稳定等其他条件。因此,相比于国际收支平衡而言,国际收支均衡是更深层次的宏观经济目标。

二、国际收支的局部差额分析

在国际收支平衡与否的判定理论中,我们将国际收支平衡表的各种交易项目划分为自主性交易和调节性交易两大类。但在实际中不同交易的动机有时难以准确区分,例如,一国的央行正在向国际金融机构借款,如果借款的目的是干预外汇市场提供外汇储备,那么该交易应归入调节性交易;如果借款将用于开发某经济项目获取利润,那么该交易应归入自主性交易;如果上述两个目的同时存在,那么该交易的分类便会存在争议。

在实践中,各国通常采取一种粗略的方法,即把国际收支平衡表中的各种交易项目按照自主性程度的高低降序排列,并根据分析需要在中间画一条水平线,将线上项目近似地看作自主性交易,将线下项目近似地看作调节性交易。① 如果线上项目差额为零,则可以认为达到了国际收支平衡;如果线上项目的差额为正(贷方大于借方),则称为国际收支顺差;如果线上项目的差额为负(贷方小于借方),则称为国际收支逆差。根据水平线画线位置的不同,国际收支的差额所包括的交易项目也不同,如贸易差额、经常账户差额、资本和金融账户差额、基本差额、官方结算差额、综合账户差额等。这些不同口径的国际收支差额统称为局部差额。

国际收支分析的重点就是要分析国际收支局部差额的规模、性质及其原因,以及国际收支平衡表上所列示的各种数据的情况,并从中得出必要的结论。具体而言,对国际收支平衡表的分析可以采取三种分析方法,分别为:静态分析(一国一时期)、动态分析(一国连续时期)、比较分析(一国多时期或多国一时期)。

(一) 贸易差额

贸易差额是指一定时期内一国货物出口总额与进口总额之差。根据国际金融学者对于国际收支的早期理解,划分交易性质的水平线应该位于货物贸易项目的下方。由于贸易往来通常都是出于经济动机,因此这种画线方式的尺度最为严格。贸易收支可以综合反映一国的产业结构、产品质量和劳动生产率状况,也是衡量一国实际资源转让、实际经济发展水平和国际竞争力的重要依据。

(二) 经常账户差额

经常账户差额是指一定时期内一国货物与服务、初次收入、二次收入项目的贷方总额与借方总额之差。国际金融学者将划分交易性质的水平线画在经常账户下方,其依据在于国

---

① 奚君羊:《国际金融学》,上海财经大学出版社 2013 年版,第 14 页。

际间的服务往来和投资收益一般也是出于经济动机,且在整个国际收支中的地位呈上升趋势。因此,经常账户差额是国际收支平衡表中最为重要的局部差额。经常账户差额的预期完成情况,已经成为各国制定国际收支政策和产业政策的重要依据。①。

(三) 资本和金融账户差额

资本和金融账户差额是指资本账户、直接投资、证券投资、金融衍生工具、其他投资和储备资产的贷方总额与借方总额之差,记录了一国对其他国家的资本和金融要素流动的净额。按照复式簿记原理,资本和金融账户差额与经常账户差额是同一问题的两个方面。在不考虑净误差和遗漏因素的情况下,经常账户余额必然与资本和金融账户余额在数量上相等,并在符号方向上相反。资本和金融账户反映了一国资本市场的开放程度和金融市场的发达程度,可以为一国的货币政策和汇率政策调整提供有益的借鉴。利率、各种投资回报率、预期的汇率走势和税收规定等影响投资收益率与风险的因素,都决定了资本和金融账户差额的状况。

(四) 基本差额

基本差额是指经常账户加上长期资本的差额。国际金融学者认为,长期资本相对于短期资本而言是一种比较稳定的非投机性资本流动,它以市场、利润或获取资源等为目的。②因此,长期资本的交易项目在很大程度上应归入自主性交易,划分交易性质的水平线应画在长期资本的下方。基本差额反映了一国国际收支的基本状况和长期趋势。长期资本流动规模较大的国家会采用基本差额作为判断和观察自身国际收支状况的重要指标。

(五) 官方结算差额

官方结算差额是指经常账户、长期资本流动再加上私人短期资本流动的差额。国际金融学者之所以主张将划分交易性质的水平线置于私人短期资本的下方,主要原因是私人短期资本往来包括投机资金的国际转移。官方结算差额的线下交易是官方短期资本流动和官方储备变动。因此,可以通过动用官方储备、短期对外借款或贷款的方式,对官方结算差额进行调节。官方结算差额是政府用于平衡自发收支项目总差额的项目,衡量了一国货币当局所愿意弥补的国际收支差额。

(六) 综合账户差额

综合账户差额是指经常账户、资本和金融账户中的资本账户再加上非储备性质的金融账户的差额,也被称为总差额。通常人们所说的国际收支顺差或逆差,指的就是综合账户差额的顺差或逆差。综合账户差额的线上交易最为全面,仅将储备资产变动作为线下交易。这说明,综合账户差额必然导致储备资产的反方向变动,并将直接影响到该国的汇率稳定。如果综合账户差额为正,则储备资产增加;如果综合账户差额为负,则储备资产减少。因此,综合账户差额可以用来衡量国际收支对一国储备资产造成的压力,也可以反映一国自主性国际收支的综合状况。③

---

① 陈燕:《国际金融》,北京大学出版社 2015 年版,第 194 页。
② 奚君羊:《国际金融学》,上海财经大学出版社 2013 年版,第 15 页。
③ 沈国兵:《国际金融》,北京大学出版社 2008 年版,第 100 页。

相关案例 12-2

"神秘"的经常账户差额

美国 2006 年产品和服务贸易赤字为 7 585 亿美元。这个数字看上去似乎过大,也就是说,这一申报数据很可能比真实数据要高一些。许多国家在申报贸易盈余时也是这样,它们会夸大实际的数据。针对这种情况,申报的盈余可能过低,这一盈余低估也影响到了经常账户。这里我们将以美国为例,解释这一现象是如何产生的。

由于非正常贸易的存在,产品的出口经常被不完全统计。美国商务部披露美国产品出口可能存在的不完全统计多达 10%。2006 年,未被统计的出口约为 1 450 亿美元。在很大程度上,这一现象的出现是由于美国个人无须申报不足 2 500 美元的出口造成的。由于越来越多的小公司开始从事出口贸易,这一问题便显得越发严重。

在考虑到服务行业后,未被计入的出口数额将大大增加,部分原因来自服务出口被计算的方式。如果一个服务出口商向一个与本国无关的外国顾客提供服务,这笔资金将被计入服务出口。但如果一个本国公司销售服务到该公司的一个外国子公司,这笔资金流动将不被计入服务出口。也就是说,尽管外国子公司需要为所得的服务支付费用,但是该跨国公司的内部交易不被计入服务出口。尽管实际未被计入的服务出口值难以获得,但可以肯定的是,这个数目不可小觑。若加上未被计入的产品和服务出口,美国的贸易赤字和经常账户赤字将会显著减少。

这一现象并非仅仅存在于美国。作为众多有意思的奇异现象之一,世界的经常账户总和并不为零。1980 年至 2003 年间,全球经常账户之和几乎每年都为负;2004 年至 2012 年,这一"神秘的赤字"则转变成了"神秘的盈余",在这段时间内,全球经常账户之和一直为正。除非我们在与其他星球贸易,否则在"神秘的盈余"阶段,与出口相比,进口一定被低估了。随着国际贸易的增加,了解清楚产品和服务贸易状况对于政府来说日益重要。对于多数国家而言,进出口是 GDP 的重要组成部分,对 GDP 的把握对于管理一个经济体至关重要,而准确的数据将对此非常有益。目前,这个谜团仍未解开,2012 年全球经常账户盈余高达 3 360 亿美元,几乎为世界产出的 0.5%。

资料来源:*Balance of Payments Statistics Yearbook* 2001. Washington, D. C., 2001. IMF, World Economic Outlook database, April 2013.

[问题思考] 什么是经常账户差额?经常账户差额的划分依据是什么?

[案例点评] 经常账户差额是指一定时期内一国货物与服务、初次收入、二次收入项目的贷方总额与借方总额之差。国际金融学者将划分交易性质的水平线划在经常账户下方,其依据在于国际间的服务往来和投资收益一般也是出于经济动机,且在整个国际收支中的地位呈上升趋势。经常账户收支综合反映了实际资源在国家间的转让净额,用其衡量一国的经济发展水平更具实际意义。因此,经常账户差额是国际收支平衡表中最为重要的局部差额。经常账户差额的预期完成情况,已经成为各国制定国际收支政策和产业政策的重要依据。

三、国际收支不平衡的类型

相较于国际收支平衡,一国国际收支不平衡的现象往往是常态。国际收支不平衡可以按照性质分为六种类型:临时性不平衡、周期性不平衡、货币性不平衡、收入性不平衡、结构性不平衡、投机或保值性不平衡。

(一) 临时性不平衡

临时性不平衡是指短期的、季节性或偶然性因素引起的国际收支不平衡。最明显的例子是,农产品出口国贸易的季节性变化十分明显,由此导致的国际收支不平衡也常常表现为季节性不平衡。一般而言,这种性质的不平衡程度较轻,持续时间不长,国际收支可以自行恢复到正常状态。在浮动汇率制度下,可以通过市场汇率的波动自行纠正;在固定汇率制度下,可以暂时动用官方储备资产克服。

(二) 周期性不平衡

周期性不平衡是指一国经济周期波动引起的国际收支不平衡。当一国经济衰退时,国内有效需求下降,在出口量不变的情况下进口减少,这将导致经常账户出现顺差;当一国经济繁荣时,国内有效需求上升,进口增加,同时部分出口产品转向内销,这将导致经常账户出现逆差。但资本账户的差额变动却与之相反,一国经济衰退时,投资前景往往不被看好,这将造成资本外流增加,资本账户出现逆差;一国经济繁荣时,投资前景被看好,这将导致资本流入增加,资本账户出现顺差。因此,随着第二次世界大战后各国资本账户的地位日益突出,国际收支的顺差或逆差与一国经济周期之间不再存在简单的对应关系。①

(三) 货币性不平衡

货币性不平衡是指在一定汇率条件下,国内货币供给量增长率变化引起国内物价水平变化,进而导致国际收支出现的不平衡。当一国的货币供给量过度增加,推升了货币成本和国内物价水平时,对该国而言出口货物价格相对较高,而进口货物价格相对较低,这将导致该国的出口规模缩小,进口规模扩大,从而造成国际收支出现逆差。货币性不平衡主要是由通货膨胀或通货紧缩引起的,可以是短期、中期或长期的不平衡。

(四) 收入性不平衡

收入性不平衡是指经济条件的变化引起国民收入的变化,进而造成的国际收支不平衡。造成一国国民收入变化的原因有很多,如果由周期性因素造成,则也属于周期性不平衡。如果由货币性因素造成,则也属于货币性不平衡。除此之外,也可能是由于经济增长(如劳动生产率提高)所导致的国民收入变化。对于不同原因所引起的收入性不平衡,国际收支究竟表现为顺差还是逆差应具体分析。②

(五) 结构性不平衡

结构性不平衡是指国内经济、产业结构不能适应世界市场的变化而发生的国际收支不平衡,这种不平衡往往具有长期性的特点。具体来说,结构性不平衡有两层含义:

第一,结构性不平衡是指由于经济和产业结构变动的滞后与困难引起的国际收支不平衡。具体而言,如果一个国家的经济结构、产业结构不能随国际分工格局和需求而变化,那么原有的贸易平衡就会遭到破坏。

第二,结构性不平衡是指由于贸易条件差异所引发的不平衡。具体而言,如果一国出口

---

① 陈燕:《国际金融》,北京大学出版社 2015 年版,第 195—196 页。
② 沈国兵:《国际金融》,北京大学出版社 2008 年版,第 120 页。

产品需求的收入弹性低,而进口产品需求的收入弹性高,那么该国的净出口很难大量增加。如果一国出口产品需求的价格弹性高,而进口产品需求的价格弹性低,那么当在进口产品价格上涨幅度大于出口产品价格上涨幅度时,贸易条件恶化,从而引起国际收支的不平衡。第二种结构性不平衡在发展中国家尤其突出。

(六)投机或保值性不平衡

投机、保值性不平衡是指在浮动汇率制下因汇率变动而产生的获利机会和风险带来的国际收支不平衡。投机、保值性不平衡产生于短期资本流动,对于汇率和相关利率的变动十分敏感,具有规模大且突发的特点。其中,投机性资本流动的目的在于投机谋利,保值性资本流动是为实现资本保值而进行的资本逃避。

延伸阅读
国际收支的宏观经济分析

第四节 国际收支的调节机制

一、国际收支不平衡的影响

国际收支不平衡的影响可以分为国际收支逆差、国际收支顺差的影响。一般而言,国际收支逆差是一国的货币当局亟须解决的问题,而小规模、中短期的国际收支顺差往往是符合官方目标的。

(一)国际收支逆差的影响

当一国的国际收支为逆差时,外汇的供给小于需求,从而对本币形成相对贬值的压力。在固定汇率制下,该国的货币当局必须动用自身的国际储备资产来稳定本币汇率。这将影响到该国的对外金融实力和国家信用,降低货币当局将来弥补国际收支的能力。同时,国际储备资产的下降将引起该国货币供给量的下降,从而抑制该国的生产、投资和就业,使国民收入下降,甚至导致经济衰退。

(二)国际收支顺差的影响

如果一国发生长期、大规模的国际收支顺差,也会对国内经济产生不良影响。首先,国际收支顺差带来的国际储备资产上升,将造成本国货币供给量的过快增长,从而使得国内物价水平上升,加剧通货膨胀。其次,如果国际收支顺差是由出口过多导致的,那么可能会造成对本国资源的过度消耗,从而制约本国的长期发展。最后,一国国际收支出现顺差也意味着其他一些国家的国际收支会出现逆差,这将引起国际摩擦,不利于国际经济关系的发展。

由此可见,大规模的国际收支顺差或逆差都会对本国经济发展产生严重的影响。此外,国际收支平衡还是一个动态的过程,即本年的国际收支可能会对该国以后若干年的国际收支造成影响。

二、国际收支的市场调节机制

国际收支不平衡的市场调节机制是指在不考虑政府干预的情况下,市场系统内其他变量与国际收支相互制约和相互作用的过程,实质是国际收支不平衡引起的国内经济变量对国际收支的反作用过程。

(一)国际金本位制度下的国际收支市场调节机制

英国学者大卫·休谟(David Hume)在1752年出版的《政治论丛》中,提出了金本位制度下的贸易收支的自动调节过程,即物价—铸币流动机制(见图 12-1)。在国际金本位制度下,如果一国的国际收支(这里指贸易收支,假设不存在资本流动)出现逆差,将迫使该国的货币汇率下跌至黄金输出点并造成黄金净流出。黄金净流出导致货币供给量减少,由此引起国内物价水平下跌,进而增强国内产品在世界市场上的竞争力,促进出口。此外,国外物价水平的相对上升也抑制了该国的进口。因此,该国的国际收支逆差得以逐步改善。同理,如果一国的国际收支出现顺差,则调节机制与之相反。

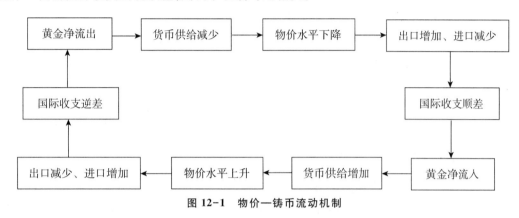

图 12-1 物价—铸币流动机制

物价—铸币流动机制将货币数量说应用于国际收支分析,对以后的理论产生了巨大的影响。但这一机制的缺陷在于:第一,黄金的输出入在金本位制下已经受到政府的限制;第二,没有考虑进出口需求的弹性条件。

(二)信用本位的固定汇率制度下的国际收支市场调节机制

根据在调节机制中作用于国际收支的不同经济变量,信用本位的固定汇率制度下的国际收支市场调节机制可以进一步分为利率调节机制、收入调节机制和价格调节机制。

1. 利率调节机制[①]

利率调节机制是指国际收支不平衡引起的利率变动对国际收支的调节,主要从经常账户和资本账户两个方面产生作用。在固定汇率制度下,如果一国的国际收支出现逆差,为了稳定汇率,该国的货币当局必须抛售外汇储备,回购本币。于是,该国的货币供给量相对减少,利率上升。这表明该国金融资产收益率上升,对该国金融资产的需求增加。因此,资金外流减少或资金流入增加,可以改善该国的国际收支逆差。同理,如果一国的国际收支出现顺差,则调节机制与之相反。此外,利率变动还会影响国内的投资和消费、物价的涨跌,直至影响到进出口的变化。

2. 收入调节机制

收入调节机制是指国际收支不平衡引起的国民收入自发性变动对国际收支的调节。假定国内物价水平保持不变,如果一国的国际收支出现逆差,则该国的国民收入水平将下降,从而导致社会总需求的下降。于是,进口需求也会随之下降,从而改善贸易收支。同时,国民收入水平的下降也会降低该国对外国服务和金融资产的需求。于是,经常账户和资本账户收支都得到了改善,从而使国际收支逆差得到改善。同理,如果一国的国际收支出现顺差,则调节机制与之相反。

---

① 陈燕:《国际金融》,北京大学出版社 2015 年版,第 198—199 页。

3. 价格调节机制

价格调节机制是指国际收支不平衡引起的一般价格水平或相对价格水平的变动对国际收支的调节。在固定汇率制度下,如果一国的国际收支出现逆差,则该国货币面临贬值压力。为维持固定汇率,该国的货币当局必须干预外汇市场,从而造成该国货币供给量相对下降、利率上升。通过公众现金余额效应或收入效应,引起本国出口产品的价格相对下降,进口产品的价格相对上升,从而增加出口,减少进口,改善国际收支。

(三) 浮动汇率制度下的国际收支市场调节机制①

在浮动汇率制度下,外汇市场根据外汇的供求关系来决定其汇率的变动。如果一国的国际收支出现逆差,则意味着对外汇的需求大于供给。于是,外汇相对升值,本币相对贬值。这使得本国产品的价格相对下降,外国产品的价格相对上升,从而导致出口增加,进口减少,该国的国际收支逆差得到改善。不过,这一机制须满足马歇尔-勒纳条件或毕肯戴克-罗宾逊-梅茨勒条件。同理,如果一国的国际收支出现顺差,也可以通过汇率的变动而加以改善。

三、国际收支的政策调节机制

虽然在理论上市场调节机制可以自发促进国际收支的平衡,但在现实情形中,市场体系的不健全、金融体系的复杂化、政府在宏观经济领域作用的强化等因素都限制了市场调节机制的效果。各国政府往往根据自身的利益和需要,主动对国际收支采取各种政策调节措施。这些政策可以分为三类:需求调节政策、供给调节政策和资金融通政策。

(一) 需求调节政策

需求调节政策由凯恩斯提出,一直沿用到 20 世纪七八十年代的滞胀危机,主要包括支出增减政策和支出转换政策。

1. 支出增减政策

支出增减政策的目的在于,通过改变社会总需求或国民经济总支出水平来调节国际收支。这类政策主要包括财政政策和货币政策。这些政策往往要通过市场机制,如利率、收入和价格机制三个渠道来影响国际收支,而且实施后不能立即奏效,发挥效应的过程较长。

2. 支出转换政策②

支出转换政策是指不改变社会总需求和总支出水平而改变其方向的政策,也就是将国内支出从外国商品和劳务转移到国内的商品和劳务上来。这类政策主要包括汇率政策和直接管制政策。

(二) 供给调节政策

供给调节政策由供给学派提出,主要包括产业政策、科技政策和制度创新政策。产业政策是指根据国际市场的情况,优化和改善产业结构,鼓励发展和扩大一些产业,调整、限制乃至取消另一些产业(如夕阳产业),从而增加社会产品(出口产品和进口替代品)的供给,使之适应国际市场。科技政策旨在推动科技进步、提高管理水平、加强人力资本投资,发挥知识在经济增长中的核心作用。制度创新政策旨在加大企业制度改革力度,改善制度缺陷。这些政策的特点是具有长期性,可以从根本上提高一国的经济实力和综合水平,从而改善国

---

① 沈国兵:《国际金融》,北京大学出版社 2008 年版,第 122 页。
② 沈国兵:《国际金融》,北京大学出版社 2008 年版,第 123 页。

际收支的结构性不平衡。

（三）资金融通政策

资金融通政策是指短期内以资金融通的方式来解决国际收支不平衡的缺口，包括使用官方储备和官方信贷。具体而言，一国政府可以变动官方储备，或者临时向外筹借资金，以此来抵消国际收支不平衡造成的超额外汇需求或供给。当一国的国际收支出现暂时性的不平衡时，政府可以采用官方储备作为缓冲体。但面对国际收支的长期性逆差，这种政策不仅不能解决问题，反而可能造成储备资产的流失，延误政策调整的最佳时机。

相关案例 12-3

衰退时期日本的政策调节

回顾 20 世纪，日本经济 80 年代的繁荣在 90 年代突然停止，并且出现衰退。日本当局采用了多种政策，然而经济并没有复苏，平均经济增长率小于 2%。在日本经济衰退时期，物价水平连续多年下降，这种持续的通货紧缩在一个发达经济体中是很少见的。在这种环境下，失业率超过 5%，这对日本来说是一个相当高的水平。唯一令人欣慰的是，存在持续性的经常性账户盈余，但是我们还要仔细分析这一情况，因为其中包含随同国内消费一起下降的进口的减少。

对于经济衰退时期日本政府的政策有很多争论。财政政策无疑是扩张性的，政府财政收支赤字一直约等于 GDP 的 6%，对于发达国家而言，这已经是一个很大的数字了。而货币政策的使用却存在争论，财政政策看起来具有扩张性，然而货币政策并没有很大的扩张性，随着经济的衰退，对可贷资金的需求也在减少，很久以来日本利率一直低于 1%，利率降低的很大一部分原因并不是货币政策的结果，而是商业和公众需求减少的结果。90 年代，货币供给是没有活力的。事实上，基础货币和狭义货币也有小幅增长，然而，在经济增长速度较慢并且物价水平下降的经济中，货币供给无疑是应该大幅增加的。结果是，表面看起来一致的政策组合在衰退面前就不那么一致了。扩张性财政政策和货币政策组合的结果本应该是提高 GDP 的增长率、提高物价水平和经常账户的不确定影响，而事实上，带来的结果却是停滞的 GDP 增长、物价水平的下跌和经常账户的盈余。我们不能在这里遍历所有财政政策和货币政策的组合，扩张性财政政策和中性的货币政策就是一种可能性。幸运的是，日本中央银行现在似乎越来越采取积极的货币政策，这就给了人们一些日本经济乐观发展的理由。

资料来源：[美] W. 查尔斯·索耶、理查德·L. 斯普林克著，刘春生译，《国际经济学（第三版）》，中国人民大学出版社 2010 年版。

[问题思考] 一国政府为什么会采用不一致的政策组合？不一致的政策组合对经济会产生怎样的作用？

[案例点评] 在许多国家，一方面，政府的执行部门和立法部门共同控制了财政政策，另一方面，中央银行独立于政府之外，决定了货币政策，因此，当不同的决策者控制着财政政策和货币政策时，这两个政策组合相互不一致是可能的。在这种情况下，政策组合对于短期的国内经济具有不明确的作用。然而，对于外部均衡则具有明确作用。紧缩性货币政策和扩张性财政政策导致国内货币升值，这将导致经常账户恶化。在这种情况下，财政政策和货币政策相互增强彼此的作用，影响外部均衡。对于紧缩性财政政策和扩张性货币政策，国内货币贬值并且该国的经常账户余额增加。

第五节 弹性分析理论

国际收支的弹性分析理论也称为弹性论或弹性分析法,主要基于进出口供给和需求的价格弹性,分析汇率变动对一国国际收支影响的途径、程度和机制。马歇尔最早提出弹性分析理论,并将其推广到国际贸易领域。他通过引入进出口需求弹性的概念,探讨了不同进出口需求弹性下汇率变动对贸易收支的影响。勒纳在此基础上指出,如果进出口需求的弹性之和小于1,货币贬值会恶化贸易收支。1937年,英国经济学家琼·罗宾逊(John Robinson)在《论外汇》一书中,对马歇尔和勒纳的观点进行了系统的归纳与补充,并引入了进出口供给弹性的概念,创立了弹性论的完整框架。1944年,美国经济学家梅茨勒进一步完善了琼·罗宾逊的观点,将进出口供给弹性引入马歇尔-勒纳条件,发展形成了国际收支弹性分析理论的核心观点,即罗宾逊-梅茨勒条件。

一、弹性分析理论的基本思想

从本质上来看,汇率体现的是两国之间的相对价格水平。因此,汇率的变动会导致两国的相对价格水平发生变化,从而影响进出口数量。这种价格变动和数量变动的结果,最终必然会导致国际收支(这里指贸易收支)的变化。弹性论正是以汇率变动所导致的进出口数量变动的大小作为出发点,进而分析贸易收支的差额变化。例如,可以用 TB 表示贸易收支(以外币表示):

$$TB = \frac{P_x \times Q_x}{S} - P_x^* \times Q_M \tag{12-1}$$

式中:P_x 是以本币表示的本国出口价格,经汇率(直接标价法,S)调整后,P_x/S 表示以外币表示的本国出口价格,Q_x 是本国出口量;P_x^* 是以外币表示的外国出口价格,Q_M 是本国进口量。我们称式(12-1)中第一项为出口收入,第二项为进口支出。

假设本国和外国的出口价格 P_x、P_x^* 保持不变,当汇率贬值(S 变大)时,外国的进口价格($P_M^* = P_x/S$)相对下降、本国的进口价格($P_M = P_x^* \times S$)相对上升,这将使本国的出口量 Q_x 增加,本国的进口量 Q_M 减少。对此不妨试想以下两种可能情形:

(1)如果本国进出口量对价格变化的敏感程度比较大,则价格相对变化将引起出口量 Q_x 大幅增加,进口量 Q_M 大幅减少,若出口量 Q_x 的增加抵消了外国进口价格 P_M^* 的下降,那么出口收入增加,进口支出减少,贸易收支将改善。

(2)如果本国进出口量对价格变化的敏感程度比较小,则价格相对变化所引起出口量 Q_x 和进口量 Q_M 的变化并不大,若出口量 Q_x 的增加未能抵消外国进口价格 P_M^* 的下降,且进口支出的减少未能超过出口收入的减少,那么贸易收支将恶化。

以上分析说明,汇率变化能否改善一国的贸易收支差额,取决于该国进出口量对价格变化的敏感程度,即进出口产品的价格弹性(包括需求弹性和供给弹性)。

二、弹性分析理论的主要内容

(一)前提假定

(1)运用局部均衡分析,保持收入、其他商品的价格、消费偏好、进出口需求曲线本身的位置等经济条件不变,只考虑汇率变动对国际收支的影响。

(2) 没有资本流动,贸易收支就是国际收支,初始的贸易收支账户处于平衡状态。

(3) 贸易商品的供给弹性无穷大,贸易收支的变化取决于对贸易商品的需求变化。

(二) 马歇尔-勒纳条件

马歇尔-勒纳条件为:

$$|D_x + D_M| > 1 \quad (12-2)$$

式中:D_x 为出口需求价格弹性,D_M 为进口需求价格弹性。

延伸阅读
马歇尔-勒纳条件推导

在供给弹性无穷大的前提下,一国货币贬值能否改善贸易收支,取决于该国商品进出口需求弹性之和的绝对值是否大于1。如果大于1,则货币贬值能够改善贸易收支;如果小于1,则货币贬值会恶化贸易收支;如果等于1,则货币贬值对贸易收支没有影响。

(三) 罗宾逊-梅茨勒条件

马歇尔-勒纳条件一个的重要假设条件是商品的供给弹性无穷大,这仅适用于要素未实现充分就业的国家。如果一个国家的资源已得到了最大限度的利用,即使该国货币贬值,也很难保证该国将以不变的价格向外提供足够多的资源。因此,在现实情形中,商品的供给弹性是有限的。为此,梅茨勒在1948年发表的《国际贸易理论》一文中,放弃了供给弹性无穷大的假定,通过较为复杂的数学推导得到本币贬值改善国际收支的条件:

$$\frac{S_x S_M (D_x + D_M - 1) + D_x D_M (S_x + S_M + 1)}{(D_x + S_x)(D_M + S_M)} > 0 \quad (12-3)$$

式中:S_x 和 S_M 分别表示出口供给价格弹性、进口供给价格弹性,所有的价格弹性均取正值。式(12-3)表明,本国货币贬值对贸易收支的影响与进出口商品的需求弹性、供给弹性都有密切的关系。梅茨勒在对该公式的分析中指出,由于所有的弹性均取正值,因此除非分子中 $D_x + D_M - 1$ 是负值,且数值很大,否则该式的数值都应大于零。当 $\lim S_x \to \infty$, $\lim S_M \to \infty$ 时,式(12-3)可变形为 $D_x + D_M > 1$,即马歇尔-勒纳条件是罗宾逊-梅茨勒条件在供给弹性无穷大情况下的特例。当 $\lim S_x \to 0$, $\lim S_M \to 0$ 时,式(12-3)的数值恒为1,即无论进口的需求如何缺乏弹性,本国货币贬值总会改善贸易收支,如短期出口的农产品。

三、J 形曲线效应

在现实中,一国进出口数量对汇率的变化并不会在短期内充分实现。这意味着,当一国采取本币贬值政策时,即使进出口价格弹性满足弹性分析理论的各种前提假定,国际收支往往也不会立刻得到改善,所需的时间依据各国市场发育情况而有所不同。20世纪60年代后,学者们在考察进出口需求弹性时,就比较充分地考虑到了贸易对汇率变化的反应时滞。一国贸易收支对本国货币贬值作出反应的过程或变动轨迹,被形象地概括为"J 形曲线效应"。

造成时滞效应的原因可以大致分为四类[①]:第一,认识时滞,即本币贬值后,出口商品价格降低的信息不能立即被进出口商所掌握;第二,决策时滞,即进出口商认识到价格变动后,

---

① 陈燕:《国际金融》,北京大学出版社2015年版,第236页。

需要一定的时间来判断该信息的重要性,然后才能作出改变进出口商品数量的决定,签订新的货物和劳务合同;第三,生产时滞,即面对商品需求的增加,出口商很难立即获得足够的生产要素,因此对出口货物和劳务的供应只能逐渐增加;第四,取代时滞,即本币贬值前双方签订的合同不会立即取消,需要一定时间来处理存货。

如图12-2所示,假设在t_0时刻,本国货币贬值,由于时滞效应的存在,因此出口商品的数量不会立刻增加,进口商品的数量也不会立刻减少。但在式(12-1)中,本币贬值(S变大)导致以外币表示的本国出口收入下降,进口支出不变,因此贸易收支(TB)急剧恶化。只有经过一段时间之后,从t_1时刻开始,当出口商品数量增加带来的出口收入增加幅度超过本币贬值带来的出口收入减少幅度时,贸易收支才会逐步改善。

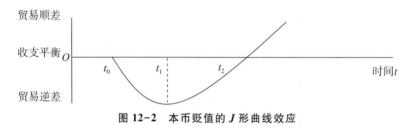

图 12-2　本币贬值的 J 形曲线效应

J形曲线效应不仅在理论上有一定的说服力,也获得了许多实证检验的有力支持。研究发现,对于多数工业化国家,本币贬值对贸易收支的改善作用大约在一年之后才得以发挥。[①]

四、贸易条件

在国际贸易理论中,我们曾介绍了贸易条件的概念。商品贸易条件是一个国家以出口交换进口的条件,即两国进行贸易时的交换比例,衡量了进出口商品结构不变的时期内一国贸易利益的变动。商品贸易条件可以表述为,以一种货币表示的一国出口商品价格水平与进口商品价格水平之比,用公式表示为 $T = \dfrac{P_x}{P_M}$。因此,一国货币贬值后,该国的贸易条件究竟是改善、恶化还是不变,需要比较进出口价格各自的变化幅度,而进出口价格的变化幅度由商品的供给和需求弹性决定。经过较为复杂的数学推导,可以得到贸易条件的汇率弹性:

$$\frac{\mathrm{d}T/T}{\mathrm{d}S/S} = \frac{D_x D_M - S_x S_M}{(D_x + D_M)(S_x + S_M)} \tag{12-4}$$

根据式(12-4),由于分母恒大于零,因此若本国货币贬值,即 $\mathrm{d}S/S > 0$,贸易条件的变动由分子的正负来决定。当 $D_x D_M - S_x S_M > 0$ 时,即出口和进口需求价格弹性之积大于供给价格弹性之积时,贸易条件改善;当 $D_x D_M - S_x S_M < 0$ 时,即出口和进口需求价格弹性之积小于供给价格弹性之积时,贸易条件恶化;当 $D_x D_M - S_x S_M = 0$ 时,则贸易条件不变。需要指出的是,货币贬值仅是引起贸易条件改变的原因之一。

---

① 佟家栋:《国际经济学》,高等教育出版社2011年版,第223页。

相关案例 12-4

油价下跌使韩国贸易条件改善

据韩国媒体报道,油价暴跌重挫产油国经济,但是韩国的商品贸易条件却因此大幅改善。韩国银行 2016 年 1 月 25 日发布数据显示,2015 年韩国平均商品贸易条件指数为 99.97,比 2014 年的 89.94 上升了 11.2%,这也是自基准年度 2010 年以来的最高数值。此外,2015 年,韩元对美元贬值 6%,创下 2008 年以来最高贬值幅度。

贸易条件指数(Trade Condition Index)也称进出口比价指数,通常是通过出口物价指数和进口物价指数相比而得的一种相对指标。其计算公式为:进出口比价指数=出口物价指数/进口物价指数。如果出口货物的单位价格上升比进口快,则出口同样多的商品可以交换到更多的进口货物,对本国有利;反之,如果出口货物的单位价格上升慢于进口,则出口同样多的商品只能交换到更少的进口货物,对本国较为不利。

2012 年至 2016 年,韩国商品贸易条件指数呈上升趋势。随着国际油价的变化,进口价格的降幅大于出口价格降幅。此外,韩国收入贸易条件指数 2015 年平均为 134.71,较一年前猛增 14%。

占韩国全部出口 33% 的信息通信技术(ICT)商品的出口规模 2015 年为 1 728.9 亿美元,较 2014 年减少了 1.9%,进口方面则增加了 3.6%。从商品类别来看,2015 年手机出口增加了 9.8%,这在中国企业高速增长的情况下可谓相对较好的成绩。但是显示器受中国生产扩大影响较大,数字电视也由于该国国内企业的海外生产增加而出口规模大大减小。

据韩国银行 2016 年 1 月 26 日发布的数据,韩国 2015 年第四季度 GDP 环比增长 0.6%,全年 GDP 增速为 2.6%,创下三年来新低。韩联社报道称,受油价下跌和贸易条件改善影响,2015 年实际国民收入增长 6.4%,高于 2014 年的 3.7%。

资料来源:周英武,"油价下跌令韩国贸易条件改善",《经济参考报》,2016 年 1 月 27 日。

[问题思考] 韩国贸易条件的改善除了油价下跌还有哪些其他原因?

[案例点评] 一国货币贬值后,该国的贸易条件究竟是改善、恶化还是不变,需要比较进出口价格各自的变化幅度,而进出口价格的变化幅度由商品的供给弹性和需求弹性决定。结合韩国的情况,由于韩元在 2015 年经历了较大贬值幅度,因此,贸易条件的改善还可能来源于进出口需求价格弹性和供给价格弹性的变化。具体来说,由于货币贬值,即 $dS/S > 0$,贸易条件的变动由分子的正负来决定。当 $D_x D_M - S_x S_M > 0$ 时,即出口和进口需求价格弹性之积大于供给价格弹性之积时,贸易条件改善。

五、对弹性分析理论的评价

弹性分析理论产生于金本位制度全面崩溃及 20 世纪 30 年代全球经济危机的背景下,填补了古典国际收支调节理论失效后的空白。根据这一理论,国际收支调节不是自动调节的过程,而是政府通过汇率变动主动调节的结果,这为当时西方国家制定经济政策提供了理论依据。但弹性分析理论也具有局限性,如过高地估计了汇率的作用等,因此受到了研究者的批评。

弹性分析理论的局限性具体表现在以下四个方面:第一,该理论建立在局部均衡分析的基础上,仅考虑了汇率变动对一国贸易收支的影响,忽视了汇率变化引起的收入效应、支出效应、供给条件和成本的变化;第二,该理论的假定条件之一是贸易收支在本币贬值前处于平衡状态,这不符合实际情况;第三,在该理论的实践中,由于进口商品种类繁多且贸易结构经常变动,且供求弹性不仅受价格的影响,还受国民收入、资源配置及其他间接因素的影响,因此对弹性的准确估计极其困难;第四,由于历史的局限性,该理论将国际收支局限于贸易收支,且未考虑国际资本流动,也忽视了人们对货币贬值的预期可能带来的效应。

第六节 乘数分析理论

国际收支的乘数分析理论是指在汇率和价格不变的情况下,只考虑收入变动对国际收支的调整的影响,也被称为乘数论或乘数分析法。由于这一调整机制与收入变动密切相关,因此又被称为收入论或收入分析法。

一、对外贸易乘数

根据凯恩斯的理论,若经济中存在要素未充分就业,则一国的产出(或收入)取决于其支出水平。因此,凯恩斯的理论又被称为需求决定论。根据是否与收入有关,可以将支出分为两部分:一部分与收入无关,可称为自主性支出;另一部分由收入引起,称为引致性支出。任何自主性支出的变动都会通过乘数效应引起国民收入的变动。

在开放经济中,一国的支出由四部分构成:消费(C)、投资(I)、政府购买(G)和净出口($X-M$)。因此,国民收入 Y 可以表示为:

$$Y = C + I + G + (X - M) \tag{12-5}$$

式中:政府购买(G)和出口(X)是自主性支出。消费、投资和进口与收入正相关,可以进一步假定为:

$$C = C_0 + cY \quad (0 < c < 1) \tag{12-6}$$

$$I = I_0 + hY \quad (0 < hhY) \tag{12-7}$$

$$M = M_0 + mY \quad (0 < m < 1) \tag{12-8}$$

式中:c、h、m 分别表示消费、投资和进口的边际倾向。由于 C_0、I_0、M_0 是与收入无关的部分,因此也可以归入自主性支出。将式(12-6)至式(12-8)代入式(12-5)中,经整理可得到开放经济下的均衡国民收入:

$$Y = \frac{1}{(1 - c - h + m)}(C_0 + I_0 - M_0 + G + X) \tag{12-9}$$

假定其他条件不变,若外国国民收入增加,引致本国出口增加,则出口增加 ΔX 对本国国民收入的影响为:

$$\Delta Y = \frac{1}{1 - c - h + m} \times \Delta X \tag{12-10}$$

式(12-10)揭示了出口增加与国民收入增加之间的数量关系,其中,$1/(1 - c - h + m)$ 为对外贸易乘数。当满足 $0 < m < (c - h) < 1$ 时,对外贸易乘数大于1,即出口增加将导致国民收入成倍数增加。

二、乘数分析理论的主要内容

(一)前提假设

(1) 运用局部均衡分析,汇率、利率、工资等经济变量均保持不变,只考虑国民收入变动对国际收支的影响。

(2) 不考虑国际资本流动,贸易收支就是国际收支。

(3) 非充分就业,即贸易商品的供给弹性无穷大。

(二)国际收支调整

对外贸易乘数反映了出口对国民收入的影响,而国民收入的变动又会影响到一国贸易收支的状况,据此可以得到贸易差额与出口的关系。将式(12-8)代入贸易差额 TB 的公式中,可得:

$$TB = X - M = X - M_0 - mY \tag{12-11}$$

再将式(12-9)代入式(12-11)中,可得:

$$TB = (X - M_0)\frac{1-c-h}{1-c-h+m} - (C_0 + I_0 + G)\frac{m}{1-c-h+m} \tag{12-12}$$

假定其他条件不变,一国出口增加 ΔX 对该国贸易收支状况的影响为:

$$\Delta TB = \frac{1-c-h}{1-c-h+m} \times \Delta X \tag{12-13}$$

由于 $0 < \frac{1-c-h}{1-c-h+m} < 1$,因此当一国出口增加时,其国际收支状况会得到改善,但改善的程度要比出口增加的程度小。同理分析,当一国的国内支出如投资、消费增加时,都可以通过相应的乘数效应使国民收入水平提高,而国民收入水平的提高又会引起进口的增加,从而造成国际收支状况的恶化,但恶化程度小于国内支出的增加额。因此,乘数论者主张"奖出限入",即鼓励出口、抑制进口。根据这一主张,乘数论者又被称为"新重商主义者"。①

以上分析表明,出口的增加有助于改善贸易收支,而自主性消费、自主性投资、自主性进口和政府购买的增加会恶化贸易收支。因此,支出减少政策,即紧缩性的财政货币政策,具有改善贸易收支的功效。

(三)哈伯格条件

弹性分析理论只说明了货币贬值对进出口变动的直接效果,但除此之外,货币贬值还会通过国民收入的变动间接引起进口的变动,进而影响到一国的国际收支。因此,后来的一些学者将贬值的价格效应(弹性分析理论)和收入效应(乘数分析理论)结合起来,修正了马歇尔-勒纳条件:

$$D_x + D_M > 1 + m \tag{12-14}$$

式(12-14)被称为贬值改善国际收支的哈伯格条件。其中,D_x、D_M 分别表示本国出口、进口的需求价格弹性,m 是本国的边际进口倾向。但需要指出的是,这一条件仅适用于小型开放经济模型。

进一步来看,对于货币贬值效应而言,其不仅取决于进出口供求弹性,还受到乘数效应

---

① 奚君羊:《国际金融学》,上海财经大学出版社2013年版,第141页。

的影响,因而贬值改善贸易收支逆差的程度变得更小。

三、对乘数分析理论的评价

乘数分析理论建立在凯恩斯宏观经济分析的框架上,从开放经济条件下的国民收入恒等式出发,着重从收入角度研究国际收支问题,揭示了国际收支的收入调节机制,是对弹性分析理论的发展。①

延伸阅读
其他国际收支理论

乘数分析理论的局限性具体表现在以下两个方面:第一,该理论未考虑国际资本流动;第二,采用局部均衡的分析方法,假定汇率、利率、物价水平不变。实际上,如果国内的要素已处于充分就业的状态,出口增加将造成需求拉动的通货膨胀。

除了以上介绍的理论还有其他一些国际收支理论,如吸收分析理论、货币分析理论、政策配合理论。详细信息可扫描二维码阅读。

本章小结

1. 国际收支是一定时期内一个经济实体的居民与非居民之间经济交易的系统记录。国际收支的内涵随着国际经济往来内容和范围的扩大而逐渐丰富。

2. 国际收支平衡表是对一国国际收支行为具体、系统的统计和记录,按复式簿记原理编制,分为三大账户:经常账户,资本和金融账户,净误差和遗漏账户。

3. 一国的国际收支是否平衡,实际上指的是该国的国际收支平衡表上自主性交易是否达到平衡。按统计口径包含交易项目的不同,国际收支差额可以分为贸易差额、经常账户差额、资本和金融账户差额、基本差额、官方结算差额、综合账户差额等。

4. 国际收支顺差和逆差都会对一国经济的稳定发展带来不利影响。可以通过市场调节机制和政策调节机制调节国际收支不平衡。市场调节机制可以划分为利率调节、收入调节和价格调节三种类型。政策调节机制可以划分为需求调节政策、供给调节政策和资金融通政策三种类型。

5. 弹性分析理论以汇率变动所导致的进出口数量变动的大小作为出发点,分析贸易收支的差额变化。一国货币贬值能否改善贸易收支,取决于该国进出口需求弹性是否满足马歇尔-勒纳条件。一国贸易收支对货币贬值作出反应存在时滞,被概括为"J 形曲线效应"。

6. 乘数分析理论认为,一国出口的增加有助于改善贸易收支,而自主性消费、自主性投资、自主性进口和政府购买的增加会恶化贸易收支。在考虑货币贬值通过国民收入间接影响国际收支的情况下,货币贬值改善国际收支需满足哈伯格条件。

推荐阅读

1. 〔美〕丹尼斯·R. 阿普尔亚德、小艾尔弗雷德·J. 菲尔德著,赵英军译:《国际经济学(国际金融分册原书第 8 版)》,机械工业出版社 2015 年版。

---

① 陈燕:《国际金融》,北京大学出版社 2015 年版,第 239 页。

2. 佟家栋、高乐咏:《国际经济学》,高等教育出版社 2011 年版。

3. 国家外汇管理局国际收支分析小组:《中国国际收支报告 2016》,中国金融出版社 2017 年版。

4. 谢建国:《人口红利、收入分配与中国国际收支不平衡问题研究》,南京大学出版社 2015 年版。

复习思考题

1. 假设某年甲、乙、丙三国之间发生了如下五笔交易,请分别编制甲、乙、丙三国当年各自的国际收支平衡表。

（1）甲国某居民在乙国短期留学 3 个月共花费 5 万美元,付款方式是该居民在乙国某商业银行账户上的美元存款。

（2）甲国某公司对丙国某公司出口一批价值 30 万美元的服装,付款方式是丙国某商业银行开具的美元支票。

（3）甲国某投资者用 500 万美元购买乙国某上市公司 51% 的股份,付款方式是该投资者在乙国某商业银行账户上的美元存款。

（4）甲国政府用其外汇储备 50 万美元和相当于 20 万美元的粮食向乙国提供经济援助。

（5）甲国某公司购买了 10 万美元丙国其公司发行的公司债券,付款方式是甲国公司在丙国投资取得的利润。

2. 根据所包含交易项目的不同,国际收支局部差额可以划分为哪些类型？它们之间有什么区别和联系？

3. 国际收支顺差对一国的经济发展是否有利？为什么？

4. 国际收支市场调节机制、政策调节机制有哪些？请解释这些调节机制的原理。

5. 马歇尔-勒纳条件的假设是什么？该条件与罗宾逊-梅茨勒条件、哈伯格条件之间有什么区别和联系？

21世纪经济与管理规划教材

经济学系列

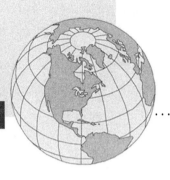

第十三章

外汇与外汇市场

【关键词】

外汇	抛补套利
外汇市场	掉期交易
即期外汇交易	外汇期货
远期外汇交易	外汇期权
电汇	欧式期权
信汇	美式期权
票汇	外汇互换
套汇交易	外汇风险
套利交易	外汇管制
无抛补套利	

导入案例

是谁为他支付每天的酒钱？

在美国和墨西哥边境住着一个村民，该村民拥有 1 美元现金。每天早晨，他在美国境内的酒店里用 10 美分买一杯酒，喝完这杯酒他只剩下 0.9 美元。晚上他越过边境，按 1 美元 = 3 墨西哥比索的汇率把 0.9 美元换成 0.9 × 3 = 2.7 比索，然后花 0.3 比索买一杯酒。第二天早晨，他再到美国酒店，按 1 美元 = 2.4 墨西哥比索的汇率，把剩下的 2.4 比索换成 1 美元，然后重复前一天的行动。这样，在拥有 1 美元财产的情况下，他可以经久不息地每天享用两杯酒，且保持 1 美元财产不变。

资料来源：张青龙，《国际金融》，上海财经大学出版社 2013 年版，第 173 页。

外汇是国际经济金融交易的基本支付手段和对外财富的载体，也是国际金融市场的主要交易对象[1]，外汇市场是经营外汇买卖的交易场所或网络，也是国际金融市场的重要组成部分。在国际经济交往中，进出口商为了结清货款，投机者为了获利，银行为了轧平头寸，或者出于避免外汇风险的共同目的，总要进行各种各样的外汇交易。[2] 深入研究外汇市场和外汇交易、加强外汇市场监管、防范外汇风险，已经成为当今国际金融理论与实践的紧迫课题。

第一节 外汇的概述

一、外汇的概念[3]

外汇是国际汇兑的简称。国际货币基金组织曾对"外汇"作过明确的说明："外汇是货币行政当局（中央银行、货币管理机构、外汇平准基金组织及财政部）以银行存款、国库券、长短期政府债券等形式所保有的在国际收支逆差时可以使用的债权。"

《中华人民共和国外汇管理条例》规定，外汇包括以下几种形态：①外国货币，包括纸币、铸币等；②外币支付凭证，包括票据、银行存款凭证、邮政储蓄凭证等；③外币有价证券，包括政府债券、公司债券、股票等；④特别提款权、欧洲货币单位；④其他外汇资产。

然而，并非所有的外国货币都能成为外汇，一种外币成为外汇必须同时满足三个前提条件：①自由兑换性，即这种外币能自由兑换成本币；②可接受性，即这种外币在国际经济交往中被各国普遍接受和使用；③可偿性，即这种外币资产是能得到补偿的债权。只有满足这三个条件的外币及其所表示的资产才是外汇。

综上所述，外汇是指以外国货币表示的并可用于国际结算的信用票据、支付凭证、有价证券以及外币现钞。作为一种对外支付手段和具有融通性质的债权，外汇是为适应国际商品流通和劳务交换的需要而发展起来的。

---

[1] 朱海洋：《国际金融》，上海交通大学出版社 2008 年版，第 54 页。
[2] 谢玉华：《国际金融》，中国金融出版社 2013 年版，第 37 页。
[3] 艾蔚：《国际金融》，上海交通大学出版社 2013 年版，第 39 页。

二、外汇的种类[①]

(一) 自由外汇和记账外汇

根据进行兑换时的受限程度,外汇可分为自由外汇和记账外汇。

自由外汇是指不需要外汇管理当局批准就可以自由兑换成其他国货币,或向第三国办理支付的外汇。自由外汇的根本特征是可兑换货币。目前世界上有五十多种货币是可兑换货币,如美元、英镑、日元、瑞士法郎等,这些国家基本上取消了外汇管制或外汇管制较轻。自由外汇是世界各国普遍都能接受的支付手段。

记账外汇,也称清算外汇或双边外汇,是指在两国政府间签订的支付协定项目所使用的外汇。即不经货币发行国批准,不能自由兑换成其他国家的货币,也不能对第三国进行支付。

(二) 贸易外汇和非贸易外汇

根据来源与用途,外汇可分为贸易外汇和非贸易外汇。

贸易外汇,也称实物贸易外汇,是指来源于或用于进出口贸易的外汇,即由于国际间商品流通所形成的一种国际支付手段。贸易外汇是一个国家外汇的主要来源和用途。

非贸易外汇,是指贸易外汇以外的一切外汇,即一切非来源于或用于进出口贸易的外汇。非贸易外汇的范围同样非常广,主要包括科学技术、文化交流、侨民汇款、铁路、海运、航空、邮电、港口、海关、承包工程、银行、保险、旅游等方面的外汇收支。

(三) 即期外汇和远期外汇

根据买卖交割期限,外汇可分为即期外汇和远期外汇。

即期外汇,又称现汇,即在外汇买卖成交后两个营业日内办理交割的外汇。即期外汇一般根据支付凭证的不同,可分为电汇、信汇和票汇三种。

远期外汇,又称期汇,指买卖外汇的双方先按商定的汇价签订合同,预约到一定期限办理交割的外汇。买卖远期外汇的目的在于避免或减少因汇价波动所造成的风险。远期外汇的期限按月计算,一般为1个月到6个月,也可长达1年,通常为3个月。

(四) 居民外汇和非居民外汇

根据管理对象,外汇可分为居民外汇和非居民外汇。

居民外汇指居住在本国境内的机关、团体、企事业单位、部队和个人以各种形式所持有的外汇。居民通常指在某国或地区居住期达一年以上者,但是外交使节及国际机构工作人员不能列为居住国居民。各国一般对居民外汇管理较严。非居民外汇指暂时在某国或某地区居住者所持有的外汇,如外国侨民、旅游者、留学生、国际机构和组织的工作人员、外交使节等以各种形式持有的外汇。在我国,对非居民的外汇管理比较松,允许其自由进出国境。

三、外汇的作用[②]

一般来讲,外汇的作用具体表现在以下几个方面。

---

① 高建侠:《国际金融》,中国人民大学出版社2013年版,第3页。
② 杜敏:《国际金融》,北京理工大学出版社2015年版,第3页。

（一）使国际结算更快捷、更安全

第一次世界大战之前，黄金是全球通用的结算手段，各国间债权债务都是靠运送黄金结算的。这样的结算方式，不仅耗时耗力，而且风险很大。随着科学技术的发展，通信技术日新月异，当今的国际结算，通过信息网络即可实现银行间外汇账户资金的划拨，因而国际结算变得更快捷、更安全。

（二）有利于国际贸易的开展

外汇是当前世界各国结清国际债权债务的主要手段。目前，全球商品贸易总额高达数万亿美元。如果每一笔交易都靠运送黄金来结算，不仅手续烦琐，而且时间长、风险大。与之相比，用外汇清偿国际债权债务，不仅节省了运送黄金的费用，避免了风险，缩短了支付的时间，加速了资金的周转，而且使国际信用增加，资金融通扩大，从而有利于国际贸易的开展。

（三）有利于资本的国际流动

在全球经济一体化趋势的今天，各国的经济发展仍不平衡，即使是发达国家之间也存在不平衡。因此，各国在发展本国经济过程中，所需资金余缺程度也就存在很大的差异。利用外汇这种国际支付手段，通过国际金融市场的长短期信贷，可以满足本国经济建设中的资金需要，从而有利于资本的国际流动。

（四）国际储备的重要组成部分

国际储备包括黄金储备和外汇储备，而外汇储备是重要的组成部分，其重要性甚至超过黄金储备。一国国际收支和国际储备反映了一国对外经济交往的实力，而外汇与这两者关系密切。当一国国际收支持续顺差时，外汇收入大于支出，该国的国际储备就会增加，对外经济交往的实力也随之增强。反之，若一国国际收支持续逆差，外汇收入小于支出，该国必须动用外汇储备偿还债务，国际储备就会减少，对外经济交往的实力也随之减弱。因此，作为国际储备的重要组成部分，外汇也起到衡量一国国际经济地位的作用。

相关案例 13-1

英镑的过去，美元的将来——历史视角下的国际储备货币竞争

随便拿起一份金融类的报纸，你会发现，几乎所有报道都在宣称，美元即将丧失其国际支配地位。然而，关于"美元已死"的报道实在是夸大其辞了。目前，美元仍然是世界上各中央银行和政府最主要的储备货币。而且近年来，美元在国际储备中所占份额实际上一直在上升。

当然，我们有充分的理由质疑美元的支配地位能否持续下去。这是因为，在历史上从未出现过主导性国际货币发行国家的经常账户赤字超过本国GDP规模的6%、对世界其他国家的债务达到本国GDP规模的25%的现象。追溯历史，我们可以找出主导性国际货币身份更迭的例子。距现在最近的一次更迭发生在半个多世纪之前，即主导性国际货币从英镑变为美元。

英镑往事

英国曾是世界上首屈一指的贸易强国。1860年至1914年,世界贸易的约40%是以英镑计值和结算的。当时,英国是世界市场上制成品和服务最主要的出口商,也是进口食品和原材料的主要消费者。英镑之所以能成为储备货币,也与英国作为世界上最重要的海外长期投资来源国的地位息息相关。从18世纪开始,英国为鼓励在整个帝国使用英镑,要求本国金融机构在殖民地设立分支机构,而殖民地的银行则在伦敦开设办事处,从而保证了殖民地货币与英镑之间的完全可兑换性。

国际货币支配权的转移与美元的崛起

第一次世界大战具有一种增容效应。德国在开战的一周之前暂停了黄金的自由兑换。法国银行也暂停了黄金兑换,后于1915年实施了正式的黄金禁运。英国于1917年限制黄金的出口和熔炼。与之相反,美国即使是在1917年参战之后,仍维持了黄金的自由兑换。

此后,美国在全球贸易和对外贷款中所占份额显著升高,并在20世纪20年代超过了第一次世界大战之前的水平。与此同时,这也促使美元货币职能的扩充,它越来越广泛地被用来作为一种计价单位和国际交易的支付手段。

20世纪后半叶,美元占全球外汇储备的50%以上。为何在第二次世界大战之后美元作为一种储备货币占据绝对优势,而且持续了如此之久呢?这在很大程度上可以归因于欧洲和日本尚未完全恢复,发展中国家尚未崛起。此外,德国把马克的国际化视为对其控制通胀的威胁;日本也认为日元的国际化与其受控制的信贷体系无法相容。这些因素共同造成美国在全球贸易和国际收支中具有超乎寻常的优势地位。

未来:美元支配地位的削弱与储备货币的多元化

美元能否保持住其储备货币的角色,首要取决于美国自身的政策。严重的经济管理不善,会导致其他储备货币取代美元。随着金融的常态化和自由化,储备手段在美元之外出现一定程度的多元化是不可避免的。当然这并不意味着美元注定会丧失其储备货币地位。展望未来,金融创新会继续降低兑换货币的成本,从而进一步弱化持有其他国家货币储备的动机。因此,多种储备货币共存的局面并非不可能实现。

挑战与出路:新储备货币竞赛中的人民币

人民币在成为对其他国家具有吸引力的外汇储备之前,还需要克服巨大的障碍。中国的金融市场流动性还不够透明;上海要成为真正的国际金融中心所必需的制度性基础设施,还要花上几十年来建设;对财产权利的保障仍不够可靠。尽管在今后四五十年的储备货币竞赛中,人民币将广受欢迎,但人民币能否在这场竞赛中最终胜出仍然有待观望。

资料来源:[美]巴里·艾肯格林,"英镑的过去,美元的将来——历史视角下的国际储备货币竞争",《财经智库》,2017年第5期,第7—15页。

[问题思考] 国际储备资产包括哪些?若干种货币可否同时成为储备货币?

[案例点评] 国际储备资产也称为官方储备,是指一个经济实体的货币当局持有的、可用于对外支付的资产及其对外债权。储备资产主要包括四个组成部分:外汇、货币黄金、特别提款权、在基金组织的储备头寸。若干种货币可以共同分享储备货币的地位,这并非罕有之事,在历史上曾经出现过。由于金融技术和市场结构的变迁弱化了网络效应,因此这一点在未来比过去更有可能变为现实。与此同时,错误的政策会使一种货币被迅速地淘汰出局。

第二节 外汇市场

一、外汇市场的概念

外汇市场是以外汇银行为中心,由外汇需求者、外汇供给者和买卖中间机构组成的外汇买卖的场所或交易网络,是国际金融市场的组成部分。在外汇市场上,外汇的买卖包括两种类型:一种是本币与外币之间的相互买卖,另一种是不同币种的外汇之间的相互买卖。

外汇市场的组织形态有两种:一种是有形市场,即外汇交易所这样有固定场所和设施的市场;另一种是无形的、抽象的市场,这种无形市场表现为电话、电报、电传和计算机终端等各种远程通信工具所构成的交易网络,联系着无数的外汇供给者和需求者。①

早期的外汇市场以有形市场为主。外汇市场产生之初,多在证券市场交易所交易大厅的一角设立外汇交易所,外汇买卖各方在每个营业日的约定时间集中在此从事外汇交易。目前,无形市场是外汇市场的主要组织形式。无形的外汇市场采用的是双向报价的组织方式,即由一些实力雄厚的大银行作为造市商,通过同时报出买入价和卖出价来组织外汇交易。这些银行报出某种货币买卖价时,就承担了随时以这些价格买进或卖出一定数量这种货币的义务,从而为外汇市场的各种参与者提供了可随时交易的流动性。

延伸阅读
世界主要的外汇市场

二、外汇市场的构成②

(一)外汇市场的参与者

外汇市场的参与者主要包括外汇银行、外汇经纪人、客户和中央银行。下面对这四类参与者进行详细介绍。

1. 外汇银行

主要包括专营与兼营外汇业务的本国商业银行、外国商业银行在本国的分支机构、其他金融机构。外汇银行是外汇市场上最重要的参加者,它们一方面通过充当外汇买卖中介赚取外汇买卖差价,另一方面也以自己的账户直接进行外汇的买卖,以平衡外汇头寸或赚取投资利润。

2. 外汇经纪人

外汇经纪人是介于外汇银行之间或外汇银行与客户之间,专门促成外汇买卖成交、从中收取佣金的中间人。目前外汇经纪人的组织形式常是合伙的组织或公司,业务规模很大,利润也十分可观。不过随着现代通信网络的发展以及银行间竞争的加剧,银行在国外主要外汇市场上进行买卖时一般不通过经纪人,而是直接同其他银行打交道。

3. 客户

外汇市场的客户主要指外汇市场的需求者和外汇资金的结余者,如进出口商、跨国企业、政府机构和外汇投机者等。这些主体参与外汇市场交易,有的是为了进行债权与债务的结算,有的是为了进出口收付款的需要,有的是为了规避外汇风险,还有的是为了外汇投机。

---

① 蒋海涛:《国际金融》,上海交通大学出版社 2010 年版,第 13 页。
② 黄燕君:《新编国际金融》,浙江大学出版社 2013 年版,第 113—115 页。

4. 中央银行

中央银行进入外汇市场的目的与一般的交易者有很大区别,中央银行参与外汇交易的根本目的不是赚取商业利润,而是维护外汇市场的汇价稳定,并执行本国的货币政策。中央银行在外汇市场中主要扮演两个角色:一是充当外汇市场的管理者,通过制定和运用法规、条例等,对外汇市场进行监督、控制和引导;二是为了稳定汇率,直接在外汇市场中进行买卖交易。所以,中央银行不仅是外汇市场的参加者,而且是外汇市场的调控者。

(二)外汇市场的结构

1. 银行与顾客之间的外汇零售市场

外汇银行每天要与大量的顾客发生外汇买卖业务,一方面它从顾客处买进外汇,按一定汇率付出本币或另一种外汇;另一方面它向顾客卖出外汇,按一定的汇率收进本币或另一种外汇。凡是想买进外汇或卖出外汇的企业、团体、个人等均可到外汇银行进行交易。实质上银行在这里充当了顾客之间外汇交易的中介人,促使外汇交易快速高效地成交,外汇买卖差价则是银行作为媒介从外汇交易中所取得的报酬。由于银行与顾客买卖外汇的每笔数额较小,故常称为外汇零售市场。

2. 银行之间的外汇批发市场

银行在为顾客提供外汇买卖的中介服务中,不可避免地要出现买进与卖出外汇之间的不平衡。有些币种的买入额多于出售额,称为"多头";有些币种的出售额多于买入额,称为"空头"。为了避免汇率变动可能造成的损失,银行就需要借助同业间的外汇交易及时进行外汇头寸调整,将多余的外汇抛出,将不足的外汇补进,以轧平各币种的头寸。此外,银行有时还出于套汇、套利、投机等目的进行外汇交易,银行同业间的外汇交易每笔数额相当大,故常称为外汇批发市场。这是外汇市场最主要的构成部分,其交易额占全部外汇交易额的90%以上。

3. 外汇银行与中央银行间的外汇市场

中央银行干预外汇市场所进行的外汇交易是在它与外汇银行之间进行的。通过这种交易,中央银行可以使外汇市场上由供求关系决定的汇率相对稳定在某一期望的水平上:如果某种外币兑本币的汇率低于期望值,中央银行就会向外汇银行购买这种外币,增加市场对该外币的需求量,促使外汇银行调高其汇率;反之,如果中央银行认为该外币的汇率偏高,就向外汇银行出售该外汇的储备,促使其汇率下降。由于这个市场是中央银行出于干预市场的需要而进行的交易,所以又称"干预市场"。

三、外汇市场的作用①

外汇市场的具体作用可以概括为以下四个方面:

(1)为国际经贸往来提供货币兑换和结算的便利。国际经济关系的发展,国际贸易的迅速增长,是同国际外汇市场提供货币兑换和国际结算的便利分不开的。不同地区间的支付结算通过外汇市场办理,既快速方便,又安全可靠。

(2)充当国际金融活动的枢纽。国际金融活动包括由国际贸易、国际借贷、国际投资、国际汇兑等引起货币收支的一系列金融活动。这些金融活动必然会涉及外汇交易,只有通

---

① 谢玉华:《国际金融》,中国金融出版社 2013 年版,第 39 页。

过在外汇市场上买卖外汇才能使国际金融活动顺利进行。同时,货币市场、资本市场上的交易活动经常需要进行外汇买卖,两者相互配合才能顺利完成交易,而外汇市场上的外汇交易在很大程度上进一步带动和促进其他金融市场的交易活动。因此,外汇市场是国际金融活动的中心。

(3) 调剂外汇余缺、外汇供求。任何个人、企业、银行、政府机构,甚至国际金融机构都可在外汇市场买卖外汇,通过外汇市场上的外汇交易,调节外汇供求。

(4) 运用操作技术规避外汇风险或进行外汇投机。外汇市场的存在,为外汇交易者提供了可以运用某些操作技术(如买卖远期、外汇期权、掉期、套期保值等)来规避或减少外汇风险的便利,使外汇买卖受行市波动的不利影响降到最小,从而达到避险保值的目的。外汇投机是指投机者为了获取利润,利用其对外汇价格波动的预期而进行的各种买卖活动。

相关案例 13-2

索罗斯狙击泰铢

在 1997 年泰国货币危机爆发的前 10 年里,泰国经济高速增长的背后潜藏着过度依赖外贸、贸易逆差过大等结构性问题。外国短期资本大量流入泰国房地产、股票市场,导致其楼市、股市出现了明显的泡沫,泰国资产被严重高估。开放资本账户后,资本大量流入催生了股市和楼市泡沫,并加剧了信贷扩张。跨境借款几乎不受限,造成短期外债过高。由于泰铢对美元汇率保持稳定,1996 年美元升值带动泰铢升值,同时日元发生了贬值,都重创泰国出口,造成该国经济下滑。

经济外部失衡、资产价格泡沫、金融部门脆弱、基本面负面冲击,给了国际投机者以可乘之机,国际金融大鳄们预测泰铢会贬值,开始在金融市场上寻找错误的汇率定价中的获利机会。政局动荡、政府频繁更替也削弱了泰国应对危机的能力。

泰国遭受的货币攻击是立体攻击。国际投机者在货币、外汇、股票和金融衍生品市场同时对一种货币发动进攻,使固定汇率制度崩溃,从而在金融动荡中牟取暴利。1997 年 2 月初,以索罗斯为主的国际投资机构向泰国银行借入高达 150 亿美元的数月期限的远期泰铢合约,而后于现汇市场大规模抛售。当时泰铢实行与美元挂钩的固定汇率制,索罗斯的狙击导致泰铢迅速贬值,多次突破泰国中央银行规定的汇率浮动限制,引起市场恐慌。泰国央行为维护泰铢币值稳定,买入泰铢,但只有区区 300 亿美元外汇储备的泰国中央银行历经短暂的战斗,便宣告"弹尽粮绝",最后只得放弃已坚持 14 年的泰铢钉住美元的汇率政策,实行有管理的浮动汇率制。

泰铢大幅贬值后,国际投资机构再以美元低价购回泰铢,用来归还泰铢借款和利息。索罗斯做空使得他获利数十亿美元。泰铢贬值引发了金融危机,沉重地打击了泰国经济发展,成为亚洲金融危机的导火索。

资料来源:管涛、谢峰,"重温亚洲金融危机期间的泰铢狙击战和港币保卫战:从技术角度的梳理",中国金融四十人论坛工作论文系列,2015 年 8 月。

[问题思考] 结合案例,谈一谈货币攻击带来的启示。

[案例点评] 第一,金融市场开放无小事。扩大对外开放并不必然会倒逼出必要的对内改革和调整,而且由于金融市场超调的特性,金融开放与贸易开放对实体经济的影响也不可

以简单类比外推。前者的影响具有高度的不确定性,因此金融开放需要大胆设想、小心求证。第二,充足的外汇储备是捍卫货币的重要但非根本保障。外汇储备越多,货币当局在外汇市场维护本币汇率的能力越强。但是,不能自恃外汇储备体量大,就放松对货币攻击的警惕,一旦居民信心发生动摇,争相把本币兑换成外币,再多外汇储备也可能耗尽。尽管泰国外汇储备曾经比较充裕,但投机者有针对性的策略仍使之沦为"自动提款机"。第三,政府的正确施策是应对货币攻击的关键。要成功应对货币攻击,需要多方协调。货币攻击往往是立体化攻击,要仔细分析外汇市场、股票市场、衍生品市场之间的联动性,正确运用政策组合进行应对。

第三节 传统外汇交易

传统的外汇交易是指为办理国际货币收付、清算国际债权债务而进行的外汇买卖活动。外汇买卖实际就是人们通常所说的在外汇市场上以约定的汇率将一种货币交换为另一种货币的交易行为。① 传统外汇交易的类型有许多种,其交易技术也纷繁复杂,最常见的有即期交易、远期交易、套汇交易、套利交易和掉期交易。

一、即期外汇交易

(一)即期外汇交易的概念②

即期外汇交易,又称现货交易,是指买卖外汇的双方按当天外汇市场上的汇率成交后,在两个营业日内进行清算交割的一种外汇交易。

即期外汇交易是外汇市场上最常见、最普通的交易方式,约占外汇交易总额的2/3。即期外汇交易的汇率是其他外汇交易的汇率基础。在即期交易中,要特别注意即期交易的交割日。即期交易的交割日,也称结算日、有效起息日,是指外汇交易达成协议后进行实际货币交割的日子。即期交易的交割日有以下三种类型。

(1)标准日交割。标准日交割指在成交日之后的第二个营业日交割,又称为 $T+2$ 交易。目前大多数的即期外汇交易都采用这种类型,尤以欧美市场为典型。

(2)隔日交割。隔日交割是指在成交日之后的第一个营业日交割,又称为 $T+1$ 交易。采用这种类型的主要是亚洲的一些国家,如日本、新加坡等。

(3)当日交割。当日交割是指在成交日当日交割,又称为 $T+0$ 交易。如以前在香港市场美元与港元的交易可在成交日当日交割,1989年其改为标准日交割。

(二)即期外汇交易和结算的方式③

外汇银行与客户之间的即期外汇交易方式一般有四种,即汇出汇款、汇入汇款、出口收汇和进口付汇。汇出汇款是指需要对外国支付外币的客户首先向银行付出本币,再委托银行向国外的收款人汇款。汇入汇款是指收款人收到从外国以外币支付的款项后,将外汇转

---

① 高建侠:《国际金融》,中国人民大学出版社2013年版,第57页。
② 谢琼:《国际金融》,北京理工大学出版社2015年版,第117—118页。
③ 高建侠:《国际金融》,中国人民大学出版社2013年版,第58—59页。

售给外汇银行取得本币。出口收汇是指出口商将出口货物装船后,立即开立以双方商定的结算货币计价的汇票,并在汇票下面附上有关单证,请银行议付,以便收回出口货款。进口付汇是指为进口商开出信用证的银行按照出口商开出的附有全部单证的即期汇票的条件,将外币计价的进口货款通过外币结算账户垫付,然后向进口商提示汇票,请其按照即期付款条件支付。

即期外汇交易的结算方式①有电汇、信汇、票汇三种,与之相对应的汇率称为电汇汇率、信汇汇率和票汇汇率。电汇,简称 T/T,是指汇出行以加押电报、电传或国际金融电讯协会(SWIFT)等电信手段向汇入行发出付款委托,指示和授权汇入行解付一定金额给收款人的一种汇款方式。信汇,简称 M/T,是指以航空信函的方式向汇入行发出付款委托,指示和授权汇入行解付一定金额给收款人的一种汇款方式。票汇,简称 D/D,是指汇出行应汇款人申请,开立以汇入行为付款人的汇票,列明收款人的姓名和所在地区、汇款金额等交给汇款人,由其寄给收款人或自行携带出国,凭票取款的一种汇款方式。

(三)即期外汇的报价②

即期外汇交易依据的汇率就是即期汇率,它是所有外汇汇率的基础,其他外汇交易的汇率都在此基础上计算。即期外汇交易的流程通常由询价、报价、成交、证实、交割等环节组成,其中报价是关键。买入汇率和卖出汇率之间的差异称为价差。价差是报价者做外汇交易的利润及承担风险的报酬。价差越宽,报价方获利的机会越大,但其报价的竞争力越差。

延伸阅读
外汇交易员报价时应考虑的五个因素

二、远期外汇交易

(一)远期外汇交易的概念③

远期外汇交易,也称期汇交易,是买卖外汇的双方达成协议后,并不立即办理交割,而是在未来约定的日期按约定的汇率办理交割的外汇交易。即买卖双方先签订合同,规定所买卖外汇的数量、汇率及未来交割外汇的时间、地点等内容,到了规定的交割日期,无论汇率发生什么样的变化,买卖双方都必须按合同规定的条件进行交割。远期外汇的期限一般为 1、3、6、9 个月,最长为 12 个月,常见的是 3 个月。

远期外汇交易的交割有两种方式:一种为定期交割,又称固定交割日,即按合约事先确定的到期日进行交割;另一种为择期交割,又称选择交割日,即交易的一方从成交日的第二个营业日起至合同到期日前的任何一个营业日,都可以要求交易的另一方按照双方约定的远期汇率进行外汇交割。择期交割主要是为企业、进口商提供买卖外汇的灵活性,适合收付款日期不确定的交易,保证货到付款或单到付款时能及时付汇,从而避免了远期外汇买卖交割日确定不变的缺点。

远期外汇交易与即期外汇交易的区别:

(1)交割日期不同。这是区分即期和远期的最主要标准。即期外汇交易的交割日期为成交后两个营业日以内,远期外汇交易的交割日期为成交后两个营业日以后。

---

① 谢琼:《国际金融》,北京理工大学出版社 2015 年版,第 118 页。
② 谢琼:《国际金融》,北京理工大学出版社 2015 年版,第 118—119 页。
③ 同上书,第 120 页。

延伸阅读
远期外汇交易的作用

(2) 使用汇率不同。即期汇率是成交当时的汇率,它受各种因素的影响而随时发生变化;远期汇率是签订合同时事先协商的汇率,一旦签订合同,汇率就固定下来,不随其他条件的变化而变化,又称协定汇率。

(3) 主要作用不同。即期外汇交易的主要作用是满足交易性的需要,而远期外汇交易的主要作用是规避外汇风险和保值。

(4) 交割方式不同。即期外汇交易交割时必须足额交割,远期外汇交易交割时不一定要足额交割,可以进行差额交割。

(二) 远期汇率的标价方法①

远期汇率就是买卖远期外汇时所使用的汇率,它是在买卖成交时即确定下来的一个预定性的价格。远期汇率以即期汇率为基础,但一般与即期汇率有一定的差异,这一差异称为远期差价。若远期汇率比即期汇率高,则汇水表现为升水;若远期汇率比即期汇率低,则汇水表现为贴水;若远期汇率与即期汇率相等,则称为平价。根据即期汇率和已知汇水,可以计算出相应的远期汇率,公式为:

在直接标价法下:

$$远期汇率 = 即期汇率 + 升水$$
$$远期汇率 = 即期汇率 - 贴水$$

在间接标价法下:

$$远期汇率 = 即期汇率 - 升水$$
$$远期汇率 = 即期汇率 + 贴水$$

在实际的远期外汇业务中,远期汇水往往以汇价点表示。汇价点又称为点数,即汇率数字中小数点后的第四位数,每一个汇价点即万分之一。

以汇价点表示远期汇水的规则如下:在直接标价法下,点数排列前大后小,表示外汇远期升水,前小后大则表示外汇远期贴水;在间接标价法下,点数排列前大后小,表示外汇远期贴水,前小后大则表示外汇远期升水。

综合前述远期汇率的计算方法可知,无论在何种标价法下,如果点数排列为前大后小,则远期汇率等于即期汇率与汇水同边相减;如果点数排列为前小后大,则远期汇率等于即期汇率与汇水同边相加。

三、套汇交易②

(一) 套汇交易的概念

套汇交易,是指套汇者利用同一货币在不同地点、不同交割期限存在的汇率差异,进行贱买贵卖以套取差价利润的外汇交易。

(二) 套汇交易的方式

套汇交易的方式一般可以分为两种,即直接套汇和间接套汇。

直接套汇,也称双边套汇或两角套汇,指利用某种货币在两个不同地点的外汇市场上所存在的即期汇率差异进行贱买贵卖、赚取差价收益的外汇交易行为。根据从事直接套汇的

---

① 杜敏:《国际金融》,北京理工大学出版社2015年版,第29—30页。
② 高建侠:《国际金融》,中国人民大学出版社2013年版,第63页。

交易者的不同目的,可将直接套汇分为积极套汇和消极套汇。积极套汇是一种完全以赚取汇率差额为目的的套汇活动;消极套汇的目的并不是赚取差价,而是跨国公司在转移资金时利用汇率差异降低汇兑成本。

间接套汇,又称多边套汇或三角套汇,是指利用三个或三个以上外汇市场中三种或多种不同货币之间汇率的差异,在这些市场贱买贵卖有关货币、从中赚取外汇差额的一种套汇方法。如今,由于电信技术的日益发达,不同外汇市场的汇差会同时为各国银行所了解,因而其差价会随着买卖的增加逐渐消失。因此,单纯依靠上述两地进行套汇,在今天几乎是不可能的了。要想获得套汇收益,往往需要三个或三个以上的地区,甚至更多的市场参与。

四、套利交易

(一)套利交易的概念

套利交易,又称利息套汇,是指套利者利用两个国家或地区的货币市场出现的短期利率差异,将资金从利率较低的国家或地区转移到利率较高的国家或地区,以赚取利息差额收益的交易活动。套利者同时也要承担由此而产生的汇率风险。因此,套利交易往往与掉期交易同时进行,以避免汇率风险。[1]

(二)套利交易的方式[2]

根据套利者在套利过程中是否做反方向交易轧平头寸,可将套利交易分为无抛补套利和抛补套利。

无抛补套利,又称非抵补套利,是指套利者仅仅利用两种不同货币的利差,将资金从利率低的货币市场转向利率高的货币市场,而没有采取保值措施的套利交易。简单来讲,套利者在套利开始时,在即期外汇市场将低利率货币兑换成高利率货币,并将其调往高利率市场存放。在存款期满时,套利者再将高利率货币的本息在即期外汇市场上兑换成低利率货币,并调回低利率市场。由于两种货币先后两次的转换都是在即期外汇市场进行,套利者在套利过程中就会承担汇率变动的风险。

抛补套利,又称抵补套利,是指套利者在转移资金的同时,通过远期交易锁定套利存款期满时汇率水平的套利行为。从外汇买卖的形式看,抛补套利交易是一种即期对远期类的掉期交易。简单来讲,套利者在套利开始时,在即期外汇市场将低利率货币兑换成高利率货币,并将其调往高利率市场存放。同时,套利者与银行签订一份与存款期限相同的远期外汇合约,在存款期满时,套利者再将高利率货币的本息按照远期合约的交易价格兑换成低利率货币,并调回低利率市场。这样,套利者在套利一开始就确定了未来的收益,完全不受汇率波动的影响。

五、掉期交易

(一)掉期交易的概念

掉期交易,是指外汇交易者在外汇市场上买进(或卖出)某种外汇时,同时卖出(或买进)金额相等但期限不同的同一种外币的外汇交易活动。例如,以 A 货币兑换 B 货币,并约

---

[1] 杜敏:《国际金融》,北京理工大学出版社 2015 年版,第 32 页。
[2] 雷仕凤:《国际金融学》,经济管理出版社 2013 年版,第 88—90 页。

定未来某日再以 B 货币换回 A 货币。掉期交易的特点是,同时做买进和卖出,而且买进和卖出的货币相同、数量相等;一买一卖交易方向相反,但是交割日期不同。掉期交易最初是在银行同业之间进行的外汇交易过程中发展起来的,目的是使某种货币的净头寸在某一特定日期为零,以避免外汇风险,后来发展成具有独立运作价值的外汇交易活动①,一些大公司也经常利用掉期交易进行套利活动。

在掉期交易中,一种货币在被买入的同时即被卖出,并且所买入的货币与所卖出的货币,在金额上相等,因此,掉期交易并不改变交易者的外汇净头寸,从而可以达到规避汇率风险的目的。但是,掉期交易又与一般套期保值有所不同,套期保值对交易者的外汇持有额、交易时间、交易对手没有任何限制,其范围较广,而掉期交易则强调:①不改变交易者手中持有的外汇数额,只改变交易者所持货币的期限;②买入和卖出外汇的同时性;③绝大部分情况下买入和卖出针对同一交易对手进行。由此可见,掉期交易的主要目的也是保值。②

(二) 掉期交易的方式③

按掉期交易的交割日期不同,可划分为即期对远期的掉期交易、即期对即期的掉期交易和远期对远期的掉期交易。

即期对远期的掉期交易是指在买进(或卖出)一笔即期外汇的同时,卖出(或买进)同一笔远期外汇,即同时进行即期和远期的同种外汇买卖,数额相同,方向相反。这是最常见的掉期交易形式,它主要用于避免外汇资产到期时外币即期汇率有所下降,或外币负债到期时即期汇率有所上升可能带来的损失,也可用于货币的转换、外汇资金头寸的调整。

即期对即期的掉期交易是指在买进(或卖出)一笔即期外汇的同时,卖出(或买进)币种相同、金额相等的另一笔即期外汇的掉期交易,但两笔交易的交割日不同,又称隔日掉期交易。

远期对远期的掉期交易是指在买进(或卖出)交割期限较短的远期外汇的同时卖出(或买进)同等数量的交割期限较长的同种远期外汇,即"买短卖长"或"卖短买长"。它既可用于套期保值,也可用来套期投机。

第四节 衍生外汇交易

外汇期货交易和外汇期权交易的产生是 20 世纪 70 年代以来国际金融发展历史的一个里程碑,它标志着国际金融业务进入快速创新时期。本节主要介绍外汇期货、外汇期权和外汇互换等代表性的新的金融工具。

一、外汇期货

(一) 外汇期货的概念

外汇期货交易,也称货币期货,是指外汇交易双方在期货交易所,按照期货交易合约规定的标准化的成交单位和交割时间来进行的外汇期货买卖行为。简而言之,外汇期货交易实质上就是以外汇为标的物的期货合约交易。

---

① 高建侠:《国际金融》,中国人民大学出版社 2013 年版,第 65 页。
② 艾蔚:《国际金融》,上海交通大学出版社 2013 年版,第 53 页。
③ 谢琼:《国际金融》,北京理工大学出版社 2015 年版,第 126 页。

外汇期货交易的参与者有买卖双方、经纪人、外汇期货交易所和清算中心。期货交易所实行会员制,只有会员才可以在交易所内直接交易,非会员(如客户)必须以订单的形式委托和授权会员(如会员经纪商)进行交易,会员经纪商代理客户达成交易后要收取一定的佣金。

(二)外汇期货的特征[①]

1. 交易合约标准化

(1)合约规模标准化。外汇期货交易对合约单位有严格的要求,指定货币的每份期货合约的数量相等,金额固定,这一特定数量由各交易所根据各国的货币与结算货币的正常平均汇率确定。如芝加哥商品交易所的国际货币市场(IMM)的期货合约对不同货币规定了合约标的物的标准化交易单位,且交易的数量只能是标准化交易单位的整数倍。

(2)交割日期标准化。交易合约时间是每3个月为一个周期,即交易届满月为3月、6月、9月、12月,合约到期的月份为即期月份。

IMM外汇期货合约的交割日为即期月份的第三个星期三。若当天不是营业日,则顺延至下一个营业日。合约交易的截止日期为交割日之前的第二个营业日。最后一个交易日的汇率为结算价。

(3)价格波动受限制。外汇期货合约的最小变动价位是指标的货币汇率变动一次的最小幅度,用基本点的倍数表示。由于外汇期货交易市场单笔交易数额大,为防范汇率波动风险,主要外汇期货交易所采取了一定程度的涨跌停板制度,即每日价格最大波动限制。一旦价格波动超过该幅度,交易就自动停止,从而交易者不至于因价格的暴跌暴涨而蒙受巨大的损失。

2. 交易与结算集中化

外汇期货交易是一种标准化的场内交易,必须在集中型的交易场所通过公开叫价的方式成交,任何一种外汇期货合约公开叫价所形成的价格对所有投资者都有效。这种规则称为外汇期货的公开叫价制度。

外汇期货结算,是指外汇期货清算机构根据交易所公布的结算价格,对客户持有外汇期货合约头寸的盈亏状况进行资金清算的过程。交易所在银行开设统一的结算资金账户。会员在交易所结算机构开设结算账户,会员的交易由交易所结算机构统一结算。

3. 履约有保障

外汇期货交易采用保证金制度和逐日清算制度,这两种制度可以起到防止交易各方违约的作用,为合约的履行提供了保障。

(1)保证金制度。为了防止投资者因外汇期货市场汇率变动而违约,参加外汇期货交易的各方必须交纳保证金。保证金是用来确保期货买卖双方履约并承担价格变动风险的一种财力担保金。

初始保证金,有时也称为原始保证金,是当交易者新开仓时必须依照各类合约的有关规定向清算所交纳的资金,通常为交易总额的一定比例。在向交易所交纳初始保证金后,交易所的清算机构根据外汇期货价格变化逐日清算未交割期货合约的盈亏,浮动赢利将增加保证金账户余额,浮动亏损将减少保证金账户余额。保证金账户在经过逐日清算后必须维持一个最低余额,称为维持保证金。当保证金账面余额低于维持保证金时,交易者必须在规定

---

① 李广学,严存宝:《国际金融学》,中国金融出版社2013年版,第75—76页。

时间内补充保证金,否则在下一个交易日,交易所有权实施强行平仓。而这部分需要重新补充的保证金称为追加保证金。

(2)逐日清算制度。所谓逐日清算制度,又称逐日盯市制度,是指结算部门在每日闭市后对会员经纪商的保证金账户进行结算、检查,根据每日收益与损失进行调整,并通过适时发出保证金追加单,使保证金余额维持在一定水平(即维持保证金)之上,从而防止负债发生的一种结算制度。

4. 市场流动性高

由于期货合约的规模和交割日期都是标准化的,各种交易者在期货市场上的匹配容易实现,进而增强期货市场的流动性。

(三)外汇期货交易与远期外汇交易的区别①

从外汇期货的概念可以看出,外汇期货交易和远期外汇交易在很多方面具有相同或相似之处,它们都属于预约式的交易合约,以合约形式事先约定汇率和交割期,而非即日交易;交易对象相同,都是外汇;交易目的都是防范风险或转移风险,实现套期保值和投机获利;交易的经济功能相似,都有利于国际贸易的发展,为客户提供风险转移或价格发现的机制。但是,外汇期货交易与远期外汇交易也存在许多区别,它们之间的具体区别可归纳如下:

1. 交易方式不同

外汇期货交易是由场内经纪人或场内交易商在固定的交易所内交易,是有形市场交易。远期外汇交易通常是场外交易,没有固定的交易场所,也没有交易资格限制,客户可以随时通过银行用电报、电传、电话等电信网络进行交易,以协商的方式确定交易价格和交易数量。

2. 市场参与者不同

外汇期货交易以其灵活的方式为各种各样的银行、企业、个人等不同投资者提供了规避风险的管理工具。在外汇期货市场上,任何投资者只要按规定交存保证金,均可通过经纪商参与交易。而远期外汇交易的参与者则主要是银行等金融机构及与银行有良好业务关系的大企业,没有从银行取得信用额度的个人投资者和中小企业很难参与远期外汇交易。

3. 合约内容不同

外汇期货交易的合约是标准化的合约,这种合约除价格外,在交易币种、交易时间、交易结算日期等方面都有明确、具体的规定。远期外汇交易的合约内容则是由金融机构与客户根据其要求协商而定的,合约在交易币种、交易金额、交易时间、交易结算日期等方面都没有严格的规定,由交易者之间根据需要而定。

4. 交割方式不同

外汇期货交易的交割方式有两种:等到到期日交割和不实行实际交割。远期外汇合约虽然也有传统型合约和不交收远期合约两种,前者在到期后交易双方按照合约规定完成交割,后者与外汇期货交易非常类似,买卖双方只结清远期合约汇率与到期时即期汇率的差额。但是,由于不交收远期合约的交易币种有限,远期外汇交易仍以传统型合约为主,大多数买卖双方会按约定的汇率完成实际交割。

5. 清算方式不同

外汇期货实行每日清算,成交以后,在没有交割或结清之前,期货市场根据每天价格的

---

① 雷仕凤:《国际金融学》,经济管理出版社 2013 年版,第 92—94 页。

变动对客户的账户按结算价格计算盈亏。获利的部分(即超过初始保证金部分)可提取,亏损时从保证金中扣除,并要及时追加保证金,在当日营业终结时以现金结算。而远期外汇交易的盈亏只发生在到期日,由双方在约定的结算日结算。在没有到期以前,不论外汇市场价格如何变化,损益都是潜在的,不会随时结清。

6. 保证金和佣金制度不同

外汇期货合约的买卖双方均需按照期货交易所的有关规定向经纪商交纳一定的保证金,以确保买卖双方履行义务。远期外汇交易则是交易双方凭信用交易,不强制收取保证金和交纳佣金,可由交易双方自行商定是否收取保证金。而银行通常会根据客户的资信状况来确定不同交易价格,这种买卖价差的不同其实也就相当于银行所收到的某种形式的"佣金"。

7. 信用风险和流动性不同

外汇期货合约对顾客信用风险的管制,是依靠保证金制度与每日结算制度来防止违约事件的发生,因此交易的信用风险很小,主要是价格风险。远期外汇合约没有保证金要求,交易双方的交易主要建立在对方信用的基础上,相对而言信用风险较大。尤其是在经济不景气时,违约风险很大。

延伸阅读
外汇期货的操作

二、外汇期权

(一) 外汇期权的概念

外汇期权,又叫外币期权或货币期权,是指买卖双方达成协议,买方向卖方支付一定的费用以后,取得在一定的期限里按照一定的汇率买进或卖出某个数量的某种货币的权利;而卖方收取一定费用以后,承担在一定的期限里按照一定的汇率卖出或买进某个数量的某种货币的责任。买方支付的费用叫作期权费用。协议约定的汇率叫作实施汇率。买方可以实施期权,也可以放弃实施期权;但是,当买方放弃期权时,他不能索回他所支付的期权费用。卖方则始终负有应买方的要求实施期权的责任。①

(二) 外汇期权交易的特征②

外汇期权交易的本质是一种权利的买卖,这使其与其他金融业务相比,具有以下四个主要特征:

1. 权责不对等

在外汇期权合约中,买方拥有的是权利而不是责任,卖方拥有的是责任而不是权利。买方购买到的是一种选择权,当执行价格与未来的市场汇率相比,对买方有利时,他就执行合约,否则就放弃合约。而期权交易卖方没有任何选择的余地。

2. 买卖双方损益不对等

买方的损失额度有限,不管汇率如何变动,期权买方的损失不会超过期权费用。而卖方的损失可能无限大。

3. 期权费不能收回,且费率不固定

期权费也称权利金、保险费,它既构成了买方的成本,又是卖方承担汇率变动风险所得

---

① 李翀:《国际金融市场》,中山大学出版社 2007 年版,第 83 页。
② 雷仕凤:《国际金融学》,经济管理出版社 2013 年版,第 98—99 页。

到的补偿。期权费一旦支付,无论买方是否执行合同,都不能收回。期权费的高低,视合约期限长短与汇率波动大小的影响而定。一般说来,汇率较为稳定的货币收取的期权费比汇率波动大的货币低;期权合约的期限越长,期权费越高。

4. 外汇期权也有一定局限性

最主要的局限性表现在期权合约是标准化的,每天随市清算,因此在范围上受限制。而且,由于其有经营机构少、有效期限短、流动性差等缺点,因此外汇期权的交易量不大。

(三) 外汇期权交易的种类

1. 按期权的权利来划分,可分为看涨期权、看跌期权和双向期权

看涨期权,又称买入期权,是指期权的买方向卖方支付一定的期权费用以后,取得在一定的期限里按照实施汇率从期权卖方处购进某个数量的特定货币的权利。

看跌期权,又称卖出期权,是指期权的买方向卖方支付一定的期权费用之后,取得在一定的期限里按照实施汇率卖给期权卖方某个数量的特定货币的权利。

双向期权,是指期权的买方向卖方支付一定的期权费用之后,取得在一定的期限里按照实施汇率既可以从期权卖方处购进某个数量的特定货币,又可以卖给期权卖方某个数量的特定货币的权利。

2. 根据行使权力的时限,可分为欧式期权和美式期权[1]

欧式期权,是指期权的买方只能在期权到期日当天方能行使按约定的汇率买卖某种货币的权力,这种方式被大部分场外交易所采用。

美式期权,是指期权买方可以在成交后的有效期内任何一天按约定的汇率买卖某种货币的权力,这种方式多被场内交易所采用。美式期权为买方提供更多的选择机会,使期权购买者可以在最有利的时候行使期权。

3. 根据外汇交易的标的物,可分为现汇期权交易和外汇期货期权交易

现汇期权交易,是指期权买方有权在期权到期日或以前以约定汇率购入一定数量的某种外汇现货,或售出一定数量的某种外汇现货。经营国际现汇期权的主要是美国的费城证券交易所、芝加哥国际货币市场和英国的伦敦国际金融期货交易所。

外汇期货期权交易,是指期权买方有权在到期日或之前,以约定汇率购入或售出一定数量的某种外汇期货,即买入延买期权可使期权买方按约定汇率得到外汇期货的多头地位,买入延卖期权可使期权卖方按约定汇率建立外汇期货的空头地位。买方行使期货期权后的交割等同于外汇期货交割,与现汇期权不同的是,外汇期货期权的行使有效期均为美式,即可以在到期日前任何时候行使。经营外汇期货期权的主要有芝加哥的国际货币市场和伦敦的国际金融期货交易所两家。

三、外汇互换[2]

(一) 外汇互换的概念

互换交易是指约定的两个或两个以上的当事人,以商定的条件,在约定的时间内,交换他们之间由资产或负债产生的现金流的流入和流出的合约。互换交易从负债互换发展到资

---

[1] 雷仕凤:《国际金融学》,经济管理出版社2013年版,第99页。
[2] 雷仕凤:《国际金融学》,经济管理出版社2010年版,第104页。

产互换,从利率互换发展到货币互换。一方面,由于这种业务可以在不改变企业资产负债结构的条件下减少利率风险,甚至产生一定的盈利,同时也由于它在财务管理方面简便易行,因而备受企业家们的关注,成为一种非常重要的企业管理技术。另一方面,它的出现强有力地推动和繁荣了国际与国内的金融市场,因而它又是一种非常重要且常见的金融业务。

外汇互换交易是互换交易的一种,指交易双方相互交换不同币种但期限相同、金额相等的货币及利息的业务。外汇互换的基本程序是,双方按照协定汇率互换本金,该汇率一般是互换开始时的市场即期汇率;在约定的付息日,互换除本金以外的利息,利息按协议所规定的利率和本金计算;互换协议到期,再按原协议汇率再次互换回原交易开始时互换的本金。一般来说,双方互换的货币的名义本金应相等,利息互换通常为一年一次,互换可长达5—10年。

(二)外汇互换的特征

1. 货币互换功能

(1)套利。通过货币互换得到直接投资不能得到的所需级别、收益率的资产,或是得到比直接融资成本低的资金。

(2)资产、负债管理。货币互换主要是对资产和负债的币种进行搭配。

(3)货币保值。随着经济日益全球化,许多经济活动开始向全世界扩展。公司的资产和负债开始以多种货币计价,货币互换可用来使与这些货币相关的汇率风险最小化,对现存资产或负债的汇率风险保值,锁定收益或成本。

(4)规避外币管制。目前许多国家实行外汇管制,从这些国家汇回资金或向这些国家公司内部贷款的成本很高甚至不可能。通过货币互换可解决此问题。

2. 互换与其他衍生工具相比具有的优势

(1)互换交易集外汇市场、证券市场、短期货币市场和长期资本市场业务于一身,既是融资的创新工具,又可运用于金融管理。

(2)互换能满足交易者对非标准化交易的要求,应用面广。

(3)用互换套期保值可以省去对其他金融衍生工具所需头寸的日常管理,使用简便且风险转移较快。

(4)互换交易期限灵活,长短随意,最长可达几十年。

(5)银行是互换的主体,互换市场的流动性较强。

第五节 外汇风险

一、外汇风险的概念[①]

外汇风险,即汇率风险,是指以外币定值或衡量的资产与负债、收入与支出,以及未来的经营活动可望产生本币价值现金流量的经济实体,因货币汇率的变动而产生损失的可能性。从事对外贸易、投资及国际金融活动的经济实体,如公司、企业、政府或个人,由于在国际范围内大量收付外汇,或者保有外币债权债务,或者以外币标示其资产或负债的价值,在汇率频繁剧烈的波动时,均遭受外汇风险。

---

① 艾蔚:《国际金融》,上海交通大学出版社2013年版,第59—60页。

一般而言，外汇风险仅仅意味着交易主体蒙受损失的可能性，但从国际经济交易实际的最终结果来看，风险承担者可能遭受损失，也可能获利。外汇持有者或经营者存在的外汇风险一般通过外汇敞口来体现，即以外币计价的资产或负债受外汇变动影响的资金额。具体表现为：①当以外币计价的资产或负债的金额不等时，其净额就会受汇率变动的影响，这一净额称为敞口头寸；②外币计价的资产或负债的期限不同，出现期限缺口或非对称缺口。

相关案例 13-3

东方航空运用外汇衍生品管理新兴市场汇率风险

中国东方航空股份有限公司（以下简称"东航"）是一家国有控股航空公司，公司利润对汇率波动非常敏感，存在货币错配的风险。东航集团在"一带一路"倡议下积极参与"空中丝绸之路"的建设，不断开发沿线国家新航线。集团营销委的统计数据显示，截至2016年年底，集团在"一带一路"沿线国家共经营了131条航线，通航国家已达21国45个城市，年航班量3.8万班次。

因为集团业务涉及多个国家和地区，存在多种外币与人民币汇率变动的不确定性。对此，集团主要采取两种方式来规避汇率风险：一是选择流动性好、稳定性强的币种作为合同定价、报价和结算币种（如美元、欧元、人民币）；二是签订外汇远期合约和交叉货币互换合约来进行风险对冲。

此外，集团业务支付大量涉及飞机航材、燃油，均以美元计价，而收款则是以人民币为主，造成收付款币种的不匹配，形成了潜在的汇兑风险，影响公司收益。在过去人民币长期单向升值时期，集团通过保留一定的美元债务敞口，适度享受了汇率波动带来的汇兑收益。但自2015年"8·11"汇改以来，人民币双向波动常态化，美元债务敞口带来的汇兑收益变为汇兑损失。对此，集团主动做出调整，采取了增加人民币融资、降低美元债务的方式来优化债务币种结构，包括通过发行人民币短期融资券、中期票据、长期债券、长期贷款等方式扩大人民币债务比例，以及通过提前偿还美元借款来降低美元债务比例。2017年上半年，集团美元债务占带息债务比重由2015年年底的73%下降至34.13%。未来，集团将进一步加强对汇率的研判，丰富人民币等各类融资工具，持续优化集团债务币种结构，以降低汇率波动对集团经营的不利影响。

资料来源：祖文静，"聚焦新兴市场汇率避险"，《中国外汇》，2017年第18期，第18—20页。

[问题思考] 东方航空公司在新兴市场上面临的外汇风险主要集中在哪些方面？

[案例点评] 外汇风险主要来自两个层面：一是外汇收支必然存在汇兑风险，进而会影响到公司收益。随着该集团不断开发新兴市场航线，不同外币所带来的汇率波动会影响境外采购飞机、航材、航油及机场起降费等成本。二是众多新兴市场国家和地区金融市场发展不成熟，缺乏相关的外汇衍生品工具，难以对汇率风险进行有效管理，增加了对当地货币汇率套期保值的难度。

二、外汇风险的分类[①]

根据外汇风险作用的对象和表现形式,基本外汇风险可分为三种:在经营活动过程中产生的风险为交易风险,在经营活动结算中产生的风险为会计风险,预期经验收益由于汇率变动产生的风险为经济风险。

(一) 交易风险

交易风险是指在以外币计价的交易中,由于外币和本币之间以及外币与外币之间汇率的波动,而引起的应收资产与应付债务价值变化的风险。属于外币计价的交易主要有以下三项:第一,以外币计价的商品、劳务的进出口交易;第二,以外币结算的借款或贷款;第三,面额为外币的其他资产金融交易。

交易风险又分为外汇买卖风险和交易结算风险。

1. 外汇买卖风险

外汇买卖风险,又称金融性风险,产生于本币和外币之间的反复兑换。这种风险是因买进或卖出外汇而存在的。外汇银行承担的外汇风险主要就是这种外汇买卖风险。银行以外的企业所承担的外汇买卖风险,则存在于以外币进行借贷或伴随外币借贷而进行的外贸交易之中。

例如,日本某银行于某年某月买入1月期10万美元,卖出同样期限的8万美元,出现2万美元"风险敞口",通常将这2万美元称为多头,这种多头将来在卖出时会因汇率水平变化而发生盈亏。当时1美元兑换100日元,若该银行及时平衡头寸,卖出2万美元多头,可收回200万日元。若该行不采取应对措施,而1个月后1美元只能兑换90日元,那么该行就只能收回180万日元,损失20万日元。

2. 交易结算风险

交易结算风险,又称商业性外汇风险,是指以外币计价进行贸易及非贸易业务的一般企业所承担的外汇风险,是伴随商品或劳务买卖的外汇交易而发生的,主要由进出口商承担。交易结算风险是基于将来进行外汇交易而将本国货币与外国货币进行兑换,由于将来进行交易时所适用的汇率没有确定,所以存在风险。进出口商从签订合同到债权债务的清偿,通常需要经历一段时间,而这段时间内汇率可能会发生变动。于是,未结算的金额就成为承担风险的受损部分。

例如,德国出口商输出价值10万美元的商品,1月1日在签订出口合同时,欧元与美元的汇价为1欧元:0.96美元,出口10万美元的商品,可换回10.4167万欧元,但当货物装船后,4月1日交单结算时,美元汇价下跌,欧元上升,汇价变为1欧元:1.05美元,这样,德国出口商结汇时的10万美元只能兑换回9.5238万欧元。由于汇率波动使出口商损失了8 929欧元。在这里,签订合同时的10万美元金额便是该德国出口商的受险部分。

同样,进口商从签订合同到结算也要承担外汇风险,原理与出口商相同,只是承担的因汇率变动而产生的风险与出口商刚好相反。

(二) 会计风险

会计风险也称为转移风险、折算风险,是指跨国企业为了编制统一的财务报表,将以外

[①] 谢琼:《国际金融》,北京理工大学出版社2015年版,第156—158页。

币表示的财务报表用母公司的货币进行折算或合并时,由于汇率变动而产生的账面上的损益差异。会计风险产生于经营活动后,是从母公司的角度来衡量其受损程度;造成的损失不是实际交割时的真实损失,只是账面上的损失。

外汇会计风险来源于会计制度的规定,并受不同国家会计制度的制约。由于汇率的变化,公司资产负债表中某些外币项目金额也会发生变动。公司在编写报表时,为了把原来用外币计量的资产、负债、收入和费用,合并到本国货币账户内,必须把这些用外币计量项目的发生额用本国货币重新表述。这种被称作折算的重新表述,要按照公司所在国政府、会计协会和公司确定的有关规定进行。

(三) 经济风险

经济风险又称经营风险,是指因外汇汇率变动,企业在将来特定时期的收益发生变化的可能性,即企业未来的现金流量的现值的损失程度。收益变动幅度的大小,主要取决于汇率变动对企业产品数量及价格成本可能产生影响的程度。例如,当一国货币贬值时,一方面由于出口货物的外币价格下降,出口商可能增加出口,从而获益;另一方面,由于本国货币贬值会提高本币表示的进口品的价格,故如果出口商在生产中所使用的主要原材料为进口,出口品的生产成本就会增加。该出口商将来的纯收入可能增加,也可能减少,该出口商的市场竞争力及市场份额也将发生相应的变化,进而影响到该出口商的生存与发展潜力。

该定义有两个需要注意的方面:第一,它所针对的是意料之外的汇率变动,意料之中的汇率变动不会给企业带来经济风险;第二,它所针对的是计划收益,因为意料之中的汇率变动对企业收益的影响已经在计算计划收益的过程中加以考虑,所以经济风险并未包括汇率变动对企业收益的全部影响。

三、外汇风险管理[①]

外汇风险管理,是指对外汇风险的特性及因素进行识别与测定,并设计和选择减少损失发生的处理方案,以最小成本达到风险处理的最佳效能。交易风险、会计风险和经济风险都会引起企业的关注,并力争采取相应的措施避免可能的损失。其中,交易风险和经济风险都能给企业带来真实的盈亏,对其重视理所当然。会计风险虽然并不体现企业经营中的现实盈亏,但因为资产负债的变化体现了企业管理者的业绩,通常企业对其同样也给予了极大的重视。

经济风险对企业的影响长期而深刻,所以对经济风险的管理难度也很大。对经济风险的管理需要从长期入手,从经营的不同侧面全面考虑企业的发展。一般对它的管理可以通过企业经营活动多元化、融资活动多样化等分散风险的方式来实现。

交易风险是能在现实中引起盈亏的风险,企业对它的管理由来已久,下面将予以重点介绍。

防范外汇交易风险的措施和手段很多,从管理方法的角度一般可分为内部管理和外部管理两种。内部管理是指不利用外部市场,而是将交易风险作为企业日常管理的一个组成部分,尽量减少或防止风险性净外汇头寸的产生。外部管理是当内部管理不足以消除净外汇风险头寸时,利用外部市场,即外汇市场或

延伸阅读
外汇风险的内外部管理

---

① 邓立立:《国际金融》,清华大学出版社 2011 年版,第 87 页。

货币市场来进行避免外汇风险的交易。

相关案例 13-4

中国企业积极应对外汇风险

2010年6月19日,中国人民银行在官方网站发布公告:"根据国内经济金融形势和我国国际收支状况,中国人民银行决定进一步推进人民币汇率形成机制改革,增强人民币汇率弹性。"2010年7月20日,人民币对美元汇率中间报价6.7812,较6月19日央行重申汇改前一个交易日小幅升值约0.77%。

对于温州的外贸企业来说,关注汇率数字成了他们每日的必修课。温州哈顺制衣有限公司董事长孙天玉最近比较苦恼,3个月前西班牙的订单近期出货,订单是按照当时的汇率报价,悄声无息地就"蒸发"了不少利润。

"5年来,尤其是2008年金融危机以来,我们学会了不少办法应对风险。"宁波维科集团副总裁马东辉说,这家主营纺织品的外贸公司情况并不那么糟糕。公司提前做了一些准备,如采取提前结汇、锁定汇率的办法来锁定利润和弥补汇率风险。温州迷西仕服饰有限公司董事长余强春表示,从2010年1月开始公司就运用远期结汇方式锁定风险,他们曾做了一单6个月的美元远期结汇业务,锁定的汇率比结汇的即期汇率高出几个百分点,因此挽回了不少损失。

"对于数量较大的订单,我们还是选择提高价格。"温州成功集团有限公司总经理张伟称,公司要根据订单的重要性来选择是否提价。提高出口价格来规避风险的方法,更适用于竞争力较强、议价空间大的企业。浙江奥康鞋业股份有限公司国际贸易部李海军表示,在与外商谈价的过程中,一开始便将汇率风险写入合作协议。即使人民币升值,客商也能够接受企业在保证原有利润基础上重新报价。

温州国际贸易集团有限公司从2010年开始就有意识地增加了进口业务,公司董事长胡忠明表示:"从欧美国家进口塑料等原材料便宜了,我们采用扩大进口量来降低一定的成本。"主营特种纸制造的浙江省遂昌县凯恩集团有限公司常务副总裁顾飞鹰则表示,凯恩集团兼营进出口业务,如果制造特种纸时大量进口国外原木浆,人民币升值实际上对企业是有好处的。

人民币结算成新手段,自2010年6月22日,浙江省正式成为跨境贸易人民币结算新增试点区,6月下旬,温州祥顺皮件有限公司通过温州中行向其香港顾客支付预付款68万元人民币。

温州成功集团有限公司近日正计划在南美地区建立销售网点,公司总经理张伟表示,"意大利销售网点直接用美元交易,少了汇兑环节,成功规避了外汇风险"。

资料来源:宋树民、张岩,《国际金融》,北京大学出版社2013年版,第131—132页。

[问题思考] 结合案例,根据所学知识总结中国企业应对外汇风险的方法。

[案例点评] 案例中,中国企业采用的应对外汇风险方法主要有:①采用提前结汇、锁定汇率的办法来锁定利润和弥补汇率风险;②运用远期结汇方式来锁定风险;③通过提高出口价格来规避汇率风险;④使用人民币作为结算货币;⑤在国外建立销售网点,减少兑换环节。

第六节　外汇管制

一、外汇管制的概念

外汇管制,又称外汇管理,是指一个国家或地区为了执行某一时期的金融货币政策,以法律、法令、条例等形式对外汇资金的收购和支出、汇入和汇出、本国货币与外国货币的兑换方式及兑换比价等方面采取的限制。

对那些经济实力雄厚、外汇充足的国家来说,实行外汇管制的目的是限制资本过剩;对那些经济实力较弱、外汇短缺的国家来说,实行外汇管制的目的是谋求国际收支平衡,防止资本外逃,积累外汇资金,维持本国币值稳定。外汇管制的目的通常主要有以下几点:第一,限制资本外逃,改善国际收支逆差;第二,增加黄金、外汇储备,增强本币信誉;第三,增加财政收入,抑制通货膨胀;第四,稳定汇率,扩大出口;第五,作为谈判手段,保护本国产业。

二、外汇管制的机构

外汇管制机构主要有四种类型:

(1) 由中央银行行使外汇管制权力,如荷兰、瑞典等。

(2) 由政府的某一职能部门行使外汇管制权,如法国的经济部财政司是主管外汇工作的机构。

(3) 由政府几个职能部门在适当分工的基础上共同管汇,如日本是由大藏省、通产省和日本银行合作行使管汇职能。

(4) 由政府设置专门机构负责,如德国的外汇管制局、意大利的外汇管制署。

三、外汇管制的对象

外汇管制的对象是指外汇管理法规和政策等作用的对象,包括对人的管制、对物的管制、对行业的管制和对地区的管制。

(一) 对人的管制

对人的管制通常把人分为居民和非居民。对居民和非居民的外汇管制往往采取不同的政策和规定。由于居民的外汇支出涉及居住国的国际收支问题,故管制较严;对非居民的管制则较松。

(二) 对物的管制

对物的管制,即对外汇及外汇有价物进行管制,其中包括外国货币(钞票、铸币)、外币支付凭证(汇票、本票、支票、银行存款凭证、邮政储蓄凭证)、外币有价证券(政府公债、国库券、公司债券、股票、息票)以及其他在外汇收支中所使用的各种支付手段和外汇资产。

(三) 对行业的管制

对行业的管制主要是一些新兴工业化国家采取的办法。对于技术成分低及传统出口行业采取较严格的管理,对附加值高的新技术和重工业出口采取较优惠的管理政策。对高新技术和生活必需品进口较松,而对高消费的奢侈品的进口管理较严。我国执行过的外汇留成制度,是典型的对行业的管制。

（四）对地区的管制

对地区的管制包括两层含义：一是指在本国境内实行外汇管制，但对国内不同的地区实行不同的外汇管制措施。如我国的外汇管理条例规定，在我国保税区内的外汇收支活动和外汇经营活动，目前适用《保税区外汇管理办法》，保税区的外汇政策优于区外，保税区内企业可以保留外汇账户，实行自愿结汇制度，区内企业经济交往活动以及区内企业与区外企业经济交往可以以外币计价结算。二是指在一个货币区内，成员国统一对外实施外汇管制，而在成员国内部办汇兑结算比较自由，如欧盟。

（五）对国别的管制

对国别的管制是指针对不同国家和地区实施不同的资本输出或输入、商品进出口的管制方法。

四、外汇管制的类型

国际上根据管制的内容和程度不同，把实行外汇管制的国家分为三种类型。

（一）严格实行外汇管制的国家和地区

这类国家和地区无论是对国际收支中的经常项目还是资本项目，都实行严格管制。凡实行计划经济的国家和大多数发展中国家大多属于这一类型。据统计，这种类型的国家和地区有90多个。

（二）实行部分外汇管制的国家和地区

这种类型的国家和地区对非居民的经常性外汇收支（包括贸易和非贸易）不加限制，准许自由兑换或汇出国外，而对资本项目的外汇收支则加以限制。实行这类外汇管制的国家经济比较发达，国民生产总值较高，贸易和非贸易出口良好，有一定的外汇黄金储备。目前列入这一类型的国家和地区大约有40个。我国属于这一类国家。

（三）名义上取消外汇管制的国家和地区

这种类型的国家和地区准许本国及本地区货币自由兑换成其他国家和地区的货币，对贸易和资本项目的收支都不加限制。一些工业很发达的国家，如美国、英国、德国、瑞士等以及国际收支有盈余的一些石油生产国，如科威特、沙特阿拉伯、阿拉伯联合酋长国等均属于这一类型。这类国家和地区经济很发达，国民生产总值高，贸易和非贸易出口在国际市场上占相当份额，有丰富的外汇黄金储备。目前列入这一类型的国家和地区大约有20个。

五、外汇管制的主要内容和措施[①]

实行外汇管制的国家和地区，一般对贸易外汇、非贸易外汇、资本输出输入、汇率、黄金和现钞的输出输入等采取一定的管制办法和措施。

（一）对贸易外汇的管制

贸易收支通常在一国的国际收支中所占的比例最大，所以，实行外汇管制的国家大多对贸易外汇实行严格管制，以增加出口外汇收入、限制进口外汇支出、减少贸易逆差、追求国际收支平衡。

---

① 谢琼：《国际金融》，北京理工大学出版社2015年版，第101—103页。

1. 对出口收汇的管制

对出口实行外汇管制,一般都规定出口商须将其所得外汇及时调回国内,并结售给指定银行。也就是说,出口商必须向外汇管制机构申报出口商品价款和结算所使用的货币、支付方式和期限。在收到出口外汇后,又必须向外汇管制机构申报交验许可证,并按官方汇价将全部或部分外汇收入结售给指定银行。剩余部分既可用于自己进口,也可按自由市场的汇率转售他人。

2. 对进口付汇的管制

实行外汇管制的国家,除对进口外汇实行核批手续外,为了限制某些商品的进口,减少外汇支出,一般都采取下述措施:进口存款预交制,即进口商在进口某项商品时,应向指定银行预存一定数额的进口货款,银行不付利息,数额根据进口商品的类别或所属的国别按一定的比例确定;购买进口商品所需外汇时,征收一定的外汇税;限制进口商对外支付使用的外币;进口商品一定要获得外国提供的一定数额的出口信贷,否则不准进口;提高或降低开出信用证的押金额;进口商在获得批准的进口用汇以前,必须完成向指定银行的交单工作,增加进口成本;根据情况,允许(或禁止)发行特定的债券,偿付进口货款,以调节资金需求,减少外汇支出,控制进口贸易。

相关案例 13-5

别让"钱"跑了——各国外汇管理谁更狠?

从 2017 年开始,国家外汇局对购汇的用途进行了明确限制,除了"不得用于境外买房、证券投资、购买人寿保险和投资性返还分红类保险等尚未开放的资本项目",个人通过分拆方式、利用他人的年度用汇额度进行资金的违规跨境流动的方式(俗称为"蚂蚁搬家")将被外汇局列入其"关注名单"。如果进入"关注名单",将被取消两年购汇额度,并面临 30% 左右的罚款。目前,中国每年出境人次已达 1.2 亿,个人用汇明显增多。外汇局有关负责人解释称,过去,中国国际收支个人购汇中存在一些漏洞,致使部分违规、欺诈、洗钱等行为时有发生,而新规定就是为了进一步加大对洗钱、恐怖融资、腐败、偷逃税等犯罪活动的监测和打击力度。

事实上,世界上许多国家都曾针对资本外逃等问题对外汇进行管理。

俄罗斯:政府要求国有企业减持外汇

2014 年,在国际油价不断下跌和西方制裁的背景下,俄罗斯卢布一路贬值。至同年 12 月 15 日,卢布兑美元汇率跌幅创下自 1999 年以来的最高纪录,俄央行随后大幅上调基准利率 650 个基点至 17%,但阻止卢布暴跌的效果并不明显。

在这样的背景下,俄罗斯采取了非正式资本管制。俄政府要求五家国有企业减少手中持有的外汇数量,将多余外汇兑换回卢布来稳定外汇市场。这五家公司主要是石油天然气公司和钻石开采公司,它们还必须每周向俄罗斯央行报告所持有的外汇数量。

韩国:商业银行兑换外汇也被限制

2015 年 12 月,在美联储进行了十年来首次加息后,新兴市场加剧了对可能出现的资本外流的担忧。韩国 2016 年 6 月就宣布了一组新的资本管制规定。这些新规要求银行确保足够的流动资产拨备,以应付突然的资本外流。根据新规定,从当年 7 月起,韩国国内银行外汇远期头寸占资本金的比例上限将从目前的30%提高至40%。对于外资银行,这一限制比例从目前的150%提高至200%。

此外,从2017年开始,商业银行需要持有的高质量流动资产与一个月内净现金需求之比将为60%,同时到2019年,这些银行应逐步将这一比率提升至80%。这在很大程度上限制了商业银行兑换外汇的自主性和可能性。

委内瑞拉:民众只能从黑市兑换美元

在对外汇进行严格管控的发展中国家,委内瑞拉的例子比较极端。委内瑞拉近几年遭遇严重的经济危机,通货膨胀非常严重。2016年年末,委内瑞拉通胀率已经飙升至720%。

自2003年以来,委内瑞拉一直保持严格的外汇管制政策,当前该国官方汇率有两种,一种是用于基本民生物资采购的保护汇率,另一种是用于一般性物资采购的浮动汇率,两者兑美元的汇率截至2017年1月4日分别是10玻利瓦尔兑1美元和661玻利瓦尔兑1美元。虽然有数据显示,该国汇率自2016年3月以来一直在1美元兑10玻利瓦尔左右,但普通民众无法从正规渠道兑换到所需的美元,只能到黑市上交易。黑市上玻利瓦尔近期暴跌,截至2017年1月4日,4 000多玻利瓦尔才能兑换1美元,而11月底,黑市上2 000多玻利瓦尔可兑换1美元。

资料来源:"别让有钱人跑了:各国外汇管理谁更'狠'",参考消息网,2017年1月4日。

[问题思考]结合上述材料,分析外汇管制的利与弊。

[案例点评]有利方面,外汇管制可控制资本外流,节约外汇支出,从而稳定本国货币的汇率。如俄罗斯、委内瑞拉的外汇管制,主要目的都是限制资本外流,维持金融秩序稳定;同时,通过采取核批进口用汇的政策,稳定本国货币汇率,保护本国市场。弊端一:实行外汇管制与经济国际化趋势背道而驰,会阻碍国际贸易的发展,而且会引起与他国的贸易摩擦。弊端二:在实行外汇管制的情况下,市场机制不起作用,整个经济很难在外汇供求平衡、汇率与利率自由浮动的条件下实现均衡。弊端三:外汇管制限制了资本的国际化趋势,对发展中国家来说,限制外国资金进入不利于利用国际先进技术。对发达国家来说,由于资本过剩,会对本国货币供应量有一定的影响。

(二)对非贸易外汇的管制

非贸易外汇收支的范围较广,贸易与资本输出输入以外的外汇收支均属非贸易收支。主要包括:与贸易有关的运输费、保险费、佣金;与资本输出输入有关的股息、利息、专利费、许可证费、特许权使用费、技术劳务费等;与文化交流有关的版权费、稿费、奖学金、留学生费用等;与外交有关的驻外机构经费;旅游费和赡家汇款。其中,与贸易有关的从属费用,如运输费、保险费和佣金等,基本按贸易外汇管制办法处理,一般无须再通过核准手续,就可以由指定银行供汇或收汇。其他各类非贸易外汇收支,都要向指定银行报告或得到其核准。实行非贸易外汇管制的目的在于集中非贸易外汇收入,限制相应的外汇支出。各个国家根据其国际收支状况,往往不同时期实行宽严程度不同的非贸易外汇管制。

(三)对资本输出输入的管制

资本的输出输入直接影响一国的国际收支,因此,无论是一些发达国家还是绝大多数发展中国家,都很重视对资本输出输入的管制,只是根据不同的需要,实行不同程度的管制。

发展中国家由于外汇短缺,一般都限制外汇输出,同时对有利于发展本国民族经济的外国资金,则实行各种优惠措施,积极引进。例如,对外商投资企业给予减免税优惠、允许外商投资企业的利润用外汇汇出等。此外,有些发展中国家对资本输出输入还采取如下措施:一是规定输出输入资本的额度、期限与投资部门;二是从国外借款的一定比例要在一定期限内存放在管汇银行;三是银行从国外借款不能超过其资本与准备金的一定比例;四是规定接收外国投资的最低额度等。

相比较来说,发达国家较少采取措施限制资本输出输入,即使采取一些措施,也是为了缓和汇价和储备所受的压力。例如,20世纪70年代,日本、瑞士、德国等发达国家由于国际收支顺差,货币经常遇到升值的压力,成为国际游资的主要冲击对象,并且这些国家国际储备的增长又会加剧本国的通货膨胀,因此,这些国家就采取了一些限制资本输入的措施,以避免本国货币的汇率过分上浮。这些措施包括:银行吸收非居民存款要交纳较高的存款准备金;银行对非居民存款不付利息或倒收利息;限制非居民购买本国有价证券;等等。与此同时,这些国家还采取了鼓励资本输出的措施,例如,日本从1972年起对于居民购买外国有价证券和投资于外国的不动产基本不加限制。

六、我国现行的外汇管理框架

外汇管制在我国习惯被称为外汇管理。我国外汇管理的基本任务是,建立独立自主的外汇管理体制,正确制定国家的外汇法规和政策,保持国际收支的基本平衡和汇率的基本稳定,有效地促进国民经济的持续稳定发展。我国现行的外汇管理框架主要有以下几个方面。

(一)人民币经常项目可兑换

1996年我国正式接受《国际货币基金组织协定》第八条,实现了人民币经常项目可兑换。为了区分经常项目和资本项目交易,防止无交易背景的逃骗汇及洗钱等违法犯罪行为,我国经常项目外汇管理仍然实行真实性审核(包括指导性限额管理)。根据国际惯例,这不构成对经常项目可兑换的限制。以下真实性审核不构成对经常项目可兑换的限制:

第一,经常项目外汇收入实行限额结汇制度。除国家另有规定外,经常项目下的外汇收入都须及时调回境内。凡经国家外汇管理局及其分支局批准开立经常项目外汇账户的境内机构(包括外商投资企业),可在核定的最高金额内保留经常项目外汇收入,超过限额部分按市场汇率卖给外汇指定银行,超过核定金额部分最长可保留90天。

第二,境内机构经常项目用汇,除个别项目须经外汇局进行真实性审核外,可以直接按照市场汇率凭相应的有效凭证用人民币向外汇指定银行购汇或从其外汇账户上支出外汇。

第三,实行进出口收汇付汇核销制度。货物出口后,由外汇局对相应的出口收汇进行核销;进口货款支付后,由外汇局对相应的到货进行核销,以出口收汇率为主要考核指标,对出口企业收汇情况分等级进行评定,根据等级采取相应的奖惩措施,扶优限劣,并督促企业足额、及时收汇。该制度建立了逐笔核销、批量核销和总量核销三种监管模式,尝试出口核销分类管理;目前,相应的"出口收汇核报系统"已推广使用。

(二)直接投资

我国对外商直接投资外汇管理一直比较宽松。近几年,我国不断放宽境内企业对外直接投资外汇管理,支持企业"走出去"。

1. 外商直接投资管理

外商投资企业的资本金、投资资金等须开立专项账户保留;外商投资项下外汇资本金结汇可持相应材料直接到外汇局授权的外汇指定银行办理,其他资本项下外汇收入经外汇局批准后可以结汇;外商投资企业资本项下支出经批准后可以从其外汇账户中汇出或者购汇汇出;为进行监督和管理,对外商投资企业实行外汇登记和年检制度。

2. 境外投资管理

国家外汇管理局是境外投资的外汇管理机关。境内机构进行境外投资,须购汇及汇出外汇的,须事先报所辖地外汇分局(外汇管理部)进行投资外汇资金来源审查;全部以实物投资项目、援外项目和经国务院批准的战略性投资项目免除该项审查;境外投资项目获得批准后,境内投资者应到外汇管理部门办理境外投资外汇登记和投资外汇资金购汇汇出核实手续。国家对境外投资实行联合年检制度。

(三) 证券投资

在证券资金流入环节,境外投资者可直接进入境内 B 股市场,无须审批;境外资本可以通过合格境外机构投资者(QFII)间接投资境内 A 股市场,买卖股票、债券等,但合格境外机构投资者的境内证券投资必须在批准的额度内。境内企业经批准可以通过境外上市(H股),或者发行债券,到境外募集资金调回使用。

证券资金流出管理严格,渠道有限。除外汇指定银行可以买卖境外非股票类证券、经批准的保险公司的外汇资金可以自身资金开展境外运用外,其他境内机构和个人不允许投资境外资本市场。目前,已批准个别保险公司外汇资金境外运用,投资境外证券市场。另外,批准中国国际金融有限公司进行金融创新试点,开办外汇资产管理业务,允许其通过专用账户受托管理其境内客户的外汇资产并进行境外运作。

(四) 其他投资

1. 外债管理

中国对外债实行计划管理,金融机构和中资企业借用 1 年期以上的中长期外债须纳入国家利用外资计划。1 年期(含 1 年)以内的短期外债由国家外汇管理局管理。外商投资企业借用国际商业贷款不需事先批准,但其短期外债余额和中长期外债累计发生额之和要严格控制在其投资总额与注册资本额的差额内。所有的境内机构(包括外商投资企业)借用外债后,均需及时到外汇局定期或者逐笔办理外债登记。实行逐笔登记的外债,其还本付息都须经外汇局核准(银行除外)。地方政府不得对外举债。境内机构发行商业票据由国家外汇管理局审批,并占用其短贷指标。

另外,境内机构 180 天(含)以上、等值 20 万美元(含)以上延期付款纳入外债登记管理;境内注册的跨国公司进行资金集中运营的,其吸收的境外关联公司资金如在岸使用,纳入外债管理;境内贷款项下境外担保按履约额纳入外债管理,并且企业中长期外债累计发生额、短期外债余额以及境外机构和个人担保履约额之和,不得超过其投资总额与注册资本的差额。

2. 对外担保管理

对外担保属于或有债务,其管理参照外债管理,仅限于经批准有权经营对外担保业务的金融机构和具有代为清偿债务能力的非金融企业法人可以提供。除经国务院批准为使用外国政府贷款或者国际金融组织贷款进行转贷外,国家机关和事业单位不得对外出具担保。

除财政部出具担保和外汇指定银行出具非融资项下对外担保外,外汇指定银行出具融资项下担保实行年度余额管理,其他境内机构出具对外担保须经外汇局逐笔审批。对外担保须向外汇局登记,对外担保履约时须经外汇局核准。

此外,目前已批准中国银行进行全球授信的试点,为境外企业发展提供后续融资支持。允许境内居民(包括法人和自然人)以特殊目的公司的形式设立境外融资平台,通过反向并购、股权置换、可转债等资本运作方式在国际资本市场上从事各类股权融资活动;允许跨国公司在集团内部开展外汇资金运营;允许个人合法财产对外转移。

相关案例 13-6

四部委发文规范境外投资 限制境外非实体投资

对外投资历史回顾

2004年到2014年,普遍被外界评为境外投资政策去繁就简的"黄金十年",也被称为宽松和放权的十年。2015年,中国境外投资规模实现井喷式增长。这一年,中国对外直接投资(OFDI)流量达到1 456.7亿美元,首次成为全球第二大对外直接投资国,同时中国对外投资(ODI)超过使用外资(FDI)金额。商务部国际贸易谈判副代表张向晨称,从统计上来说,2015年中国正式成为资本的对外输出国。境外投资的火热同样在2016年得以延续,并达到历史新高。

十几年间,中国企业境外投资的领域及方式也越来越宽泛和新颖。投资手笔越来越大,频次也越来越高。境外投资热潮下,潜藏和不断暴露的问题也受到监管部门越来越多的重视。

2017年8月18日,国务院办公厅转发四个主管部委意见,再次对中国企业境外投资做了更为详尽的规范。国务院办公厅转发国家发展改革委、商务部、人民银行、外交部《关于进一步引导和规范境外投资方向指导意见的通知》(以下简称《指导意见》)显示,通过鼓励、限制和禁止这三种分类,较为详细地给出了未来对外投资的方向。

联合国贸发组织投资司官员表示,从《指导意见》的文本看,这更像一个对外投资的产业指导目录。在限制类、禁止类两方面"收紧"的同时,也明确了鼓励类的方向,特别是"一带一路"相关投资。

而包括梁国勇在内的多位业内人士也注意到,对于采取"在境外设立无具体实业项目的股权投资基金或者投资平台方式(SPV)",今后将要面临更严格的审批。

对外投资已趋理性

从数据上看,自2016年12月起,中国企业对外投资已经趋于理性,同时政策也逐步细化。最新数据显示,2017年1—7月,我国境内投资者共对全球148个国家和地区的4 411家境外企业新增非金融类直接投资,累计实现投资572亿美元,同比下降44.3%,非理性对外投资得到进一步有效遏制。

对于逐步收紧的审批,有业内人士称,在总结了一些经验并经历宏观环境的变化后,政策导向也随之调整。

发改委相关负责人总结《指导意见》出台背景称,我国企业境外投资也存在一些问题,如一些企业将境外投资重点放在房地产等非实体经济领域,不仅未能带动国内经济发展,反而导致资金跨境流出大幅增加,冲击我国金融安全等。

《指导意见》在基础设施、产能和装备、高新技术和先进制造、能源资源、农业、服务业等方面提出六类鼓励开展的境外投资。

限制境外非实体投资

在限制类项下,多位业内人士注意到,除了房地产、酒店、影城、娱乐业、体育俱乐部,还新增加了"在境外设立无具体实业项目的股权投资基金或者投资平台"这一项。

一位负责对外投资的业内人士称,这个新增加的项有限制语(无具体实业项目),在实践中,很多时候做具体项目来进行海外并购,是设立SPV(特殊目的实体),通常指仅为特定、专向目的而设立的法律实体(常见的是公司,有时也有合伙等)。他举例称,一些企业通过在海外设立SPV来收购,通过"内保外贷"架构没有什么问题,只是实质交易存在风险,即高价收购的海外业务,生意并不好。

"收购交易经常需要运用杠杆,但需要经营前景好才能还银行贷款。因为用了杠杆,对银行的资产质量带来影响,可能会产生(金融)系统性风险。"前述业内人士说。

资料来源:郭丽琴,"四部委发文规范境外投资 限制境外非实体投资",中华人民共和国商务部网站,http://caiec.mofcom.gov.cn/article/g/201708/20170802629762.shtml。

[问题思考] 我国对外商直接投资从宽松到逐渐收紧,其主要目的是什么?

[案例点评]《指导意见》的出台,使得对外投资监管有章可循,监管思路也逐渐明晰。一方面,指导意见通过划定鼓励开展的境外投资,推动"一带一路"进程,重点推进有利于"一带一路"建设和周边基础设施互联互通的基础设施境外投资;另一方面,则是以此控制资本外逃风险:随着中国经济增长放缓以及美联储进入加息周期,近年来人民币兑美元贬值压力骤增,资本不断外流,其中一部分源于国内企业以各种名义进行的境外投资。

本章小结

1. 外汇是国际经济金融交易的基本支付手段和对外财富的载体,是国际金融市场的主要交易对象。

2. 外汇市场是以外汇银行为中心,由外汇需求者、外汇供给者或买卖中间机构组成的外汇买卖的场所或交易网络。外汇市场包括有形的外汇市场和无形的外汇市场两种组织形态,早期的外汇市场以有形市场为主,目前,无形的外汇市场则是外汇市场的主要组织形态。

3. 传统的外汇交易是指为办理国际货币收付、清算国际债权债务而进行的外汇买卖活动。外汇买卖实际就是人们通常所说的在外汇市场上以约定的汇率将一种货币交换为另一种货币的交易行为。外汇交易的类型有许多种,最常见的有即期交易、远期交易、套汇交易、套利交易和掉期交易。

4. 外汇风险是指经济实体以外币定值或衡量的资产与负债、收入与支出,以及未来的经营活动可望产生现金流量的本币价值因货币汇率的变动而产生损失的可能性。

5. 外汇管制是指一个国家或地区为了执行某一时期的金融货币政策,以法律、法令、条例等形式对外汇资金的收购和支出、汇入和汇出、本国货币与外国货币的兑换方式及兑换比价等方面采取的限制。实行外汇管制的国家和地区,一般对贸易外汇收支、非贸易外汇收支、资本输出输入、汇率、黄金和现钞的输出输入等采取一定的管制办法和措施。

推荐阅读

1. 李翀:《国际金融市场》,中山大学出版社2007年版。
2. 韩复林:《外汇交易工具与避险操作》,中国时代经济出版社2006年版。
3. 冷丽莲:《国际金融学》,中国金融出版社2013年版。
4. 刘园:《国际金融风险管理》,对外经济贸易大学出版社2012年版。

 复习思考题

1. 什么是外汇?它有何特征及功能?
2. 外汇有哪些类型?世界主要外汇有哪几种货币?
3. 外汇市场的主要类别和构成主体是什么?
4. 远期外汇交易和外汇期货交易有什么异同?
5. 简述外汇期权交易的特征及种类。
6. 外汇风险有哪些种类?如何有效防范?

21世纪经济与管理规划教材

经济学系列

第十四章

汇率与汇率理论

【关键词】

汇率　　　　　　　浮动汇率
汇率标价　　　　　汇率变动
汇率种类　　　　　汇率制度
固定汇率　　　　　汇率理论

> **导入案例**

广场协议

20世纪80年代早期,美国经济出现了巨额的财政赤字和经常项目赤字,"双赤字"导致美国国内贸易保护主义抬头。西方国家开始担心美国的"双赤字"和贸易保护主义倾向。

1985年9月22日,美国、日本、联邦德国、法国以及英国的财政部长和中央银行行长在纽约广场饭店举行会议。美国希望通过美元贬值来增加产品的出口竞争力,以改善美国国际收支不平衡状况。与会者一致认为美元被严重高估,同意以联合干预外汇市场的方式诱导美元对主要货币的汇率有秩序地贬值,以解决美国巨额贸易赤字问题的协议。这就是著名的广场协议。

广场协议签订后,上述五国开始联合干预外汇市场,在国际外汇市场大量抛售美元,继而形成市场投资者的抛售狂潮,导致美元持续大幅度贬值。在广场协议签署后,美元对日元汇率迅速下降,由1美元兑240日元下跌到1美元兑200日元,并于1986年继续跌至160日元。日本经济因日元升值而受挫,日本政府迫于压力与美国谈判,要求停止美元进一步贬值。最终,西方七国于1987年2月22日在巴黎卢浮宫签订了卢浮宫协议。卢浮宫协议后,美元兑日元的汇率始终维持在1美元兑130—140日元的水平上。

在美元大幅贬值期间,日本经济因日元升值而受挫。为此,日本政府不得不实施了一系列旨在刺激经济增长的扩张性政策。1986年,日本银行连续4次降低贴现率,到1987年2月,日本贴现率已经下降到2.5%。在扩张性政策的刺激下,1987年日本经济开始强劲复苏,并开始出现经济过热的现象。日本政府为了消除1985—1989年日元升值所带来的通货紧缩压力,制造了大量资产泡沫,经济泡沫破灭引发了1990—2000年日本经济的长期停滞。纵观日本经济近三十年来的发展,1985年的广场协议是一个转折点。有分析指出,广场协议后,受日元升值影响,日本出口竞争力备受打击,经济一蹶不振了十几年。甚至在经济学界,有相当一部分人认为,广场协议是美国为整垮日本而布下的一个惊天大阴谋。

资料来源:黑田东彦,"日本汇率政策失败所带来的教训",《国际经济评论》,2004年第1期,第45—47页。

世界上绝大多数国家都有自己的货币,只有少数国家流通其他国家的货币,如津巴布韦。这些货币在本国可以自由流通,但是一旦跨越国界,它们的自由流通便受到了限制。由于各国所用的货币不同,国际上又没有统一的世界货币,各国从事国际经济交往以及其他业务都要涉及本国货币与外国货币之间的兑换,由此便产生了汇率这一概念。

第一节 汇率的概述

一、汇率的概念

汇率(Exchange Rate),即外汇买卖的价格,又称汇价、外汇牌价或外汇行市,是指一国货币用另一种货币表示的价格,或以一个国家的货币折算成另一个国家的货币的比率。如果把外汇看作商品,那么汇率就是买卖外汇的价格。例如,USD 1 = CNY 6.2370 表示1美元可以兑换6.237元人民币。

二、汇率的表示方式

汇率的表示方式通常有三种:第一种是用文字表述的汇率,如美元兑人民币汇率 6.2370;第二种是用两种国际标准代码表述的汇率,如 USD/CHY 6.2370,此处的斜线表示兑换的意思;第三种是用两种货币的货币符号表述的汇率,如 6.2370￥/$,这里的斜线含义是"每一"。汇率的三种表示方式尽管形式不同,但含义却是一样的,都是 1 美元等于 6.237 元人民币。需要注意的是,每一种货币都有货币代码符号与货币符号,二者不同,但是指同一种货币。例如,人民币的国际标准代码为 CHY,其货币符号为￥;美元的货币代码符号为 USD,其货币符号为$。

按照惯例,银行报出的货币汇率通常为五位有效数字,最后一位为点数,以此类推,从右边向左边数,第一位称为"点",第二位称为"十个点",第三位称为"百个点"。例如,某日 USD/CHY 的汇率为 6.2283,第二天 USD/CHY 的汇率为 6.2250,我们就说 USD/CHY 的汇率下降了 33 个点。如果我们知道两国货币之间的汇率,就可以计算出一国出口商品以另一国货币计算的价格。

世界各地的银行、空港、车站、码头、旅店、商场等地,几乎到处都可以看到汇率牌价表。表 14-1 列出的是一份我国人民币的外汇牌价表。

表 14-1　2017 年 7 月 20 日外汇牌价表(人民币:100 外币)

货币名称	现汇买入价	现钞买入价	现汇卖出价	现钞卖出价	中行折算价
美元	666.69	661.21	669.36	669.36	666.89
欧元	781.05	756.73	786.53	786.53	785.46
瑞士法郎	683.23	662.15	688.03	689.74	685.78
新加坡元	484.65	469.70	488.06	494.04	486.47
瑞典克朗	81.73	79.21	82.39	82.55	82.17
丹麦克朗	104.91	101.67	105.75	105.96	105.61
挪威克朗	83.36	80.78	84.02	84.19	83.86
日元	6.0286	5.8408	6.0709	6.0709	6.0714
加拿大元	522.34	505.82	526.01	526.27	523.94
澳大利亚元	521.56	505.32	525.22	525.22	523.92
澳门元	82.93	80.14	83.25	85.92	82.95
韩国元	0.5855	0.565	0.5903	0.6117	0.5855
菲律宾比索	12.96	12.56	13.06	13.67	13.03
泰国铢	19.99	19.37	20.15	20.77	20.06
卢布	11.1	10.42	11.18	11.61	11.13
港币	85.22	84.53	85.54	85.54	85.27

资料来源:中国银行网站,http://www.boc.cn/sourcedb/whpj。

从表 14-1 中可以看到,银行买入某种外币 100 个单位要付出多少元人民币,银行卖出某种外币 100 个单位要付出多少元人民币。这就是人民币对各种外币的兑换比价。由于汇率是变动的,所以汇率牌价表均明确标明日期。

三、汇率的标价法

汇率是两国货币的比价,既可以用 A 国货币表示 B 国货币,也可以用 B 国货币表示 A 国货币。因此,要折算两种货币的比价,首先要确定以何种货币为标准。在外汇交易中,人们把各种标价方法下数量固定不变的货币称为基础货币或标准货币,数量随市场变动的货币称为标价货币或报价货币。由于在计算和使用汇率时,确定的标准不同,因而就形成不同的标价方法,主要有直接标价法、间接标价法和美元标价法。

(一) 直接标价法

直接标价法(Direct Quotation)也称应付标价法,是以一定单位的外国货币作为标准,折算一定数量的本国货币的方法。在直接标价法下,以外币作为基础货币,以本币作为标价货币。也就是说,直接标价法将外国货币当作商品,而本国货币作为价值尺度。例如,USD 1 = RMB 6.2282,这对中国来说就是直接标价法。在直接标价法下,汇率是以本国货币表示的单位外国货币的价格。外汇汇率上涨,说明外币币值上涨,表示外国单位货币所能换取的本币增多,本币币值下降;外汇汇率下降,说明外币币值下跌,表示外国单位货币能换取的本币减少,本币币值上升。目前,世界上大多数国家采用直接标价法,我国也采用直接标价法。

(二) 间接标价法

间接标价法(Indirect Quotation)是以本国货币为标准、折算一定数量的外国货币的方法。在间接标价法下,以本币作为基础货币,以外币作为标价货币。例如,GBP 1 = USD 1.6322,对于英国来说,就是间接标价法。目前世界上使用间接标价法的国家不多,主要是美国、英国、爱尔兰等国家。英国对所有国家的货币采用间接标价法,美国虽然也采用间接标价法,但对英镑与爱尔兰镑使用了例外原则,采用直接标价法,即在美国外汇市场上,英镑对美元的外汇标价是 1 英镑等于多少美元,而不是 1 美元等于多少英镑。

(三) 美元标价法

美元标价法(U. S. Dollar Quotation)也称纽约标价法。在金本位制下,汇率决定的基础是黄金输送点,在纸币流通条件下,汇率决定的基础是购买力平价。但是,随着外汇交易全球化的发展,传统用于各国的直接标价法和间接标价法,已经很难适应国际外汇发展的需要,必须有一种统一的汇率表示方式。于是,一种以国际上的主要货币或关键货币为标准的标价方法,也就是美元标价法应运而生。

在美元标价法下,各国均以美元为基准来衡量各国货币的价值(即以一定单位的美元为标准,来计算应该汇兑多少他国货币的表示方法),而非美元外汇买卖时,则是根据各自对美元的比率套算出买卖双方货币的汇价。目前,国际各大金融中心多采用美元标价法,即以一定数量的美元为基准,计算应折合成多少其他货币。其他货币间的汇率则可由它们对美元的汇率套算得出。这是因为美元是国际外汇市场上最主要的货币,交易量大,用美元标价法便于进行业务活动。

四、汇率的种类

(一) 根据制定方法不同分为基本汇率和套算汇率

1. 基本汇率

基本汇率(Basic Rate)是指一国货币对某一关键货币的汇率。其中,关键货币是指在一国国际经济贸易中最常使用的、在外汇储备中所占比重最大的,并可以自由兑换的主要国际货币。目前,世界大多数国家都把美元作为关键货币,把本币与美元之间的汇率作为基本汇率。

2. 套算汇率

套算汇率(Cross Rate)也称交叉汇率,是指两国货币通过各自对关键货币的汇率计算出来的汇率。之所以称为套算汇率,是因为它不是直接制定的,而是根据国际外汇市场上该种外国货币对关键货币的汇率和本国的基本汇率间接计算出来的。

(二)根据从银行买卖外汇的角度可分为买入汇率、卖出汇率和中间汇率

1. 买入汇率

买入汇率也称买入价,是银行从同业或客户买入外汇时所使用的汇率。

2. 卖出汇率

卖出汇率也称卖出价,是银行向同业或客户卖出外汇时所使用的汇率。

3. 中间汇率

中间汇率是指银行买入汇率与卖出汇率的平均数。

买入汇率和卖出汇率是从报价银行买卖外汇的角度来说的,而不是从客户的角度即对客户来说的,客户想要出售外汇换回本币,则使用的是买入价。卖出汇率通常要高于买入汇率,因为银行要从中赚取差价。卖出价与买入价之间的差价就是外汇银行的收益,一般为1%—5%。

(三)根据外汇交易交割日的不同分为即期汇率和远期汇率

1. 即期汇率

即期汇率又称现汇汇率,是指买卖外汇双方成交后,在当天或两个营业日内办理交割所使用的汇率。我们通常所说的汇率就是指即期汇率。

2. 远期汇率

远期汇率又称期汇汇率,是指买卖外汇双方成交时,约定在未来某一时间进行交割所使用的汇率。

即期汇率与远期汇率通常是不一样的,它们之间往往存在差额,这种差额称为远期差价。远期差价有升水、贴水和平价之分。当某种外汇的远期汇率高于即期汇率时,我们称该外汇的远期汇率升水;当远期汇率低于即期汇率时,称该外汇的远期汇率贴水;当两者相等时,则称该外汇的远期汇率平价。

(四)根据汇率制度不同分为固定汇率和浮动汇率

1. 固定汇率

固定汇率指基本不变的、波动幅度限制在一定范围以内的两国货币之间的汇率。在金本位制和第二次世界大战后的布雷顿森林体系下,世界各国基本上都采用这种汇率。

2. 浮动汇率

浮动汇率指不是由货币当局规定的,而是由外汇市场的供求关系自发决定的两国货币之间的汇率。1973年布雷顿森林体系崩溃后,主要工业国家则采用了这种汇率。

(五)根据银行外汇汇付方式分为电汇汇率、信汇汇率和票汇汇率

1. 电汇汇率

电汇汇率指如果客户在从银行买入外汇时,要求银行用电报、传真和电子网络等电信方

式将支付凭证送达国外的收款方,这时使用的就是电汇汇率。对客户而言,用电汇方式支付外汇速度最快,受汇率变动的影响较小,但汇率在各种支付方式中最高。

2. 信汇汇率

信汇汇率指如果客户在从银行买入外汇时,要求银行将支付凭证用邮递方式送达国外的收款方,这时使用的就是信汇汇率。由于收款方要在一段时间以后才能收到支付凭证,然后从银行取出汇款,银行实际上可以在这段时间占用资金,而且信函邮寄费相对较低,因此,银行报出的汇率就会比电汇汇率低,其差额相当于对客户提供的利息补偿。

3. 票汇汇率

票汇汇率指银行在买卖外汇汇票时所使用的汇率,即通过汇票汇款的汇率。客户买入银行签发的外汇汇票后须自行送达国外的收款方。由于汇票的期限不同,因而使用的汇率也不一致:即期汇票的汇率较高,长期汇票的汇率较低,且期限越长,汇率越低,这与占用资金的时间长短恰好对应。

(六) 根据是否考虑通货膨胀因素可分为名义汇率和实际汇率

1. 名义汇率

名义汇率是外汇买卖交易时使用的汇率,由于其不一定体现不同国家的价格水平变动和货币购买力变化的情况,不一定真正反映货币的实际价值,所以称为名义汇率。名义汇率不考虑通货膨胀因素的影响,单纯由外汇市场供求关系所决定。

2. 实际汇率

实际汇率又称为真实汇率,是把名义汇率剔除了通货膨胀因素影响的汇率,是一种理论汇率。实际汇率是相对于名义汇率而言的。两者之间存在近似关系:实际汇率 = 名义汇率 - 通货膨胀率。

第二节 汇率变动

一、影响汇率变动的因素

汇率既是一国宏观经济状况的反映,也是其对外关系的表现,因此,其影响因素可以说极为纷繁复杂。

(一) 长期因素

1. 经济增长

如果一个国家的经济增长状况良好,反映该国经济状况蓬勃发展,人民收入水平提高,消费能力增强。这意味着该国的经济实力和国际竞争力的改善,从而有助于提升其货币的价值基础,促使其汇率的上升。同时,良好的经济环境吸引大量外资流入,对本币的需求加大,因此导致本币汇率上涨,外汇汇率下降。评判一国的经济增长速度因国而异,对于一些经济高速增长的发展中国家而言,GDP 每年增长 7% 左右,而对于一些发达国家而言,GDP 每年 3% 左右的增长速度已经相当可观。

2. 物价水平

一国价格水平的上升,势必削弱该国商品在市场上的竞争力,对出口不利,同时却会刺激进口,国际收支产生逆差。逆差使外汇市场上对外币的需求增加,外汇汇率提高,本币汇率下降。同时,物价水平上涨,通货膨胀率高,反映出该国的实际利率水平降低,投资者为了获取高投资回报,会将资本撤出该国。资本的大规模流出,也会给一国的国际收支带来负面影响,因而对该国货币的汇率产生负面影响。

由于价格水平的变动须通过国际收支,进而是外汇供求对汇率产生影响,况且价格水平的变动本身具有趋势特征,因此,价格水平对汇率具有长期的影响,往往成为影响汇率变动趋势的因素。

3. 生产率

在长期实践中,如果一国生产率相对于其他国家有所提高,则该国货币将趋于升值;若一国生产率低于其他国家,则该国货币将趋于贬值。这是因为,如果 A 国的生产率高于 B 国的生产率,则 A 国的工商企业可以在降低其产品相对于 B 国产品价格的情况下仍保证获利。产品价格的下降会增加对 A 国产品的需求,从而 A 国货币趋于升值。

（二）短期因素

1. 利率水平

通常情况下,一国的利率水平较高,在该国表现为债权的固定收益类金融资产如存款、贷款、存单、债券、商业票据和货币市场基金等的收益也相对较高。这就会吸引大量国外资金的流入,以投资于这些金融资产。结果,在外汇市场上,外汇的供应就急剧增加,从而导致本币汇率的上升。反之,若一国降低利率,就会使短期资本对利率变动迅速作出反应,因此,利率对汇率的影响可在短期很快发生作用。从各国的政府行为来看,提高利率往往成为稳定本国货币汇率、防止其大幅下跌的重要政策手段。

2. 国际收支

国际收支的变化也是影响汇率的重要因素。由于不发生外汇收付的国际经济活动在数量上比重极低,出口和资本流入往往会形成一国的外汇收入,进口和资本流出则构成了外汇支出。一国国际收支发生顺差,这往往意味着外汇收入大于支出,企业、个人等非银行部门的跨境收付就表现为收大于付,形成跨境资金的净流入,银行代客结汇在数量上一般就会大于售汇,形成结售汇顺差。这在外汇市场上就表现为需要卖出的外汇数量大于需要买进的外汇数量,即外汇供过于求,外汇汇率就会下跌。可见,国际收支差额及其大小对汇率有很大的影响。但是,由于国际收支差额对于汇率的影响须通过外汇市场上的供求状况的变化才能逐渐体现出来,因此,国际收支对汇率具有中期的影响作用。

3. 中央银行对外汇的干预

由于汇率对一国的经济活动会产生直接或间接的影响,因此,各国中央银行为了避免汇率对国内经济造成不利影响,往往在外汇市场对汇率进行干预,即在外汇市场买卖外汇,使汇率按照中央银行的意愿稳定在一定范围内,从而有利于本国经济的发展。需要指出的是,中央银行在外汇市场干预汇率,只能是在本国货币的汇率大幅偏离其均衡汇率水平的情况下,否则,就可能引起相关国家的不满,以至于产生贸易纠纷等影响两国经贸关系。

4. 市场投机心理预期

外汇市场上,投机交易对整个外汇交易的影响不可忽视。由于投机者获取市场信息的来源不一,一旦市场形成一种趋势,心理预期往往会左右汇率走势,造成汇率在短期内剧烈波动。

5. 政治因素

国际或国内大的政治、军事等突发事件对汇率变动起着不可忽视的作用。如英国退出欧盟,特朗普当选美国总统等事件,无一例外地对世界外汇市场主要货币的汇率产生重大影响。

6. 偶然因素

偶然因素如地震、海啸等,也会对外汇市场的汇率产生影响,如日本的阪神地震对日元汇率的影响。

二、汇率变动对经济的影响①

汇率的决定与变动受到经济生活中众多因素的影响。但同时,汇率变动对社会经济生活的各个方面也有直接或间接的作用。

(一) 汇率变动对国际贸易的影响

在正常情况下,汇率小幅波动对国际贸易影响不大。但若汇率大幅涨落,在其他条件不变的前提下,本币对外币贬值,可刺激出口、抑制进口。一国货币汇率下降,该国所有商品或劳务的外币价格下降,外商对本国的出口商品和劳务的需求增加,本国出口规模扩大。同时,本国出口商为了加强竞争,薄利多销,可能进一步降低价格,扩大销售。在商品进口方面,由于本币贬值,以本币表示的进口商品和劳务的价格就会提高,国内市场对进口商品和劳务的需求就会减少。反之,本币对外币升值,则会抑制出口、刺激进口。

(二) 汇率变动对国际资本流动的影响

汇率变动对资本流动的影响在很大程度上取决于人们对汇率进一步变动的心理预期,且它对长期资本流动和短期资本流动的影响有所不同。

在其他条件不变的前提下,如果人们认为一国货币汇率下降是一次性的,那么,它可能吸引长期资本流入该国。因为等量外资可以支配更多的实际资源,从而在该国投资可以获取更高的利润率。如果人们认为一国货币汇率下降所显示的是它将进一步下降的信号,那么,它对长期资本流动会起到相反的作用。因为这将使外商投资利润汇回本国时遭受损失。从长期来看,汇率上下波动可以部分地相互抵消,故汇率变动对长期资本流动的影响较小。

短期资本流动对汇率波动的反应更为敏锐。当一国货币汇率开始下降时,为了避免持有该国货币所可能遭受的损失,人们会用该国货币兑换他国货币,引起资本外流。当以本币表示的外币汇率下降,本币升值时,则与上述情形相反,将吸引外国游资大量流入,追逐升值的利润。

(三) 汇率变动对外汇储备的影响

汇率变动可以改变一国外汇储备的实际价值。储备货币实际上是一种价值符号,它的实际价值取决于该国货币的对内对外价值,取决于它在国际市场上的购买力。

一种主要储备货币币值下跌,将使得持有该种货币储备的国家遭受贬值的损失,而发行该种货币的国家就转嫁了这种货币贬值的损失;一种主要储备货币币值上升,持有该种货币储备的国家就会得到汇率上升的收益,而发行该种货币的国家则增加了债务负担。从长期来看,储备货币汇率的变动可以改变外汇储备资产的结构。

(四) 汇率变动对国内物价的影响

影响物价是一国货币汇率变动对国内经济最为直接的作用。从进口角度来看,一国货

---

① 刘革、李姝瑾:《金融学》,北京理工大学出版社 2015 年版,第 95 页。

币汇率下降首先引起进口商品的本币价格相应上升。它会带动国内同类商品的价格上升。若进口商品属于生产资料，其价格上升还会通过生产成本上升推动最终产品的价格上涨。从出口角度来看，一国货币汇率下降首先引起出口量的扩大。在国内生产能力已经得到比较充分利用的情况下，这会加剧国内的供需矛盾，使出口商品的国内价格上升。反之，一国货币汇率上升，则有助于抑制本国通货膨胀。

（五）汇率变动对国民收入和就业的影响

在市场经济中，需求是制约收入增长和就业状况的关键因素。一国货币汇率下降，可以增加出口减少进口，为收入增长和就业增加创造有利的市场条件。由于收入和需求是相互影响的，出口增量可以引起国民收入相对于出口量的倍增。

在发展中国家，收入增长经常遇到资金、技术、设备、原料等方面的约束。若政府实行压低本国货币汇率的政策，使本国的土地和劳动力对外商来说更加便宜，便可能吸引长期资本流入。这有助于打破各种资源约束，推动收入和就业增加。

（六）汇率变动对资源配置的影响

不同的汇率政策会使汇率的资源配置功能对国民经济产生不同的影响。如果政府实行自由汇率政策，那么，汇率将由外汇市场供求关系所左右。这有助于该国按照价值规律的要求参加国际分工。如果双方经济实力大体相当，这种由市场机制形成的国际分工有助于双方发挥比较优势，并分享由此产生的利益。如果双方经济实力相差悬殊，由市场机制指导的资源配置不利于后进国家新兴产业的发展，使后进国家依附于先进国家，并使国际分工的利益分配向发达国家倾斜。

（七）汇率变动对利率的影响

汇率变动对利率的影响是不确定的。它影响利率主要通过影响物价和短期资本流动两条途径。一国货币汇率下降会引起国内物价水平上升，实际利率下降；一国货币汇率下降还往往会激发人们产生汇率进一步下降的心理，引起短期资本外逃，而国内资本供给减少可能引起利率上升。但是，如果汇率下降激发起人们对汇率反弹的预期，则它可能导致短期资本流入，国内资本供给增加和利率下降。

相关案例 14-1

阿根廷比索巨幅贬值的背后

2015年12月17日，美联储终结了长达七年的零利率政策。这一举动引发多个新兴市场国家汇率波动，其中以拉丁美洲的阿根廷为甚。

就在美联储加息当日，新总统马克里宣布将取消货币控制政策，允许汇率自由浮动，以稳定金融市场，吸引投资者，刺激经济。在短短几分钟的时间内，美元兑比索汇率就从9.8蹿升至13.9，这是阿根廷比索汇率自2002年1月以来的最大单日跌幅，当日最大跌幅高达41%。

作为跌入"中等收入陷阱"的典型国家，阿根廷经济近年来一直表现不佳。鉴于这一状况，美联储加息之后，资本外流风险不可忽视。而汇率自由浮动则意味着阿根廷比索的大幅贬值，理论上，可以借此将可能出逃的资本锁在阿根廷国内。此外，阿根廷政府放开比索汇率浮动,是着眼于在货币大幅贬值后,阿根廷能够以更具竞争力的价格出口农产品,从而刺激经济增长,也能给国家换回美元外汇储备。与此同时,资产价格也会显得很低,这样有利于吸引外来投资,从而推动经济增长。

然而此举的风险是,比索如果过快、过多地贬值,就会引发阿根廷汇率的崩溃,进而财富缩水、社会动荡、资产被抄底等。历史上,阿根廷在1982年、1989年和2001年数次经历过类似处境,并直接导致其长期陷入"中等收入陷阱"的泥潭,国力逐渐衰退。况且,对于国际投资者而言,只有汇率稳定他们才会投资阿根廷。

因此,在"放任"本币贬值之后,阿根廷政府需要储备资金以便在未来于合理的位置稳住比索的汇率。换言之,在将来某个时刻,阿根廷可以根据需要在金融市场上抛出美元买入比索,以稳住其所期望的比索兑美元汇率。

可问题在于,当前阿根廷政府手中的美元相当有限。自阿根廷前政府从2011年10月31日起实行汇率管制政策以来,其外汇储备由原来的超过520亿美元下跌至2015年12月中旬的242.82亿美元,减少了超过一半。经济学家称,扣除进口商持有的外币及债券支付,央行的实际净储备低得多。而按照预计,要稳定阿根廷汇率市场,至少需要200亿美元的资金保证。鉴于此,为消除恐慌,阿根廷立即与世界银行、谷物出口商和中国央行协商,以获取150亿—250亿美元。

此事发生后,1999—2001年担任阿根廷经济部长的路易斯·马奇内亚(Luis Machinea)说:"预计本国货币短期内不会有大的下行压力,市场已经消化了下跌预期。"他说,"未来两月很大程度上取决于通胀压力。政府已实施几项政策控制物价,工会也已准备好在明年早些时候开展工资谈判。"

许多阿根廷普通民众称,他们预期本币还会下跌,通胀率将提升,进口商品将变得更贵。来自委内瑞拉的移民路易斯·马塔(Luis Mata)说:"汇率即使跌到14也不算低,那只是一块巧克力的价格。无论是否喜欢,价格仍将必须保持上涨。我见证了我的祖国因为实施货币管制而对经济造成的损害,阿根廷放弃管制将会有利经济。"

凯投宏观首席新兴市场经济学家尼尔·希林(Neil Shearing)说:"阿根廷消费者显然要面临损失,进口商品价格更贵了。持有比索资产的外国投资者也要面临账面亏损。背负美元债务但收入流仅以比索结算的公司也要面临损失。"

此外,零售商及其供应商则调高了他们商品的价格。然而,除去通胀,该国货币的深层次问题是收支缺口,每年投入超过产出7%。此前,新总统马克里已承诺削减赤字,并已宣布减少补贴。

资料来源:特拉斯,"新总统快刀斩乱麻取消货币控制,阿根廷比索剧幅贬值",汇通网,2015年12月18日。

[问题思考] 比索贬值的原因是什么?对阿根廷产生了那些经济影响?

[案例点评] 比索贬值的直接原因是美联储终结了长达七年的零利率政策,引发的资本回流,外汇市场上抛售比索抢购美元导致的比索贬值。深层原因在于,阿根廷长期处于"中等收入陷阱",经济表现不佳,国内市场缺乏经济增长动力,市场缺乏信心。比索贬值意味着阿根廷资产价值滑坡,境内资金外流,将有大量外资公司面临破产的风险,进而增加阿根廷失业率和银行坏账比率,进一步扩大信用危机。如果阿根廷政府没有合理的应对措施,汇率贬值的影响很快会从经济层面向实体经济扩散,财富缩水,社会动荡,甚而是国力衰退。

第三节　汇率制度

汇率制度,又称汇率安排,是各国货币当局确定的本国货币与其他货币汇率的体系,具体包括货币比价变动的界限,调整手段。汇率的确定及变动的规则,对各国汇率的决定有重大影响。汇率制度的选择是否得当,不仅直接影响本国的金融稳定,而且会对国际金融体系产生直接的影响。

根据汇率变化弹性的有无即大小,可将汇率制度分为不同的种类,其中两个极端情况是汇率完全无弹性的固定汇率制度和汇率具有完全弹性的浮动汇率制度,介于两者之间的有可调整的管理浮动汇率制(Managed Floating)、钉住浮动(Pegging Floating)等。第二次世界大战后,主要发达国家的汇率制度经历了两个阶段:第一阶段是从1945年到1973年春,建立的是固定汇率制度;第二阶段是1973年春以后,建立的是浮动汇率制度。发展中国家仍然实行不同形式的固定汇率制度。

一、固定汇率制度

(一) 固定汇率制度的概念①

固定汇率制度(Fixed Exchange Rate System)是指两国货币比价基本固定,或把两国货币汇率波动的界限限定在一定幅度之内的汇率制度。

(二) 固定汇率制度的类型

1. 金本位制下的固定汇率制度

在金本位制下,各国货币都规定有含金量,两种货币之间的比价以它们的含金量为基础,汇率的波动范围受黄金输送点自发机制的制约,局限在很狭窄的范围之内,因而汇率是基本固定的。金本位制下的汇率制度是最典型的固定汇率制度。

在1880—1914年的35年间,主要西方国家普遍实行金本位制,金币可以自由铸造、自由兑换及自由输出入。在金本位体系下,两国之间货币的汇率由它们各自的含金量的比例所决定。只要两国货币的含金量不变,两国货币的汇率就保持稳定。当然,这种固定汇率也要受外汇供求、国际收支的影响。

2. 布雷顿森林体系下的固定汇率制度

金本位体系崩溃之后,1945—1973年各国普遍实行了布雷顿森林体系下的固定汇率制度,也称为纸币流通下的固定汇率制度。该汇率制度规定,美元直接与黄金挂钩,规定每盎司黄金等于35美元,各国政府或中央银行可随时用美元向美国政府按这一比价兑换黄金。各国货币按固定比价与美元挂钩,从而间接地与黄金挂钩。因此,布雷顿森林体系下的固定汇率制也可以说是以美元为中心的固定汇率制度。

延伸阅读
两种固定汇率制度的区别

(三) 固定汇率制度的优缺点

固定汇率制的主要优点是有利于国际经济交易和世界经济的发展。由于固定汇率制下

---

① 刘舒年、温晓芳:《国际金融》,对外经济贸易大学出版社2006年版,第48页。

两国货币比价基本固定,或汇率波动范围被限制在一定幅度之内,而便于经营国际贸易、国际信贷与国际投资的经济主体进行成本和利润的核算,也使进行这些国际经济交易的经济主体面临汇率波动的风险损失较小,有利于这些国际经济交易的进行与发展,从而有利于世界经济的发展。但是,固定汇率制也有突出的缺点,表现在以下五方面:

(1) 汇率基本不能发挥调节国际收支的经济杠杆作用。前已说明,汇率变动有着影响国际收支的经济作用,因而汇率可充当调节国际收支的经济杠杆。既然货币比价基本固定,汇率的波动范围被限制在特定幅度之内,汇率自然就基本不能发挥调节国际收支的经济杠杆作用。

(2) 固定汇率制有牺牲内部平衡之虞。由于汇率基本不能发挥调节国际收支的经济杠杆作用,当一国国际收支失衡时,就需采取紧缩性或扩张性财政货币政策,这会使国内经济增长受到抑制,失业扩大化,或者导致通货膨胀与物价上涨严重化。另外,维持汇率波动官定上下限所采取的干预外汇市场的措施,也会有同样的后果。

(3) 固定汇率制削弱了国内货币政策的自主性。按照布雷顿森林体系下的固定汇率制安排,会员国货币政策须不断适应主要贸易伙伴国的货币政策,这必然会削弱会员国货币政策的自主性。

(4) 易引起国际汇率制度的动荡与混乱。当一国国际收支恶化,进行市场干预仍不能平抑汇价时,该国就可能采取法定贬值的措施。这会引起同该国有密切经济关系的国家也采取法定贬值的措施,从而导致外汇市场和整个国际汇率制度的动荡与混乱。

(5) 造成实际资源的浪费。这是因为,纸币流通制下的固定汇率制度要求各国必须保有一定数量的外汇储备,以干预外汇市场和维持汇率的固定波动范围。由于外汇是对国外实际资源的购买力,持有一定数量的外汇储备无异于闲置和牺牲对实际资源的利用,从而造成浪费。

二、浮动汇率制度

(一) 浮动汇率制度的概念

浮动汇率制度,即对本国货币与外国货币的比价不加以固定,也不规定汇率波动的界限,而听任外汇市场根据供求状况的变化自发决定本币兑外币的汇率。外币供过于求,外币汇率就下跌;求过于供,外币汇率就上涨。1973年以后,西方各主要工业国家先后都实行了浮动汇率制度。

(二) 浮动汇率制度的类型

1. 按政府是否进行干预来划分

(1) 自由浮动,或称清洁浮动。它是指一国货币当局不进行干预,完全任由外汇市场供求来决定本国货币的汇率。

(2) 管理浮动,或称肮脏浮动。它是指一国货币当局按照本国经济利益的需要,随时进行干预,以使本国货币汇率符合自己的期望值。在当代,各国所实行的浮动汇率制度都是管理浮动。

2. 按照浮动的形式划分

(1) 单独浮动。它是指一国货币不同任何外国货币有固定比价关系,其汇率只根据外汇市场供求状况和政府干预的程度浮动。

(2) 联合浮动。它是指几国组成货币集团,集团内各货币之间保持固定比价关系,而对集团外国家的货币则共同浮动。原欧洲货币体系成员国实行的就是这种联合浮动汇率制。

(3) 钉住浮动。它是指一国或地区采取的使本币同某种外币或一篮子货币保持相对固定的比价关系,而对其他货币则自由浮动的做法。例如,中国香港地区目前实行的"联系汇率制",实际上就是钉住美元的钉住浮动汇率制。

(三) 浮动汇率制度的优缺点

1. 主要优点

(1) 汇率能发挥其调节国际收支的经济杠杆作用。由于汇率是浮动的,一国的国际收支失衡,可以经由汇率的上浮与下浮而予以消除。

(2) 有利于各国自主决定其货币政策。由于汇率是浮动的,可听任外汇市场供求关系来决定本币汇率的上浮或下浮,不必通过市场干预和调整货币政策来适应他国货币政策的要求,而只根据本国经济发展的需要自主决定本国的货币政策。

2. 主要缺点

(1) 汇率频繁与剧烈的波动,使进行国际贸易、国际信贷与国际投资等国际经济交易的经济主体难以核算成本和利润,并使它们面临较大的汇率波动所造成的外汇风险损失,从而不利于国际贸易和投资的发展,对世界经济发展产生不利影响。

(2) 为外汇投机提供了土壤和条件,助长了外汇投机活动。随着世界经济的发展和财富的迅速增长,国际投机资金的数额也日趋庞大,这必然会加剧国际金融市场的动荡和混乱。

需要说明的是,这里分析的浮动汇率制的优缺点实际上是自由浮动汇率制所具有的优缺点。由于目前的浮动汇率实际上是管理浮动,即汇率只在一定限度内自由浮动而不受到政府的干预,因而这些优缺点将大打折扣。

相关案例 14-2

人民币汇率中间价市场化改革的成效及挑战

2015年8月11日,中国人民银行宣布完善人民币兑美元汇率中间价报价机制,史称"8·11汇改"。此次改革的内容包括两个部分:其一,做市商主要参照上一交易日收盘价向中国外汇交易中心提供中间价报价;其二,央行将当日汇率中间价一次性贬值约2%,以缩小在岸交易价(CNY)与离岸交易价(CNH)价差。

"8·11汇改"弥补了人民币汇率中间价市场化改革短板

十八届三中全会明确提出,要"完善人民币汇率市场化形成机制"。人民币汇率形成机制改革的方向是市场化,目标是建立真正的自由浮动汇率制度,以适应人民币国际化的长远目标。历史上,长期以来,人民币汇率处在金融监管部门严格管理之下,主要通过限制人民币汇率日波幅、决定中间价形成等方式实现。因此,人民币汇率形成机制改革进程包括放宽日波幅限制和改革中间价形成机制两个方面(见表14-2)。其中,放宽人民币日波幅限制方面进展顺利,由最初的0.3%逐步扩大到2%,已经基本满足人民币汇率日内波动的需要。相对而言,人民币汇率中间价市场化改革则滞后很多。

表 14-2 人民币汇率形成机制改革进程表

	时间	汇率制度	中间价的确定	波动幅度
第一阶段	2005年7月20日之前	完全固定汇率	固定	无
第二阶段	2005年7月21日—2015年8月10日	有管理的浮动汇率	央行自行确定	从0.3%逐步扩大到2%
第三阶段	2015年8月11日以后	以市场需求为基础,有管理的浮动汇率	参考上日银行间外汇市场收盘汇率	2%
第四阶段	未来待定	完全自由浮动	上日收盘价	完全放开

人民币对美元汇率中间价的历史沿革

1994年1月1日,我国外汇管理体制进行了重大改革,实行了官方汇率和外汇调剂价并轨和银行结汇售汇制,实现了人民币在经常项目下的有条件可兑换,建立了银行间外汇市场,开始实行以市场供求为基础的、单一的、有管理的浮动汇率制,使得人民币汇率的生成和运行机制发生了实质性的变化。

1994年年初到2005年7月,我国中央银行实行强势的稳定汇率政策,使得这一期间人民币汇率基本没有浮动。2005年7月21日起,我国开始实行以市场供求为基础、参考一篮子货币进行调节、有管理的浮动汇率制度,史称"7·21汇改"。自此之后,央行在每个工作日闭市后公布当日银行间外汇市场美元等交易货币对人民币汇率的收盘价,作为下一个工作日该种货币对人民币交易的中间价格。2006年1月4日起,银行间外汇市场引入店头交易(OTC)方式,人民币兑美元汇率中间价的形成由此前的收盘价确定方式改为做市商询价方式。这种形成机制本身无可厚非,但由于做市商报价和权重等信息不公开,人民币中间价形成实质上是"黑匣子",一直被市场所诟病。"8·11汇改"要求,做市商报价时参考上日银行间外汇市场收盘汇率。这一举措相当于给中间价设置了一个参照系,明确了做市商报价来源,从而大大缩减了央行操控中间价的空间,把确定中间价的主导权交给市场,将本来相对滞后的人民币汇率中间价市场化改革向前推进了一大步。但是,单纯依照"上日收盘汇率"决定中间价的做法存在明显缺陷,它削弱了监管机构对人民币汇率的影响力,导致了2015年年末汇率预期失稳,并在汇市中一度引发了危险的异常波动。实践证明,人民币作为新兴市场货币,其汇率形成机制的市场化改革需要渐进展开。

推出CFETS人民币汇率指数,改变市场过于关注美元汇率变动

2014年以来,由于美联储退出量化宽松的货币政策并酝酿加息,美元指数一路走高。由于人民币钉住美元,人民币相对欧元、日元大幅升值,给对日、欧贸易造成困扰;另外,由于加入SDR在即,人民币不能再是美元的"影子货币"。监管机构决定推出一篮子货币指数,引导市场改变过去主要关注人民币对美元汇率的习惯,逐渐把参考一篮子货币计算的有效汇率作为人民币汇率水平的主要参照系,有利于保持人民币汇率在合理均衡水平上的基本稳定。2015年12月11日,中国外汇交易中心(CFETS)发布人民币汇率指数(以下简称"CFETS人民币汇率指数"),该指数参考中心挂牌的13种外汇交易币种,并按其与中国的贸易权重计算不同的权重。比重最大的4种货币分别为美元、欧元、日元和港币,权重分别为26.4%、21.39%、14.68%、6.55%。样本货币取价是当日人民币外汇汇率中间价和交易参

考价。指数基期为2014年12月31日,基期指数为100点。"8·11汇改"后,情况反转,人民币对美元出现持续贬值。监管机构本意是尽管人民币对美元贬值,但是由于人民币相对其他货币升值,这样CFETS人民币汇率指数处于相对稳定状态。但是CFETS指数持续下跌,没能担当起维稳重任,也为现行汇率形成机制的不完善埋下伏笔。实践证明,美元汇率就像股市中的"上证指数"一样,尽管存在诸多失真之处,但是却早已深入人心,难以代替。其中最重要的原因在于,投资者用人民币只会换取美元,而不会换取一篮子货币。

人民币对美元汇率中间价定价机制的进一步完善

由于单纯依照"上日收盘汇率"决定中间价的做法存在明显缺陷,2016年2月,在央行与14家报价商深入、充分沟通的基础上,明确了"上日收盘汇率+一篮子货币汇率变化"的现行人民币兑美元汇率中间价定价机制。"上日收盘汇率+一篮子货币汇率变化"是指做市商在进行人民币对美元汇率中间价报价时,需要考虑上日收盘汇率和一篮子货币汇率变化等两个组成部分(对于"一篮子货币",央行给出了三个选项:CFETS货币篮子、国际清算银行BIS货币篮子以及SDR货币篮子)。其中,收盘汇率是指上日16时30分银行间外汇市场的人民币对美元收盘汇率,主要反映外汇市场供求状况。一篮子货币汇率变化是指为保持人民币对一篮子货币汇率基本稳定所要求的人民币对美元汇率的调整幅度,主要是为了保持当日人民币汇率指数与上日人民币汇率指数相对稳定。

假设上日人民币兑美元汇率中间价为6.6000元,收盘汇率为6.5950元,当日一篮子货币汇率变化指示人民币对美元汇率需升值100个基点,则做市商的中间价报价为6.5850,较上日中间价升值150个基点,其中50个基点反映市场供求变化,100个基点反映一篮子货币汇率变化。

在新的定价机制下,中间价与各家行的整体报价平均值差距越来越小,各家行报价之间的差距也越来越小,这体现出中间价形成机制的市场化和透明度越来越高。在当前形势下,这套报价机制较好地兼顾了既要稳定汇率预期又要增加汇率弹性,既要防风险又要推改革的目标。但是,现行定价机制在外汇市场不能出清的背景下导致汇率易贬难升,因此仍旧存在改进的空间。

资料来源:吴秀波,"人民币汇率中间价市场化改革的成效及挑战——写在'8·11汇改'一周年之际",《价格理论与实践》,2016年第8期,第47—52页。

[**问题思考**] "8·11汇改"取得的成效有哪些?面临哪些挑战?

[**案例点评**] "8·11汇改"将本来相对滞后的人民币汇率中间价市场化改革向前推进了一大步,做市商报价时"参考上日银行间外汇市场收盘汇率"。这相当于为人民币汇率中间价设置了一个参照系,明确做市商报价来源,从而大大缩减了央行操控中间价的空间,把确定中间价的主导权交给市场。但是,单纯依照"上日收盘汇率"决定中间价的做法存在明显缺陷,它削弱了监管机构对人民币汇率的影响力,导致了2015年年末汇率预期失稳,并在汇市中一度引发了危险的异常波动。实践证明,人民币依然是新兴市场货币,人民币汇率形成机制的市场化改革只能渐进展开。

第四节 汇率决定理论

一、国际金本位制度下汇率的决定基础[①]

19世纪初,英国确立了金本位制度,接着,其他西方国家也纷纷效尤。由于各国金本位制度之间存在完全的一致性,在这种共同的基础上就形成了所谓的国际金本位制度。金本位制度是以黄金作为本位货币的货币制度。这一制度下,各国均规定了每一单位货币所包含的黄金重量与成色,即含金量。这样,两国货币间的价值就可以用共同的尺度,即各自的含金量多寡来进行比较。这一制度按照其历史演变的进程,可分为金币本位制、金块本位制和金汇兑本位制。

(一) 金币本位下汇率决定的基础

金本位条件下的两种货币的含金量比值称作铸币平价。铸币平价是决定两种货币汇率的基础。铸币平价构成了英镑与美元汇率的决定基础,但它只是一个理论概念,不是外汇市场上实际买卖外汇时的汇率。在外汇市场上,由于受外汇供求因素的影响,汇率有时会高于、有时会低于铸币平价。然而,汇率波动并非漫无边际,它是有一定界限的,这个界限就是黄金输送点。黄金输送点之所以能成为汇率上下波动的界限,是由于在金币本位制下,各国办理国际结算可以采用两种方法。第一种方法是利用汇票等支付手段,进行非现金结算。但如果由于汇率变动导致使用汇票结算对付款方不利时,则可以改用第二种方法,即直接运送黄金。

(二) 金块本位制和金汇兑本位制下汇率决定的基础

第一次世界大战爆发后,参战各国的金币本位制度逐渐崩溃。由于战争期间黄金储备的大量流失,黄金产量跟不上经济发展对货币日益增长的需求,黄金参与流通、支付的程度下降,其作用逐渐被以其为基础的纸币所取代。只有当大规模支付需要时,黄金才发挥作用,以金块的形式参与流通和支付。这种形式的货币制度,又称为金块本位制或金汇兑本位制。金块本位制从本质上来讲仍然是一种金本位制,因为在这种制度下,纸币的价值是以黄金作为基础、代替黄金流通、与黄金保持固定比价的,黄金仍在一定程度上参与清算和支付。在金块和金汇兑本位制度下,货币的含金量之比成为法定平价。法定平价也是金平价的一种表现形式。市场汇率因供求关系而围绕法定平价上下波动。但此时,汇率波动的幅度已不再受制于黄金输送点。黄金输出与输入受到限制,因此,黄金输送点实际上已不复存在。在这两种残缺的金本位制度下,虽然法定汇率的基础仍是金平价,但汇率波动的幅度则由政府规定和维护。政府通过设立外汇平准基金来维护汇率的稳定,即在外汇汇率上升时抛售外汇,在外汇汇率下降时买入外汇,以此使汇率的波动局限在允许的幅度之内。很显然,与金币本位制度时的情况相比,金块本位制和金汇兑本位制下的汇率稳定程度已大大降低。

[①] 奚君羊:《国际金融学》,上海财经大学出版社2013年版,第91页。

二、国际借贷理论和汇兑心理理论①

(一) 国际借贷理论

英国学者乔治·葛逊(Geogrge Goschen)于1861年在其《外汇理论》一书中系统提出了国际借贷理论。他认为,外汇汇率由外汇的供求关系决定,而外汇的供求又是由国际借贷引起的。商品的进出口、债券的买卖、利润与捐赠的收付、旅游支出和资本交易等都会引起国际借贷关系。

在国际借贷关系中,只有已经进入支付阶段的借贷,即流动借贷才会影响外汇的供求关系。至于尚未进入支付阶段的借贷,即固定借贷,则不会影响当前的外汇供求,只会影响未来的外汇供求。用现代国际金融术语来讲,反映债权债务存量的国际投资状况并不影响外汇供求,因为这些存量并没有得到清算,没有转化为事实上的外汇供应或需求;而反映债权债务流量的国际借贷状况才影响外汇供求,因为它们确实导致了外汇收入与支出的发生。当一国的流动债权(外汇收入)大于流动债务(外汇支出)时,外汇的供应大于需求,因而外汇汇率下降。一国的流动债务大于流动债权时,外汇的需求大于供应,因而外汇汇率上升。一国的流动借贷平衡时,外汇收支相等,于是汇率处于均衡状态,不会发生变动。

该理论实际上只说明了汇率短期变动的原因,并不能解释外汇供求均衡时汇率为何处于这一点位,更没有解释长期汇率的决定因素。另外,这一理论只强调国际借贷关系对汇率的影响,忽略了影响汇率变动的许多其他具体因素,尤其是没有说明借贷关系变化的成因,因而不能完整地描述汇率的决定过程。

(二) 国际收支理论

该理论假定汇率完全自由浮动,汇率通过自身变动使国际收支始终处于平衡状态,即实现经常项目差额(CA)和资本项目差额(KA)之和为零($BP = CA + KA = 0$)。故此,该理论认为,为研究汇率的决定因素,首先需要研究哪些因素影响国际收支。

经常项目差额主要由货物和服务的进出口决定,影响因素包括:本国和外国国民收入(Y,Y^*)、汇率(S)、两国的相对价格水平(P,P^*),即 $CA = CA(Y,Y^*,S,P,P^*)$。譬如,当本国国民收入增加($Y\uparrow$),其对外国货物和服务的需求相应增加,故本国进口增加,本国国际收支逆差。而当本国价格水平上升($P\uparrow$),外国对本国货物和服务的需求相应下降,则本国出口下降,本国国际收支逆差。影响资本项目的主要因素包括:本国及外国利率(i,i^*)和预期的未来汇率水平(ES),即 $KA = KA(i,i^*,ES)$。譬如,当本国利率上升($i\uparrow$),资金就会流入,从而使得资本项目出现顺差。而当投资者预期外国货币未来将会升值($ES\uparrow$),就会增加对外国资产的投资,资本项目因而出现逆差。

若以数学等式表示国际收支平衡条件,即可以得到影响市场汇率的如下相关因素:

$$S = S(Y,Y^*,P,P^*,i,i^*,ES) \tag{14-1}$$

表14-3列示了各变量对汇率的影响:当本国收入增加($Y\uparrow$),则本国进口增加。这意味着本国对外国的需求上升,故外币汇率上升,本币汇率下降($S\uparrow$)。故当本国价格水平上升($P\uparrow$),本国产品利率上升,则资本内流,外汇市场上本币的需求上升,本币汇率因此上升而外币汇率下降($S\downarrow$)。而当市场预期外汇汇率上升时,资本外流,市场对外汇的需求增加,

---

① 奚君羊:《国际金融学》,上海财经大学出版社2013年版,第94页。

以致本币汇率下降而外币汇率上升($S\uparrow$)。

表 14-3　各因素对汇率的影响

影响变量	$Y\uparrow$	$Y^*\uparrow$	$P\uparrow$	$P^*\uparrow$	$i\uparrow$	$i^*\uparrow$	$ES\uparrow$
汇率变化	$S\uparrow$	$S\downarrow$	$S\uparrow$	$S\downarrow$	$S\downarrow$	$S\uparrow$	$S\downarrow$

国际收支理论为现代汇率理论提供了一个新的研究视角,但该理论在研究各变量对汇率的影响时,采用了局部均衡的分析方法,假定其他变量不变。事实上,一个变量的变化可能同时影响其他变量。譬如,本国价格水平的上升($P\uparrow$)会使得本国出口减少、进口增加;而价格水平的上升又可能导致市场上的实际货币余额减少($M/P\downarrow$),从而造成利率上升,引起资本内流。前者导致经常项目逆差,后者却引发资本项目顺差,故汇率的最终变化可能是不确定的。

总体而言,国际收支理论在国际借贷理论基础上进一步考察了影响国际收支(国际借贷)的具体因素,更完整地解释了相关因素对汇率的影响,因而比国际借贷理论具有更重要的学术价值。但国际收支理论仍然只能解释汇率的短期变动,无法揭示国际收支平衡时汇率为什么会有不同点位。

(三) 汇兑心理理论

汇兑心理理论是从主观心理方面说明汇率变动原因的一种学说。法国经济学家杜尔(Dulles)在其所著的《1914—1918 年的法国法郎》中,首先提出了汇兑心理理论的基本思想,即在经济混乱的情况下,汇率并不遵守任何规则,而是取决于人们对货币心理的主观判断。

法国学者阿夫达理昂在其 1927 年出版的《货币、价格与外汇》一书中系统提出了汇兑心理理论。该理论认为,人们之所以需要外国货币,除了需要购买外国商品,还有满足支付、投资、外汇投机、资本外逃等需要,这种外国货币所带来的效用构成了其价值基础。因此,外国货币的价值决定于外汇供求双方对外币所做的主观评价,即外币价值的高低是以人们主观评价中边际效用的大小为转移的。这种主观评价取决于质和量两个方面的因素。前者包括外国货币的购买力、政治稳定、资本外逃和投机活动等,后者包括国际借贷和国际资本流动的数量。在汇率决定的有关理论中,国际借贷理论知识从量的因素说明汇率决定及其变动趋势,而忽略了质的因素;购买力平价理论仅根据质的因素说明汇率决定及其变动趋势,而忽略量的因素对汇率变动的影响。汇兑心理理论则是二者的结合。

汇兑心理理论的提出是有一定时代背景的。1924—1926 年,法国国际收支顺差,而法国法郎却出现下跌的反常现象。这一反常现象无法用国际借贷理论说明。因为 1924—1926 年的法国国际收支比 1924 年以来任何一年都有利,法国国际收支中的债权超过债务。阿夫达理昂认为之所以法郎出现反常的现象,除了人们对纸币的黄金兑换前景的预期,主要是由于预算赤字的增加以及对其增加的预期心理,导致了外汇市场上大量的资本外逃。投机心理与预期心理是汇兑心理理论分析的主要依据。汇率与物价的关系恰好与购买力平价理论相反,所以购买力平价理论无法揭示法国法郎汇率下跌的原因。因此,阿夫达理昂的汇兑心理理论在一定程度上解释了当时法国法郎汇率变动的原因。

汇兑心理理论揭示了学术界以前所忽视的人们的主观心理活动和预期汇率的影响作用,因而有其合理性。由该理论演变而来的心理预期论,至今还有很大的影响。尤其是在解释外汇投机、资本外逃等因素对汇率的影响方面,该理论有很强的说服力,故而特别适用于国际金融动荡时期。但汇兑心理理论也只能说明短期汇率,而不是长期汇率的影响因素,且无法从数量上确定汇率的实际水平。

三、购买力平价理论

瑞典学者古斯塔夫·卡塞尔(Gustav Cassel)在其1922年出版的《1914年以后的货币与外汇》一书中系统地提出了购买力平价理论。这一理论的基本思想是,人们之所以需要外国货币,是因为其在外国具有商品的购买力,因此,两种货币的汇率主要是由这两国货币各自在本国的购买力之比,即购买力平价决定的。该理论的核心理念在于,商品市场存在套购行为。套购的结果是,如果将商品价格折算成同一币种,那么同一商品在不同国家的价格势必相等。这一理念即为一价定律或是购买力平价。二者的区别在于,一价定律适用于单个商品,而购买力平价适用于商品整体。

(一) 一价定律

从单个商品来看,如果商品 i 在本国的本币价格为 P_i,在外国的外币价格 P_i^*,商品市场存在套购行为,那么按照汇率 S 应该有:

$$P_i = SP_i^* \tag{14-2}$$

这种现象就是所谓的一价定律,又称单价法则,即在自由交易条件下,任一商品在不同地方都只能是同样的价格(换算成同币种之后)。

如果一价定律成立,那么汇率是单个商品在两个国家的相对价格。对等式(14-2)变换,可以得到:

$$S = \frac{P_i}{P_i^*} \tag{14-3}$$

一价定律的成立存在以下前提条件:①该商品在不同国家具有同质特征;②不存在贸易摩擦,如不存在运输成本、关税和非关税壁垒、配额限制等;③商品市场自由竞争,即不存在单个买家或卖家可以操控该商品价格的行为。因此,并不是所有的商品都满足一价定律。比如,某种商品本身不可跨境转移或套购成本太高,那么该商品在不同国家的价格将难以满足一价定律。该类商品通常被定义为非贸易品,包括理发、房地产、餐饮服务和旅游资源等。譬如,酸奶很难在国际间运输,因为酸奶对保存条件要求较高,故运输成本也相对较高。而干奶酪则相对容易满足一价定律。与非贸易品相对应的是贸易品,该类商品的套购成本相对较低,国家或地区间的价格差异可以通过套购活动消除,从而可能满足一价定律。

(二) 绝对购买力平价

绝对购买力平价是一价定律的宏观表现。一价定律将汇率与单个商品在两个国家的相对价格联系起来,而购买力平价则将汇率与商品整体在两国的相对价格联系起来。

首先定义一个国家的价格水平为商品篮子中所有商品价格的加权平均值,即 $P = \prod_{i=1}^{N}(P_i)^{\alpha_i}$。其中 α_i 代表商品 i 在本国商品篮子中的权重,而且 $\sum_{i}^{N}\alpha_i = 1$。假设外国商品篮子的构成及权重与本国的完全相同,那么外国的价格水平为 $P^* = \prod_{i=1}^{N}(P_i^*)^{\alpha_i}$。于是,只要一价定律对 $i = 1, 2, \cdots, N$ 种商品都成立,即 $P_i = SP_i^*$,就可以得出 $P = SP^*$。因此,如果换算成同一币种之后,该商品篮子在两个国家的价值相等,就表明绝对购买力平价成立。由此可见,当购买力平价成立时,两国之间的汇率 S 即为:

$$S = \frac{P}{P^*} \qquad (14-4)$$

一种货币的购买力是指每单位该币所能购买的商品数量。由此可见,货币购买力是指一国价格水平的倒数。假定一组商品在英国购买时需要 1 英镑,而该组商品在美国的价格水平为 2 美元,那么,英镑的购买力为 1,而美元的购买力为 0.5,即 1 英镑可以买到 1 个商品篮子,1 美元只可以买到 0.5 个该商品篮子。换言之,1 英镑的购买力是 1 美元购买力的 2 倍。英镑与美元的货币购买力之比为 2∶1。相应地,如果购买力平价成立,这两种货币的汇率为 1 英镑 = 2 美元。

购买力平价是指两国货币的购买力比值,即每单位 B 国(外国)货币与若干数量 A 国(本国)货币购买力一致时的状况。由于货币的购买力主要体现在价格水平上,即货币购买力是价格水平的倒数,因此,购买力平价可以由以下等式表示:

$$购买力平价 = \frac{B\text{ 国货币购买力}}{A\text{ 国货币购买力}} = \frac{\frac{1}{B\text{ 国的价格水平}}}{\frac{1}{A\text{ 国的价格水平}}} = \frac{A\text{ 国的价格水平}}{B\text{ 国的价格水平}}$$

如果购买力平价成立,则市场汇率就与购买力平价一致,于是,该等式就与(14-4)等价,即一价定律也同时成立。

(三)弱购买力平价与相对购买力平价

弱购买力平价是由对绝对购买力平价假定的放松而得出的。它认为现实中是存在交易成本的,因此一价定律并不能完全成立,而且各国用来计算一般价格水平的商品组合以及组合中各种商品所占的权数不可能完全一致,进而各国的一般物价水平以同种货币计算时并不完全相等,而是存在一定的较稳定的偏离,即:

$$S = \frac{\theta P}{P^*} \qquad (14-5)$$

将式(14-5)两边同时取对数,再取变动率,得:

$$\Delta S = \Delta P - \Delta P^* \qquad (14-6)$$

式(14-6)即为相对购买力平价的一般形式。相对购买力平价一般形式的含义是,汇率的升值或贬值是由两国通货膨胀率的差异决定的。若本国通胀率超过外国,即 $\Delta P > \Delta P^*$,从而 $\Delta S > 0$,在直接标价法下,汇率上升,本币将贬值。与绝对购买力平价相比,相对购买力平价更具有应用价值,因为其假定条件更接近现实,且通货膨胀率的数据很容易获得。

(四)对购买力平价理论的简单评价

在众多的汇率理论中,购买力平价理论是最具影响力的。首先,它是从货币的基本功能(具有购买力)出发分析货币交换问题,这样更符合逻辑、易于理解,其表达形式也比较简单,它是对汇率决定问题最为简洁的描述。其次,购买力平价理论中涉及的主要问题都是汇率决定中的基本问题,因此对该理论的争论最为激烈,使之始终处于汇率决定理论的核心位置,是所有汇率理论的基础。最后,购买力平价作为汇率的长期均衡标准而被广泛应用于其他汇率理论的分析中,这也从另一个侧面说明了购买力平价理论的影响力之大。

另一方面,购买力平价本身也存在许多明显的缺陷。

第一,由于各国的社会制度各异,经济发展水平及物价体系都存在很大的差别,在这种情况下，用物价指数来表示两国货币的购买力，存在不易克服的技术性困难。在现实中两国间贸易商品生产的生产率差异较大，工资、服务价格的差异较大，因此购买力平价不能适用于发展水平不同的国家。国际货币基金组织曾组织过几次大规模的实证研究，结果还是无法验证购买力平价。

第二，物价水平虽然是影响汇率变动的重要原因，却非唯一因素，其他如国民收入、资本流动、生产成本、贸易条件、国际需求甚至世界政治经济形势的变动等，都能影响到外汇供求的变动，并进而影响到汇率的变动。

第三，在购买力平价理论中，物价水平和汇率之间的作用是单向的，即物价水平决定了汇率水平；而实际上，它们之间是相互作用、相互影响的，即不仅物价水平的变动可以引起汇率变动，而且汇率的变动也可引起物价水平的变动。

第四，在购买力平价理论中，以物价水平来计算汇率水平时，仅考虑到可贸易商品，而未考虑许多不进入国际贸易领域的商品和劳务的价格指数，而实际上，这些商品和劳务的价格也能间接地影响物价水平。

第五，购买力平价理论在实际计算具体汇率时，存在许多技术上的困难。比如，物价指数的选择不同，可以导致不同的购买力平价；运用购买力平价计算汇率，要求不同国家在商品的分类上具有一致性和可操作性，而现实中商品分类上的主观性可以扭曲购买力平价；在计算相对购买力平价时，基期年份的正确选择非常困难。

购买力平价的理论意义还在于，它开启了从货币数量角度分析汇率的先河。汇率是一国货币的对外价格，它既受到各种货币方面因素的作用，又会对现实宏观经济的变化作出反应，这是汇率的两种主要分析角度，绝大多数汇率决定理论都可归入这两个范畴。购买力平价理论是前一范畴的代表，从货币数量角度分析汇率始终是汇率理论的主流。

相关案例 14-3

购买力平价——巨无霸指数

巨无霸指数(Big Mac index)是由《经济学人》于1986年9月推出的，这是一个非正式的经济指数，用以测量两种货币的汇率是否合理。这种测量方法假定购买力平价理论成立。购买力平价的前提是一价定律成立，即一篮子货物以两种货币表示的售价相同。在巨无霸指数中，该"一篮子"货物就是一个在麦当劳连锁快餐店里售卖的巨无霸汉堡包。选择巨无霸的原因是，巨无霸在多个国家均有供应，而它在各地的制作规格相同，由当地麦当劳的经销商负责为材料议价。这些因素使该指数能有意义地比较各国货币。

巨无霸指数，就是假设全世界的麦当劳巨无霸的价格都是一样的，然后将各地的巨无霸当地价格，通过汇率换算成美元售价，就可以比较出各个国家的购买力水平差异。两国的巨无霸的购买力平价汇率的计算法，是以一个国家的巨无霸当地货币价格，除以另一个国家的巨无霸当地货币价格。该商数用来跟实际的汇率比较；要是商数比实际汇率低，就表示第一国货币的汇价被低估了；相反，要是商数比实际汇率高，则第一国货币的汇价被高估了。

举例而言，假设一个巨无霸在美国的售价为2.5美元，在英国的售价为2英镑，购买力平价汇率就是2.5/2=1.25。要是1美元能买入0.55英镑（或1英镑=1.82美元），则表示以两国巨无霸的售价而言，英镑兑美元的汇价被高估了45.6%。

2004年1月,《经济学人》又推出了中杯鲜奶咖啡指数(Tall Latte index),计算原理一样,但巨无霸被一杯星巴克咖啡取代,标志着该连锁店的全球扩展。在1997年,该报也出版了一份"可口可乐地图",用每个国家的人均可乐饮用量,比较国与国间的财富,可乐饮用量越多,则表明国家就越富有。但用汉堡包、星巴克咖啡等测量购买力平价是有其限制的。其原因主要有以下几个方面:

第一,当地税收、商业竞争力及汉堡包材料的进口税可能无法代表该国的整体经济状况。在许多国家,像在麦当劳这样的国际快餐店进餐要比在当地餐馆贵,而且不同国家对巨无霸的需求也不一样。例如在美国,低收入的家庭可能会一周几次在麦当劳进餐,但在马来西亚,低收入者可能从来就不会去吃巨无霸。

第二,汉堡包是贸易商品。仅用贸易商品来衡量发展中国家与发达国家之间的汇率水平,显然失之偏颇。另外,即使不考虑发展中国家与发达国家的发展差异,由于不同国家的消费者对待商品的偏好是不一致的,这也会导致价格的"虚假"。对于非完全浮动汇率的国家,这种指数也是偏离实际均衡的。

第三,小小汉堡并不能起到一叶知秋的作用。巨无霸指标其实非常片面,因为汉堡只是快餐中的一种食品,而快餐只是国民食物支出中的一小部分,而食物支出在发达国家仅占较少比重。但如果某些国家的经济水平、文化背景、消费习惯差别不太,巨无霸指数还是可以在相当程度上反映出汇率的变动趋势的。

第四,购买力平价理论是一个长期均衡的概念,巨无霸的价格在中国偏低,不一定可以拿来直接证明人民币远低于公平价格。况且,在经济发展过程中,贫穷国家物价偏低是十分普遍的现象,低工资尤其反映在非贸易劳务项目价格上。随着这些国家逐渐富裕,该国货币也会逐渐升值。

第五,对于中国而言,这些指数的偏离其实恰好反映了中国经济结构的现状:食品、纺织品、家电产品等生活必需品相对便宜;国际名牌服装、皮具、化妆品、手表、家具、音响等奢侈品的价格则相对高昂。单一商品的价格并不能代表该货币真实的购买力。如果要用食品来算,恩格尔系数倒相对更合理一些。发达国家的恩格尔系数基本在6%—15%。2006年,中国农村居民家庭恩格尔系数为43%,城镇居民家庭为35.8%,这表明中国居民在消费支出中食品所占比例仍相对较高。

资料来源:根据网络资料整理,http://www.doc88.com/p-7428964156448.html。

[问题思考] 如何看待美国国会议员常常以巨无霸指数为依据要求中国让人民币升值?

[案例点评] 一价定律成立的条件是在自由贸易条件下和不考虑交易成本的情况下,同一种商品在世界各地用同一货币表示的价格是一样的,如果价格不一致,就会出现商品的跨国套购使价格趋于一致。编制一篮子商品需要涵盖一国的整体价格水平,且要满足一价定律的条件。在考虑交易成本的条件下,世界各地的巨无霸价格不一致,并不满足一价定律的条件。因此,美国国会议员以巨无霸指数为依据要求中国让人民币升值是不合理的。

四、利率平价理论[①]

在现实的经济生活中,开放经济下一国与另一国的金融市场间的联系更为紧密,国际资

[①] 辛清、李熠、冯蕾:《国际金融学》,天津人民出版社2008年版,第64页。

金的流动使汇率与金融市场上的价格——利率也存在密切的关系。从金融市场角度分析汇率与利率的关系,称为汇率的利率平价。

利率平价理论的基本思想产生于19世纪下半叶,并在20世纪初期由凯恩斯等人进行了完整的阐述。利率平价理论可具体分为套补的利率平价与非套补的利率平价两种。

（一）套补的利率平价

套补的利率平价的一般形式如下：

$$\rho = i - i^* \quad (14-7)$$

式中,ρ为即期汇率S与远期汇率f之间的升(贴)利率,即$\rho=f-S$;i为本国利率;i^*为外国利率。其经济含义是,汇率的远期升(贴)水率等于两国的利率之差。若本国利率高于外国利率,即$\rho>0$,则有$f>S$,也就是说,远期汇率大于即期汇率,在直接标价法下就意味着,本币在即期有升值趋势,在远期有贬值趋势。反之亦然,即汇率的变动会抵消两国间的利率差异,从而使金融市场处于平衡状态。

延伸阅读
套补的利率平价公式推导

（二）非套补的利率平价

在上面的分析中,我们假定投资者的策略是以远期交易来规避风险。事实上还有另一种交易策略,即投资者根据对未来汇率变动的预期而计算出预期收益率,在承担一定风险的情况下进行投资。

非套补利率平价的一般形式如下：

$$E\rho < i - i^* \quad (14-8)$$

式中:$E\rho$表示预期的汇率远期变动率。

延伸阅读
非套补的利率平价公式推导

其经济含义是,预期的汇率远期变动率等于两国货币利率之差。在非套补利率平价成立的情况下,若本国利率水平高于外国利率水平,则意味着市场上预期本币在远期将贬值。

（三）对利率平价理论的简单评价

首先,利率平价理论研究问题的角度从商品流动转移到资金流动,表明汇率与利率之间存在密切关系,这对于正确认识外汇市场,尤其是外汇市场上的利率形成机制是相当重要的。由于利率平价(尤其是套补的利率平价)是在资金迅速而频繁流动的条件下成立的,因此运用得更为广泛。

其次,同购买力平价一样,利率平价理论并非独立的汇率决定理论,它只是描述了汇率与利率之间的关系,但汇率与利率之间是相互影响和发生作用的,利率差异会影响汇率的变动,汇率的变动也会反过来通过资金流动而影响不同市场上的资金供求关系进而影响到利率。而且,利率和汇率有可能同时受到更为基本的因素(如货币供求等)的作用而发生变化,利率平价理论只单单表现了利率与汇率两者之间的联系。因此,利率平价理论常被作为基本关系式应用于对其他汇率决定理论的分析中。

最后,利率平价理论有一定的实践价值。由于利率与汇率之间存在一定的关系,这就为各国中央银行对本国外汇市场进行灵活调节提供了一条有效途径:培育一个发达有效的货币市场,从而在该市场上利用利率尤其是短期利率的变动对汇率进行调解。如当市场上存在本币贬值的预期时,就可以相应提高本国利率水平以抵消该贬值预期对外汇市场的压力,保持汇率的稳定。

五、汇率的弹性价格分析法

延伸阅读
弹性价格分析法
基本模型的推导

汇率的弹性价格货币分析法,简称汇率的货币模型。在该模型中,由于本国债券与外国债券是完全可替代的,这两种资产市场实际上是统一的债券市场,只要本国货币市场处于均衡状态,债券市场必然处于均衡状态。因此,货币模型集中分析本国货币市场上货币供求的变动对汇率的影响。

(一) 基本模型

弹性价格货币分析法的基本模型如下:

$$e = \alpha(y^* - y) + \beta(i - i^*) + (M_s - M_s^*) \tag{14-9}$$

其中,e 表示汇率;y 表示国民收入;M_s 表示货币供给;i 表示利率;α 与 β 均为常数,分别表示货币需求的收入弹性与利率弹性。不难看出,本国与外国之间实际国民收入水平、利率水平以及货币供给水平通过对各自物价水平的影响而决定汇率水平。因此,弹性货币分析法就将货币市场上的一系列因素引进了汇率水平的决定之中。

通过弹性价格货币分析法的基本模型,我们不难得出以下结论:在货币模型中,当其他因素保持不变时,本国货币供给的一次性增加将会带来本国价格水平的同比例提升,本国货币的同比例升值,本国产出与利率则不发生变动;本国国民收入的增加将会带来本国价格水平的下降,本国货币升值;本国利率的上升将会带来本国价格水平的上升,本国货币贬值。

(二) 对模型的评价

汇率的货币模型是建立在购买力平价理论基础上的,但并非购买力平价的简单翻版,而是有诸多创新的相对独立汇率决定理论。首先,该模型将购买力平价理论由商品市场引入资本市场上,将汇率视为一种资产价格,抓住了汇率的特殊性质。其次,在购买力平价理论基础上,采用现代货币学派的货币供求理论,形成了资产市场说中最为简单的一种汇率决定模型,并体现了该分析方法的基本特点,成为更复杂的汇率理论的基础,在各种分析中被使用。最后,在该模型中包含商品市场、货币市场、债券市场、外汇市场的均衡,属于一般均衡分析,与以往的局部均衡分析相比是一个重大突破。

该模型的不足之处在于,它是以购买力平价理论为基础的。购买力平价本身就存在很多缺陷:忽视了国际收支的结构性因素特别是经常项目对汇率的重要作用;假定货币需求是稳定的,没有足够的令人信服的证据;价格水平具有充分弹性的假定越来越被人们所批评,也使得该模型在实证检验中很难得到令人满意的结果。

六、汇率的资产组合理论

(一) 资产组合概率

汇率的资产组合理论是托宾的资产选择理论的应用,该理论接受了多恩布什对商品市场价格在短期内具有黏性的看法,认为在短期内汇率取决于资本市场的均衡。该理论与货币理论一样,也是将汇率看成外汇资产的价格,因此也是用资产市场分析方法来解释汇率的决定与变动情况。但资产组合理论与货币理论存在两点不同:第一,资产组合理论认为,不同国家的货币资产之间并非完全替代关系,因此无套补利率平价不成立。如果投资者认为外币资产风险较大,那么为了使投资者愿意持有外币资产,其转换为本币收益就必须高于本币资产的收益。反之,若本币资产风险较大,本币资产的收益就必须高于外币资产的本币收益。第二,在资产组合分析框架下,经常项目的均衡或失衡在事关汇率决定的资产市场动态调整过程中起到重要作用。

图 14-1 说明了资产市场、经常项目以及汇率和利率之间的动态调整过程。由于国内外资产彼此不能完全替代,投资者必须将其金融财富在国内外货币资产之间进行分散和组合,从而在整体上改变一个国家的对外资产或债务存量,进而影响利率与名义汇率等资产价格。由于商品价格没有受到扰动,名义汇率的变动引起实际汇率的变化,从而改变一个国家的经常项目状况。与此同时,利率的变化带来金融资产收益的变化,从而通过财富效应影响经常项目状况。经常项目顺差导致一个国家对外资产存量增加,逆差则导致资产存量减少,而投资者的金融财富的变动又引发新一轮的资产组合调整。由此可以看出,资产组合理论是比货币理论更为一般化的汇率决定分析框架,而货币理论可以看成资产组合理论的一个特例。

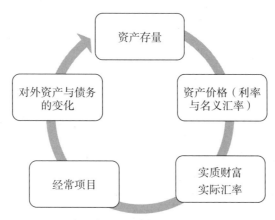

图 14-1 资产存量、汇率与经常项目的动态关系

（二）对资产组合理论的评价

对资产组合理论的研究相对较少,结果也不尽如人意。相比货币理论,资产组合理论的模型更为复杂,但也更接近现实。然而要找到与理论变量相匹配的现实数据很困难,尤其是关于本国资产与外国资产的统计数据通常都很匮乏,即使能找到一些数据,往往质量也不能保证,而且常常因为统计口径不一而缺乏可比性,从而使有关经验分析面临很大的困难。相比汇率决定的货币理论,资产组合理论没有得到太多的关注。

七、汇率的微观分析

新开放宏观汇率理论与传统宏观汇率理论的区别在于前者引入了部分微观分析的框架。尽管如此,这种理论在本质上依然属于宏观汇率理论。微观汇率理论是一种"新生代"理论。该理论的分析焦点是所谓的外汇市场微观结构,它主要从外汇市场的制度、组织、参与者和交易方式等方面考察其对汇率的影响。微观汇率理论由于揭示了宏观汇率理论所忽视的影响汇率的微观因素,因而成功地弥补了宏观汇率理论的某些缺陷。宏观汇率理论与微观汇率理论的结合可能有助于人们更完整地把握汇率的形成和变动过程。

延伸阅读
汇率的微观分析

本章小结

1. 在金本位制度下,汇率由两种货币的含金量之比即铸币平价决定,并在输金点确定的范围内波动。国际借贷理论认为,流动借贷决定了外汇的供求,进而决定了汇率。汇兑心理理论则认为汇率取决于人们主观上对不同货币的边际效用大小的评判。

2. 购买力平价理论是在学术界有很大影响的汇率理论。按照这种理论,汇率取决于两种货币的购买力之比,实际上也就是两国的价格水平之比。在此基础上形成的相对购买力平价认为两国价格水平的变动之比,即价格指数之比决定了汇率的变动幅度。在商品套购的作用下,一价定律能够成立,因此购买力平价也能成立。如果购买力平价能够成立,则名义汇率会及时随价格水平而调整,因此,实际汇率就等于1。在实际生活中,由于商品套购存在障碍,而且汇率还会受到资本流动的影响,因此购买力平价不一定成立。

3. 利率平价理论指出,即期汇率与未来汇率之差取决于不同货币的利率之差。在抵补套利的作用下,即期汇率与远期汇率之差与两种货币的利差相等,由此形成抵补利率平价。无抵补利率平价是指,即使没有抵补套利行为,汇率的预期变动率也会与两种货币的利差相等。

 推荐阅读

1. 〔美〕保罗·克鲁格曼、茅瑞斯·奥伯斯法尔德、马克·梅里兹著,丁凯等译:《国际经济学理论与政策》(第10版),中国人民大学出版社2016年版。

2. 吴君羊:《国际金融学》,上海财经大学出版社2013年版。

 复习思考题

1. 什么是汇率?汇率分为哪几种?
2. 在金本位条件下货币当局是否具有调节国际收支的能力?
3. 汇率的货币理论和购买力平价理论有什么关联?
4. 简述汇率、利率和通胀率三者之间的关系。
5. 汇率的微观分析方法与宏观分汇率理论的根本区别是什么?

21世纪经济与管理规划教材
经济学系列

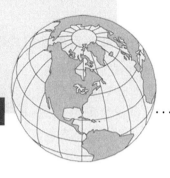

第十五章

开放经济条件下的宏观经济

【关键词】

内部均衡　　　　　　　浮动汇率
外部均衡　　　　　　　政策工具
内外部均衡的关系　　　国际储备管理
IS-LM-BP 模型　　　　政策运用
固定汇率

> **导入案例**
>
> ### 美国资产泡沫威胁世界经济稳定
>
> 2017年年底,中国社会科学院世界经济与政治研究所发布报告称,美国资产泡沫威胁世界经济稳定。该报告预计2018年按购买力平价(即PPP)计算的世界GDP增长率约为3.5%,按市场汇率计算的增长率约为2.9%。这一预测低于国际货币基金组织和其他国际组织的预测,反映了对世界经济回暖基础不稳固、资产价格泡沫、全球债务水平过高、反全球化趋势、美国政策调整、英国脱欧进程以及地缘政治冲突等问题的担忧。该报告还认为,若美国资产泡沫破灭,世界经济或将再次陷入低迷。
>
> 该报告指出,发达经济体的低利率和宽松货币环境催生了资产价格不断高涨。从美国的股票市场来看,国际金融危机爆发后,美国标准普尔500指数、道·琼斯工业平均指数和纳斯达克综合指数三大指数大幅下挫,此后逐渐上升,并于2013年前后超过危机以前的最高值。2017年10月,三大指数的月度收盘价分别已达2 575点、23 377点和6 728点,分别是危机前最高值的1.66倍、1.68倍和2.35倍。从美国的房地产市场来看,美国20个大中城市的标准普尔/CS房价指数于2006年7月达到阶段最高点,即207点(2000年1月份房价为100)。2006年7月后,房价逐渐下跌,并引发次贷危机和全球金融危机。2012年年初,美国房价重新开始上涨,至2017年8月,20个大中城市的标准普尔/CS房价指数已达203点,即美国房价已经非常接近次贷危机以前的最高水平。欧洲、日本等发达经济体也存在类似的资产价格持续快速上涨现象。新兴市场国家的股票市场和房地产市场也在经历价格快速上涨的过程,尤其是2017年与美元贬值相伴随的新兴市场资本流入增加,导致新兴市场资产价格大幅上涨。
>
> 该报告认为,欧洲和日本的负利率与量化宽松政策将继续催生资产泡沫。美联储加息和缩小资产负债表的政策则有刺破资产泡沫的风险。加息对资产价格的抑制作用往往有滞后效应,一般需要连续多次较大幅度的提高利息才会突然导致资产价格崩溃。一旦美国资产泡沫破裂,刚刚有所复苏的世界经济可能再次陷入低迷。即使美国提高利息和减小资产负债表暂时没有导致其资产泡沫破裂,但有可能引起美国利率尤其是中长期利率飙升,并引起资本流入和其他市场的资本流出,可能刺破其他市场的资产价格泡沫。由此可见,当前世界各国的资产泡沫已经成为威胁世界经济稳定的一个重要因素。而且,资产价格上涨持续时间越长,泡沫破裂造成的危害将越大。
>
> 资料来源:中国社科院,"美国资产泡沫威胁世界经济稳定",中国经济网,2017年12月20日。

第一节 开放经济条件下的宏观经济目标

与封闭经济条件下的宏观经济政策不同,开放经济条件下宏观经济政策的制定需要考虑更多的因素,政策环境和政策目标也更加复杂。在开放经济中,政府应该关注四个经济目标:经济增长、物价稳定、充分就业和国际收支平衡。这四个目标又可以归纳为两大经济目标:内部均衡和外部均衡。所谓内部均衡,是指一国在保持国内物价稳定的同时实现充分就业和经济增长;所谓外部均衡,是指一国国际收支的平衡。①

一、内部均衡

内部均衡是指保持足够高的对各国国内产品的总需求水平,使国内经济资源得到充分利用以维持充分就业,但总需求水平又不会使得货币价格和成本出现持续的上涨,因此,内部均衡包括充分就业和物价稳定。充分就业,也不是要实现每个人都有工作,而是使失业率保持在自然失业率的范围内(每年失业率不超过5%);物价稳定,并不是说物价固定不变,而是指通货膨胀率保持在经济可以承受的范围内(每年的通货膨胀率不超过3%)。

(一)充分就业②

所谓充分就业,是指一国在一定工资水平之下,所有愿意接受工作的人都获得了就业机会,即是指一国的所有劳动力资源都得到了充分利用。广义的充分就业是指一切生产要素(包含劳动)都有机会以自己愿意的报酬参加生产的状态。由于在实际测量中各种经济资源的"就业"程度测算非常困难,因而各国常用失业率来衡量。所谓失业率是指失业人数相对劳动力人数的比例,这里的失业者是指劳动力人口中那些想工作但尚未找到工作的人,需要指出的是,充分就业并不意味着失业率为零,而是指经济处于可接受或意愿的失业水平上,一般来说,可以接受的失业率水平一般应不高于6%。

(二)物价稳定

所谓物价稳定,是指一般物价水平在短期内不发生显著的或急剧的波动,需要注意的是,物价稳定并不排除某种商品价格相对于其他商品价格的变动,一般来说,一种或几种商品的价格相对其他商品价格发生变动,是市场机制发生作用的正常现象。

衡量物价水平变动的指标主要有三个:一是国民生产总值平减指数(GNP平减指数),是按现行价格计算的国民生产总值与按基期价格计算的国民生产总值的比值,能够较全面地反映一般物价水平的变动趋势;二是消费者物价指数(CPI),以消费者的日常生活支出为对象,反映消费者物价水平的变化情况;三是生产者物价指数(PPI),也称批发物价指数,是以批发交易为对象,反映大宗批发交易的物价变动情况。

物价稳定的问题就是避免或减少通货膨胀。通货膨胀会使货币贬值,导致货币的真实价值不易确定,一方面,以货币为媒介的市场交易受到干扰,价格作为资源配置手段的作用难以发挥,经济效率下降;另一方面,人们对货币和其他资产的需求之间发生替代,投机活动增加,经济更加不稳定。因此,为了避免价格水平的大幅波动,政府应适当适时干预经济以保持产出的稳定,以及避免长期持续的通货膨胀和通货紧缩。

(三)经济增长

所谓经济增长,是指在一个较长的时间跨度上,一个国家或地区实际人均产出水平持续的增长。衡量经济增长的指标主要有:国民生产总值(GNP)增长率、国内生产总值(GDP)增长率、人均GNP增长率、人均GNP增长率。前两个指标反映了一个国家的经济总量增长情况和经济实力,后两个指标反映了一个国家的富裕程度。经济增长的影响因素主要有消费、投资和净出口,它依赖于该国的自然资源禀赋、劳动力禀赋、资本资源等。

---

① 韩莉:《国际金融》,北京大学出版社2016年版,第219—220页。
② 李永:《国际经济学》,同济大学出版社2013年版,第316页。

在封闭经济条件下,充分就业、物价稳定和经济增长是政府追求的主要经济目标,这三个目标概括了能使经济处于合理运行状态的主要条件。然而,随着理论研究的不断深入和经济实践的发展,人们逐渐意识到经济增长应该是经济发展的结果,片面追求经济增长是低效甚至是不可能的。因此,理论研究将内部均衡目标往往定义为物价稳定和充分就业。但这两者之间也存在冲突,正如菲利普斯曲线所示,失业率与通货膨胀之间存在一定的相互替代关系,即失业率越高,通货膨胀率越低;失业率越低,通货膨胀率越高。所以,在封闭经济条件下,政策调控的主要问题是协调各目标之间的冲突,确定并实现各个目标的合理组合。

二、外部均衡

外部均衡是指一国进出口贸易、国际资本流动在最佳规模状态下,并能在某段时间里以最小的调节成本取得国际收支平衡,它有助于达到充分就业时的国民收入水平,并能使国民福利最大化。简而言之,外部均衡是指将国际收支差额控制在一定的目标范围之内,并不是指国际收支差额一定等于零,因此,外部均衡意味着国际收支平衡和政府有意的不平衡。

(一) 外部均衡的含义①

国际收支平衡是政府的外部均衡目标。但是由于国际收支均衡的含义不同,外部均衡目标的具体内涵也经历了一个发展阶段。在布雷顿森林体系下,外部均衡通常被视为经常项目平衡;20 世纪 70 年代以来的浮动汇率制下,将外部均衡视为总差额的平衡;80 年代以来,外部均衡可以定义为与一国宏观经济相适应的合理的国际收支结构(或称为与一国宏观经济相适应的合理的经常项目余额)。

1. 国际收支平衡

一国的国际收支顺差和逆差都会对本国币值及经济产生影响,国际收支顺差会给本币带来升值压力,逆差会给本币带来贬值压力,相比之下,逆差所造成的影响更为严重。当一国国际收支处于逆差状态时,首先会引起本币币值下跌,若该国政府采取措施防止本币币值下跌,则必须动用外汇储备,对外汇市场的供求现状进行干预,这既会消耗外汇储备,也会引起货币供应的缩减,从而导致本国利率水平的上升,国内消费和投资的减少,使得经济增长速度放缓、失业率上升。如果该国的逆差是因出口不足以弥补进口而引起的长期性赤字,则意味着本国对于外国商品存在净需求,这会导致国内生产下降,失业增加;如果逆差的原因是资本的净流出,则意味着国内资金供给减少,利率上升,必然会影响到国内商品市场的需求。反之,一国国际收支长期出现顺差,也会给国内经济带来不良影响,引起国际摩擦。②

2. 汇率稳定

在当今世界各国大都实行浮动汇率的情况下,汇率是连接国内外市场的重要纽带。汇率变化表现为货币的贬值或升值,一方面,汇率变化受制于一系列因素;另一方面,汇率的变动又会对其他经济因素产生影响。总的来说,不论贬值或是升值,汇率在一定幅度内的变化都是正常的,但如果汇率出现大幅的剧烈波动,必然增大外汇汇率风险和金融风险。发达市场经济体由于具有健全完善的市场机制和各种规避金融风险的衍生工具,因而可以通过调节性交易来降低汇率带来的风险,无须过分关注汇率的稳定;然而发展中国家通常不具备完善的市场传导机制,也缺乏各种避险的金融衍生工具,因而汇率剧烈变动会给国内经济造成

---

① 王志明、乔桂明等:《国际经济学》,复旦大学出版社 2009 年版,第 356 页。
② 李永:《国际经济学》,同济大学出版社 2013 年版,第 317 页。

很大波动和损失。所以,追求汇率稳定也成为发展中国家实现外部均衡的目标之一。

(二) 外部均衡的一般标准①

1. 经济理性

经常项目可以表示为一国国内储蓄与投资之间的差额。假定一国可以按照世界利率无限制地借款或贷款,那么,在该国存在收益率高于世界利率的投资机会而国内储蓄又不能满足时,符合理性的行为就是在国际金融市场上借款以使本国投资大于国内储蓄,该国出现经常项目逆差。

2. 可维持性

经常项目余额为逆差时,资金流入形成的债务必须在将来某一时期偿还,即经济面临跨时期的预算约束,否则一国的经常项目逆差就是不可维持的。判断可维持性的方法有二:第一,分析资金流入的具体情况,如资金流入的性质、资金流入的结构等;第二,分析债务比率指标,如偿债率、负债率和短期债务比率等。

相关案例 15-1

希腊债务危机告诉我们什么

希腊危机根源何在?人们普遍谈论的宏观失衡确实是一个重要因素。作为欧盟成员国中规模较小、较不富裕的国家,1999—2008 年希腊 GDP 年均增长率为 3.9%,显著高于欧盟平均水平。然而希腊经济过度依赖消费,同一时期经济增长对消费依赖程度平均为 90.4%,导致外部逆差扩大、政府债台高筑。

2000—2008 年,货物贸易逆差和服务贸易顺差占希腊 GDP 的比例平均分别为 18.3% 和 5.5%。考虑净资本收入、转移支付等其他项目,希腊近年的经常性账户逆差占 GDP 比例通常维持在 10% 以上。同时,政府债务不断累积,到了难以持续的地步。2009 年政府债务率达到 110%。这意味着,假定债务平均利率为 3%,希腊需要保证 GDP 增长率超过 3%,才能在长期正常支付利息。

维持大比例的外部赤字和债务扩张,必然抬高外债占债务比例。2004—2009 年希腊外债从 1 220 亿欧元上升到 2 230 欧元,占 GDP 的比率从 65% 上升到 93%。历史中大量的债务危机案例显示,过度外债比过度内债更容易导致违约和危机。

希腊债务危机不应忽视的另一个根源,是希腊在加入欧元区后,丧失了汇率和利率两大调节宏观失衡的基本手段。对比希腊 20 世纪后期的宏观经济表现,有助于我们认识放弃利率和汇率调节工具的负面影响。

20 世纪七八十年代,希腊也曾经历宏观经济严重失衡局面,1973—1993 年通胀率一直维持在两位数,平均高达 18%。为了应对严重通胀,希腊不断提高利率,1973—1993 年将利率从 6.1% 提高至 17.4%。高利率客观上约束了政府举债行为,将赤字率和债务率维持在了相对可控水平。加入欧元区后,希腊凭借"借来信用",得以获得廉价融资,但与本国经济基本面相适应的利率调节工具不再发挥作用,在客观上助长了过度借贷消费,导致危机的发生。

---

① 王志明、乔桂明等:《国际经济学》,复旦大学出版社 2009 年版,第 356 页。

丧失汇率工具更使得希腊难以有效、主动地调节外部失衡。加入欧元区前,希腊外部失衡维持在比较可控的范围。20世纪90年代,希腊贸易赤字增长,促使希腊本币德拉克马贬值调节。加入欧元区后,希腊贸易赤字率高达两位数,但欧元却因欧元区整体宏观经济强劲而显著升值,客观上加剧了希腊外部失衡。

可以说,丧失货币与利率工具有点像丧失免疫功能,会使经济有机体陷入危险境地。需要指出的是,即使当时拥有独立货币政策和利率调节手段,希腊在20世纪仍然被宏观经济失衡所拖累,然而毕竟不至于发生目前这样深重严峻并具有全球影响的危机。

欧盟拥有发达和成熟的市场体系和宏观管理能力,欧元问世被看作21世纪重大而成功的制度创新,欧债危机如华尔街危机一样令人惊诧,对我们认识全球化背景下开放宏观经济运行的原理和规律,很有借鉴意义。

资料来源:卢锋,"希腊债务危机告诉我们什么",FT中文网,2010年9月9日。

[问题思考] 希腊债务危机对我们认识全球化背景下开放宏观经济运行的原理和规律,有何借鉴意义?

[案例点评] 借鉴意义有以下几个方面:第一,希腊债务危机有助于我们全面理解危机发生的根源。现代经济运行离不开市场与政府间的交互作用。经济增长是市场机制和政府调节良性互动的结果,相反,危机也总是与市场失灵和政府干预缺陷有关。希腊政府鼓励过度消费是危机重要根源之一。第二,这场危机强调了财政纪律的重要性。欧元区制定了"3%和60%"标准,说明并不缺乏对财政纪律重要性的一般认识。然而相关标准并未得到真正落实。财政纪律松弛成为危机酝酿爆发的必要条件之一。第三,希腊债务危机凸显了宏观失衡的危害。希腊经济增长近九成靠消费推动,贸易赤字率十多年持续超过10%,是一系列的宏观失衡促成希腊债务危机。第四,这场危机表明,在国际财政有效约束机制这个前提条件真正得到满足之前,过分看重固定汇率或单一区域货币带来的利益,放弃主权货币及汇率和利率调节机制,存在重大危机隐患,本质上难以持续。

第二节 开放经济条件下的宏观经济理论

一、IS-LM-BP模型

开放条件下,宏观经济均衡分析的基本模型是IS-LM-BP模型,该模型是在封闭经济的IS-LM模型中加入国际收支均衡曲线(BP曲线)之后的扩展模型:这就意味着,与封闭经济模型相比,除了IS、LM这两大工具,BP曲线也是政策分析的另一重要的工具。①

(一)IS曲线

IS曲线表示产品市场实现均衡时国民收入与利率水平的关系。因此,IS曲线上的每一个点都代表一对能使商品市场实现供需平衡的利率(i)和国民收入(Y)的组合。

$$Y = C + I + G + (X - M) = A(Y,i) + CA(Y) \qquad (15-1)$$

式中:A为国内总吸收,CA为净出口。IS曲线是一条从左上方向右下方倾斜的曲线,因为利

---

① 王怀民、王洪庆等:《国际经济学》,对外经济贸易大学出版社2014年版,第280页。

率上升会降低投资需求(降低总吸收),从而导致收入减少。

如图 15-1 所示,如果一国经济的均衡点落在 IS 曲线的右边,表示该国商品市场的商品过剩;落在左边,则表示商品短缺。为了调节经济失衡,只能移动 IS 曲线:财政扩张和本币实际汇率贬值都会使 IS 曲线向右移动,因为财政扩张和本币实际汇率贬值都会使自发性吸收增加,从而通过乘数效应引致国民收入增加,使 IS 曲线向右移动;相反,财政紧缩或本币实际升值则会使 IS 曲线左移。

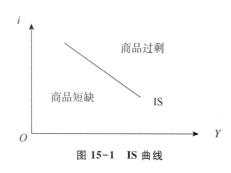

图 15-1　IS 曲线

(二) LM 曲线

LM 曲线表示货币市场均衡时国民收入与利率水平的关系。因此,LM 曲线上的每一个点都代表一对能使货币市场实现供需平衡的利率(i)和国民收入(Y)的组合,$M = L(Y,i)$。其中,M 为货币供给,L 为货币需求。LM 曲线是一条从左下方向右上方倾斜的曲线,因为当收入增加时会提高货币需求,此时只有利率也随之上升才能维持货币需求保持不变和货币市场的供需平衡。

如图 15-2 所示,如果一国经济的均衡点落在 LM 曲线右边,表示货币市场的通货紧缩;如果落在左边,表示通货过多。为了调节经济失衡,只能移动 LM 曲线。货币供给的增加会使 LM 曲线右移,货币供给的减少会使 LM 曲线左移;货币需求的增加会使 LM 曲线左移,货币需求的减少会使 LM 曲线右移。

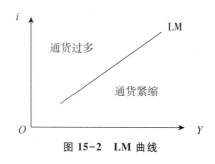

图 15-2　LM 曲线

(三) BP 曲线

BP 曲线,简单地说就是一条国际收支(综合收支)平衡曲线。BP 曲线上的每一个点都代表一对能使国际收支实现平衡的利率(i)和国民收入(Y)的组合,$CA(Y) + KA(i) = 0$。其中,CA 为净出口,KA 为资本的净流入。通常,BP 曲线是一条从左下方向右上方倾斜的曲线,如图 15-3 所示。因为随着收入的增加,进口会相应增加,从而恶化净出口 CA,此时,只有相应提高利率以改善资本的净流入 KA,才能维持其国际收支的平衡。而 BP 曲线的倾斜程度取决于国际间资本流动的利率弹性,其倾斜程度与该弹性成反比,即弹性越大,BP 曲线越平;弹性越小,BP 曲线越陡。换而言之,BP 曲线的斜率就是资本流动对利率的敏感度,主要分为如图 15-4 所示的三种情形。

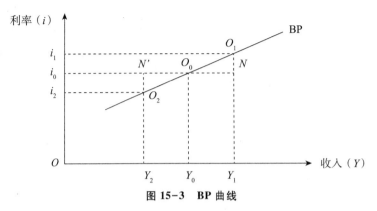

图 15-3　BP 曲线

延伸阅读
BP 曲线的三种情形

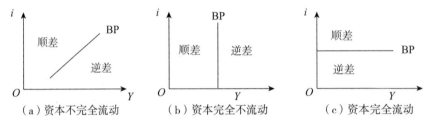

图 15-4　资本的流动性与 BP 曲线

(四) 一国经济均衡与失衡的状态

从上面的具体分析我们可以看出,IS 曲线代表一国产品市场的均衡状态,是一条从左上方向右下方倾斜的曲线,由一系列能使收入等于总支出的实际收入和名义利率组合点组成;由于储蓄、进口支出、税收的下降或政府支出、投资及出口支出的上升所引起的预期自助支出的增加,会引起曲线向右移动;反之,储蓄、进口支出、税收的上升或政府支出、投资、出口支出的下降会导致曲线向左移动。LM 曲线代表一国货币市场的均衡状态,是一条从左下方向右上方倾斜的曲线。它由一系列能保持货币市场均衡的实际收入和名义利率的组合点组成;名义货币量的增加或价格水平的下降会导致曲线向右移动;相反,货币存量的下降或价格水平的上升会导致曲线向左移动。BP 曲线代表一国国际收支或外部均衡的状态,该曲线是一系列实际收入和名义利率的组合点,此曲线上任何一点都满足经常账户余额与资本账户余额之和为零。

在封闭经济条件下,经济追求的目标是产品市场和货币市场的同时均衡,即一国的均衡状态落在 IS-LM 曲线的交点上;在开放经济条件下,一国要保持内外的同时均衡,均衡点要落在 IS-LM-BP 曲线的交点上。显然,这种均衡是一种复杂的"刀刃游戏"。通常的情况是,一国经济均衡点总是偏离与 IS-LM-BP 曲线交点的某一位置,处于非理想的均衡状态,即不是存在内部失衡问题,就是存在外部失衡的问题。有了 IS-LM-BP 曲线模型,我们就能从理论上分析开放经济条件下的若干宏观经济问题,特别是一些政策问题。①

那么,一国经济偏离均衡状态时又会发生什么情况呢?

---

① 韩莉:《国际金融》,北京大学出版社 2016 年版,第 228 页。

假定一国的 IS 曲线、LM 曲线和 BP 曲线的交点 E 为均衡点,偏离该点时,就会出现几种不同的情况。如图 15-5 所示,IS、LM、BP 三条曲线把点 E 以外的空间分割成六个区域,分别代表六种不同的失衡状态。在现实中,根据一国对资本管制程度的不同,又可以将 BP 曲线进一步进行细分,由于既不存在完全的资本流动(BP 水平),也不存在完全的不流动(BP 垂直),因此我们看到的一般情况是各国允许资本流动的程度,即 BP 曲线倾斜的程度。图 15-5(a)和表 15-1 反映了 BP 曲线比 LM 曲线更为陡峭的情况,图 15-5(b)和表 15-2 则反映了 BP 曲线比 LM 曲线更为平坦的情况。值得注意的是,除了以上六种失衡状态,点 E 又把这三条曲线分割成六段,而这些曲线上的点又分别代表六种不同的局部均衡-失衡状态,读者可以自己思考它们分别处于什么状态。

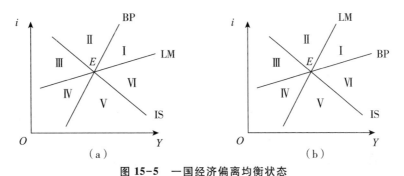

图 15-5 一国经济偏离均衡状态

表 15-1 开放经济的六种完全失衡状态(BP 曲线比 LM 曲线陡峭的情况)

区号	I	II	III	IV	V	VI
商品市场	商品过剩	商品过剩	商品短缺	商品短缺	商品短缺	商品过剩
货币市场	通货过多	通货过多	通货过多	通货紧缩	通货紧缩	通货紧缩
国际收支	逆差	顺差	顺差	顺差	逆差	逆差

表 15-2 开放经济的六种完全失衡状态(BP 曲线比 LM 曲线平坦的情况)

区号	I	II	III	IV	V	VI
商品市场	商品过剩	商品过剩	商品短缺	商品短缺	商品短缺	商品过剩
货币市场	通货紧缺	通货过多	通货过多	通货过多	通货紧缺	通货紧缺
国际收支	顺差	顺差	顺差	逆差	逆差	逆差

二、固定汇率制下的宏观经济

前面的章节我们讨论了 IS-LM-BP 模型的问题,本部分和下一部分我们将分别讨论开放经济条件下对应不同汇率制度的宏观经济政策。与封闭经济条件下的宏观经济政策不同,开放经济条件下宏观经济政策的制定需要考虑更多的因素,因而政策环境和政策目标更为复杂。

(一)固定汇率制下的内外部平衡

世界上很多国家采用的不是固定汇率制,而是浮动汇率制。为什么还要研究固定汇率制呢?其原因有:第一,在目前的国际经济体系中,还有相当数量的国家将本币的汇率固定化。采用固定汇率制的国家可分为两个集团:大量的发展中国家将其货币与美元挂钩,它们构成了美元集团;欧元集团则包括欧盟国家和欧盟之外的一些通过汇率机制将其货币与欧元挂钩的国家。此外,还有其他一些国家将其货币与美元和欧元之外的一些货币挂钩。第二,一些国家只是名义上采用浮动汇率制,实际上其汇率在很大程度上受到政府管制。这些国家的汇率制度在很多方面都接近于固定汇率制。第三,人们在不断地讨论使世界上一些主要货币回到固定汇率制的问题。在评价这些建议的可取性和可行性之前,我们需要理解固定汇率制是如何影响一国经济运行方式的。

为同时实现经济的内部均衡和外部均衡,一国政府可以使用的调控工具主要有财政政策、货币政策、汇率政策和直接管制等。根据这些调控工具的不同功能,又可分为支出调整政策、支出转换政策和直接管制。

支出调整政策包括财政政策和货币政策,主要调节需求水平。财政手段主要是利用支出政策和税收政策,通过抑制或刺激私人支出和公共支出来影响市场总需求,进而影响贸易收支和国际收支;货币政策主要通过公开市场业务、贴现政策和法定存款准备金率调整,改变货币供给以影响市场总需求,或是改变利率水平以影响资本输出入,从而影响国际收支。① 总之,财政政策和货币政策都是通过直接影响总需求或者总支出来调节内部均衡,与此同时,总需求或者总支出的变动又会通过边际进口倾向和利率机制来影响外部经济运行。

支出转换政策是指改变总需求的方向,调节总支出中国内外商品和劳务的支出比例的政策工具。支出转换政策主要包括汇率政策。

直接管制是指政府采取直接的行政控制来影响内外经济运行的政策工具。直接管制主要包括贸易管制、金融或外汇管制和国内的价格与工资管制等。

(二) 固定汇率制下财政政策的一般分析

财政政策通过改变政府的支出和税收而实施。财政政策的变化通过经常项目和资本项目两个账户影响国际收支。我们考察实行扩张性财政政策的情况,假设一国政府对商品和服务增加购买。更多的政府支出意味着更大的政府预算赤字,为弥补更大的预算赤字,政府将更多地借债并促使利率上升。更高的利率将导致资本的流入,进而改善国家的资本项目状况。更多的政府支出还会增加总需求和实际国内产出。更多的支出导致了更多的进口需求,进而使经常项目余额恶化。在度过短暂的价格黏滞期后,更大的总需求将促使价格水平上升。价格水平的上升,会使国家失去国际价格竞争优势,这是导致经常项目状况恶化的另一个原因。对一国国际收支总差额的影响取决于上述变化的程度。我们可以通过研究国际资本流动对利率变化的反应而考察收支总差额受到的影响。如果国际资本流动对利率变化敏感,那么资本流入便会很多,国际收支总差额就会变为盈余;如果资本流动对利率变化不敏感,那么资本项目的改善便会很小,国际收支总差额可能会变为赤字。对收支总差额的影响可能也会受到时间的影响,资本的流入在一开始会很大,但随着国际投资组合为适应新的经济条件而做出调整之后又会变小。

图15—6描述了在固定汇率制并假设价格水平不变的条件下,扩张性财政政策的短期效应。在两种情况中,我们都从三曲线相交于点 E 开始。实行扩张性财政政策将 IS 曲线右移为 IS_1,它与 LM 曲线的新交点 H 对应更高的利率和更高的实际国内产出。两种情况的区别

---

① 陈雨露:《国际金融》,中国人民大学出版社2011年版,第356页。

在于国际资本流动对利率变化的反应不同。图(a)描绘的是资本流动反应相对较大的情况,此时 BP 曲线相对平坦。图(b)描绘的是资本流动不作出反应的情况,此时 BP 曲线相对陡峭。如资本流动像图(a)所描绘的那样会作出反应,那么新的交叉点便位于 BP 曲线的左边,甚至总差额变为盈余。如果资本流动不作出反应,如图(b),那么交叉点便位于 BP 曲线的右边,收支总差额便为赤字。

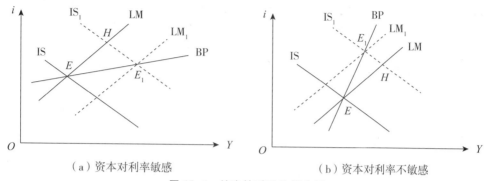

(a) 资本对利率敏感　　　　　(b) 资本对利率不敏感

图 15-6　扩张性财政政策分析

如果官方结算余额变为盈余或赤字,那么便需要由官方干预来维护固定汇率,国家的货币供给也将发生变化。如果对干预进行冲销的话,这一效应会推迟。如果不对干预进行冲销,利率和国内产出便会随着货币供给的变化而受到进一步影响。

如果资本流动对利率变化非常敏感,那么收支总差额就会变为盈余,国家必须通过卖出本币、买入外汇而进行干预。在不进行冲销的情况下,本国货币供给扩张,这会使利率下降并促使国内产出进一步扩张。在图 15-6(a)中,货币供给的增加使 LM 曲线右移,它最终将移至 LM_1 并在点 E_1 形成新的三线交点。在这种情况下,财政政策对于增加实际国内产出来说更为有力,因为货币当局在进行维护固定汇率的干预时扩大了货币供给。

如果资本流动对利率变化并不敏感,那么收支总差额赤字便要求官方通过买入本币、卖出外汇而进行干预。如果干预不被冲销,它便会使本国货币供给减少,利率提高,并使实际国内产出增长放慢。在图 15-6(b)中,货币供给的减少使 LM 曲线左移,最终移至 LM_1。在这种情况下,扩张性财政政策提高实际国内产出的能力将有所削弱。

延伸阅读
固定汇率制下财政政策的极端情况分析

(三) 失衡原因及应对策略

1. 原因

各个国家均愿意同时达到内部平衡与外部平衡,但各国的实际经济运行往往不能达到这两个目标。在很多场合,一国经济会在内部及外部两个方面都失去平衡。其原因可能是外部因素对经济的冲击,或政府政策失误导致的经济运行绩效不佳。

(1) 国际资本流动冲击。国际资本流动冲击指无法预见的国际资金流动变化。假设一国国际资本外流,那么随着资本项目的恶化,国际收支总差额会变为赤字,此时会出现促使本币贬值的压力。为了维护固定汇率,国家进行干预,买入本币,卖出外汇。如果干预不被冲销,本国货币供给便会减少,利率上升,实际国内产出下降。

(2) 国际贸易冲击。国际贸易冲击指由国家实际收入以外的因素所导致的国家进口或出口的变化。国际贸易冲击会改变一国的经常项目状况,进而直接影响到一国的国际收支总差额和对本国产出的总需求。假设一国出口减少,进口增加。这会导致经常项目和国际收支总差额的恶化,还会减少总需求和降低国内产出。为了维护固定汇率,国家进行干预,买入本币,卖出外汇。如果干预不被冲销,本国货币供给就会减少,进而导致总需求进一步下降。外部平衡可以通过这些变化得以重建,但内部失衡将会加剧。

2. 需求政策冲突

在开放的经济中,面对多种经济目标和多种经济政策,政府必须选择合适的政策工具来实现每一个经济目标。如何使用宏观经济政策来同时达到内外部均衡是一个亟须解决的问题。澳大利亚经济学家斯旺用斯旺图形来说明他的观点。图15-7的纵轴代表以直接标价法表示的本国货币的实际汇率,横轴代表国内实际支出或者需求(即国内消费、本国投资以及本国政府支出之和)。

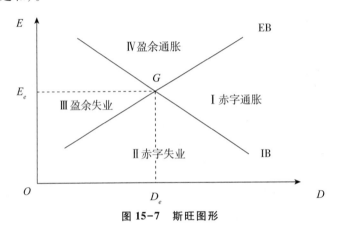

图 15-7 斯旺图形

IB(内部平衡)线代表当一国经济达到内部平衡时,实际汇率与国内支出的所有组合。IB线具有负的斜率,因为实际汇率的下降(本币的升值)会带来出口量的减少,那么一国国内支出必须增加才能保持内部平衡。如果一国的经济处于IB线的右上方,那么该经济就有过热的压力。这是因为在一定的汇率下,国内支出大于维持内部平衡所需要的支出,我们称经济处于通货膨胀阶段;如果一国经济处于IB线的左下方,则该国经济就存在通货紧缩压力。这是因为在一定的汇率下,国内支出比维持内部平衡所需要的支出要小,我们称经济处于失业阶段。

EB(外部平衡)线代表当一国经济处于外部平衡时,实际汇率与国内支出的各种组合。EB线具有正的斜率,因为国内支出的增加会使得进口量增加,只有提高汇率从而减少进口、增加出口,才能维持外部平衡。如果一经济处于EB线的右下方,则国际收支处于赤字状态,因为给定汇率水平,国内支出和本国进口量大于维持外部平衡所需要的水平;反之,如果一国经济处于EB线的左上方,那么其国际收支就会产生盈余。

在图15-7中,只有IB线与EB线的交点G同时达到了内部和外部平衡。我们可以根据内部平衡线和外部平衡线划分出四个区域,分别表示经济所处的不同状态:区域Ⅰ,外部赤字与内部通胀并存;区域Ⅱ,外部赤字与内部失业并存;区域Ⅲ,外部盈余与内部失业并存;区域Ⅳ,外部盈余与内部通胀并存。

面对高失业率和收支盈余的国家,政府可以采用扩张性政策同时解决这两个问题。显而易见,本国货币供给的扩大会增加总需求和降低失业率,同时也会减少收支盈余。如果国家为维护固定汇率而进行干预,并且不对此进行冲销的话,这种变化会自然发生。一国政府也可能面对被视为过高的通货膨胀率和国际收支赤字,此时它可以采用相反的政策同时解决这两种问题。处在上述情况中,确定恰到好处的政策也是十分困难的,因为在现实中正好可以解决一种失衡的政策,往往不足以解决另一种失衡。然而无论如何,上述可取的政策可以同时减轻两种失衡是毫无疑问的。

对图中区域Ⅱ和区域Ⅳ的情况又该如何。一般而言,这里并不存在明显正确的政策方案,处于区域Ⅱ中的国家最为强烈地感受到了政策选择的两难。在这类国家中,高失业率导致了总需求不足,而国际收支又处于赤字状况。在1925年重新加入金本位制后以及在第二次世界大战前实行黄金平价时期的英国,便处于这种近乎于灾难性的困境。美国在20世纪60年代初面对了同样的问题,德国在90年代初也遇到了类似的问题。在这些场合中,降低失业率要求通过扩张性政策而增加总需求。但这样做,又将使国际收支状况恶化。政府遇到的反方向的决策两难困境是高通货膨胀率与国际收支盈余的共存(区域Ⅳ),这是德国和瑞士在布雷顿森林固定汇率体制年代常常遇到的问题。对难以接受的严重通货膨胀的治理,要求对总需求进行控制,但对需求的抑制又会增加经常项目的余额,进而增加国际收支盈余。针对区域Ⅱ和区域Ⅳ的情况,英国经济学家、诺贝尔经济学奖获得者詹姆斯·爱德华·米德指出,在固定汇率制下,政府单独使用支出调整政策会使内部均衡和外部均衡两个目标的实现发生冲突,这种现象被称为"米德冲突"。

3. 解决方案

(1)货币政策与财政政策的混合方法。通过对基本政策两难的更为细致的考察,罗伯特·蒙代尔和马库斯·弗莱明注意到,货币政策与财政政策对内外部平衡有不同的影响,这种不同可以作为设计创新性解决方案的基础。

货币政策与财政政策效应的关键区别在于,更宽松的货币政策会降低利率,而更宽松的财政政策则会提高利率,可以用各种财政政策和货币政策的组合来扩大总需求及国内产出。而且,这种组合对于引导利率水平至少在短时期内是重要的。国内产出的扩大如果主要是由扩张性货币政策所推动的,那么它便会使利率下降。由于利率会影响国际收支平衡,所以利率是重要的。如果利率下降,收支状况便会恶化。但如果将利率提高到足够高(例如,通过采用高度扩张性财政政策加上某种程度的紧缩性货币政策),收支状况便会得以改善。

从更为一般的意义上讲,货币政策与财政政策可以被组合使用,以便在短期内实现国内产出和国际收支总差额的各种组合结果。图15-8描绘了解决起始于点H的高失业率与国际收支赤字并存问题的可行方法,我们的目标是将经济扩张到充分就业的水平,这可以在国内产出水平Y_f实现。正如我们所看到的,只改变一种政策不能达到目的,而只有同时改变两种政策方能奏效。在这种情况下,最好实行更为紧缩的货币政策,以使用更高的利率吸引外国资本,同时采用更为宽松的(扩张性)财政政策,以便实现充分就业。以适当的力度,货币方面的紧缩和财政方面的放松可以导致恰到好处的充分就业和国际收支平衡。在图15-8中,这是通过IS曲线向IS_1以及LM曲线向LM_1的移动而实现的。

类似的政策处方可被用于起始于任何一点的达到内部及外部平衡的努力。其原理是明确的:只要政策选择与目标变量一样多,正如我们现在所讨论的这个两种政策、两种目标的案例,那么便会有解。

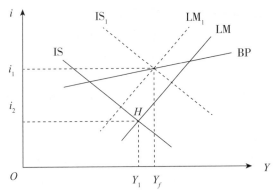

图 15-8 内外部失衡的解决分析

此外,政策处方模式为对财政政策与货币政策规定任务而揭示了一个有用的准则。这便是罗伯特·蒙代尔的指派准则。指派给财政政策的任务仅仅是稳定国内经济,而指派给货币政策的任务则仅仅是稳定国际收支。从表 15-3 中我们可以看出,在这些准则的指引下,两种政策工具将共同促使内部平衡与国际收支平衡的实现。指派准则一般会将两种政策导向正确的方向,但也存在某些例外的情况。但即便在这些情况下,遵循指派准则也并不比使经济沿着一条更为曲折的路径达到内部平衡更为糟糕。

表 15-3 内外部失衡与解决策略

内部失衡状态	外部失衡状态	解决策略
高失业率	国际收支赤字	更紧的货币政策,更松的财政政策
高通货膨胀率	国际收支赤字	更紧的货币政策,更紧的财政政策
高失业率	国际收支盈余	更松的货币政策,更松的财政政策
高通货膨胀率	国际收支盈余	更松的货币政策,更紧的财政政策

指派准则是便于使用的,它使两种政策工具各自集中于某一单一的任务,进而无须由财政当局和货币当局进行完美的协调。指派准则在实际中可能奏效,也可能不会奏效。我们已经指出了利率对于资本流动的影响问题,这被看作问题有解的保证。此外,任何一种政策如未能及时得到经济信号并对其作出反应,其结果便会是比没有政策干预更糟的不稳定的经济波动。

制定和实施相互独立的政策实际上是不可能的。此外,两种政策的混合还会影响本国支出和外债的构成。诸如表 15-3 中采用更紧的货币政策可以减少本国实际投资,这会减少资本存量的增长进而阻碍国家供给能力的增长。它还会导致外债的形成,这种外债必须在未来进行偿还,这会减少国家留给自己的国民收入量。

(2) 放弃固定汇率。如果一国的国际收支失衡足够大或持续的时间足够长,该国政府便可能不愿意将国内政策改变到足以扭转这种失衡的程度。相反,它可能会认为放弃固定汇率才是最佳选择。如果国际收支为赤字,便可以使本币贬值;如果国际收支为盈余,则可以使本币升值。

政府在这里的初衷是,汇率的变化会调整外部平衡,而不会过多地干扰国内经济。然而,汇率的变化将影响到总需求、国内产出、失业率以及通货膨胀。为此,汇率变化的内部影响,需要通过其他政策变化予以抵消,这便要求建立混合的政策组合。它包括汇率的变化以及财政政策变化和货币政策变化,或两者其中之一。

相关案例 15-2

放弃固定汇率使尼日利亚货币大幅走低

尼日利亚央行于 2016 年 6 月 15 日宣布,从 2016 年 6 月 20 日起放弃此前实施的固定汇率制,将实施"更灵活"的汇率政策。受此消息影响,尼日利亚货币奈拉 20 日出现大幅贬值,美元对奈拉汇率比前一交易日一度上涨逾 30%,美元对奈拉汇率开盘价为 198.92 奈拉,最高曾冲至 264.25 奈拉。

尼日利亚长期以来实行固定的汇率制度,造成了官方汇率与黑市汇率之间的巨大差距。2015 年 2 月以来,尼日利亚货币奈拉对美元汇率一直在 197—199 奈拉兑换 1 美元,而黑市汇率近日已经降到了 370 奈拉兑换 1 美元。尼日利亚政府一直拒绝奈拉贬值,他们认为货币贬值无益于进口依赖型的经济。而近年来原油价格的持续下跌给依赖石油出口的尼日利亚带来沉重打击,经济下滑、外汇短缺导致奈拉面临巨大贬值压力。

尼日利亚外汇储备已经由 2014 年 1 月的 428 亿美元降到了 2016 年 6 月 10 日的 267 亿美元。银行的外汇收益由大约每月 32 亿美元下降到了目前的不到 10 亿美元。

巨大压力下,尼日利亚央行终于宣布放弃固定汇率机制。在新的汇率机制下,市场将在银行间和自主交易窗口形成单一市场机制,汇率将纯粹由市场决定。央行将根据需要不定期通过买卖外汇来干预市场。新机制下,非石油出口商将自由通过银行间市场兑换外汇。

有分析人士预测,美元对奈拉汇率或快速上涨至 300 奈拉,甚至不排除上摸 390 奈拉的可能性。分析认为,新的机制可能会暂时吸引投资者回流,但同时也将会推高已经很严重的通货膨胀,最终受害的将是数千万尼日利亚穷人,并可能引起经济衰退。

资料来源:"尼日利亚放弃固定汇率",中华人民共和国商务部网站,2016 年 6 月 16 日。

[问题思考] 结合前一章内容,谈谈浮动汇率制的优点与缺点。

[案例点评] 与固定汇率相比,浮动汇率制的优点是:①它具有自发调节国际收支的功能;②它有助于遏制大规模的外汇投机风潮;③它使各国政府摆脱固定汇率制对经济政策自主权的约束;④它有更强的适应世界经济环境的生命力;⑤它有助于提高资源配置效率。浮动汇率制的缺陷是:①汇率波动给国际贸易和国际金融活动带来外汇风险,从而会在一定程度上阻碍它们的顺利发展;②它削弱了固定汇率制下的货币纪律,助长了货币政策中的通货膨胀倾向,各国政府无须通过抑制通货膨胀来履行维持固定汇率的义务;③它会助长金融泡沫,即金融资产价格高于其实际价值;④在浮动汇率制下,实行钉住汇率制的货币特别容易受到国际投机资本的冲击。

三、浮动汇率制下的宏观经济

(一)浮动汇率制下货币政策的一般分析

在浮动汇率制中,货币政策对国内产出和收入具有强有力的影响。为理解这一点,让我们考虑人为增加本国货币供给的情况。这种变化通过采用国内货币政策工具得以实现。例如,国家会通过公开市场操作买入本国证券,从而扩大经济中的货币总量。

货币供给的扩大会增强银行放贷的意愿,并使利率下降。利率的下降将在短期内使国际收支总差额恶化,资本项目会随着资本的流出而趋于恶化,经常项目则随着进口的增加而恶化。此时,对外汇的需求大于供给。在浮动汇率制中,将导致该国货币的贬值。

本币的贬值将提高本国产品的国际价格竞争力。本国公司相对于外国公司竞争优势的提高会通过出口的增加和进口的减少而改善本国经常项目余额状况。经常项目余额的改善会减少国际收支赤字,进而减少并最终消除促使本币进一步贬值的压力。外部平衡通过汇率的变化而得以重新实现。

本国公司新的竞争优势会增加对本国产品的总需求。由于需求的增加,实际本国产出和收入会增加得更多。然而,本币的贬值也可能会增强货币政策对价格水平和通货膨胀率的影响作用。贬值将提高进口产品的国内价格,新增的需求会产生促使价格普遍上涨的压力。

可见,在浮动汇率制中,货币政策对内部平衡具有强有力的影响作用。无论资本的流动程度如何,上述一般性结论都将成立:货币供给的扩张总会导致货币的贬值,而货币的贬值又总会进一步扩大总需求。我们可以利用 IS-LM-BP 图形来观察货币政策的效应,如图 15-9 所示。

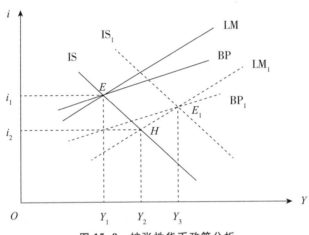

图 15-9 扩张性货币政策分析

一国的初始状态为点 E。该国现在要通过国内调整(如通过公开市场操作而买入本国证券)而扩大本国货币供给,LM 曲线右移至 LM_1。即便在本币汇率不变的情况下,这一政策变化的直接国内效应也会将国内利率由 i_1 下降至 i_2,并将实际国内产出由 Y_1 提高到 Y_2。此外,国家的国际收支余额会向赤字的方向变化(LM_1 曲线与 IS 曲线的交点 H 将在 BP 曲线的右边),该国货币在外汇市场贬值。随着国家价格竞争力的提高,该国出口增加,进口减少,经常项目余额得以改善,进而使 BP 曲线和 IS 曲线右移。如果汇率发生变化以维持外部平衡,那么该国经济便处于汇率调整后的三线交点 E_1。由于本币贬值,实际国内产出会提高得更多,即达到 Y_3。在浮动汇率制条件下,货币政策在短期内会对实际国内产出产生强有力的影响,但利率的变化并不确定。

延伸阅读
极端情况下的货币政策效应

(二)浮动汇率制下财政政策的一般分析

当政府更多地借债时,财政扩张政策会促使利率上升。更高的利率至少会在短期内吸引外资流入。与此同时,更多的政府支出和更低的税率使总支出、总产出与总收入提高。这些会增加进口,进而使经常项目余额恶化。可见,对于一国的国际收支总差额以及该国货币汇率来说,存在两种方向相反的变化趋势。利率的上升会吸引国外资本的流入,进而使本币更为坚挺。但总需求和进口的增加又会使本币更为疲软,哪种趋势会占主导地位?对此并不存在固定的答案。如果资本在国家之间是可以自由流动的,那么资本流入效应在一开始可能会足以使本币升值。而总需求效应可能会更加有力和更为持久,以致最终使本币贬值。

如果本币首先升值,那么该国便会失去价格竞争力。出口下降和进口上升将使国家经常项目余额下降,进而削弱财政政策对国内产出的扩张效应。也就是说,扩张效应被国际性挤出效应所削弱。这种挤出是指本币的升值以及它所导致的经常项目余额的下降。如果本币首先(或者最终)贬值,价格竞争力的提高以及它所导致的经常项目余额增加便对国内产出提供了进一步的贸易激励。

财政扩张效应可以用 IS-LM-BP 图形进行描述。图 15-10 显示了两种可能性。在两种情况中,经济的起始点均为三线交点 E。(a)图中财政的扩张直接将 IS 曲线移至 IS_2,进而将国内利率由 i_1 提高到 i_2,并将国内产出由 Y_1 提高到 Y_2。

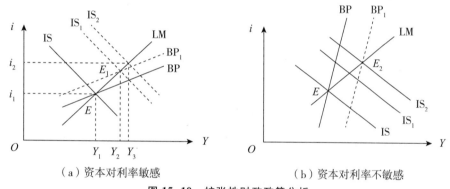

图 15-10 扩张性财政政策分析

两种情况的区别在于国家国际收支差额向盈余还是赤字方向变动。(a)图中所表示的是向盈余方向的变动,其变动原因在于资本流动效应更大。在该图中,开始的国际收支盈余由位于 BP 曲线左边的 IS_2 和 LM 的交点所表示。本币升值,经常项目余额恶化,BP 曲线和 IS_2 曲线向左移动。新的三线交点位于点 E_1。由于本币升值,国内产出从 Y_3 下降至 Y_2。国际挤出效应削弱了财政政策的扩张效应。

(b)图中显示了向赤字方向变动的情况,其变动原因在于总需求效应的作用更大,财政的扩张将 IS 曲线移至 IS_1,IS_1 曲线和 LM 曲线的交点位于初始 BP 曲线的右边。本币贬值,经常项目余额改善,BP 曲线和 IS_1 曲线向右移动。新的三线交点位于点 E_2。由于本币贬值,国内产出上升。

延伸阅读
极端情况下的财政政策效应

(三)浮动汇率制下的内部平衡解决

对经济的冲击可同时改变一国经济的国际运作绩效与国内运作绩效。在浮动汇率制中,汇率的变化在冲击发生之后会有助于实现外部平衡。如果一国国际收支总差额向赤字方向变化,本币便会贬值,进而扭转这种恶化趋势。如果一国的国际收支总差额向盈余方向变化,本币便会升值,进而扭转这种变化趋势。

浮动汇率制并不能保证国家实现内部平衡,相反浮动汇率制的变化会影响国家的内部平衡。本币的贬值会使国家经济发生扩张。如果国家在汇率变化之前的初始状态为严重失业,货币贬值的扩张效应便是有好处的,因为它将有助于内部平衡。如果国家的初始状态为内部平衡或拥有太高的通货膨胀率,本币贬值的扩张效应便会产生或加剧内部的通货膨胀性失衡。

政府可以采用货币政策或财政政策来解决所出现的任何内部失衡。如果内部失衡为过度失业型,便可以用扩张性货币政策或财政政策。解决失衡所需要的政策变化的幅度取决于将发生的汇率变化方向,浮动汇率制中的货币政策是强有力的。因此,相对较小的变化便足以重建内部平衡。财政政策的效力则是变化不定的,如果难以预见财政政策变化导致的汇率变化方向,财政政策的效果便也是难以预料的。

第三节 开放经济条件下的宏观经济政策

一、政策工具

由于存在市场失灵或者市场效率过低,宏观经济自动均衡的成本过高,因此,政府有必要采取合适的政策工具来实现宏观经济内外部均衡。

(一) 分类①

为了实现宏观经济的内外部平衡,一国可以使用的政策工具主要有财政政策、货币政策、汇率政策和直接管制等,根据这些政策工具对实现内外部均衡的效果的不同,我们将这些政策工具分为支出-改变政策和支出-转换政策。

1. 支出-改变政策

支出-改变政策是指通过财政政策或货币政策等改变社会总需求或者总支出来改变进出口贸易及资本移动,调节国际收支平衡的政策,主要包括财政政策和货币政策。

财政政策是指调整政府支出或税收,或者两者同时改变来影响国内产出与收入水平的政策。如果政府支出增加和(或)税收减少,财政政策就是扩张的,扩张性的财政政策通过乘数效应促进国内产出和收入增加,并且导致进口增加(取决于边际进口倾向);如果政府支出减少和(或)税收增加,财政政策就是紧缩的,紧缩性的财政政策通过乘数效应导致国内产出和收入降低,并且促使进口减少(取决于边际进口倾向)。

货币政策是指通过改变一国货币供给量和利率来调节国内产出与收入水平的政策。如果货币供给量增加,货币政策就是扩张的,扩张性的货币政策会使利率下降,则国内的投资增加,通过乘数效应使收入水平上升,并且导致进口增加(取决于边际进口倾向);如果货币供给量减少,货币政策就是紧缩的,紧缩性的货币政策会使利率上升,则国内的投资减少,通过乘数效应使收入水平下降,并且导致进口减少(取决于边际进口倾向)。

2. 支出-转换政策

支出-转换政策是指不改变社会总需求或总支出,而是通过汇率调整或直接控制等政策来改变需求和支出方向,调节国际收支平衡的政策,主要包括汇率调整和直接控制。

汇率调整是指政府通过汇率上升或下降,改变进出口商品相对价格,引导本国支出在国内商品和进口商品之间转换,从而改变进出口以达到国际收支平衡。如果一国实行汇率上升,那么国内商品与进口商品相对价格下降,会促使消费支出从进口商品转向国内商品,减

---

① 湛柏明:《国际经济学》,复旦大学出版社 2010 年版,第 270 页。

少进口,改善国际收支逆差;如果一国实行汇率下降,那么国内商品与进口商品相对价格上升,会促使消费支出从国内进口品转向进口商品,增加进口改善国际收支顺差。值得注意的是,进口的变化带来国民收入的变化,收入的变化又会改变进口。

直接控制是指政府对市场进行约束。在国内经济方面,具体的政策措施包括行政条例、物价管制、法律限制等,当其他政策失效时,直接控制中的价格和工资控制可用以缓解国内的通货膨胀;在国际经济方面,则包括关税、非关税措施、外汇管制以及其他限制国际贸易和国际资本流动的做法,直接控制的目的也是改变国内的需求结构,以实现对内对外经济的平衡。

(二) 其他政策工具

1. 调节社会总供给的工具

一般又可称为结构政策。它包括产业政策和科技政策等,旨在改善一国的经济结构和产业结构,以提高产品质量、降低生产成本、增强社会产品的供给能力。供给政策的特点是长期性,在短期内难以有显著的效果。

2. 提供融资的工具

融资政策是在短期内利用资金融通的方式,弥补国际收支出现的超额赤字以实现经济稳定的一种政策。融资政策包括官方储备的使用和国际信贷的使用,从一国宏观调控角度看,它主要体现为国际储备政策。对外部均衡调控的首要问题就是融资还是调整,因为如果国际收支偏离外部均衡标准是临时性的,是由短期的冲击引起的,那么可以用融资方法弥补以避免调整的痛苦;而如果是中长期因素导致的,那么就势必要求运用其他政策进行调整。可见,融资政策与调节社会总需求的支出政策之间具有一定的互补性与替代性。

(三) 国际收支调节政策选择

当一国国际收支出现失衡时,政府面临四个层次的政策选择:一是在融资政策和调整手段之间进行选择;二是如果选择调整手段,则可在需求调整政策与供给型政策之间进行选择;三是如果确定采用需求调整手段,则在采用支出调整政策和支出转换政策之间进行选择;四是如果确定采用支出转换政策,则必须在本币贬值和管制措施之间进行选择。

各种政策均有其利弊,政策调节的目的在于:当国际收支失衡时,正确使用并搭配各种不同类型的调节政策,应该根据具体情况进行权衡,加以选择,以最小的经济代价和社会代价达到国际收支的平衡。

二、国际储备管理

通常所言国际储备(International Reserve)是指一国官方现有的可以无条件地用来弥补国际收支赤字或干预外汇市场的国际普遍接受的资产。开放经济条件下,国际储备管理实质上成为一国调节内外均衡的一项重要政策工具。

(一) 国际储备的特征、构成

一个国家用于国际储备的资产,通常被称作国际储备资产。国际储备资产一般应该具备的特征有:普遍接受性、充分流动性、自由兑换性和官方持有性。[1]

当前来说,可用作一国国际储备的资产有四种,即黄金储备、外汇储备、在国际货币基金组织的储备头寸和在国际货币基金组织的特别提款权余额。

---

[1] 宋树民、张岩:《国际金融》,北京大学出版社 2014 年版,第 171—172 页。

（二）国际储备数量的管理

延伸阅读
国际储备的具体构成及宏观经济意义

虽然充足的国际储备对一国开放经济的均衡与稳定是十分必要的，但并不是说国际储备的数量越多越好，过量的国际储备使一国承担了过多的储备资产价值波动的风险，而且国际储备资产所代表的资源被他国占用，没有用于本国投资，是本国经济发展的机会成本；对于资金短缺的发展中国家，过量国际储备的机会损失尤其突出。国际储备数量管理的目标就是确定一个国家合理的储备规模。

美国耶鲁大学教授罗伯特·特里芬（Robert Triffin）总结了很多国家的储备状况，得出结论：一国国际储备的合理数量，为该国年进口总额的 20%—50%。实施外汇管制的国家，因政府能有效控制进口，储备可少一点，但底线在 20%；不实施外汇管制的国家，储备应多一点，但一般不超过 50%。对大多数国家来说，保持储备占年进口总额的 30%—40% 是比较合理的。特里芬的研究开创了系统研究国际储备的先例。自此以后，国际储备需求的研究得到了很大发展，较有影响的还有成本-收益分析法。成本-收益分析法是将微观经济学的分析方法用于国际储备的分析，从而确定最佳的国际储备规模。持有国际储备的边际成本小于边际收益时，一国应继续增加持有国际储备；当持有国际储备的边际成本大于边际收益时，一国应减少持有国际储备；当持有国际储备的边际成本等于边际收益时，一国的国际储备规模达到适度状态。

因为国际储备对一国宏观经济的特殊作用，影响一国国际储备需求的因素有很多，所以对国际储备适度规模的定量分析局限性很大，定性分析显得非常重要。综合起来看，决定一个国家最佳国际储备量的因素还包括以下几方面：

（1）国际收支差额的波动幅度。对一个国家来说，每年的国际收支差额是不一样的，有时大，有时小；有时顺差，有时逆差。波动幅度越大，国际储备的需求就越大；波动幅度越小，对国际储备的需求也就越少。

（2）汇率制度。国际储备的一个重大作用就是干预汇率。如果一国采取固定汇率制，政府不愿意经常性地改变汇率水平，相应地就需要持有较多的储备，以应付国际收支可能产生的突发性巨额逆差或外汇市场上突然的投机冲击。反之，一个实行浮动汇率制的国家，储备规模可相对低些。

（3）国际收支自动调节和政策调节的效率。国际收支自动调节机制、政策调整和国际储备调节三者是互补的。如果一国自动调节和政策调整效率较高，则所需的国际储备量就较少；相反，前两个机制效率不高时，就需要有较多的国际储备用于调节开放经济。

（4）金融市场的发育程度。发达的金融市场对利率、汇率等调节机制反应灵敏，资金流动性强，政府可以通过政策的、新闻的、道义的手段来诱导资金的流动来调节外部经济。因此，金融市场发达的国家，政府持有国际储备量可以少些。

（5）国际货币合作状况。如果一国政府同外国货币当局和 IMF 等有良好关系，签订有较多的互惠信贷和备用信贷协议，或当国际收支发生逆差时，其他货币当局能协同干预外汇市场，则该国政府对国际储备的需求就较少；反之，对国际储备的需求就较多。

（6）国际资本流动情况。传统的衡量国际储备数量的主要分析是针对经常账户而言的，国际储备的功能主要定位于弥补进出口之间的差额。而在国际资本流动非常突出的情况下，国际储备对国际收支平衡的维持更主要表现为抵消国际资本流动的冲击。由于国际资金流动的规模非常大,因此一国在不能有效利用国际金融市场借入储备的情况下,其国际储备的数量需求就大大增加了。国际资本流动条件下,一国储备的合理数量尚是一个在探讨中的问题。一种观点认为,在资本流动较为自由的情况下,利用国际储备政策调节外部经济的作用是极为有限的,外部经济的调节需借助于其他自动机制或调节政策。

（三）国际储备结构的管理

国际储备结构管理主要是外汇储备的结构管理问题,因为在世界的总储备中,外汇储备超过了90%。外汇储备结构管理的目标是保证外汇储备的安全性、保值性、流动性和盈利性。安全性是指储备资产的存放可靠,要将外汇资产存放在外汇管制宽松的国家、资信卓著的银行、相对稳定的币种和安全的信用工具上去;保值性是指外汇储备资产能保持原有价值,因为汇率的波动会使贬值货币的价值下降,保值的有效办法是做到储备币种多元化;流动性是指资产的兑现性;盈利性是指在储备资产保值的基础上有较高的收益。

20世纪70年代以后,国际货币制度发生了重大的变化,对外汇储备的结构管理产生了很大影响。单一的固定汇率制度转变为多种的管理浮动汇率制度。储备货币的汇率波动频繁,各国金融当局被迫注意货币汇率的变动,采取相应的措施,以避免本国储备资产的损失。储备货币从单一的美元转变为以美元为主导,马克、日元、英镑、法郎等多种储备货币同时并存的局面。不同的储备货币汇率走势、利率水平、通货膨胀率变化都会对国际储备资产的价值产生影响,币种管理的任务就是要在研究不同国家汇率、利率、通货膨胀率的基础上,恰当调度和搭配储备资产的币种构成,以减少损失,增加收益。国际金融市场获得了长足的发展,各种新的金融工具和投资工具层出不穷,银行的国际经营风险也随国际债务问题和信用膨胀而增大,这也相应增强了储备资产币种管理的必要性和重要性。

随着欧元的启动和进入21世纪,国际储备的币种管理又面临新的问题。储备货币以美元为主导的局面可能向以美元、欧元两种货币为主导的方向发展。从近两年的国际金融市场实际情况看,美元、欧元和日元三大关键货币间的汇率波动更加严重,币种管理问题的重要性并没有因为储备货币数量的减少而下降,甚至更为突出。

具体来说,一国在进行外汇储备货币币种的选择时还应遵循以下原则:第一,及时了解储备货币发行国的经济状况、金融状况、货币供给量、经济发展趋势和国际收支动态等情况;第二,避免单一储备货币结构,实行以坚挺货币为主的多元化储备货币结构;第三,采取积极的外汇风险管理策略,安排预防性储备货币。[1]

（四）国际储备政策与其他政策的搭配

开放经济条件下,国际储备管理是一国政府调节外部均衡的重要政策之一。当外部经济失衡时,政府可以用外汇储备稳定汇率水平和平衡国际收支,而不必通过需求政策调节经济总量。政府也可调整各类需求政策,而不采用国际储备政策。这就是国际储备政策与其他政策的搭配问题,也称为"融资还是调整"(Financing or Adjusting)的问题。

融资政策与调整政策的搭配方式关键是要看经济内外均衡的状况和国际收支失衡的性质。一般来说,临时性失衡可以通过融资政策调节,不必进行其他政策的调整;货币性失衡应主要通过财政政策、货币政策等需求政策加以调节,融资政策可作为辅助手段;结构性失衡应通过供给政策和其他政策的某种搭配进行调整,融资政策不可能很好解决结构性的国

---

[1] 韩莉:《国际金融》,北京大学出版社2016年版,第358页。

际收支失衡。

三、开放经济体的财政政策和货币政策运用

之前我们考虑了财政政策和货币政策对汇率以及国内经济的影响。在这里,我们进一步将两个政策对经济的影响同时纳入分析。在进行分析之前,首先思考政府如何运用两种政策组合影响宏观经济变量如实际 GDP 增长率、物价水平、汇率和经常账户。经济学家经常用外部平衡和内部平衡来描述政策的执行效果。一国经常账户平衡意味着外部平衡,而一国产出和物价均衡意味着内部平衡。由于内部平衡包含两个重要指标,所以内部平衡概念变得比较复杂。任何时候都存在产出和物价水平的最优均衡值,而这个均衡值通常被认为是充分就业产出水平和稳定的物价水平(没有通胀和紧缩)。由于这个理想的内部均衡很难被观测到,政府通常利用财政政策和货币政策来实现产出和物价之间可以接受的均衡。财政政策和货币政策都可以影响内部均衡和外部均衡。在很多情况下,政府不可能同时实现两者,而只能选择更重要的。

政府通常认为国内平衡更重要,因此更加强调运用政策实现内部均衡。尽管财政政策和货币政策对汇率及经常账户有很重要的影响,但是这些变量通常不是主要政策目标。公众和厂商经常认为汇率和经常账户平衡是宏观经济政策的主要目标。在某些制度安排下,可能是这样的。不过,在浮动汇率制下,宏观经济政策更加侧重于内部均衡。

考察以下财政政策和货币政策对一国内外部平衡的潜在影响。为使分析尽可能简单,我们总结了表 15-4,纵向给出四种政策,横向给出相关的经济变量。我们利用这张表考虑政策组合(Policy Mix),即不同的财政政策和货币政策对经济变量的综合影响。

表 15-4 浮动汇率和资本流动条件下不同的财政政策和货币政策组合的效应

		效应			
		产出水平	物价水平	汇率	经常账户
扩张性财政政策	直接效应	增大	提高	下降	恶化
	间接效应	减少	降低		
	净效应	小或无影响		下降	恶化
紧缩性财政政策	直接效应	减少	降低	上升	改善
	间接效应	增大	提高		
	净效应	小或无影响		上升	改善
扩张性货币政策	直接效应	增大	提高	上升	改善
	间接效应	增大	提高		
	净效应	大幅增加		上升	改善
紧缩性货币政策	直接效应	减少	降低	下降	恶化
	间接效应	减少	降低		
	净效应	大幅减少		下降	恶化

(一)同向的政策组合

假定一国经济正在经历一场衰退,产出低于充分就业水平,政府的主要目标是提高均衡

产出。表15-4给出了财政政策和货币政策对均衡产出的影响。为增加产出,政府可采取扩张性货币政策和/或财政政策。此外,会对物价产生向上压力,如表15-4中第二列所示。不过,当产出低于充分就业产出水平时,物价上升的程度是可以接受的。实施扩张性货币政策和财政政策对汇率的效应是不明确的。第三列表明,扩张性财政政策导致货币升值,而扩张性货币政策导致货币贬值。本币升值或贬值取决于财政政策和货币政策对利率的综合影响。由于汇率效应是确定的,扩张性财政政策和货币政策组合对经常账户的影响也是不确定的。如果扩张性财政政策和货币政策最终导致国内利率下调,则本币贬值,经常账户因此改善;如果政策组合导致利率上升,则本币升值,经常账户恶化。从政策制定者的角度解决衰退问题,让外部平衡随着利率变动而调整是相对可行安全的方案。因此,国内经济会在扩张性政策组合下提高产出水平,外部非平衡在任何一个方向(盈余或赤字)都不会走得太远。

如果国内的主要问题是通货膨胀,分析也是类似的。在这种情况下,通常产出大于充分就业水平,这时,政府可能会动用紧缩性财政政策和货币政策的组合,这种政策组合对内部平衡的影响是很明确的,即物价水平和产出水平都会下降。同样,这套政策组合对外部平衡的影响是不确定的。紧缩性财政政策导致本币贬值,而紧缩性货币政策导致本币升值。由于汇率的不确定性,经常账户的状态也同样是不确定的。这套政策组合似乎并不存在很大问题,因为当国内经济调整到合意的水平时,外部平衡没有发生太大的变动。因此,当政府动用同向的政策组合时,均衡产出和物价水平得到调整的同时,汇率和经常账户平衡未出现剧烈变动。

(二)反向的政策组合

同向的财政政策和货币政策组合(同为扩张性或同为紧缩性)在国内目标实现上效果相互加强。反向的财政政策和货币政策(一个扩张和一个紧缩)在国内目标实现效果上相互削弱。例如,紧缩性货币政策配合扩张性财政政策,对均衡产出和物价水平的效应是不明确的。既然这种政策组合对国内平衡的影响是不确定的,那么政府为什么采用这套政策组合呢?在前面的讨论中,假定政府能够左右财政政策和货币政策的变动。在很多国家,情况不是这样的。一方面,行政政策和立法机构(总统或总理与国会)共同操控财政政策;另一方面,中央银行独立于政府,决定货币政策的走向。当不同的政策制定者影响着财政政策和货币政策时,其采用的政策组合很有可能是反向的。

当政策组合反向时,短期内会对国内经济产生不确定的影响。不过,反向政策组合对外部平衡影响的效应是确定的。扩张性财政政策和紧缩性货币政策会导致本币升值和经常账户恶化,而紧缩性财政政策和扩张性货币政策对外部平衡的影响正好相反。注意这里讨论的关键在于,反向的政策组合对外部平衡影响的效果得到了强化。

当经济中采用反向政策组合时,汇率的变动对厂商竞争力会产生重大影响。20世纪80年代美国的"双赤字"就是这套政策组合对贸易品效应的具体实例。

相关案例15-3

美国"税改"如何影响世界经济?

2017年12月22日,特朗普签署了美国《减税与就业法案》这一全面税收改革法案。这一次的"税改"内容广泛,一旦付诸实施,可能对美国经济和世界经济格局产生重大影响。

作为世界最大的发达经济体和最重要的资本输出国之一,美国"税改"对世界经济格局的影响可以从两个方面来看:一是"税改"措施本身是否加剧全球税收竞争并导致国际资本流动的重大变化;二是"税改"如果导致美国投资和消费增长,将如何影响全球货物和资本流向。

美国此次税收体系改革实际上是全球税收改革趋势的一个部分。随着资本市场越来越全球化,全球企业的选址越来越灵活,各国政府都在试图通过降低其管辖范围内的企业税率来推动经济增长。美国"税改"可能加剧不同国家间的税收竞争,税率较高的经济体可能在国际上处于越来越不利的竞争地位。从过去的全球税收竞争情况来看,其他经济体很可能采取降低企业所得税或对资本投资给予其他优惠性补贴的措施来应对,也可能两者并用。过去10年间,不少主要经济体实际上已采取降低所得税主要是企业所得税税率的措施。据有关机构估算,经济合作与发展组织国家的平均企业所得税税率已从2000年的32%降到了当前的24%。美国减税会加强美国对全球存量资本的吸引力,导致资本从世界其他经济体流出。针对美国的"税改"作出反应并采取措施的经济体,其所受的负面冲击可能避免或减小,而它们的应对措施会进一步加深那些未采取措施的经济体所受的冲击。

不过,美国"税改"导致全球资本流向变化的程度大小,主要还要看"税改"能否导致美国投资和消费增长,能否使美国经济更加活跃。如果美国"税改"带来了美国投资繁荣和经济增长,就会带来对货物、劳动力和资金需求的上升。

美国投资扩张所需的货物和资本可能主要都来自世界其他经济体。首先,美国国内目前的生产能力可能无法满足投资扩张的需要。美国当前的劳动力市场可利用的潜力已不大,失业率目前已降至4.1%左右,移民政策收紧则进一步限制了其劳动力市场迅速满足需求的能力。其次,投资需求增长将导致对资本需求的增长,使利率趋于上升。从美国当前的国内储蓄水平和消费习惯来看,利率上升的替代效应大于收入效应的可能性较大。美国的劳动力市场和国内储蓄都不太可能有足够的弹性来满足投资扩大的需求。在美国国内储蓄不能满足投资增长需要的情况下,其所需资本首先会来自现存的全球资金供应链,这意味着世界其他经济体可获得的资本减少。由于美国税后投资收益上升,投资者会将资本从海外转向美国。这种情况下,从短期和长期来看,美国税改都会对其他经济体造成负面冲击。

从产业角度来看,特定产业因投资转向美国而受到的投资减少等负面影响程度,主要取决于产业生产要素,即资本和劳动力的流动性大小。在流动性相对较大的产业,如先进制造业,未来投资的一部分可能转到美国。因类似先进制造业这样的产业对关键生产要素的依赖程度较低,它更倾向于设在有较高技能劳动力和较好制度环境的国家。因此,其产业选址更易受到企业税收水平变化这样的因素影响。流动性相对较差的产业,如采矿、零售和农业受美国"税改"的影响较小。

因此,美国GDP和实际工资上升的同时,其他经济体的增长水平和实际工资都可能在一定程度上面临投资下降带来的冲击。

资料来源:王荣军,"美国税收改革对世界经济的影响",中国社会科学网,2017年12月31日。

[**问题思考**] 美国"税改"对中国经济可能有何影响?

[**案例点评**] 美国"税改"对中国经济可能产生的影响有如下几个方面:第一,由于更低的税负环境,更透明的政商关系,以及对冲人民币贬值的影响,在中国的美国资本将更有动力撤离中国。因此,美国"税改"将会刺激在华的美国资本回流。美国资本的撤离,一方面会降低就业和居民收入,但另一方面也给中国本土企业以新的发展机会。第二,随着减税计划

的实施,美国经济将获得消费和投资增长的强劲支撑,其经济表现很可能会在全球范围内"一骑绝尘"。届时其资产价格的表现,也可能在经济基本面的支撑下,优于中国市场。资本追求更高更确定的收益,自然会有动力流入美国。因此,美国"税改"对中国经济的影响除了外资企业的利润回流和投资撤离,还表现为金融市场资本外流的压力。第三,在特朗普税改落地后,叠加美联储持续的加息和缩表,未来的一段时间,人民币将重回贬值通道,继续承受贬值压力。第四,随着美国经济三大组合拳"加息+缩表+减税"的持续施压,中国资产价格泡沫将持续承受被动萎缩的压力。因此,对于中国这样的快速发展中的大型经济体来说,应对美国"税改"带来的冲击不应着眼于单纯的税收竞争,而是应考虑中国经济增长和结构提升的要求,以全面深化改革综合应对。

本章小结

1. 在开放经济固定价格和不考虑经济增长的情况下,一国宏观经济管理的目标是同时实现长期内部均衡与外部均衡。所谓长期内部均衡是指无通货膨胀的充分就业状态,而外部均衡则是指国际收支平衡。但在固定汇率情况下,当失业与赤字共存或通胀与顺差共存时,会发生宏观经济政策在协调内外一致均衡时的米德冲突。斯旺提出了一个在不考虑资本流动情况下,放弃固定汇率,而科学搭配支出变更政策和支出转换政策来实现内外一致均衡的政策协调方案;蒙代尔的有效市场分类原则提出了一个在考虑资本流动情况下,可以保持固定汇率,而只需科学搭配财政政策和货币政策来实现内外一致均衡的政策协调方案。

2. 封闭经济下的 IS-LM 模型可以推广到开放经济下的 IS-LM-BP 模型,其中,代表国际收支平衡的 BP 曲线是一条从左下方向右上方倾斜的曲线,其左上方的区域为顺差区,右下方的区域为逆差区,本币的实际汇率上升/下降会导致 BP 曲线右移/左移;在固定价格情况下,固定汇率的短期均衡调节机制是货币调节机制,浮动汇率的短期均衡调节机制是汇率调节机制。

3. 汇率的变动对一国国际收支的调节以及整个国际经济的运行都有着十分重要的意义。各国政府在汇率能否变动、如何变动等方面采取的基本规定和政策措施构成了该国的汇率制度并成为国际货币体系的一个重要组成部分。浮动汇率和固定汇率这两类汇率制度,各自有着不同的优点和弊端。究竟哪类更适合国际经济运转的要求,成为国际经济学界一个长期存在争议的问题。

4. 经常账户和净资本与金融账户的总余额等于官方储备的变动额。在固定汇率制下,总余额顺差会迫使货币当局增持储备资产,发行本币,以维持汇率稳定;相反,总余额逆差则使货币当局减持储备资产,回笼本币。在浮动汇率制下,总差额直接影响外汇市场的供求和汇率波动,而不影响国内货币供给量。

推荐阅读

1.〔美〕托马斯·A. 普格尔著,沈艳枝译,赵曙东校:《国际金融(第 15 版)》,中国人民大学出版社 2013 年版。

2.〔美〕亨德里克·范登伯格:《国际金融与开放宏观经济学》,中国人民大学出版社 2016 年版。

3.〔美〕保罗·R.克鲁格曼、茅瑞斯·奥伯斯法尔德著,黄卫平等译:《国际经济学:理论与政策（第八版）》,中国人民大学出版社 2011 年版。

4.陈雨露:《国际金融(第五版)》,中国人民大学出版社 2015 年版。

复习思考题

1. 宏观开放经济条件下的一般均衡是什么？
2. 宏观开放经济条件下的政策工具有哪些？
3. 解释 BP 曲线。
4. 简述支出调整政策的作用和局限。
5. 简述支出转换政策的作用和局限。
6. 分析固定汇率制下的宏观政策效应。
7. 分析浮动汇率制下的宏观政策效应。

21世纪经济与管理规划教材

经济学系列

第十六章

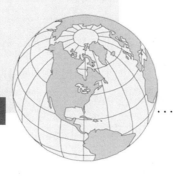

国际货币体系

【关键词】

布雷顿森林体系　　国际货币体系改革
牙买加体系　　　　人民币国际化
欧洲货币体系

国际经济学

导入案例

世界货币是怎样炼成的?

信用货币时代,一种货币的盛衰与一国的政治经济实力息息相关。随着中国经济发展水平的提升,以及在国际贸易和投资中的重要性日益上升,人民币国际化的条件已具备,将为国际货币体系增加一个币值稳定、汇兑方便的国际货币。

我们经常听到这样的说法:"人民币的国际化又迈出了重要一步。"那么,对一国货币来说,国际化是什么? 究竟怎样才算是有"国际范儿"的货币? 不妨看看其他几种国际化货币的情况。

19世纪,最有"国际范儿"的货币当属英镑。随着英国经济政治实力加强并取得了霸权地位,英镑的地位直线上升。直到20世纪初,英镑一直是世界各国最主要的储备货币,也是国际贸易金融结算的最主要货币,还是国际资产交易、对外投资、证券买卖的计价单位,英镑直接与黄金挂钩,能够随时兑换,也是俗称的硬通货。也就是说,你无论向哪个国家购买商品或者有价证券,都使用英镑计价,并且支付英镑。因此,19世纪也被称为"英镑世纪"。

伴随英国国力的衰落,美元取代英镑成为国际货币体系的中心。第二次世界大战结束后,为恢复世界经济秩序,建立统一的国际货币制度,44个国家举行布雷顿森林会议,决定美元与黄金挂钩,其他货币再与美元挂钩,美元成为最主要的世界储备货币。

布雷顿森林体系在实际运行中出现了问题,最终走向了崩溃。但至今,美元仍然在国际货币体系中保持着中心地位。美元仍是最重要的国际储备货币,在各国外汇储备中占有最大比重;虽然各国可以自行实行浮动汇率制度,但仍有相当多的国家采取"钉住"美元的汇率制度;同时,美元在各种货币职能方面在国际经济领域中占50%以上的比重,仍是全球最主要的交易和结算货币。各国手中所持有的美元资产也是巨大的,并且这部分美元资产以存款、债券等各种金融工具的形式存放在美国,美国因而成为全球最大的资本输入国,更形成了世界上最大、最开放的国际金融市场。

这期间,也曾经杀出来两匹"黑马"——欧元和日元。20世纪末诞生的欧元虽然是"最年轻"的货币,但其在世界上的影响举足轻重。背靠经济实力强劲的欧洲各国,欧盟采用统一货币,消除了汇率波动对欧盟各国经济产生的不利影响,也使得欧洲各国能够"抱团"成为更强大的经济体,在世界经济中更具竞争力。随着日本经济实力的上升,日本开始着力推动日元国际化,并逐渐在国际贸易、对外投资中占据了有利地位。

时至今日,美元的地位仍然难以撼动。在欧洲爆发债务危机后,欧元贬值幅度加大,也动摇了其在国际货币体系中的地位。更关键的是,欧洲各国虽然货币统一了,但其经济发展水平并不一致,各国在经济政策方面也存在分歧,英国"脱欧"更给欧元的未来添加了更多不确定性。由于日本的金融市场深度和广度均与美国悬殊,日元也难以承担国际货币中心的重任。此外,日本经济陷入停滞,经历"失去的二十年",也影响了其国际地位。

美元汇率的大幅波动,使得改革国际货币体系的呼声高涨。在2008年国际金融危机后,欧美等发达国家货币当局为促进本国经济发展,纷纷开动印钞机,加码量化宽松,导致全球范围内的债务率和杠杆率再度高企、跨境资本频繁流动、汇率波动幅度加大。

国际货币基金组织特别提款权(SDR)被称为"纸黄金",是可用于偿还国际货币基金组织债务、弥补会员国政府之间国际收支逆差的一种账面资产,其价值由多种货币组成的一篮子储备货币决定。2016年10月,人民币被纳入SDR货币篮子。此后,SDR价值是由美元、欧元、人民币、日元、英镑这五种货币所构成的一篮子货币的当期汇率确定,所占权重分别为41.73%、30.93%、10.92%、8.33%和8.09%。这体现出新兴经济体在国际货币体系中话语权的上升,也是对国际社会要求改革国际货币体系的回应。未来,SDR有望在国际货币体系中发挥更积极的作用。

资料来源:"人民币已备国际化条件 世界货币是怎样炼成的?",中国经济网,2017年8月4日。

第一节 国际货币体系的概述

国际货币体系(International Monetary System)是指在国际经济关系中,为满足国际各类交易的需要,各国政府对货币在国际的职能作用及其他有关国际货币金融问题所制定的协议、规则和建立的相关组织机构的总称。[①]

如同一国国内经济,世界经贸往来自以货币为媒介起,世界经济的发展与稳定就与货币问题紧密地联系在一起。国际货币体系旨在提供一种货币秩序或结构,使其能够充分发挥国际交易媒介和国际价值贮藏的作用,以利于国际贸易和国际资本流动。虽然国际货币体系在一百多年的演变进程中已经发生了许多变化,但是总体而言国际货币体系改革总是滞后于国际金融市场的变迁。

一、国际货币体系的演变

在不同的历史时期,国际货币体系不同。1880—1914年实行的是国际金本位体系,第一次世界大战爆发使金本位体系崩溃,各国纷纷停止黄金的兑换,采取浮动汇率制度,国际货币体系陷于混乱。1925年以后,主要工业国开始重建金本位体系,但这时建立的是金汇兑本位制。1929—1933年的大危机又使金汇兑本位制度垮台,国际货币体系又一次陷入混乱。第二次世界大战末期,西方盟国即着手重建国际货币体系,1945—1973年,实行的是可兑换美元本位下的可调整固定汇率制度,通常称为"布雷顿森林体系"。1973年布雷顿森林体系正式解体,西方国家的货币开始进入有管理的浮动汇率时期,更确切地说是有管理的浮动汇率制。

二、国际货币体系的内容

国际货币体系一般包括以下四个方面的主要内容。

(一)汇率及汇率制度

汇率及汇率制度是指一国货币与其他货币之间的汇率应该如何决定和维持,一国货币能否自由兑换成支付货币,在对外支付方面是否加以全部或部分限制,或者完全不加限制以及该国采取固定汇率制度、浮动汇率制度或者盯住某一货币的钉住汇率制度等。

(二)国际储备资产的确定

为应付国际支付的需要和平衡国际收支,一国需要一定数量的国际储备,保存多少数量的为世界各国普遍接受的国际储备资产,它们的构成以及新的储备资产如何供应与创造等,

---

[①] 沈国兵:《国际金融》,北京大学出版社2008年版。

也就是国际货币体系的重要内容。

(三) 国际收支及其调节机制

当一个国家的国际收支出现不平衡时,各国政府应采取什么方法弥补缺口,各国之间的政策措施又该如何相互协调,以及如何使各国在国际范围内公平地承担国际收支调节的责任等问题。

(四) 国际货币事务的协调和管理

国际货币事务的协调和管理问题实质上就是协调各国之间的国际货币金融政策,具体包括国际货币金融组织机构的建立,解决国际金融问题的规划、惯例和制度的制定等。

三、金本位货币体系[①]

金本位货币体系是国际上第一个最为统一的国际货币制度,它是以一定量黄金为本位货币的一种制度。在传统的国际金本位制下,黄金是货币体系的基础,它是各国之间的最后清偿手段,外汇汇率系根据各国货币的含金量确定,汇率波动受到黄金输送点的限制。各国的国际收支通过物价-现金流动机制可以自动进行调节。所以,在金本位制下,黄金流动同恢复国际收支平衡自动联系起来,金融当局没有干预国际收支的必要。

金本位制具有稳定物价和自动调节的作用,这是因为它有三个特点:自由铸造、自由兑换和自由输出入。由于金币可以自由铸造,金币的价值与其所含黄金的价值就可保持一致;由于金币可以自由兑换,各种价值符号(金属辅币和银行券)就能稳定地代表一定数量的黄金进行流通,从而保持币值的稳定;由于黄金可在各国之间自由转移,这就保证了外汇行市的相对稳定,以及各国货币之间有系统的联系。所以金本位制是一种比较稳定的货币制度。至今人们在回顾金本位制时,还认为它是世界经济发展的"黄金时代"。但是,金本位制也并不是十全十美的,它也存在严重的缺陷。首先,黄金供应不稳定,不能适应世界经济发展的需要。其次,金本位制的自动调节,要求各国严格遵守所谓"比赛规则",即黄金可以自由流入与流出,各国政府应按官价无限地买卖黄金或外汇,各国发行纸币应受黄金储备数量的限制。

但是,由于没有一个国际机构监督执行,盈余国可以将盈余冻结,以便获得更多的盈利,于是调节负担全部落到赤字国身上,所以,金本位制带有紧缩倾向。一国发生紧缩情形,往往会加速其他国家经济的衰退,从而破坏国际货币体系的稳定性。

第一次世界大战期间,由于各国对黄金输出实行了严格的管制。国内不再使用金币,纸币也不能自由兑换成黄金,金本位制已名存实亡。典型的金本位制即金币本位制已不复存在,不得不改行变异的金本位制,即金块本位制和金汇兑本位制。在金块本位制下,国家不再铸造金币,也不允许自由铸造金币;国内流通的是银行券,银行券仍有含金量;银行券虽然可以按含金量兑换黄金,但对兑换的用途和数量有许多限制。在金汇兑本位制下,一国货币与实行金币或金块本位制的国家的货币相联系;该国的货币虽与黄金挂钩,也有含金量,但纸币已不能在国内兑换黄金,该国在国外存有黄金外汇,并有一定汇率,居民对外支付要用黄金时,可以用纸币或银币兑换成外汇,然后在国外换成黄金。采用金汇兑本位制的国家,在对外贸易和财政金融方面受到与其相联系的金本位制国家的控制和影响,所以,它实质上

---

① 奚君羊:《国际金融学》,上海财经大学出版社 2013 年版。

是一种带有附同性质的货币制度。无论是金汇兑本位制还是金块本位制,都是削弱了的金本位制,很不稳定。

金本位制和金汇兑本位制,经不起 1929—1933 年世界经济大危机的冲击,终于全线崩溃。1936 年国际金本位制全面瓦解,取而代之的是区域性的货币集团,如美元、英镑、法郎、荷兰盾等货币区,其特点是,在各个货币区内,一切结算都使用主要国货币,黄金、外汇都集中在集团手里,但这种制度到第二次世界大战结束前即告瓦解。

第二节 布雷顿森林体系

布雷顿森林货币体系是指第二次世界大战后以美元为中心的国际货币体系。关贸总协定作为 1944 年布雷顿森林会议的补充,连同布雷顿森林会议通过的各项协定,统称为"布雷顿森林体系",即以外汇自由化、资本自由化和贸易自由化为主要内容的多边经济制度,构成资本主义集团的核心内容,是按照美国制定的原则实现美国经济霸权的货币体系。①

延伸阅读
布雷顿森林体系
的形成背景

一、布雷顿森林体系的主要内容②

布雷顿森林体系的实质是建立一种以美元为中心的国际货币体系。其基本内容是美元与黄金挂钩,其他国家的货币与美元挂钩,实行可调整的固定汇率制度。

(1) 建立了一个永久性的国际金融机构,即国际货币基金组织(IMF)。IMF 是战后国际货币制度的核心,它的各项规定构成了国际金融领域的基本秩序,在一定程度上维持着国际金融形势的稳定。

(2) 规定了以美元作为最主要的国际储备货币,实行美元-黄金本位制。美元直接与黄金挂钩,规定每盎司黄金等于 35 美元,各国政府或中央银行随时可用美元向美国按官价兑换黄金;另外,其他国家的货币与美元挂钩,规定与美元的比价,从而间接与黄金挂钩,各国货币均与美元保持固定汇率,但在出现国际收支基本不平衡时,经 IMF 批准可以进行汇率调整,所以称作可调整的固定汇率制。

(3) IMF 向国际收支赤字国提供短期资金融通,以协助其解决国际收支困难。IMF 协定第 3 条规定会员国份额的 25% 以黄金或可兑换黄金的货币缴纳,其余部分(份额的 75%)则以本国货币缴纳。会员国在需要国际储备时,可用本国货币向 IMF 按规定程序购买一定数额的外汇,将来在规定的期限内以用黄金或外汇购回本币的方式偿还借用的外汇资金。会员国认缴的份额越大,投票权也就越大,同时借款能力也就越强。

(4) 废除外汇管制。IMF 协定第 8 条规定会员国不得限制经常项目的支付,不得采取歧视性的货币措施,要在兑换性的基础上实行多边支付。但有三种情况可以例外:①IMF 不允许成员国政府在经常项目交易中限制外汇的买卖,但容许对资本移动实施外汇管制。②会员国在处于战后过渡时期的情况下,可以延迟履行货币可兑换性的义务。③会员国有权对"稀缺货币"采取暂时性的兑换限制。

---

① 陈燕:《国际金融》,北京大学出版社 2015 年版。
② 沈国兵:《国际金融》,北京大学出版社 2008 年版。

(5) 制定了稀缺货币条款(Scare-currency Clause)。当一国国际收支持续盈余,并且该国货币在 IMF 的库存下降到其份额的 75% 以下时,IMF 可将该国货币宣布为"稀缺货币"。于是 IMF 可按赤字国家的需要进行限额分配,其他国家有权对"稀缺货币"采取临时性限制兑换,或限制进口该国的商品和劳务。

二、布雷顿森林体系的主要特点[①]

布雷顿森林体系的主要特点是:统一性、严整性、约束性。

(1) 统一性。布雷顿森林体系把几乎所有的资本主义国家都囊括于这个新的国际金汇兑本位制之下,维持以美元为中心的国际金汇兑本位制。

(2) 严整性。布雷顿森林体系不是一个松散的国际货币体系,因其对维持货币体系正常运转有关的问题都作了全面规定,并要求各国遵守,否则就要受到制裁甚至惩罚。

(3) 约束性。第二次世界大战后的以美元为中心的国际金汇兑本位制的建立与推行,主要以《国际货币基金协定》有关条款的贯彻作为后盾,并有 IMF 经常的业务活动与组织活动作为保障,否则,以美元为中心的国际金汇兑本位制就难以维持。

三、布雷顿森林体系的积极作用

布雷顿森林体系对战后世界经济的恢复和发展发挥了十分重要的作用,具体表现在:

(1) 它在黄金生产日益滞后于世界经济发展的情况下,通过建立以美元为中心的国际储备体系,解决了国际储备供应不足的问题,特别是为战后初期的世界经济提供了当时十分短缺的支付手段,刺激了世界市场需求和世界经济增长。

(2) 它所推行的固定汇率制显著减少了国际经济往来中的外汇风险,促进了国际贸易、国际信贷和国际投资的发展。战后国际贸易和国际投资的发展速度都显著超过世界生产的增长速度,国际分工得到深化,世界各国的相互依赖性显著提高,而且固定汇率制所强调的货币纪律有效地抑制了世界各国的通货膨胀。

(3) 它所制定的取消外汇管制等一系列规则有利于各国对外开放程度的提高,并使市场机制更有效地在全球范围内发挥其资源配置的功能。

(4) 它所建立的 IMF 在促进国际货币事务协商、建立多边结算体系、帮助国际收支逆差国克服暂时困难等方面做了许多工作,有助于缓和国际收支危机、债务危机和金融动荡,推进了世界经济的稳定增长。

四、对布雷顿森林体系的评价[②]

布雷顿森林体系的建立结束了第二次世界大战前各个货币集团之间相互对立,相互进行外汇倾销,进而进行货币战和汇率战的局面,稳定了国际金融混乱的局势。同时它重新建立了国际货币秩序,实行以美元为中心的可调整固定汇率制度,有力地促进了多边贸易和多边清算,为国际贸易和国际投资提供了有利的外部环境,使战后的国际贸易和国际投资不仅比战前有较大的提高,而且其增长率还超过了同期世界工业生产增长的速度。因此,有人把这段时期称为资本

延伸阅读
布雷顿森林体系
的解体过程

---

① 佟家栋:《国际经济学》,高等教育出版社 2011 年版。
② 秦凤鸣、徐涛:《国际金融学》,经济科学出版社 2008 年版。

主义世界的第二个"黄金时代",堪与第一次世界大战前的国际金本位体系相媲美。

但是,随着经济的发展,布雷顿森林体系内在的缺陷逐步暴露出来,其不能适应国际经济的发展,所以布雷顿森林体系的瓦解也在意料之中。

相关案例 16-1

不好解决的"特里芬难题"

在第二次世界大战后的布雷顿森林体系当中,美国成为整个体系的核心,美国就是中心国家,美元就是中心货币,所以在布雷顿森林体系之下,战后全球体系获得了一个黄金的发展阶段。但这个体系存在一个问题,美元作为中心货币提供给外围的经济体,就相当于美国给其他国家打了一张名为美元的"借条"。只要是外围的国家,比如日本或者德国持有美元的话,那么美国就可以享受日本和德国生产的产品。用国际货币体系的话讲这叫作"绿色的白条"。

在这个"绿色的白条"越来越多的情况下,有些发达经济体就开始担心,我们现在的体系是一个"双挂钩"的体系,日元、欧元可以通过美元向美国换取黄金,如果我们手里的美元越来越多,就相当于美国的黄金会越来越少。从理论上来说,美元是可能会贬值的,而且它也没有那么多的黄金来支撑整个货币体系的运行,所以就有可能出现这样的情况,美国为了整个全球经济的发展,需要发行更多的美元。如果美元越发越多,就相当于美国的国际收支出现逆差。根据相应的理论,美元就要贬值。这个问题叫"特里芬难题",就是当一个主权国家的货币承担了国际货币的功能之后,为了维持货币的稳定就要少发货币,但是为了支撑整个全球经济的流动性,又要多发货币,所以就出现了全球流动性提供跟这个国家的币值稳定的矛盾。

像英国、法国、德国等国家,对于整个国际货币体系的规则特别明晰,当美国出现贸易逆差时,人们就意识到美元这个货币可能无法长期承担国际储备货币的职能,美元可能要贬值,布雷顿森林体系里面的"双挂钩"机制就会出现问题。所以,以法国为首的六个西欧国家认为美国过度使用了它在整个布雷顿森林体系的特权。法国总统戴高乐称之为"过分的特权"。这种"过分的特权"就是美国发行了过多的美元。为什么美国能够做到这一点?正是因为它发行了很多美元之后,就可以没有成本地或者低成本地享受其他国家生产的商品。美国在这个过程中变成了一个消费大国,所有国家都在为它生产产品,而它所要做的事情就只是发行美元。而发行过度的美元未来可能面临贬值的趋势。

历史证明了"特里芬难题"的存在。布雷顿森林体系建立以后的20世纪40年代后期至50年代,美元成为国际储备和国际交易货币,各国都面临战后的恢复与重建任务,急需美元从美国进口物资设备,美元的国际需求急剧增长,各国都拼命地向美国出口赚取美元并实施了严格的黄金和外汇管制,而美国从世界其他国家的进口需求就相对不足,这样一来,美国通过国际收支逆差所输出的美元数量越来越不足,因此,这一时期,世界各国就出现了"美元荒"的局面。60年代开始,随着各国经济的恢复和重建完成,各国的美元和黄金储备越来越充足,黄金和外汇管制逐步取消,与此相伴的则是美国的国际收支逆差越积越多,美国的黄金储备在世界所占的份额越来越少,"美元荒"逐步演变为"美元灾",人们对美元开始丧失信心,因为如果世界各国将手中持有的大量美元向美国要求兑换黄金,美国是拿不出那么多黄金的,即美元与黄金之间的可兑换性受到了质疑,于是,世界各国就开始抛售美元、抢购美国的黄金和经济处于上升阶段的国家的硬通货(如马克、日元),这便爆发了美元危机,使得美国在1971年8月15日不得不宣布美元与黄金脱钩,全球金融市场和外汇市场的"尼克松震荡"开始了,布雷顿森林体系彻底崩溃,"美金"的概念不复存在了,"美元是美元,黄金是黄金"。由此可见,布雷顿森林体系瓦解的过程就是"特里芬难题"和美元危机不断深化的过程。

资料来源:郑联盛,"不好解决的'特里芬难题'",中国社会科学网,2016年2月29日,http://marx.cssn.cn/jjx/jjx_gd/201603/t20160302_2893963.shtml;张洁、温伯馨,"关于'特里芬难题'和'美元危机'的思考",《中国集体经济》,2013年第30期,第35—36页。

[问题思考]为什么说布雷顿森林体系瓦解的过程是"特里芬难题"不断深化的过程?

[案例点评]在布雷顿森林体系下美元直接与黄金挂钩,其他国家的货币与美元挂钩。各国为发展国际贸易,必须使用美元作为结算和储备货币,这就导致流出美国的货币在海外不断沉淀,对美国来说就会发生长期贸易逆差。如果美国纠正其国际收支逆差,将会导致美元的国际供给不抵需求;如果美国听任其国际收支逆差,将会导致海外美元资产远远超过黄金兑换能力,从而导致美元同黄金的兑换性难以维持。这样的两难困境,注定了布雷顿森林体系的崩溃只是时间问题。

第三节 牙买加体系

布雷顿森林体系崩溃之后,国际货币体系经历了严重的动荡混乱,美元的国际地位不断下降。许多国家都开始实行浮动汇率制,国际汇率市场波动剧烈,全球性国际收支失衡现象严重,各国积极寻求货币体系改革的新方案。1976年1月8日,IMF国际货币体系临时委员会在牙买加金斯敦召开会议,并达成"牙买加协定",同年4月,IMF理事会通过《国际货币基金协定第二次修正案》,从而形成了国际货币体系的新格局——牙买加体系。

一、牙买加协议的主要内容①

牙买加体系的主要内容通过《牙买加协定》体现,主要涉及汇率制度、黄金问题、扩大IMF对发展中国家的资金融通,以及增加会员国在IMF的份额等问题。

(一)浮动汇率合法化

IMF会员国可以自由选择汇率制度,但会员国的汇率政策必须受到IMF的监督,并与IMF协商。IMF要求各国在物价稳定的条件下寻求持续的经济增长,稳定国内经济以促进国际金融的稳定,并尽力缩小汇率的波动幅度,避免操纵汇率来阻止国际收支的调整或获取不公平的竞争利益,协议还规定实行浮动汇率制的会员国根据经济条件,应逐步恢复固定汇率制度,在将来世界经济稳定之后,经IMF总投票权的85%多数票通过,可以恢复稳定的可调整的汇率制度。

---

① 沈国兵:《国际金融》,北京大学出版社2008年版。

（二）黄金非货币化

废除黄金条款，取消黄金官价，会员国中央银行可按市价从事黄金交易，取消会员国之间或会员国与 IMF 之间必须用黄金清偿债权债务的义务，降低黄金的货币作用，IMF 应逐步处理所持有的黄金。

（三）提高特别提款权的国际储备地位

修订特别提款权的有关条款，以使特别提款权逐步取代黄金和美元成为国际货币体系的主要储备资产。协议规定会员国可以自由地进行特别提款权交易，而不必征得 IMF 的同意。IMF 中一般账户所持有的资产一律以特别提款权表示，IMF 与会员国之间的交易以特别提款权代替黄金进行，尽量扩大特别提款权的使用范围。同时，IMF 也随时对特别提款权制度进行监督，及时修正有关规定。

（四）增加 IMF 会员国缴纳的基金

由原来的 292 亿特别提款权增加到 390 亿特别提款权，增加了 33.6%。主要是石油输出国组织所占的份额比重增加了，其他发展中国家所占比重维持不变，主要西方国家除德国和日本外都有所降低。

（五）扩大对发展中国家的资金融通

IMF 以出售黄金所得建立信托基金，以优惠条件向最穷困的发展中国家提供贷款，将 IMF 的信贷部分贷款额度由会员国份额的 100% 提高到 145%，并提高 IMF "出口波动补偿贷款"在份额中的比重，由占份额的 50% 提高到占份额的 75%。

二、牙买加体系的基本特征

牙买加体系的基本特征如下：

（1）以管理浮动汇率制为中心的多种汇率制度并存。有一些发展中国家选择的是使本国货币钉住某一种外国货币、特别提款权或特定的一篮子货币的汇率制度，但是这并不排除其货币随着钉住货币一起对其他货币的兑换比价随市场供求关系而变动。

（2）多元化的国际储备体系。国际货币基金设想的特别提款权成为主要的国际储备资产并未成为现实。但是，美元在国际储备中所占的比重有所下降，特别提款权的发行有所增加，国际储备中的外汇种类明显增加，特别是德国马克和日元所占比重显著上升。欧元已经于 1999 年进入国际储备资产的行列，其所占比重会显著增长。

（3）国际收支调节手段的多样化。在浮动汇率制下，特别值得强调的是各国可以自由运用汇率政策来调节国际收支。

（4）外汇管制和对进口的直接限制进一步放宽。在布雷顿森林体系时期，外汇管制是比较普遍的现象，欧洲国家直到 20 世纪 50 年代末期才取消外汇管制，而目前许多发展中国家在贸易和金融自由化方面都取得了显著进展。

（5）在国际储备多元化基础上出现了一些货币区，如欧洲货币体系等，这些货币区意图在区域范围内实现各国货币的固定汇率关系，以促进相互之间的贸易和金融关系的发展。

三、对牙买加体系的评价

自1973年国际货币体系进入以浮动汇率制为主的混合体系,至今已有三十多年。目前世界经济的发展势头总的来说是好的,这说明牙买加体系具有积极作用。

(1) 牙买加体系基本摆脱了布雷顿森林体系时期基准通货国家与依附国家相互牵连的弊端,并在一定程度上解决了"特里芬难题"。牙买加体系实现了国际储备多元化和浮动汇率制,即使美元发生贬值,也不一定会影响到各国货币的稳定性;由于美元与黄金之间、与其他货币之间的双挂钩制已不存在,即使美元受美元预期的影响将要贬值,也不会出现以美元储备挤兑黄金的情况。

(2) 以浮动汇率为主的混合汇率体制能够反映不断变化的客观经济情况。主要储备货币的浮动汇率可以根据市场供求状况自发调整,及时反映瞬息万变的客观经济状况,这有利于国际贸易和金融的发展。同时,自由的汇率安排能使各国充分考虑本国的客观经济条件,作出自己的选择。

(3) 国际收支的多种调节机制在一定程度上缓解了布雷顿森林体系调节机制失灵的困难。多种国际收支机制更适应当今世界经济水平发展不均衡,各国发展模式、政策目标和客观经济环境不同的特点,对世界经济的正常运转和发展起到了一定的促进作用。

当然,随着复杂多变的国际经济关系的发展变化,这一被称作"无体制的体制"的国际货币体系的问题也日益暴露出来。

第一,随着美元地位的不断下降,以美元为中心的国际储备多元化和浮动汇率体系日益复杂混乱和动荡不安。多元化国际货币本身缺乏统一、稳定的货币标准,因而这种国际货币体系从一开始就包含不稳定因素。这种不稳定的国际货币格局随着世界经济的发展更是错综复杂,更容易造成外汇市场的动荡混乱。在牙买加体系下,汇率波动频繁而且剧烈,汇率剧烈波动增加了汇率风险,对国际贸易和国际投资都形成消极影响。

第二,在浮动汇率制度,各国政府不再受国际收支的"纪律约束",一些具有膨胀倾向的政府可以大胆地膨胀国内经济,而让汇率去承受国际收支失衡的后果,汇率的下跌会导致国内物价水平的上升,因而比较容易导致通货膨胀。在牙买加体系下,各国汇率可以比较容易地向下浮动,所以容易引起世界性的通货膨胀。

第三,牙买加体系下,各国政府并不完全听任汇率随市场供求关系而自由浮动,它仍会多多少少地对汇率的走势进行干预,使汇率向着有利于自己的方向运动。也就是说,在牙买加体系下,各国实行的是管理浮动,这种浮动汇率制并没有隔绝外部经济的冲击,外部经济的变动不仅作用于汇率的波动上,而且会影响到一国国内经济目标和经济政策的制定。

第四,牙买加体系下国际收支的调节机制仍不健全。如前所述,牙买加体系可以采用的汇率机制、利率机制、国际金融市场调节及国际金融组织调节都有自身的局限性,从而无法全面改善国际收支。自1973年以来,国际收支失衡的局面一直没有得到改善,而且日趋严重,一些逆差国,尤其是发展中国家只能依靠借外债来缓解,有的国家甚至成为重债国,一旦经济发展不利,极易发生债务危机。

综上所述,当前的牙买加体系虽然在各个方面有较强的适应性,但它的缺陷也相当突出。这日益引起世界各国的关注,许多国家在调整自己的货币、汇率制度,并不断探索新的方案,而对这些问题的争论与建议也一直没有间断过。

第四节 欧洲货币体系

一、欧洲货币体系的产生

欧洲货币体系是 1979 年 3 月,在德国总理和法国总统的倡议下,欧洲经济共同体的 8 个成员国(法国、德国、意大利、比利时、丹麦、爱尔兰、卢森堡和荷兰)建立的货币体系(European Monetary System,EMS),将各国货币的汇率与对方固定,共同对美元浮动。在欧洲货币体系成立后的 10 年内,它的内部固定汇率不断在调整,使它的汇率体制得以生存。1989 年 6 月,西班牙宣布加入欧洲货币体系,1990 年 10 月,英国也宣布加入,使欧洲货币体系的成员国扩大到 10 个。

二、欧洲货币体系的内容

欧洲货币体系实质上是一个固定的可调整的汇率制度。它包括三方面内容:欧洲货币单位、建立稳定汇率机制和建立欧洲货币合作基金。

(一)欧洲货币单位

欧洲货币单位是欧洲货币体系的核心,它是一个货币篮子,由欧共体 12 个成员国中的 12 种货币组成。每种货币在货币篮子中的比重是由各国在共同体内部贸易总额以及 GNP 中所占份额加权平均计算得到的。1979 年 3 月 13 日第一次确定权数,6 个月后调整了一次,并规定以后每 5 年调整一次。在 5 年内,任何一国货币权数构成超过 25%时,可以要求调整货币篮子构成。由于欧洲货币单位由多种货币构成,因此其币值具有相对的内在稳定性,因为各种货币间汇价的波动在货币篮子内有互相抵消的作用,因而具有某种自动调节的功能。以欧洲货币单位订立的金融合同,可以减少外汇风险,这在国际金融动荡不定的情况下,对银行业和产业界具有相当的吸引力。

(二)建立稳定汇率机制

欧洲货币体系内部的汇率制并非完全固定的,成员国之间货币汇率有一个可波动的范围。每一成员国的货币都与欧洲货币单位(ECU)定出一个中心汇率,这个汇率在市场上的上下波动幅度为±2.25%,对英镑来说是 6%。由于马克是欧洲货币体系中最强的货币,又是国际外汇市场上最主要的交易货币之一,人们便常常把欧洲货币体系成员国货币与马克汇率的波动作为中央银行干预的标志。

每个成员国把黄金和美元储备的 20%交给欧洲货币合作基金,同时换回相应数量的欧洲货币单位。如果某个成员国的中央银行需要对本国货币与马克的汇率进行干预,它就可以用手中的欧洲货币单位或其他形式的国际储备金向另一个成员国的中央银行购买本国货币,从而对外汇市场进行干预。

根据规定,成员国之间任何两种货币的汇率波动超出规定范围的话,这两国的中央银行都有义务进行干预,干预所需的费用也应共同负担。但实际情形并不一定如此。因为在一般情况下,当某成员国货币与马克的汇率接近上限或下限时,该国中央银行就往往要引起警觉,或直接进行干预。而德国就没有义务进行干预。因此,中央银行要转移干预的负担也是可以的,转移的方式也有多种。

（三）建立欧洲货币合作基金

为加强干预外汇市场的能力，稳定成员国间的货币汇率，资助国际收支有困难的成员国，加强成员国之间的货币合作，1979年4月参加欧洲货币体系的各成员国将自己20%的黄金、外汇储备交给欧洲货币基金建立共同储备，这部分资金总额当时就达到50亿欧洲货币单位，对稳定欧洲货币单位的币值和欧洲货币体系起到了积极的作用。

三、欧洲货币体系的成就

欧洲货币体系的成就主要集中于以下三个方面：

首先，欧洲货币体系为促进成员国间货币汇率的稳定发挥了显著作用。汇率的相对稳定促进了成员国之间的贸易发展，增加了投资和就业，对西欧经济的回升起了较大作用。新的汇率机制对货币市场的干预能力也比以前大大增强了，各国政府用于干预外汇市场的资金总额相当于20世纪70年代初的十倍，这是欧洲货币体系正常运转的一个重要条件。

其次，欧洲货币体系增加了各成员国克服国际收支困难的能力。在蛇形浮动汇率制下，恢复法定汇率平衡的责任主要落在弱币国家身上，而在欧洲货币体系下，当汇率波动达到规定干预点时，弱币和强币的干预是相同的。这样，干预责任的分担使弱币国家承受的压力大大减轻了，参与干预的信心得以增强。与此同时，欧洲货币基金的三套贷款制度，使各成员国可以纠正国际收支逆差，恢复汇率平衡过程得到了有力的支持，减轻了各成员国国际收支调整的负担，以及通过贸易政策调整经常项目的压力。

最后，欧洲货币体系通过汇率联系和反通胀政策使成员国通胀率明显下降。欧洲货币体系几乎是和第二次石油危机同时产生的，1978年12月共同体理事会通过决议后，欧佩克宣布将于1979年将原油价格提高1.3倍。欧洲货币体系经受住了这一考验，各国通过紧缩性货币政策并加强宏观政策的协调，使各成员国国内通胀率明显下降。

四、欧洲货币危机与欧元的诞生

（一）欧洲货币体系中的矛盾

延伸阅读
欧洲货币体系危机的爆发

欧洲货币单位确定的本身就孕育着一定的矛盾。欧共体成员国的实力不是固定不变的，一旦变化到一定程度，就要求对各成员国货币的权数进行调整。虽规定每隔五年权数变动一次，但若未能及时发现实力的变化或者发现了实力的变化却未能及时调整，通过市场自发地进行调整就会使欧洲货币体系爆发危机。具体来说，欧洲货币体系中的矛盾可以概括为以下四点：欧洲货币体系各主要成员国的经济发展不平衡；欧洲货币体系汇率机制存在局限性；欧洲货币单位确定的本身就孕育着矛盾；欧洲货币基金未能建立。

（二）欧元的诞生

欧洲各国为了顺利推出单一货币——欧元（EM），在各方面做了大量准备工作，为推进欧盟一体化进程奠定了坚实的基础。1995年5月，欧盟执委会公布了单一货币绿皮书，提出了进入货币联盟第三阶段后分三个执行阶段使用单一货币的渐进式方案。基于欧盟各国的实际情况，1997年实现单一货币的条件还未成熟，于是年中召开的欧盟财长理事会决定放弃1997年作为实现单一货币的期限。一周后，在法国戛纳召开的欧盟首脑会议上，15国领导人一致同意将经济与货币联盟第三阶段的正式启动时间推迟到1999年1月1日。同时，为了消除人们对单一货币计划的怀疑,各国领导人同意1997年年底前为未来的单一货币命名。

1995年12月15日,欧盟首脑在西班牙首都马德里召开会议,会议赞同了绿皮书的方案,解决了三个与单一货币有关的重大问题。第一是决定接受德国的建议,将新的单一货币定名为欧元,结束了关于单一货币名称的讨论。第二是确定如何进入货币联盟的国家。第三是用单一货币发行可兑换公债。这是马德里首脑会议为推动欧洲经济与货币联盟建设作出的一大贡献。同时,该会议重申经济与货币联盟第三阶段将从1999年1月启动,确认了向单一货币四步过渡的渐进式方案:第一,1998年年初根据经济趋同标准检查各成员国达标情况,确定有资格加入货币联盟的国家名单。第二,从1999年1月1日起,开始使用欧洲单一货币,不过成员国流通的仍是本国货币,但各国货币与欧元汇率必须锁定。货币联盟正式启动,各国的利率和汇率政策上交欧洲中央银行,各成员国国家政府可以用欧元发行可兑换公债。私营企业在各种账目往来中仍可以自由选择。各国货币和统一货币从经济角度看是同一货币的不同表现形式。第三,从2002年1月1日起,欧洲中央银行及其各国附属机构开始发行新货币硬币和纸币,各国原有货币和新货币的兑换工作也随之开始。第四,2002年7月1日起,各国货币退出流通,统一货币正式成为参加国唯一法定货币。

相关案例 16-2

英国脱欧打开欧洲货币一体化倒退魔盒

每一场闹剧,都会有受害者

作为人类货币史上最伟大的发明之一,欧元的出现一度让市场看到了"伟大欧洲"的光荣与梦想,而纷纷扰扰的英国脱欧闹剧再次无情映射了"破碎欧洲"的分化与悲怆。

英国脱欧已经打开了欧洲货币一体化倒退的潘多拉之盒。我们认为,欧洲国家和欧洲是两个概念,英国脱欧闹剧对欧洲国家的影响也许是多元的、复杂的,但对欧洲的影响无疑是负面的,这些长期伤害将由欧元来慢慢承受。

英国脱欧让欧元雪上加霜

欧元是个正在迅速没落的货币新贵。2008年全球经济危机以来,美元作为国际货币体系霸主一度受到挑战,但很快凭借强大的经济韧性和金融力量恢复了元气。欧元却没有如此幸运,在危机影响逐渐释放后,欧元的国际货币地位正在加速下滑。

IMF的COFER数据很好地展现了欧元先扬后抑的历史。1999年诞生元年,欧元在全球外汇储备币种中占比为17.9%,随后一路波动上升,2009年到达最高点27.65%,之后,欧元地位持续下降,2015年该占比降至19.91%,为2001年来最低。可以说,2008年危机之后,真正没落的是欧元,而非美元。

美元不断拉开领先欧元的身位:2009年,全球外汇储备中,美元占比仅领先欧元34.39个百分点,这是欧元诞生后最小的距离;而2015年,这一距离被拉大至44.15个百分点。2012年,SWIFT统计的国际支付币种结构中,美元和欧元占比分别为29.7%和44%,欧元甚至领先美元14.3个百分点;而2016年1月,美元占比升至43%,欧元占比降至29.4%,此消彼长之后,美元反超欧元13.6个百分点。

值得强调的是,欧元的没落在最近一年进入高潮:全球储备货币币种占比跌破20%,外债发行币种占比从32.4%降至21.9%,外贷发放币种占比从28%降至21.3%,日均外汇交易币种占比从38.5%降至37.6%，国际债券市场币种占比从41.1%跌至38.6%。

欧元正在经受前所未有的挑战，而英国脱欧无疑使之雪上加霜。无论结果如何，自私和自负的英国已让欧元丧失了可能的喘息之机。

英国脱欧削弱了欧元的货币基础

欧元，和世界上其他任何货币都不一样，它是唯一一种具有法定地位的超主权货币。从学术上看，欧元是统一货币区高级阶段的产物，它赖以存在的基础和发展壮大的根基都是欧洲货币一体化。英国脱欧闹剧重创了欧洲货币一体化，进而削弱了欧元的货币基础：

第一，英国脱欧闹剧带来如此大的国际反应，以至于其他旁观者也变得更加谨慎起来，瑞士已暂停加入欧盟的努力，欧盟和欧元区的扩容被动放缓，甚至可能会出现倒退，欧元活跃的潜在空间受到压制。

第二，英国脱欧闹剧暴露了欧盟的软弱，为了挽留英国，欧盟作出了一系列让英国显得更加"特别"的让步，这实际上体现出欧盟对待重要国家和边缘国家的双重标准，进而会让欧盟内部业已存在的结构失衡、两极分化问题变得更加严重，激化而非缓和内部矛盾，对欧元的区域认同也将由此下降。

第三，英国脱欧闹剧使得欧盟的威信受到严重挑战，政治一体化、财政一体化和货币一体化赖以推进的体制基础被削弱，欧盟捍卫欧元的能力也将受到广泛质疑。

英国脱欧削弱了欧元的货币信用

货币信用源自稳定。特别是欧元这样的世界货币，在跨主权范围内发挥流通功能、支付功能和价值储藏功能，更需要政治稳定和经济稳定。欧洲经济自2008年以来经历了两次衰退，至今仍然深陷长期通缩的困境之中，经济复苏难言稳定。而英国脱欧闹剧更是进一步加剧了欧洲的地缘政治动荡。

首先，英国脱欧闹剧对民粹主义起到了煽动作用，英国点燃了其他国家加入脱欧公投行列的热情，欧盟由于自身的软弱不得不面临无休止的脱欧威胁。

其次，英国脱欧闹剧助长了孤岛主义，欧盟一向向成员国倡导的自我约束理念被大国带头践踏，越来越多的边缘国家将在内部社会经济压力下奉行更加自我的政策主张，旨在区域稳定的欧洲统一政策的制定和贯彻将越来越困难。

最后，英国脱欧闹剧加大了"黑天鹅"出现的可能，2016—2018年，有超过20个欧洲国家将进行大选，欧洲政治正进入一个动荡高峰期，而英国脱欧和美国大选两大闹剧共同加大了极端政府出现的可能性。与此同时，俄罗斯也借由英国脱欧闹剧提出了新的地缘主张，整个欧洲的政治稳定前景堪忧。

总之，脱欧闹剧是欧元的麻烦。

资料来源：程实，"英国退欧打开欧洲货币一体化倒退魔盒"，《第一财经日报》，2016年6月24日。

[**问题思考**] 欧洲货币一体化有哪些弊端？

[**案例点评**] 欧洲货币一体化的弊端主要有：第一，欧元区各成员国无法使用货币政策对本国经济进行自主调节；第二，欧洲货币一体化导致欧元区区域经济发展相对不平衡；第三，统一欧元意味着欧元区国家的利益全部拴到了一起，一旦一个国家发生危机必然牵涉整个欧元区国家的经济稳定；第四，加入欧元区要求在国家的通货膨胀率、长期名义利率、赤字等方面达到一定标准，这就意味着国家的财政预算不能随便扩大，各成员国财政政策受到一定限制。

第五节　国际货币体系改革

2008年爆发的美国次级贷款金融危机,引发了各界对国际货币体系改革的呼声,其中的诸多领域,如各国政策协调、加强全球金融监管、建立危机预警,乃至提高新兴国家话语权和代表性等,在历次全球或局部金融危机后都曾被反复提及。与以往不同的是,此次危机起源于国际金融中心地带,带来的破坏也更广泛和深远,为避免类似次级贷款危机的全球性金融危机再次发生,国际货币体系改革必须超越技术层面,触及国际货币体系的核心——国际本位货币改革。

一、金融全球化下现行国际货币体系引发的问题[①]

(一) 导致短期国际资本流动加剧

布雷顿森林体系崩溃以后,国际资本流动的增长速度已超过国际贸易和国际生产的增长速度,而且随着金融全球化的发展,短期国际投机资本数额仍在不断膨胀。跨国资本流动,尤其是短期性国际资本规模的增长主要得益于现有的国际货币体系,正是现有的国际货币体系为短期性国际资本的流动提供了便利。跨国资本流动尤其是短期性国际资本的快速流动又强化了现行国际货币体系的不稳定性。这些基于套利性动机的短期国际资本总是对一国金融体系的缺陷进行攻击,并导致货币危机的爆发。随后,当短期国际性资本大批逃离该国时,又会将货币危机放大成银行危机、金融危机,甚至整个宏观经济的衰退。

(二) 导致国际储备供求矛盾深化

国际货币体系决定国际储备体系,在现行的多元货币体系下,一国的储备资产中的特别提款权、储备头寸和黄金储备是相对稳定的,外汇成为一国增加国际储备的主要手段。通常来看,外汇收入的增加来源于国际收支盈余,这样在国际收支差额与外汇储备的关系上,一些国际收支长期盈余的国家外汇储备需求较低却出现了外汇储备的过剩,而赤字国虽有强烈的外汇储备需求却出现了外汇储备的短缺,于是,就出现了国际收支差额对外汇储备供给和需求两方面的矛盾。

(三) 导致国际收支调节混乱

多元化的国际收支调节机制允许各国在国际收支不平衡时可采用不同的调节方式,但除了 IMF 和世界银行的调节,其他几种调节方式都由逆差国自行调节,并且国际上对这种自行调节没有任何的制度约束或支持,也不存在政策协调机制和监督机制。这样,当部分逆差国出现长期逆差时,由于制度上无任何约束或设计来促使逆差国或帮助逆差国恢复国际收支平衡,逆差国只能依靠引进短期资本来平衡逆差,而大量短期资本的流入为金融危机的爆发埋下了隐患。在国际收支调节问题上的这种混乱状态,成为现行国际货币体系与经济全球化发展趋势矛盾的集中体现。

[①] 〔美〕保罗·R.克鲁格曼、茅瑞斯·奥伯斯法尔德著,黄卫平等译:《国际经济学——理论与政策(第8版)》,中国人民大学出版社2011年版。

二、国际货币体系改革[①]

美国次级贷款危机的爆发使国际社会加深了对国际货币体系缺陷的认识,也为国际货币体系改革提供了契机。但是,由于美国在全球经济和政治领域的霸权地位并未根本动摇,因而短期内难以改变美元在国际货币体系中的主导地位。因此,试图在短期内将原有国际货币体系推倒重来的想法并不现实,国际社会只能着眼于现实,面向未来,制定近期和远期行动规划,循序渐进地改革国际货币体系。针对现行国际货币体系存在的问题,未来的改革应重点包括以下几方面内容:

(一) 建立多元化的国际货币体系

现行国际货币体系中的美元独大的局面客观上存在不稳定性,依靠单一主权国家的货币来充当国际清偿能力的货币体系必然走向崩溃。因此,国际货币体系改革的内容之一就是推动国际货币的多元化,包括储备货币的多元化、国际贸易交易货币的多元化和国际大宗商品计价货币的多元化,形成国际货币相互制约和相互竞争的机制。为了实现多元化的国际货币体系,应重点推进以下方面的改革:①在国际收支出现根本性不平衡时,关键货币国家必须同广大非关键货币国家一样,实质性地承担调整国际收支不平衡的责任,确定合理的关键货币与非关键货币之间的汇率关系。②在美元、欧元、日元等关键货币之间,必须建立起负责任的、透明的、可检验的和有约束的汇率关系,各关键货币国家对国际汇率的波动应当承担相应的责任。③加快推进区域性货币的诞生。随着世界各国以及区域经济的发展,特别是中国等发展中国家经济地位的不断上升,必然有亚元圈乃至更多货币圈的诞生。只有众多的区域性货币加入国际货币体系的行列,才能彻底摆脱广大发展中国家被盘剥的局面,从而真正实现国际货币多元化。

(二) 改革国际收支调节机制

由于近年来国际货币体系的合作和制约机制的缺失,美国之外的经济体不愿或没有能力吸收国际收支失衡的冲击,也无法对美国的经济政策进行制约。国际货币市场成为一个无规制的高度垄断性市场,其稳定完全依赖于对美国经济的信心。在这种制度下,通过汇率调节国际收支的功能下降,同时,国际收支失衡在技术革命和经济全球化的推动下,进一步导致发达国家和发展中国家、实体经济和虚拟经济的不均衡。为了解决上述问题,必须推动以下方面的改革:①作为主要世界货币发行国的美国,必须承担起国际收支调节的主要责任,采取平衡的财政政策,减少财政赤字,扩大高新技术产品出口,增加国内储蓄,减少国际收支逆差。只有美国的国际收支实现基本平衡,才有可能保证美元汇率的稳定,进而促进国际货币体系的稳定。②主要国际货币国应建立相应的合作机制,加强在国际收支调节领域的合作,共同解决由于一国国际收支失衡对全球货币稳定可能造成的影响。③采取有效措施适度控制各国贸易顺差或逆差占 GDP 的比重,有效控制全球资本和贸易项下严重失衡的局面,扭转不同国家过度消费或过度储蓄的局面。

[①] 〔美〕保罗·R.克鲁格曼、茅瑞斯·奥伯斯法尔德著,黄卫平等译:《国际经济学——理论与政策(第 8 版)》,中国人民大学出版社 2011 年版。

(三)强化 IMF 在国际货币体系中的管理职能[①]

IMF 是根据布雷顿森林协议创建的多边国际金融组织,主要职能是增强全球金融稳定和汇率稳定,为了构建一个更加公平和稳定的国际货币体系,IMF 应在以下方面进行改革:①改革 IMF 不合理的份额制,IMF 应综合考虑经济规模、外汇储备、国际贸易总额、国民经济活力、人口等因素对基金份额的计算公式进行调整,重新计算成员国的投票权,并取消大国在 IMF 中的一票否决权,大幅增加发展中国家的投票权,从而使发展中国家的意愿得到尊重和体现。②在增强 IMF 资金实力的基础上,扩大其援助的范围,增强其应对国际金融危机的能力。一方面,以多种方式筹集资金,摆脱目前资金不足的困境;另一方面,扩充 IMF 职能,使其在某种程度上充当国际最后贷款人,从而有效缓解危机对发生国的冲击并阻止危机向其他国家蔓延。③IMF 应建立地区性和世界性金融危机的预警机制,担负起全球性金融监管的职责。通过改组和强化 IMF,赋予其监控全球货币流通总量和币值稳定的职责,并积极探索监控全球流动性和应对金融危机的有效方法。

(四)增强国际货币体系多边协调的有效性

长期以来,各国面临的国内经济和政治环境不尽相同、利益出发点和利益预期不同等,往往难以在重大问题上达成协调一致的行动,国际多边组织的协调作用难以发挥。进一步加强国际金融组织多边协调、保证协调机制的有效性,是未来国际货币体系有效运行的重要前提。为此,应推进以下方面的改革:①各种国际多边协调组织运作机制应进一步完善,切实关注各成员国经济、金融发展中的现实问题,致力于在解决国际收支调节机制失灵等关键领域展开实质性协调与合作。②加强国际层面宏观政策的协调、磋商、监督机制,对主要国家宏观政策进行必要的监督和约束,维护各主要经济体间的货币汇率相对稳定。③推动全球治理结构的民主化,让更多的发展中国家参与到国际经济、金融规则的制定中来,增强发展中国家在国际金融事务中的话语权,形成有效的多边磋商机制。

(五)建立和完善国际金融监管机制[②]

次级贷款危机对国际金融秩序造成了极大的冲击和破坏,直接导致了全球经济陷入衰退,危机以一种特殊方式揭示了当前国际金融监管制度存在严重问题。为此,必须在以下方面完善国际金融监管制度:①赋予 IMF 履行国际金融监管和协调的责任,对全球金融市场进行监管,建立全球金融和经济预警系统,避免金融危机的发生和蔓延。②加强对国际资本流动的监督。应当在国际层面建立对资本流动的监管协调机制,尽快制定针对对冲基金等主要投资者的监管框架,加强对场外衍生品市场的跨国监管协调,制定监管准则,提高市场交易透明度,有效防范金融风险。③建立国际金融稳定机制。在金融全球化背景下,金融资源的国际流动高度自由,如果没有相应的监测和稳定机制,对各国金融稳定都将形成潜在的威胁。因此,要加强金融危机预警机制的建设,强化对全球资本市场的监督和管理,建立国际金融监督和检查机制,从而保障全球金融市场的稳定和正常运转。

---

① 〔美〕杰克·布尔曼、〔法〕安德烈·艾卡德等著,范莎等译,胡必亮校:《国际货币体系改革》,中国大百科全书出版社 2015 年版。

② 同上。

国际经济学

相关案例 16-3

国际货币体系未来的三种可能

第二次世界大战结束至今,国际货币体系是以美元主导作为基本特征的。从 1976 年建立并延续至今的牙买加体系,尽管在多元化的方向上有所进展,欧元、英镑、日元和美元共同承担国际储备货币的职能,但是美元依然独大,在国际储备中占据 64% 的份额,且全球大宗商品交易(如石油)均用美元结算,美元依然是国际货币体系的绝对中心货币。

由主权货币(即某个国家的货币)作为国际货币体系的中心货币,是有其内在缺陷的,这就是著名的"特里芬两难"事实上,只要是以主权货币作为国际货币,都存在"特里芬两难"。2008 年全球金融危机的爆发,再次让国际社会认识到,现行美元主导的国际货币体系确实是不稳定的,国际货币体系改革势在必行,未来 20 年国际货币体系的走向可能存在以下三种可能性:

多元化国际货币体系

由美元、欧元、人民币、英镑和日元共同支撑的多元化国际货币体系,是未来最有可能出现的格局,其发生的概率显著高于其他情形。届时,人民币在国际储备中的比重将升到 10% 甚至更高。

事实上,从 1973 年布雷顿森林体系瓦解之后,国际货币体系就是在朝这一方向迈进,只是速度较慢而已。在 2008 年以前,国际货币体系多元化改革的主要推动力是欧元;2008 年之后,这一动力则来自人民币。从 2009 年开始,中国开始逐步推进人民币国际化。

根据总部设在布鲁塞尔的环球银行间金融电信协会(SWIFT)公布的数据,按金额计算,2016 年 11 月人民币在全球支付货币中的排名达到第五位,市场份额为 2%。

根据国际清算银行统计,人民币占全球外汇交易额的比重从 2004 年的 0.1% 提高到 2016 年的 4%,排名从第 35 位上升至第 8 位。

2016 年 10 月,人民币正式加入国际货币基金组织特别提款权(SDR)货币篮子,在篮子中的权重为 10.92%,仅次于美元和欧元,超过英镑和日元,这显示出国际社会对于人民币国际化进程的认可。

以中国排名全球第二的经济体量,如果坚定推进改革,实现经济的持续稳健增长,逐步开放资本账户和国内金融市场,人民币国际化的前景将十分广阔。

但是,以主权货币支撑的多元化货币体系,依然存在"特里芬两难",并非最理想的制度安排。另外,欧元区目前处于困境中,欧元区解体的风险有所上升,这也是多元化国际货币体系面临的挑战之一。

现行国际货币体系继续运作

中国政府推动人民币国际化,并非要取代美元,而是希望建立多元化的国际货币体系。但是,多元化目标的实现也面临挑战。任何经济格局的演变都是有路径依赖的。

虽然美元主导的国际货币体系备受诟病,但是基于美国的综合国力,以及美元在当前全球金融体系当中的主导地位,美国政府有强大的动力和一定的实力来维护其既得利益。

著名的英国经济史家尼尔·弗格森就认为,人民币要取代美元成为国际交易主要货币的道路将会非常漫长。

2008 年国际金融危机虽然源于美国,但是美元并没有贬值,反而在其后期出现了升值,这反映出近期内美元在国际金融体系中的地位仍然难以替代。美元主导的国际货币体系还能往前走多久,从根本上讲,取决于未来中国、美国和欧盟这三大经济体的发展方向和实力对比。

超主权货币的出现

要想从根本上解决"特里芬两难"、形成理想的全球金融治理架构,就需要建立由超主权货币主导的国际货币体系。

中国人民银行行长周小川在2009年就撰文呼吁建立超主权货币,并主张将SDR逐步发展成为超主权货币。前美联储主席保罗·沃尔克近日也指出,全球经济一体化必然要求全球使用统一货币。

建立超主权的单一货币,当然是未来国际货币体系的上佳格局,但是这一方案的可操作性较差,在中短期内无法实现,因为不存在一个"世界政府"来推动并监管全球单一货币。美国作为当前国际货币体系的中心国,也不会支持这种改革模式。

SDR目前还不是一种国际货币,它仅作为一种计价单位并在国际储备资产中占有微小份额。如何推动SDR的市场化使用,一直是困扰国际货币体系改革者的重大难题。

一种在长期中可能出现的小概率情形是,SDR和美元、欧元、人民币等共同成为国际货币。另一种可能性是,区块链和数字货币技术的发展,导致国际货币体系出现重大变革,某种采用全球标准的新型数字货币取代主权货币成为超主权货币。尽管目前数字货币技术还不成熟,但是未来其对人类金融体系产生颠覆性影响的可能性是存在的,这是令人兴奋的一种前景,值得期待。

资料来源:刘东民,"国际货币体系未来的三种可能",《环球》,2017年2月22日。

[问题思考] 请简要谈谈人民币国际化对于国际货币体系改革的意义。

[案例点评] 人民币国际化拥有巨大的发展潜力,对国际金融体系的建设具有重要的意义。人民币在双边经贸活动中的大规模使用,可以缓解货币错配问题。双边经贸活动中大多采用美元而不是人民币计价结算,货币错配问题严重。如果今后更多地采用人民币计价结算,就能减少货币错配问题。中国积极推动的"一带一路"战略,也为国际货币体系改革提供了契机。"一带一路"战略推动了以亚洲为代表的新兴经济体崛起,南北关系逐步逆转,出于对美国主导的"市场和民主"的反思,新兴经济体迫切需要提高在国际货币体系中的话语权和影响力,这一定要靠中国的货币、中国的参与。

第六节 中国与国际货币体系

随着中国经济实力的不断增强,中国在国际货币体系中的地位正在悄然发生改变。从2009年中国试点跨境贸易人民币结算业务开始,中国的储备资产构成、人民币汇率制度、资本项目开放、金融安全等日益成为国际货币体系的重要部分,对国际货币体系产生了不容忽视的影响。另外,中国对国际货币体系的依赖程度也在逐步提高,如何应对国际货币体系中的不稳定因素日益成为中国经济得以平稳发展的重要挑战。2015年,中国已经成为世界第一贸易大国、第二大经济体,人民币成为全球第二大贸易融资货币、第五大支付货币、第六大交易货币。全球有222个国家和地区发生了人民币跨境收付,超过30家央行或货币当局已将人民币纳入外汇储备。可以看出,在未来,人民币活跃度将日益增强,在国际货币体系中的地位也将不断提升,并会深刻改变世界货币体系版图。

一、中国参与国际货币体系的历史回顾

改革开放以来,中国对外开放水平不断提高,同时积极参与国际事务、国际机制、国际组织,不断融入国际货币体系中。

1945年,IMF在华盛顿成立,中国是创始国之一。1980年4月17日,IMF执行董事会通过决议,恢复了中华人民共和国在IMF中的合法席位。自此,中国一直坚定地站在发展中国家的立场上,呼吁建立更为公平、合理的国际货币金融秩序。

在初始阶段,由于认缴份额占比很小,仅仅排在第16位,中国在IMF中的地位和作用比较有限。所谓认缴份额实际上是IMF的主要资金来源。IMF的每个成员国都会基于该成员国在世界经济中的相对地位被分配一定的份额,成员国的份额决定了其向IMF出资的最高限额和投票权,并关系到其可从IMF获得贷款的限额。

20世纪80年代至今,经过不断的改革、增资,中国的份额逐步增长。2008年1月,中国份额达到3.72%。最新一次份额改革发生在2012年,改革后中国的份额大幅上升至6.39%,跃身成为IMF第三大份额国,位列美国(17.398%)、日本(6.461%)之后。考虑到目前中国第二大经济体的地位,这一份额相对是比较合理的。然而,需要注意的是,由于IMF重大议题都需要85%的通过率,美国目前的份额占比意味着其拥有一票否决权。

来自以美国为代表的发达国家的压力仍是中国参与国际货币体系的重要障碍。20世纪70年代开始,中国就受到美欧等发达国家施加的压力,要求放开中国资本账户;21世纪初,美国不断向中国施压,要求人民币升值,也得到了IMF的配合。

事实上,IMF份额调整的背后是IMF成员国的权利再分配、既得利益的重新调整。显而易见的是,目前主导IMF的发达国家不会轻易放弃它们在IMF中的特权和既得利益。因此,最终实现发达国家与发展中国家平等分享IMF的投票权将是一个漫长的过程。即使是短期内份额的小幅调整,也是反复博弈、讨价还价的过程,不可能一蹴而就。而要建立起能够及时反映各国经济地位变化的IMF份额自动调整机制,并实行IMF更公平合理、更广泛的治理结构改革,则是一个更加长远的目标。①

2001年,中国加入WTO,这是一个里程碑式的重要事件,它标志着中国市场进一步对外开放,而随之产生的贸易的扩大化、投资的自由化则极大地推动了人民币在国际结算业务中地位的提升,为中国进一步融入货币体系奠定了基础。

2005年7月,我国继续对完善人民币汇率形成机制进行改革。人民币汇率不再钉住单一美元,而是选择若干种主要货币组成一个货币篮子,实行以市场供求为基础、参考一篮子货币进行调节、有管理的浮动汇率制度。这一汇率制度改革增加了人民币汇率的弹性,同时又给中央银行干预外汇市场留下了足够的空间,在投资资本开始加速流入中国的大环境下,保证了人民币汇率的稳定。2009年7月,中国人民银行等六部门发布跨境贸易人民币结算试点管理办法,跨境贸易人民币结算试点正式启动。这一办法不仅有利于加强中国对外经济、贸易和投资往来,促进中国更好地融入世界货币体系,还有利于进一步完善人民币汇率形成机制。人民币在区域范围内用于国际结算之后,币值有了更大范围和更新角度的参照

---

① 羌建新:《国际货币金融体系改革与中国》,中国发展出版社2015年版。

标准。此外,这一举措同样是推动国际货币体系多极化发展的重要动力。在金融危机发生之后,促进人民币用于国际结算,提升人民币的国际地位,逐步改变以美元为中心的国际货币体系,抑制其弊端和负面影响。

二、人民币正式加入 SDR

北京时间 2015 年 12 月 1 日凌晨 1 点,IMF 正式宣布,人民币将于 2016 年 10 月 1 日正式加入 SDR。距离上一轮评估历时整整五年,IMF 终于批准人民币进入 SDR。IMF 总裁拉加德在发布会上表示:"人民币进入 SDR 将是中国经济融入全球金融体系的重要里程碑,这也是对于中国政府在过去几年在货币和金融体系改革方面所取得的进步的认可。"

事实上,在人民币加入 SDR 前,已有不少国家和地区的中央银行或货币当局持有人民币资产,但是否将之视为外汇储备由各国自行决定,标准并不统一。比如,有些国家只是将手上的人民币记为外汇资产,但不计入外汇储备,原因是它们认为人民币没有达到储备货币的标准。还有一些国家虽然希望将持有的人民币记为外汇储备,但又得不到权威国际机构的认可和承认。此外,由于加入之前,人民币储备货币地位未得到明确认定,相关的外汇储备统计也没有单独列出人民币,只是将人民币与其他货币放在一起。人民币加入 SDR 后,其作为储备货币的地位就被正式认定,中央银行或货币当局持有的人民币资产将无可争议地被统一认定为外汇储备。[①]

加入 SDR 是人民币国际化之路的新起点,国际上对人民币的认知度得到进一步提高,市场对人民币的信心进一步增强,各国官方、我国企业和个人也将在跨境贸易和投资中将更多地使用人民币。这一重要事件标志着人民币在国际上的地位得到提高,中国对国际货币体系的参与程度深化。

根据环球银行金融电信协会(SWIFT)2016 年 12 月发布的公告,人民币成为全球第六大支付货币,市场占有率为 1.68%。此外,人民银行发布的《2017 年人民币国际化报告》显示,2016 年,跨境人民币收付金额合计 9.85 万亿元,占同期本外币跨境收付金额的比重为 25.2%,人民币已连续六年成为中国第二大跨境收付货币。同时,中国已经为扩大人民币在全球贸易结算的范围方面做出了巨大努力。一系列货币互换协议的签订、大量离岸中心的建立(包括新加坡、伦敦、曼谷、多哈、卢森堡等),显示了中国提升人民币国际地位的决心。

综上,从各个方面来看,目前我国在国际货币体系中已经拥有相对重要的地位,人民币国际化已经取得亮眼的成绩。事实上,人民币国际化是中国经济成长的趋势,而中国深化参与国际货币体系也是改革现行体系的内在需要。因此,中国必将顺势而为,积极推动人民币国际化,参与国际货币体系的建设。

三、中国应对国际货币体系发展的策略选择[②]

首先,继续健全我国金融体系,推动人民币国际化进程。人民币国际化目前已经取得了一定的成果,但人民币在储备货币中的份额和外汇交易中的规模还有待提高。人民币的国际化,对我国经济向更高层次转型,乃至在国际经济政治领域中地位的提高,都具有十分重

---

① "人民币加入 SDR 的影响和意义——人民币加入 SDR 系列文章之五",新华网,2016 年 9 月 27 日,http://news.xinhuanet.com/fortune/2016-09/27/c_129302256.htm [2018-01-07]。

② 李晓:《国际货币体系改革:中国的视点与战略》,北京大学出版社 2015 年版。

大的现实意义。同时,人民币的国际化进程也对我国的货币政策框架和汇率制度、资本项目和资本市场开放、金融监管和综合宏观调控能力等方面提出了更高的要求。为了在国际货币体系中争取中国金融与货币政策的主导权,中国应当利用东盟区域经济发展的优势,加强多边、双边和区域经济合作;要逐步地实现资本项目可自由兑换,要争取有更多的资源资产或标的物能够以人民币进行计价与结算,并最终使人民币成为世界各国和地区普遍愿意接受的国际储备资产。

其次,以人民币国际化为契机,积极参与区域货币合作,促进区域内汇率稳定和国际收支调节。截至2015年,中国已与31个央行和货币当局签署了规模超过3万亿人民币的货币互换协议。由于当贸易伙伴出现国际收支困难时,货币互换有助于稳定市场信心,维护区域金融秩序,因此,广泛开展货币互换将大大有利于货币币值稳定。中国还应继续通过双边货币直接兑换与交易等措施扩大人民币的需求,积极打造一流国际金融中心,深化中国资本市场的发展,增强人民币资产的流动性与需求。未来,中国还可进一步与经贸联系紧密的国家或周边国家开展货币互换,扩大货币互换的范围,完善货币合作框架,构筑更加稳健的汇率和国际收支调节机制。

最后,与其他新兴市场国家一道,积极参与国际货币体系改革。目前的国际金融规则是几十年前由发达国家制定的,长期以来一直被发达国家所主导,发展中国家只能被动地去适应。我国应当与其他新兴市场国家一道,通过加强双边、多边和区域经济合作,完善应对国际货币体系失衡的协调机制。例如,通过参与建设金砖国家开发银行、金砖国家应急储备安排、亚洲基础设施投资银行等,在促进新兴市场国家经济金融稳定的同时,对现行国际货币体系形成有益的补充。同时,积极利用二十国集团、IMF等现有多边治理平台,参与到新兴市场国家和发达经济体之间的对话与磋商中,参与新规则的指定,提高在国际金融领域的参与度、话语权和知情权,推进国际货币体系改革。

相关案例 16-4

人民币国际化,助推中国稳步走向世界

人民币正式加入国际货币基金组织特别提款权(SDR)篮子,迄今已过去一年。2017年8月,人民币成为国际支付第五大活跃货币。但是,随着美国经济的复苏,美元进入新一轮强势周期具有较大的可能性。这要求我们重新审视人民币的国际化态势问题。

两个前提条件

从本质上来看,中国经济持续稳定增长和综合国力显著增强,是人民币成为国际货币的前提和基础。其中,中国进出口贸易发展、企业对外直接投资发展、居民大规模参与全球金融交易以及境外投资者大规模参与中国境内的经济金融活动,是人民币走出国门的直接推动力量。

人民币国际化推进的两个前提条件是中国利率市场化改革和汇率市场化改革。通常认为,利率市场化改革有利于完善人民币国际化条件下中国货币政策对国内经济实施有效管理;汇率市场化改革则有利于增加人民币汇率弹性,并借助市场力量调节中国经济对外均衡。应该看到,中国的利率市场化改革和汇率市场化改革迄今为止均有很大的进展。

中国利率市场化改革历经20余年,基础框架构建正处于收官和细节完善阶段。这一改

革经历了"先外币后本币、先贷款后存款、先城市后农村、先定期后活期"的先难后易过程。

人民币汇率制度改革一直在进行当中。从1984年12月人民币对美元官方汇率并轨开始,先后经历了1994年1月人民币对美元官方汇率和市场汇率并轨实行以市场供求为基础的、单一的、有管理的浮动汇率制度,2005年7月人民币对美元汇率参考一篮子货币,2009年5月人民币重新钉住美元,2010年6月人民币对美元汇率重新浮动以及2015年8月人民币汇率中间价形成机制改革等关键阶段。

当前,人民币对美元汇率的波动范围正在有序放开,市场化程度前所未有。比如,2005年至2017年,人民币汇率波动区间共有5次调整,波动区间从0.5%扩大到了2%。

新形势下,人民币国际化正稳步进入新的高级阶段,并推动已深度融入全球经济的中国经济更好地进行结构调整,不断提升中国经济发展的韧性、弹性和可持续性,进而推动全球经济发展和经济全球化进入更高的阶段。

一个淡出的做法

人民币国际化可以直接降低中国参与全球交易活动的货币兑换成本,降低中国经济参与全球经济活动的汇率波动风险,对进一步推动中国对外经济活动规模扩大和质量提升,掌握参与全球经济活动主动权等,有着重大的实践意义。

当然,人民币国际化也会影响中国国内宏观经济政策的实施效率。在传导外部经济扰动到中国国内的同时,也会把中国经济波动传导至全球经济。

举例来看,利率市场化改革和汇率市场化改革为人民币资金跨境流动配置提供了价格信号,对引导中国资源配置效率提高和全球范围内资源配置效率提高有重要价值。在人民币国际化条件下,我们需要在利率市场化、汇率市场化、法定准备金比率调整等三个指标之间作出权衡。

中国的法定准备金制度正式开始于1984年。1984年,中国人民银行按照存款类别规定了20%—40%不等的法定准备金比率要求;1985年,将所有存款的法定准备金比率要求统一调整为10%。

过去三十多年,中国多次调整法定准备金比率来管理宏观经济。从1987年到2017年,中国调整法定准备金比率要求共计53次。

随着利率市场化改革、汇率市场化改革完成以及人民币国际化进入新的阶段,通过法定准备金比率要求调整来实施货币政策的做法会逐渐淡出,中国的货币政策将更多地通过利率调整来付诸实施。

未来可能的位置

美国经济复苏和美联储退出量化宽松货币政策,有助于美元进入新一轮强势周期。随着美国进口需求增加和国际投资流入增加,美元投放规模会显著上升,全球经济中的美元使用比重会显著增加。

中国现有的双边本币互换经济体没有包括美国;境外人民币业务清算机构分布在全球二十多个国家和地区,也没有美国。但在人民币国际化过程中,我们需要关注美元的国际地位变动。可以预计,在较长的一段时期内,人民币将可能更多的是围绕美元,处于与欧元、日元、英镑等相当的位置上。

但也要看到,国际贸易和国际投资蓬勃发展需要人民币国际化,人民币国际化有助于中国经济可持续发展。中国经济实力增长和国家美誉度提升,是人民币国际化的基本条件。人民币国际化是中国经济全面走向世界的必然结果,是经济全球化的自然选择。人民币国际化应抓住时机、顺势推进。

资料来源:田素华,"人民币国际化,助推中国稳步走向世界",《解放日报》,2017年10月31日。

[问题思考] 人民币国际化对中国经济有何积极影响?

[案例点评] 人民币国际化对中国经济的积极影响有:第一,人民币在国际上的地位逐渐提升,在一定程度上刺激了金融产品创新,推动了金融市场更好地发展与完善。第二,人民币国际化可以尽可能地规避外币兑换所引起的财富流失,降低我国企业在进出口贸易中的贸易成本和汇率风险,使我国企业获得较多的经济效益,进而促进我国经济发展。第三,在我国人民币国际化程度不断提高的情况下,我国可以避免被其他国家的国际货币征收铸币税,促进我国经济增长。

本章小结

1. 国际货币体系主要经历了三种形态的演变:国际金本位体系、布雷顿森林体系和牙买加体系。在1870年前后,当主要西方国家的国内货币制度普遍实行金本位时,国际即自动形成了国际金本位制度。国际金本位制度的形成不是国际协议的结果,而是生产和国际贸易发展对货币制度的自然要求。第二次世界大战后建立起来的布雷顿森林体系是全面国际合作的产物,它是以美元为中心的可调整固定汇率制度,但由于该体系在国际储备制度上存在严重的缺陷,因而最终不能人为地维持。

2. 布雷顿森林体系崩溃后,国际货币体系发展成为多元化储备条件下的有管理的浮动汇率制度,其特点是多元化和分散化。牙买加体系在一定程度上克服了由于国际储备资产单一而造成的储备资产价值不稳的状况,它的主要缺陷是汇率变动过于频繁和剧烈,在牙买加体系下要稳定汇率协调国际收支,出路只有加强国际合作。

3. 20世纪80年代以来,中国在国际货币体系中的地位不断提升。目前,中国已经成为国际货币体系中重要的一员,人民币国际化进程不断推进。在国际货币体系不断发展、后金融危机时代国际货币体系新规则等挑战面前,中国应该加强与各国的合作、沟通,充分发挥货币组织的功能,健全本国金融体系,不断扩大金融对外开放,积极参与国际合作。

推荐阅读

1. 〔美〕本·斯泰尔著,符荆捷、陈盈译:《布雷顿森林货币战:美元如何统治世界》,机械工业出版社2014年版。

2. 陈雨露、杨栋:《世界是部金融史》,江西教育出版社2016年版。

3. 〔美〕保罗·R.克鲁格曼、茅瑞斯·奥伯斯法尔德著,黄卫平等译:《国际金融(第10版)》,中国人民大学出版社2016年版。

4. 〔美〕迈克尔·梅尔文、斯蒂芬·C.诺尔宾著,何青译:《国际货币与金融(第8版)》,中国人民大学出版社2016年版。

复习思考题

1. 一个稳定的国际货币体系应具备哪些条件?
2. 简述布雷顿森林体系的内容和特点。
3. 为什么说布雷顿森林体系就其实质而言是一种以美元为中心的国际金汇兑本位制?
4. 简述布雷顿森林体系崩溃的原因。
5. 你认为当前国际货币体系存在的最大问题是什么?应如何改革?
6. 简要分析我国应对国际货币体系改革的策略。
7. 简述国际货币体系改革的方向。

教辅申请说明

北京大学出版社本着"教材优先、学术为本"的出版宗旨,竭诚为广大高等院校师生服务。为更有针对性地提供服务,请您按照以下步骤在微信后台提交教辅申请,我们会在1～2个工作日内将配套教辅资料,发送到您的邮箱。

◎ 手机扫描下方二维码,或直接微信搜索公众号"北京大学经管书苑",进行关注;

◎ 点击菜单栏"在线申请"—"教辅申请",出现如右下界面:

◎ 将表格上的信息填写准确、完整后,点击提交;

◎ 信息核对无误后,教辅资源会及时发送给您;如果填写有问题,工作人员会同您联系。

温馨提示:如果您不使用微信,您可以通过下方的联系方式(任选其一),将您的姓名、院校、邮箱及教材使用信息反馈给我们,工作人员会同您进一步联系。

我们的联系方式:

通信地址:北京大学出版社经济与管理图书事业部
　　　　　北京市海淀区成府路205号,100871
联 系 人:周莹
电　　话:010-62767312 / 62757146
电子邮件:em@pup.cn
Q　　Q:552063295(推荐使用)
微　　信:北京大学经管书苑(pupembook)
网　　址:www.pup.cn